Zeitschrift für Betriebswirtschaft

Ergänzungsheft 2/98

Finanzierungen

ZfB-Ergänzungshefte

1/93 Unternehmen mit den neuen Bundesländern – Erfahrungen mit Transformationsprozessen
Schriftleitung: Horst Albach
178 Seiten. ISBN 3 409 13465 4

2/93 Betriebliches Umweltmanagement 1993
Schriftleitung: Horst Albach
166 Seiten. ISBN 3 409 13391 7

3/93 Die Zukunft der Betriebswirtschaftslehre in Deutschland
Schriftleitung: Horst Albach/Klaus Brockhoff
200 Seiten. ISBN 3 409 13231 7

1/94 Neue Konzernstrukturen bei Großunternehmen und im Mittelstand
Schriftleitung: Horst Albach
148 Seiten. ISBN 3 409 13877 3

2/94 Hochschuldidaktik und Hochschulökonomie – Neue Konzepte und Erfahrungen
Schriftleitung: Horst Albach/Peter Mertens
332 Seiten. ISBN 3 409 13763 7

1/95 Effizienzsteigerung im Innovationsprozeß
Schriftleitung: Horst Albach
156 Seiten. ISBN 3 409 13779 3

2/95 Business Process Reengineering – Strategien zur Produktivitätssteigerung – Konzepte und praktische Erfahrungen
Schriftleitung: Horst Albach
124 Seiten. ISBN 3 409 13789 0

3/95 Lernende Unternehmen
Schriftleitung: Horst Albach/Horst Wildemann
202 Seiten. ISBN 3 409 13796 3

4/95 Management of Structural Change
Schriftleitung: Horst Albach
174 Seiten. ISBN 3 409 13950 8

1/96 Betriebswirtschaftslehre und der Standort Deutschland
Schriftleitung: Horst Albach/Klaus Brockhoff
170 Seiten. ISBN 3 409 13770 X

2/96 Betriebliches Umweltmanagement 1996
Schriftleitung: Horst Albach/Harald Dyckhoff
182 Seiten. ISBN 3 409 13790 4

3/96 Governance Structures
Schriftleitung: Horst Albach
166 Seiten. ISBN 3 409 13794 7

1/97 Marketing
Schriftleitung: Horst Albach
188 Seiten. ISBN 3 409 13952 4

2/97 Finanzierung
Schriftleitung: Horst Albach
124 Seiten. ISBN 3 409 13953 2

3/97 Personal
Schriftleitung: Horst Albach
192 Seiten. ISBN 3 409 13954 0

4/97 Betriebswirtschaftslehre und Rechtsentwicklung
Schriftleitung: Horst Albach/Klaus Brockhoff
136 Seiten. ISBN 3 409 13955 9

1/98 Betriebliches Umweltmanagement 1998
Schriftleitung: Horst Albach/Marion Steven
186 Seiten. ISBN 3 409 13956 7

Finanzierungen

Schriftleitung

Prof. Dr. Dr. h.c. mult. Horst Albach

GABLER

Die Deutsche Bibliothek – CIP-Einheitsaufnahme

Zeitschrift für Betriebswirtschaft : ZfB. – Wiesbaden :
Betriebswirtschaftlicher Verl. Gabler
　Erscheint monatl. – Aufnahme nach Jg. 68, H. 2 (1998)
　Reihe Ergänzungsheft: Zeitschrift für Betriebswirtschaft /
　Ergänzungsheft
　ISSN 0044-2372
　1998, Erg.-H. 2. Finanzierungen. – 1998
Finanzierungen / Schriftl.: Horst Albach. – Wiesbaden : Gabler, 1998
　(Zeitschrift für Betriebswirtschaft ; 1998, Erg.-H. 2)
　ISBN-13: 978-3-409-13957-1　　e-ISBN-13: 978-3-322-86606-6
　DOI: 10.1007/978-3-322-86606-6

Alle Rechte vorbehalten

© Betriebswirtschaftlicher Verlag Dr. Th. Gabler GmbH, Wiesbaden 1998
Lektorat: Ralf Wettlaufer

Der Gabler Verlag ist ein Unternehmen der Bertelsmann Fachinformation GmbH.

Das Werk einschließlich aller seiner Teile ist urheberrechtlich geschützt. Jede Verwertung außerhalb der engen Grenzen des Urheberrechtsgesetzes ist ohne Zustimmung des Verlags unzulässig und strafbar. Das gilt insbesondere für Vervielfältigungen, Übersetzungen, Mikroverfilmungen und die Einspeicherung und Verarbeitung in elektronischen Systemen.

http://www.gabler-online.de

Höchste inhaltliche und technische Qualität unserer Produkte ist unser Ziel. Bei der Produktion und Verbreitung unserer Bücher wollen wir die Umwelt schonen: Dieses Buch ist auf säurefreiem und chlorfrei gebleichtem Papier gedruckt. Die Einschweißfolie besteht aus Polyäthylen und damit aus organischen Grundstoffen, die weder bei der Herstellung noch bei der Verbrennung Schadstoffe freisetzen.

Die Wiedergabe von Gebrauchsnamen, Handelsnamen, Warenbezeichnungen usw. in diesem Werk berechtigt auch ohne besondere Kennzeichnung nicht zur der Annahme, daß solche Namen im Sinne der Warenzeichen- und Markenschutz-Gesetzgebung als frei zu betrachten wären und daher von jedermann benutzt werden dürften.

ISBN-13: 978-3-409-13957-1

Inhalt

Zeitschrift für Betriebswirtschaft, Erg.-Heft 2/98

Editorial VII

Bankbeziehungen und Wettbewerbsfähigkeit
Prof. Dr. Dr. h.c. mult. Horst Albach, Bonn 1

Empirische Beiträge zur Optionsbewertung am Beispiel von Black und Scholes u.a.
Dipl.-Kfm. Gerhard Schroeder, Stuttgart 29

Haltedauern von DAX-Futures-Positionen und die Konzentration auf den Nearby-Kontrakt
Prof. Dr. Günter Bamberg und Dipl.-Math. Gregor Dorfleitner, Augsburg 55

Kapitalmarkttheoretische Ansätze zur Bewertung von Aktien: Entwicklung und Stand der Arbitrage Pricing Theory
Dr. Gerd Lockert, Münster 75

Wieviel Phantasie braucht die Fußballaktie?
Dipl.-Kfm. Erik Lehmann, Rostock und Dr. Jürgen Weigand, Bloomington 101

Kapitalgesellschaften im bezahlten Fußball
Einige in der Umwandlungsdiskussion meist übersehene verfügungsökonomische Argumente
Prof. Dr. Egon Franck und Dipl.-Kfm. Jens Christian Müller, Freiberg i. Sa. 121

Beratungsunterstützung von Portfoliounternehmen durch deutsche Venture Capital-Gesellschaften
Eine empirische Untersuchung
Priv.-Doz. Dr. Michael Schefczyk, Düsseldorf, und
Univ.-Prof. Dr. Torsten J. Gerpott, Duisburg 143

Kapitalstruktur und Wettbewerbsstrategie
Dr. Franz Hubert, Berlin 167

Marktbeeinflussung durch Analystenempfehlungen

Eine empirische Studie

Prof. Dr. Wolfgang Gerke und Dipl.-Kfm. Marc Oerke, Nürnberg 187

Finanzinstrumente und Risikomanagement

Publizitätspflichten und Anforderungen an Treasury-Informationssysteme

Prof. Dr. Martin Glaum, Frankfurt (Oder), und Dr. Andrea Wirth, Walldorf 201

ZfB · Impressum / Hinweise für Autoren 230
ZfB · Herausgeber / Internationaler Herausgeberbeirat IX
ZfB · Grundsätze und Ziele X

Editorial

Die Bewertung von Wertpapieren, vorwiegend Aktien, und von Derivaten bestimmt nach wie vor die Finanzierungstheorie. Ein zweiter Zweig, das Studium unvollkommener Kapitalmärkte, hat sich, ausgehend von *Jensen* und *Meckling*, daneben inzwischen voll entfaltet.

In dem vorliegenden Ergänzungsheft über „Finanzierung" finden sich Aufsätze aus beiden Richtungen.

Gerd Lockert stellt die Entwicklung und Stand der Arbitrage Pricing Theory dar und weist nach, daß eine empirische Überprüfung dieser Theorie Annahmen setzen muß, die die APT in die Nähe des CAPM rückt. *Gerhard Schroeder* setzt sich mit der Bewertung von Aktien auseinander und weist nach, daß die Black Scholes-Formel zu Fehlbewertungen führt. *Günter Bamberg* und *Gregor Dorfleitner* untersuchen die haltedauern von DAX-Futures. Sie weisen nach, daß Futures-Positionen in hohem Umfang vorzeitig glattgestellt werden. Außerdem weisen sie einen Fehler in den täglich veröffentlichten Open-Interest-Zahlen nach, der zu einer Überschätzung des wahren Wertes führt.

Von der Annahme unvollkommener Kapitalmärkte geht *Horst Albach* in seinem Beitrag über Bankbeziehungen und Wettbewerbsfähigkeit aus. Er weist empirisch nach, daß Unternehmen, die durch Eigenkapitalanteile oder Aufsichtsratsmandate eng an Banken gebunden sind, weniger Investitionen tätigen und eine geringere Umsatzrentabilität aufweisen. Diesen Wettbewerbsnachteil kompensieren sie z.T. durch niedrigere Kapitalkosten, insbesondere Eigenkapitalkosten. Die Anleger verlangen vom Unternehmen offenbar eine niedrigere Risikoprämie, weil die engen Bankbeziehungen für sie offenbar ein Signal für besondere Sicherheit der Anlage sind.

Erik Lehmann und *Jürgen Weigand* fragen: „Wieviel Phantasie braucht die Fußballaktie?" Sie zeigen, daß offenbar schon erheblich viel Phantasie dazu gehört, Fußballaktien zu kaufen. Die Mehrheit der untersuchten Fußballaktien verzeichnete teilweise drastischen Kursverfall. Die Autoren vermuten, daß auch nur wenige deutsche Fußballaktien den Anlegern Freude bereiten werden.

HORST ALBACH

Die ganze Welt der Wirtschaft

Ein moderner Klassiker der Wirtschafts-Literatur mit weit über 400.000 Lesern: das Gabler Wirtschafts-Lexikon. Die um mehr als 3.000 Begriffe erweiterte 14. Auflage behandelt auf über 4.000 Seiten in rund 25.000 Stichwörtern mit bewährter Informationstiefe alle klassischen sowie die heute aktuell diskutierten Themen wie Agency-Theorie, leapfrogging, virtuelle Unternehmung und viele mehr. Zudem wurden z. B. die Stichwörter zu Marketing und Rechnungswesen stark aktualisiert und erweitert, das Gebiet Volkswirtschaft neu strukturiert. Die renommiertesten Fachleute aus Wissenschaft und Praxis haben ihre Kompetenz vereint. Seit vier Jahrzehnten anerkannt, umfassend im Inhalt und zuverlässig in der Darstellung:

das GABLER WIRTSCHAFTS-LEXIKON!

COUPON

Ja, ich bestelle zur sofortigen Lieferung:

___ Expl. **GABLER WIRTSCHAFTS-LEXIKON,** 14., vollständig überarbeitete und erweiterte Auflage 1997, 4.587 Seiten, vier Bände im Schuber, gebunden in Cabra-Ledervlies, mit Schutzumschlag, DM 500,–. ISBN 3-409-32997-8

___ Expl. **GABLER WIRTSCHAFTS-LEXIKON,** 14., vollständig überarbeitete und erweiterte Auflage 1997, 4.587 Seiten, zehn Bände im Schuber, Broschur, DM 188,–. ISBN 3-409-30387-1

___ Expl. **GABLER WIRTSCHAFTS-LEXIKON,** 12 cm CD-ROM, DM 188,–*, ISBN 3-409-39926-7, geeignet für IBM kompatibles System ab 486, mind. 8 MB RAM, 4-fach CD-ROM-Laufwerk, 10 MB freie Festplattenkapazität, Soundkarte, Windows 3.1x

Änderungen vorbehalten. Erhältlich im Buchhandel oder beim Verlag. *Unverbindliche Preisempfehlung

Abraham-Lincoln-Straße 46 · Postfach 1547 · 65005 Wiesbaden · Fax (06 11) 78 78-4 20   **GABLER**

Name/Vorname

Straße (bitte kein Postfach)

PLZ/Ort

Datum

Unterschrift

Bankbeziehungen und Wettbewerbsfähigkeit [1]

Von Horst Albach

Überblick

- Der Beitrag untersucht die Beziehungen zwischen Banken und Industrieunternehmungen.

- Er entwickelt ein Portfoliomodell der Kapitalstruktur und testet es ökonometrisch mit der Methode der Pooled Regression mit Firmen-Dummies.

- Wissenschaftlicher Fortschritt wird darin gesehen, daß Kapitalrationierung explizit modelliert und nicht in einer Cash-Flow-Variablen abgebildet wird. Die Unterscheidung von drei Finanzierungsinstrumenten ist ebenfalls ein Fortschritt.

- Für die Praxis ist der Nachweis interessant, daß der Kapitalmarkt Firmen mit engen Bankbeziehungen höher bewertet als andere. Die damit verbundenen niedrigeren Eigenkapitalkosten stellen einen strategischen Wettbewerbsvorteil dar.

Eingegangen: 14. Oktober 1997

Prof. Dr. Dr. h.c. mult. Horst Albach, Professor der Betriebswirtschaftslehre an der Humboldt-Universität zu Berlin und Direktor des Schwerpunkts IV, Wissenschaftszentrum Berlin, Honorarprofessor an der Wissenschaftlichen Hochschule für Unternehmensführung Koblenz (WHU).

© Gabler-Verlag 1998

A. Einleitung

Wie kommt es, daß Banken sich in Deutschland gegenüber Industrieunternehmen nicht so verhalten, wie es nach der „arm's length"-Theorie vertraglicher Beziehungen zu erwarten wäre, sondern steuernd in die Geschicke von Unternehmen eingreifen? Im Rahmen einer Erklärungstheorie der Beziehungen zwischen Banken und Industrieunternehmen ist zu fragen, welche Steuerungsinstrumente die Banken einsetzen, um Einfluß auf den Kurs ihrer Industriekunden zu nehmen. Im Rahmen einer normativen Theorie der Bankbeziehungen müßte entschieden werden, ob dieser Einfluß wünschenswert ist, oder ob unser System geändert werden sollte.

Der Instrumentenkasten, der einer Bank für die Einflußnahme zur Verfügung steht, ist in einem bankorientierten Finanzierungssystem wie dem deutschen größer als in einem kapitalmarktorientierten System wie dem amerikanischen. Amerikanische Wirtschaftswissenschaftler sehen freilich in der Aufgabe des Universalbanksystems während der Weltwirtschaftskrise einen Fehler und plädieren für eine Rückkehr zum Universalbanksystem. Sie glauben, das deutsche System böte den Unternehmen Wettbewerbsvorteile im globalen Wettbewerb. Das japanische Finanzministerium läßt durch zahlreiche Erlasse und Gesetzesänderungen die Grenzen zwischen Investmentbanken und Geschäftsbanken immer durchlässiger werden. In der Diskussion wird vielfach übersehen, daß Banken in einem vorwiegend kapitalmarktorientierten System viel geringere Steuerungsmöglichkeiten besitzen als Universalbanken in einem vorwiegend bankenorientierten System und diese vielfach auch gar nicht ausnutzen wollen.

Meine Ausführungen konzentrieren sich auf das deutsche Bankensystem. Sie sind aber vor dem Hintergrund der weltweiten Diskussion über die Krisen

- der Savings- and Loan Associations in den USA,
- der Banken in Skandinavien [2]
- der Bausparkassen in Japan [3]

zu sehen. In allen diesen Fällen wurden Mängel des Bankensystems sichtbar, denen durch mehr oder weniger erfolgreiche Maßnahmen von Exekutive und Legislative begegnet wurde.

Mein Vortrag umfaßt drei Teile:

1. die Instrumente des Bankmonitoring,
2. die Wirkung der Instrumente auf die unternehmerische Wettbewerbsfähigkeit,
3. die Folgerungen für Systemänderungen.

B. Die Instrumente des Bankmonitoring

I. Das bankpolitische Instrumentarium

Die Bank versteht sich als ein Dienstleistungsunternehmen. Ihre Dienstleistungen umfassen

- die Abwicklung des Zahlungsverkehrs für den Kunden,
- die Bereitstellung von Krediten,
- den Zugang zum Kapitalmarkt,
- die Ausübung von Stimmrechten aus eigenen und aus Depotaktien.

Diese Dienstleistungen werden den Unternehmen in unterschiedlichem Umfang und in unterschiedlicher Zusammensetzung angeboten.

II. Die Bereitstellung von Krediten

In der Finanztheorie hat die Bereitstellung von Krediten die größte Aufmerksamkeit gefunden. Dabei wird im allgemeinen asymmetrische Information zwischen Unternehmen und Bank angenommen. Aus der Annahme unterschiedlicher Präferenzfunktionen resultiert in Verbindung mit asymmetrischer Information das bekannte Moral Hazard-Problem, dessen schädliche Auswirkungen auf den Kreditgeber nur beseitigt werden können, wenn es gelingt, den Kreditvertrag anreizkompatibel auszugestalten.[4]

Daß der Kreditnehmer sich anders verhält, als es der Kreditgeber bei Abschluß des Kreditvertrages erwarten durfte, kann mehrere Gründe haben:

1. das wirtschaftliche Umfeld des Unternehmens hat sich verändert,
2. der Kreditnehmer hat von Anfang an den Kreditgeber über seine wahren Absichten getäuscht.

Der erste Fall ist der des unvollständigen Vertrages. Weder Kreditgeber noch Kreditnehmer können alle möglichen Situationen der Zukunft voraussehen. Der zweite Fall ist der des opportunistischen Verhaltens. Der Kreditnehmer weiß, daß der Kreditgeber unvollständige Informationen besitzt, und beutet diese Situation aus.

Der Kreditgeber ist natürlich über diese beiden Möglichkeiten informiert. Im ersten Falle weiß er, daß der Kreditnehmer sich nicht opportunistisch verhält. Diese Erwartung wird bestätigt, wenn der Kreditnehmer von sich aus den Kreditgeber über die veränderte Situation unterrichtet und nachverhandelt. Kommt der Kreditnehmer nicht mit den Informationen über die neue Situation, hat der Banker aufgrund der Geschäftsbedingungen die Möglichkeit, den zugesagten Kredit sofort fällig zu stellen. Diese Sanktion ist so stark, daß jeder Kreditnehmer dem vorzubeugen sucht und rechtzeitig Nachverhandlungen aufnimmt.

Der zweite Fall wird im allgemeinen so modelliert, daß der Kreditnehmer eine risikoreichere Verwendung für den Kredit wählt, als bei den Kreditverhandlungen zugrunde gelegt wurde. Der Kreditgeber hat ein Interesse daran, diesen Fall auszuschließen, und zwar unabhängig davon, ob dieses Verhalten des Kreditkunden im Einzelfall sich positiv oder negativ auf die Kreditsicherheit auswirkt. Der Kreditgeber wird also ein Kreditüberwachungssystem einrichten. Dieses umfaßt

1. die Verpflichtung, den gesamten Zahlungsverkehr über die kreditgebende Bank abzuwickeln,
2. die regelmäßige Vorlage des Monatsabschlusses,
3. die Vorlage der Finanzpläne,
4. die Kreditrationierung,
5. die Kontrolle der Kreditverwendung durch den Aufsichtsrat.

Die Abwicklung des gesamten Zahlungsverkehrs über die Bank erlaubt ein tägliches Kreditmonitoring. Die Bank ist über den laufenden Zahlungseingang und die laufenden Zahlungsausgänge so gut informiert wie der Kunde selbst. Asymmetrische Information gibt es bestenfalls über die zu erwartenden Einzahlungen und Auszahlungen. Hiergegen kann sich die Bank durch die Verpflichtung schützen, die Finanzpläne für die nächsten 12 Monate rollierend vorzulegen. Der Finanzvorstand eines Unternehmens wird im allgemeinen gut daran tun, seiner Bank diese Finanzpläne und ihre Abweichungen zum Vormonat in Gesprächen zu erläutern.

Solange die laufenden Zinszahlungen und die Tilgungen gesichert sind, wird der Kreditgeber auf eine Objektanalyse oder gar eine Prüfung der vorgelegten Zahlen verzichten. Um sicherzugehen, daß eine solch kostensparende Form der Kreditüberwachung nicht zu Kreditausfällen führt, werden im allgemeinen Kreditlinien vereinbart. Diese gewähren keinen Anspruch auf einen Kredit, der die Kreditlinien ausschöpft, sondern sind ein Frühwarnsystem. Wird die Kreditlinie erreicht, muß die Bank ihr Engagement eingehend auf das ihm innewohnende Risiko prüfen. Das kann sogar dazu führen, daß die Kreditlinie herabgesetzt wird. Das Unternehmen muß dann seine Bankkredite zurückführen, gegebenenfalls dazu sogar Teile des Unternehmens verkaufen.

Kreditrationierung kommt in verschiedenen Formen vor. Dabei ist ein Kreditvertrag, der einen bestimmten Höchstbetrag an Krediten in Aussicht stellt, seltener als ein Vertrag, der die Höhe des Kredites auf das zum Beispiel 1,5-fache des Cash Flow begrenzt.

Schließlich ermöglichen es Beirats- oder Aufsichtsratsmandate, die Kreditverwendung zu kontrollieren. Zwar haben Aufsichtsräte im allgemeinen keine Information, die nicht auch der Kreditsachbearbeiter von dem Unternehmen verlangen könnte, aber sie erhalten sie in anderer Form und unter anderen Bedingungen. Die Auskünfte im Aufsichtsrat stehen unter dem besonderen Schutz des Aktiengesetzes. Sie werden von allen Vorstandsmitgliedern gemacht, und alle Aufsichtsratsmitglieder sind Zeugen dieser Aussagen. Der Aufsichtsrat kann die Vorlage von Berichten erzwingen, die der Kreditvorstand einer Bank nur unter Androhung des Kreditentzugs zu erhalten in der Lage ist. Das Aufsichtsratsmitglied kann nicht nur das Ergebnis der Anstrengungen des Vorstandes kontrollieren, sondern auch einen keineswegs unbedeutenden Teil seines Verhaltens beobachten.

Wir stellen also fest, daß der Kreditvertrag vielfältige Möglichkeiten bietet, die Unvollständigkeit des Kreditvertrages auszufüllen. Die Bank hat hinreichende Möglichkeiten, sich gegen eine mögliche Ausbeutung ihrer Informationsasymmetrie zu schützen. Dabei sind die sofortige Fälligkeit des Kredits bei Vertragsverletzung oder bei einer Verschlechterung der wirtschaftlichen Situation und die Kreditrationierung die wirksamsten Instrumente.

Bisher wurde nicht zwischen kurzfristigen und langfristigen Bankkrediten unterschieden. Das hat seine Berechtigung insoweit, als das Unternehmen sich bei sich verschlechternder Gewinnentwicklung nicht auf die Langfristigkeit des Kredites und auf die zugesagte Höhe des Kredits berufen kann. Das Kündigungsrecht der Bank macht aus einem langfristigen Kredit schnell einen kurzfristigen. Langfristige Kredite werden gegenwärtig auch nicht mehr für die gesamte Laufzeit zu einem festen Zinssatz vergeben. Langfristige Bankkredite sind daher auch mit einem Zinsänderungsrisiko verbunden. Dennoch hat der langfristige Bankkredit für die Unternehmen Vorteile. Die Zahlungen für Zinsen und Tilgungen sind im normalen Geschäftsbetrieb längerfristig kalkulierbar. Der Grundsatz der Fristenkongruenz ist bei allen Ausnahmeregelungen der Banken doch eine von beiden Seiten akzeptierte Richtschnur für das Investitions- und Finanzierungsverhalten.

Werden kurzfristige Kredite zur Investitionsfinanzierung herangezogen, so stellt das vermeintlich einen Verstoß gegen den Grundsatz der Fristenkongruenz dar. Gleichwohl liegt das im gemeinsamen Interesse von Unternehmen und Bank. Kurzfristige Kredite geben dem Unternehmen größere Flexibilität in der Anpassung der Kapitalstruktur. Das ist besonders dann von Interesse, wenn mit einem Sinken der Zinsen gerechnet wird. Der Bank gewährt der kurzfristige Kredit bessere Möglichkeiten der laufenden Kreditüberwachung. Soweit die Auswahl von Investitionsprojekten auch von dem marginalen Kreditzinsfuß bestimmt wird, ist der kurzfristige Kredit für die Bank ein sehr flexibles Element der Investitionssteuerung im Unternehmen. Für die Steuerung durch die Bank reichen aber kleine Anteile kurzfristigen Kredits an der Gesamtfinanzierung aus.

Es kommt hinzu, daß der kurzfristige Kredit besser gegen die Aufnahme von Eigenkapital durch Aktienemissionen substituierbar ist als der langfristige Bankkredit. Bei der Aktienemission werden stets größere Beträge aufgenommen. In gewissem Sinne sind Aktienemissionen durch Unteilbarkeit gekennzeichnet. Wenn langfristige Kredite nicht mit dem gleichen Betrag zum Zeitpunkt der Aktienemission fällig werden oder fällig gestellt werden können, fließen dem Unternehmen aus der Aktienemission möglicherweise Mittel in einer Höhe zu, für die es im Augenblick keine Verwendung gibt. Mit diesem Geld können aber kurzfristige Kredite jederzeit zurückgeführt und die Kapitalstruktur verbessert werden.

Kurzfristige Bankkredite und Aktienemissionen stehen also in einem engeren inneren Zusammenhang. Das ist bei der Analyse der Beziehung zwischen Unternehmen und Bank zu beachten.

III. Der Zugang zum Kapitalmarkt

Die Vergabe eines langfristigen Bankkredites bedeutet einen Anspruch auf laufende feste Zinszahlungen und laufende feste Tilgungszahlungen. Bei gegebener Varianz des Cash Flow heißt das, daß der Cash Flow nach Kapitaldienst eine erheblich größere Varianz aufweist als der Cash Flow vor Kapitaldienst. Das bedeutet nicht nur, daß die Eigenkapitalgeber ein größeres Risiko zu tragen haben und dafür eine Risikoprämie verlangen, sondern auch, daß die Fähigkeit, Eigenkapital aufzunehmen, sinkt, wenn diese Risikoprämie nicht erwirtschaftet wird.

Die Bank wird einer solchen Entwicklung rechtzeitig vorzubeugen suchen. Sie wird daher einen Einfluß aus der Kreditrationierung geltend machen, um die Unternehmen dazu zu bewegen, rechtzeitig zusätzliches Eigenkapital am Kapitalmarkt aufzunehmen.

Da die Banken in Deutschland, wenn auch nicht mehr das rechtliche, so doch das faktische Monopol für die Dienstleistung haben, den Unternehmen den Zugang zum Kapitalmarkt zu verschaffen, haben sie auch die Möglichkeit, ihren Wunsch durchzusetzen.

Hält ein Vertreter der Bank einen Sitz im Aufsichtsrat, so kann der Druck auf das Unternehmen, die Kapitalstruktur durch Emission von Aktien zu verbessern, noch verstärkt werden. Wenn die Bank Anteile am Kapital des Unternehmens besitzt, kann sie auch aus ihrer Eigentümerposition heraus auf eine Kapitalerhöhung drängen.

Unternehmen, die einem solchen Druck weniger stark ausgesetzt sind, werden den Kapitalmarkt nicht nur für die Emission von Aktien, sondern auch für die Emission von Schuldverschreibungen nutzen. Sie ersetzen den langfristigen Bankkredit durch die kapitalmarktfähige Obligation. Sie betreiben Securitization in Form von Schuldverschreibungen, soweit diese Finanzierungsform niedrigere Effektivzinsen zur Folge hat als die Aktienemission.

IV. Weitere Dienstleistungen

Die anderen Dienstleistungen

– Cash Management
– Ausübung von Depotstimmrechten

sind letztlich keine selbständigen Dienstleistungen, sondern Instrumente zur Reduktion der asymmetrischen Information und zur Verminderung der Gefahr des Moral Hazard. Sie sichern die Dienstleistung Kreditvergabe effizient gegen die dem Kreditvertrag inhärenten Risiken ab und machen daher den Bankkredit zu einem effizienten Instrument der Unternehmensfinanzierung.

Auch die Vermittlung bei der Ausgabe von Aktien wird hier als eine Dienstleistung verstanden, die zur Absicherung des Bankkredits dient. Der Bank ist es zu jedem Zeitpunkt möglich, erkannte Risiken auf alte oder neue Eigenkapitalgeber zu verlagern. Selbst wenn die Bank einen Teil der Aktien aus einer Eigentümerposition heraus übernehmen muß, so kann sie dennoch den überwiegenden Teil des Risikos auf andere Kapitalgeber übertragen, während sie das Risiko eines Bankkredits voll tragen muß.

Hier wird also die These vertreten, daß der unvollständige Kreditvertrag zwischen Unternehmen und Bank das Kerngeschäft der Universalbank bildet. Cash Management, Beteiligung, Depotstimmrecht und Mitgliedschaft im Aufsichtsrat dienen der Risikominderung durch Beschaffung wahrer Informationen und durch Beobachtung des Verhaltens des Kreditnehmers. Letztlich kann die Bank über ihr Aufsichtsratsmandat auch die Auswahl der Vorstandsmitglieder beeinflussen und damit sicherstellen, daß nur Personen zu Vorständen bestellt werden, die die asymmetrische Information nicht zum eigenen Nutzen und zum Schaden des Kreditgebers ausbeuten.

C. Die Wirkung der bankpolitischen Instrumente auf die unternehmerische Wettbewerbsfähigkeit

I. Die Wirkungen auf die Investitionstätigkeit

1. Die Hypothesen

Aus den theoretischen Überlegungen folgen Hypothesen über den Einfluß von Banken auf die Wettbewerbsfähigkeit von Industrieunternehmen, die empirisch überprüft werden können. Drei Hypothesen sollen hier untersucht werden:

1. Die Banken üben über ihre Kreditvergabe einen erheblichen Einfluß auf Investitionstätigkeit und Wettbewerbsfähigkeit industrieller Unternehmen aus.
2. Die Banken setzen Kreditrationierung als Steuerungsinstrument bei ihren Industriekunden ein.
3. Die Banken nutzen ihre Einflußmöglichkeiten, um die Eigenkapitalausstattung ihrer Kunden zu verbessern, wenn sie es für nötig halten, um ihr Kreditrisiko zu verringern.

2. Der Bankkredit als Steuerungsinstrument

2.1. Die optimale Kapitalstruktur ohne Kreditrationierung

Die empirische Überprüfung der Hypothesen erfolgt mit einem Viergleichungsmodell[5], in dem der optimale Umfang des Sachanlagevermögens und die optimale Kapitalstruktur zur Finanzierung des Anlagevermögens simultan bestimmt werden.

Das Modell berücksichtigt das Zinsänderungsrisiko, nicht dagegen das Investitionsrisiko. In die Berechnung gehen 116 deutsche börsennotierte Industrieunternehmen ein. Der Zeitraum umfaßt die Periode von 1968 bis 1994. Zunächst wird die optimale Kapitalstruktur unter der Annahme ermittelt, daß für Neuinvestitionen sofort eine Finanzierung gefunden werden muß. Dann wird gefragt, wie die Kapitalstruktur im langfristigen Gleichgewicht aussieht. Wenn nämlich kurzfristige Bankkredite zur Vorfinanzierung von Investitionen eingesetzt werden, dann könnten sie im langfristigen Gleichgewicht zugunsten von Eigenkapital oder auch langfristigem Fremdkapital substituiert worden sein:

Die Berechnung liefert das in Tabelle 1 dargestellte Ergebnis:

Tab. 1: Optimale Kapitalstruktur, 1968–1994

	Eigenkapital	langfristiges Fremdkapital	kurzfristiges Fremdkapital
kurzfristig	38.3	26.5	35.2
langfristig	56.2	16.1	27.7

Unternehmen finanzieren also ihre Investitionen mit kurzfristigen Bankkrediten vor. Sie substituieren in einem Konsolidierungsprozeß ihre Kapitalstruktur, indem sie kurzfristiges Fremdkapital, aber auch langfristiges Fremdkapital durch Eigenkapital ersetzen. Dieses Ergebnis folgt aus einer Berechnung, in die nur die Kapitalmarktzinsen und ihr Zinsänderungsrisiko eingehen. Stellt man das gefundene Ergebnis den tatsächlichen Verhältnissen bei diesen 116 Industrieunternehmen gegenüber, so zeigt sich das in Tabelle 2 wiedergegebene Bild:

Tab. 2: Tatsächliche Kapitalstruktur (gewichtet), 1968–1994

Bankeneinfluß	Eigenkapital	langfristiges Fremdkapital	kurzfristiges Fremdkapital
gesamt	79.64	15.29	5.08
hoch	81.63	13.81	4.56
niedrig	78.37	16.23	5.40

Die tatsächliche Kapitalstruktur weicht also ganz erheblich von der berechneten optimalen Struktur ab. Die Tabelle zeigt auch die Ergebnisse für zwei Gruppen von Unternehmen: solchen mit starken Einflußmöglichkeiten der Banken und solchen mit schwächer ausgeprägten Möglichkeiten des Bankmonitoring.

2.2. Die optimale Kapitalstruktur mit Rationierung

Offenbar rationieren die Kreditinstitute die Investitionskredite. Bei den kurzfristigen Krediten sind die Abweichungen zwischen dem Ist und dem Soll am größten. Das läßt darauf schließen, daß die Banken vor allem die kurzfristigen Kredite rationieren. Daher wird das Modell um eine Nebenbedingung ergänzt, die den Anteil der kurzfristigen Kredite an der Finanzierung des Sachanlagevermögens auf einen bestimmten Anteil begrenzt.

Aufgrund der theoretischen Überlegungen kann die Rationierung der kurzfristigen Kredite nicht losgelöst von dem Einfluß der Bank auf die Aktienemission gesehen werden. Daher wird bei der empirischen Berechnung gleichzeitig eine Unterteilung der 116 Unternehmen in 38 Unternehmen vorgenommen, bei denen die Banken gute Möglichkeiten haben, auf den Eigenkapitalanteil Einfluß zu nehmen, und in 78 Unternehmen, bei denen dies nicht der Fall ist. Gute Einflußmöglichkeiten liegen dann vor, wenn die Bank einen Anteil von mindestens 10% des Aktienkapitals hält oder zumindest über einen Sitz im Aufsichtsrat verfügt. Das Ergebnis der Berechnungen zeigt Tabelle 3:

Tab. 3: Optimale Kapitalstruktur, 1968–1994. Rationierung: 5% kurzfristiges Fremdkapital

Bankeneinfluß	Eigenkapital	langfristiges Fremdkapital	kurzfristiges Fremdkapital
hoch	69.0	26.0	5.0
niedrig	49.8	45.2	5.0

Die Ergebnisse weisen einen hohen multiplen Korrelationskoeffizienten auf (zwischen 0,79 und 0,92). Autokorrelation der Residuen liegt nicht vor (Durbin-Watson-Koeffizient zwischen 1,94 und 2,16).

Die Ergebnisse zeigen:

1. Offenbar rationieren die Banken die kurzfristigen Kredite an die Unternehmen.
2. Die Banken bewirken dort, wo sie größeren Einfluß haben, höhere Eigenkapitalanteile.
3. Unternehmen, die nicht so stark einem Monitoring von Banken unterworfen sind, nehmen deutlich mehr Fremdkapital auf.

Diese Ergebnisse gelten vor allem für die Periode seit 1981. Die Periode von 1968 bis 1980 weist geringere Unterschiede in der optimalen Kapitalstruktur auf als die Periode von 1981 bis 1994. Das zeigt Tabelle 4.

Tab. 4: Optimale Kapitalstruktur
      a) 1968–1980

Bankeneinfluß	Eigenkapital	langfristiges Fremdkapital	kurzfristiges Fremdkapital
hoch	53.7	41.3	5.0
niedrig	47.8	47.2	5.0

b) 1981 – 1994

Bankeneinfluß	Eigenkapital	langfristiges Fremdkapital	kurzfristiges Fremdkapital
hoch	75.1	19.9	5.0
niedrig	50.8	44.2	5.0

Auch bei diesen Berechnungen liegt der Korrelationskoeffizient hoch (zwischen 0,74 und 0,94). Die Durbin-Watson-Koeffizienten zeigen an, daß keine Autokorrelation der Residuen besteht (zwischen 1,74 und 2,10).

Es zeigt sich, daß die Banken nach den beiden Ölschocks noch stärker als früher auf eine Verstärkung des Eigenkapitalanteils an der Deckung des Sachanlagevermögens gedrungen haben als vorher.[6] Dies hat sich besonders gravierend auf die Unternehmen mit niedrigem Bankeneinfluß ausgewirkt. Für sie wäre es bei den herrschenden Zinssätzen und den damit verbundenen Zinsänderungsrisiken optimal gewesen, 44% langfristiges Fremdkapital zur Finanzierung der Sachanlagevermögens einzusetzen. Tatsächlich haben sie nur 16% des Sachanlagevermögens mit langfristigem Fremdkapital finanzieren können.

Eigenkapital war mithin für Unternehmen mit enger Bankbindung relativ günstiger als langfristiges Fremdkapital. Dies scheint durchaus plausibel: Die Banken betreiben für die Aktien der ihnen nahestehenden Unternehmen besonders intensiv Kurspflege. Sie empfehlen ihren Kunden besonders gern, Aktien der ihnen nahestehenden Unternehmen ins Portofeuille zu nehmen.

Wie Tabelle 5 zeigt, hat sich dieses Verhalten der Banken besonders nach 1980 sehr förderlich auf die Finanzierung der Unternehmen mit hohem Bankeneinfluß ausgewirkt.

Tab. 5: Aktienrendite*

Periode	Unternehmen mit	
	hohem	niedrigem
	Bankeneinfluß	
1968 - 1980	4.61	4.75
1981 - 1994	3.37	4.19

* Eigenkapitalergebnis je Aktie dividiert durch Aktienkurs.

Bei den Unternehmen, bei denen das Bankmonitoring vorwiegend über Kreditrationierung lief, wurden also neben den kurzfristigen auch die langfristigen Kredite rationiert und die Unternehmen dadurch veranlaßt, in das teure Eigenkapital zu gehen. Den Unternehmen dagegen, bei denen ein hoher Bankeneinfluß über Eigentumsrechte und Aufsichtsratsmandate ausgeübt wird, wurden günstige Eigenkapitalkonditionen ermöglicht mit der Folge, daß die Unternehmen auch ohne hohen Rationierungsdruck bereit waren, ihr Sachanlagevermögen mit unter Eigenkapital zu finanzieren.

II. Die Auswirkungen auf die Wettbewerbsfähigkeit

1. Die Investitionsintensität

Rationierung und Risikoüberwälzung auf Eigenkapitalgeber sind folglich die Maßnahmen, mit denen die Banken die Risiken aus den unvollständigen Kreditverträgen zu begrenzen und zu steuern versuchen. Dies führt, wie Abbildung 1 zeigt, zu einer durchweg geringeren Investitionsintensität derjenigen Unternehmen, bei denen die Banken stärker steuernd eingreifen können.

Abb. 1: Investitionsintensität: Investitionen je DM Umsatz

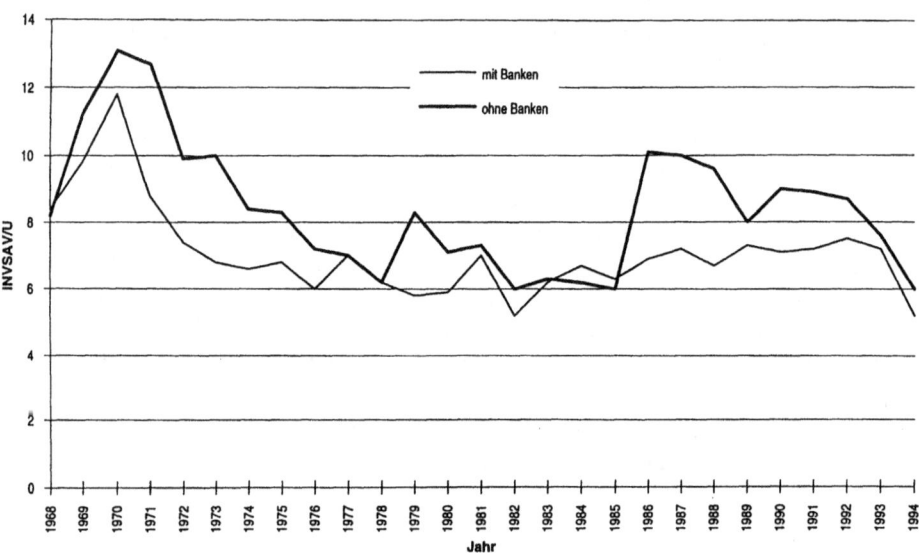

2. Rentabilität und Risiko

Eine geringere Investitionstätigkeit schlägt sich im allgemeinen in geringerer Rentabilität und größerer Anfälligkeit gegenüber einer Verschärfung der Wettbewerbsintensität nieder. Abbildung 2 zeigt, daß die Unternehmen, die einem stärkeren Monitoring der Banken unterliegen, eine vor allem seit 1985 deutlich niedrigere Eigenkapitalrentabilität aufweisen als die anderen Unternehmen. Das Risiko, daß sie ihr finanzielles Gleichgewicht nicht aufrechterhalten können, ist zudem, wie Abbildung 3 zeigt, bei ihnen höher. Zwar sind die Mittelwertunterschiede nicht signifikant, aber die Tendenz läßt sich aus den Zeitreihen doch deutlich ablesen.

In der Tendenz zeigt sich, daß Unternehmen mit niedriger Eigenkapitalrendite und höherem Marktrisiko stärker dem Monitoring der Banken in Form von Kreditrationierung und Verstärkung der Eigenkapitalbasis unterliegen als andere Unternehmen. Die Kausalität läßt sich bisher nicht eindeutig nachweisen. Man wird aber durchaus feststellen dürfen, daß die Banken durch ihre Maßnahmen der Kreditsicherung nicht zur Stärkung der Wettbewerbsfähigkeit der von ihnen kontrollierten Unternehmen beitragen.

Abb. 2: Eigenkapitalrendite

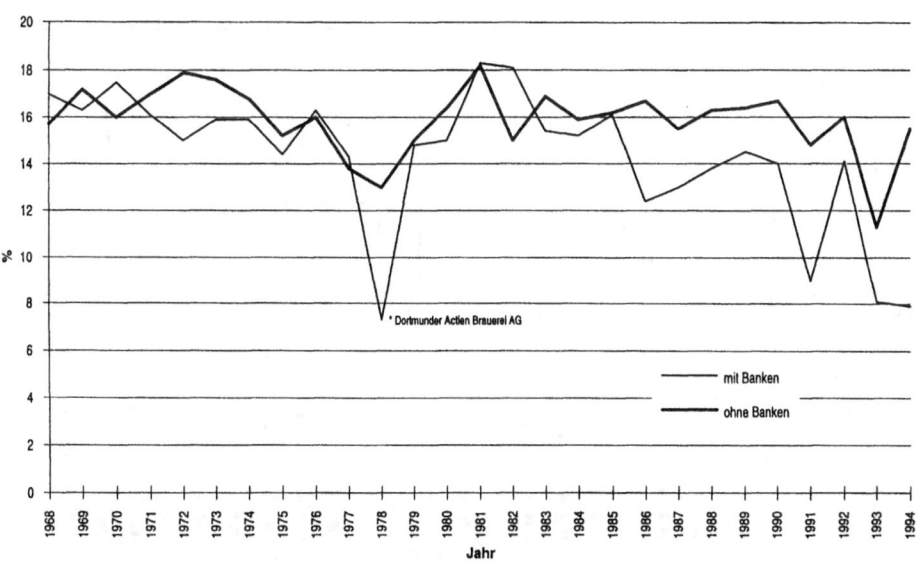

Abb. 3: Konkursrisiko

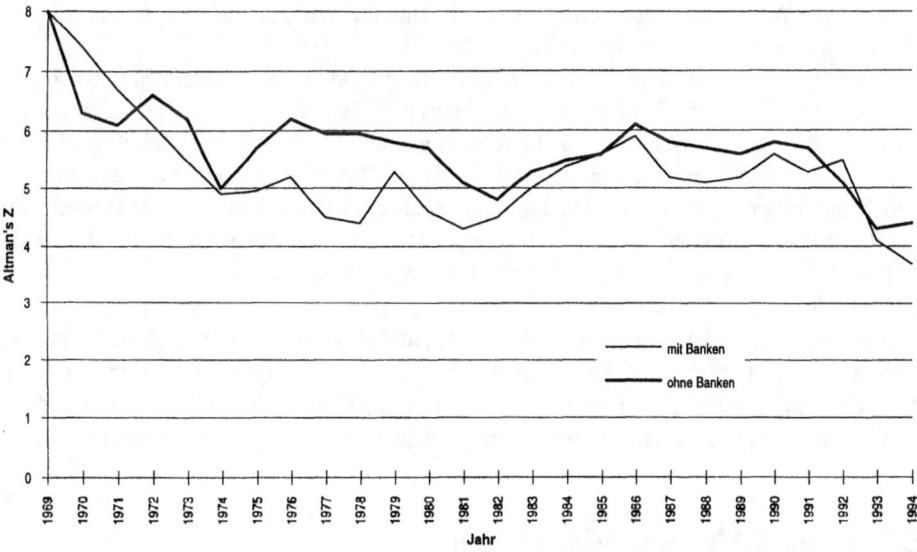

3. Marktwerte und Shareholder Value

Diese Beurteilung der Kausalität wird jedoch ganz offenbar vom Markt nicht geteilt. Definiert man den Marktwert eines Unternehmens als den Börsenwert seines Eigenkapitals und den Shareholder Value als den Unternehmenswert, ausgedrückt durch den kapitalisierten Cash Flow abzüglich Fremdkapital, und bezieht man beide Werte aufeinander, dann erhält man ein

Abb. 4: Marktwert zu Shareholder Value (gewichtet)

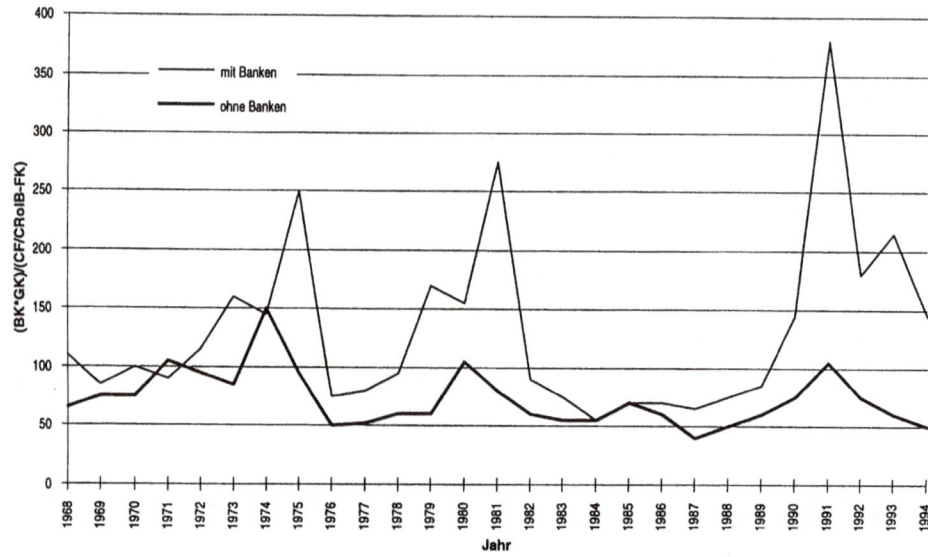

Maß für die Wertschätzung des Marktes für ein Unternehmen, bei dem das Monitoring der Banken als besonders stark eingeschätzt wird.

Abbildung 4 läßt erkennen, daß der Marktwert je Einheit Shareholder Value bei Unternehmen mit effizientem Bankmonitoring höher ist als bei den anderen Unternehmen. Die Unternehmen, die von Banken stärker gesteuert werden, haben offenbar auch deshalb niedrigere Eigenkapitalrenditen, weil sie einen höheren Eigenkapitalanteil am Gesamtkapital haben und mithin die geforderte Risikoprämie niedriger ist. Tatsächlich ist die Gesamtkapitalrendite beider Gruppen kaum voneinander verschieden. Das etwas höhere Konkursrisiko (Altman's Z) wird vom Markt offenbar nicht als nachteilig angesehen.

Man wird also feststellen müssen, daß engere Bankbeziehungen zwar mit einem Verlust an Wettbewerbsfähigkeit auf den Gütermärkten, nicht aber auf dem Kapitalmarkt verbunden sind. Hier ist das Gegenteil der Fall. Signalwirkung des Bankenengagements, Kurspflege und Kundenberatung senken die Eigenkapitalkosten so deutlich unter das Niveau der anderen Unternehmen, daß von einem strategischen Wettbewerbsvorteil gesprochen werden kann.

D. Folgerungen für Systemänderungen

Welche Folgerungen ergeben sich nun aus den gefundenen Zusammenhängen für etwaige gesetzliche Regelungen des Verhältnisses zwischen Banken und Unternehmen?

Die Rationierung des kurzfristigen Kredits für Investitionszwecke auf rund 5% ist angesichts der höheren Kapitalfreisetzung durch Abschreibungen – die Abschreibungen auf das Anlagevermögen betrugen in den Jahren von 1968 bis 1994 18,5% – eine sehr strenge Beschränkung der Investitionstätigkeit. Sie gilt aber für bankenabhängige wie bankenungebundene Unternehmen offenbar in gleicher Weise und spielt daher nur noch im Wettbewerb mit ausländischen Unternehmen eine Rolle für die Wettbewerbsfähigkeit inländischer Unternehmen.

Dies ist das erste normative Problem. Eine stärkere Kapitalmarktorientierung des deutschen Finanzierungssystems würde wohl zu einer Aufhebung der Rationierung führen und mehr Investitionen ermöglichen.

Ein zweites Problem ist die deutliche Diskriminierung von Unternehmen, die nicht einem Bankmonitoring durch Kapitalbesitz und Aufsichtsratsmandate unterworfen sind. Hier wird von den Banken offenbar das Instrument der Rationierung des langfristigen Kredits stärker und deutlich wirksamer eingesetzt als bei den anderen Unternehmen. Letztere wiederum werden bei der Eigenkapitalfinanzierung begünstigt. Unternehmen mit hohem Bankeneinfluß werden dadurch von der Finanzierungsseite her wettbewerbsfähiger gemacht, obwohl sie von der Güterseite her betrachtet schlechtere Eigenkapitalrenditen und höhere Risiken aufweisen. Diese Diskriminierung tritt als ein grundsätzliches normatives Problem erst seit der zweiten Ölkrise deutlicher in Erscheinung.

Kreditrationierung bei kurzfristigen und bei langfristigen Krediten setzt die Wirksamkeit des Kapitalmarktzinses zur Investitionssteuerung außer Kraft. Dies ist das zentrale wirtschaftspolitische Problem. Es läßt sich wohl nur durch Übergang zu einem stärker kapitalmarktorientierten System lösen. Diskriminierung zwischen Unternehmen mit hohem und mit niedrigem Bankeneinfluß ist dagegen ein Problem, das auf dem unterschiedlichen Einsatz der Instrumente des Kreditmonitoring beruht, Wenn, wie in den USA, Banken, die Kapitalanteile an Unternehmen besitzen und Aufsichtsratsmandate bei ihnen halten, keine Kredite an diese Unternehmen vergeben dürften, wäre auch das Problem der Gleichbehandlung von Unternehmen besser gelöst.

Die Sorge amerikanischer Finanztheoretiker, das amerikanische Trennbankensystem sei ein Wettbewerbsnachteil für die amerikanischen Unternehmen, scheint jedenfalls nicht gut begründet. Eher ist das Gegenteil der Fall.

Die Anpassungsformen der Firmen an die Rationierung des kurzfristigen Kredits sind natürlich in der Grundrichtung gleich. Der Anteil des langfristigen Kredits an der Investitionsfinanzierung ist im Optimum bedeutsamer. Beide Firmengruppen würden gegenüber dem Ist ihre Eigenkapitalfinanzierung zurücknehmen.

Dabei würden die Unternehmen, bei denen der Bankeneinfluß stark ist, relativ mehr Eigenkapital und relativ weniger langfristiges Fremdkapital einsetzen als die Unternehmen, die weniger von den Banken gesteuert werden. Offenbar erhalten sie dank des Bankeneinflusses Eigenkapital zu geringeren Kapitalkosten. Das stimmt mit der Beobachtung überein, daß sie einen höheren relativen Marktwert haben.

Offenbar rationieren die Banken nicht nur den kurzfristigen Bankkredit, sondern auch den langfristigen, und zwar bei denjenigen Unternehmen, bei denen sie keine anderen Möglichkeiten des Monitoring haben. Die Wirksamkeit des kurzfristigen wie des langfristigen Zinssatzes zur Steuerung der Investitionstätigkeit ist weitgehend außer Kraft gesetzt.

Dies ist das zentrale normative Problem. Die Herabsetzung der Eigenkapitalkosten ist dagegen offenbar eher Reflex des Kreditmonitoring der Banken als direkter Effekt eines besseren Zugangs zum Kapitalmarkt.

Der größere Bankeneinfluß bei einer Gruppe von Unternehmen ist ein den Wettbewerb um Eigenkapital verfälschendes Signal für den Kapitalmarkt: Für Unternehmen mit geringerem

Monitoring wird Eigenkapital teurer. Das ist vor allem seit 1981 der Fall. Es wird der Eindruck einer adverse selection erweckt: Unternehmen, die größere Marktrisiken eingehen, ohne die entsprechend höhere Risikoprämie erwirtschaften zu können, verhilft der stärkere Bankeneinfluß zu niedrigeren Eigenkapitalkosten. Das verbessert ihre Wettbewerbsfähigkeit. Die unabhängigen Unternehmen dagegen können die für sie optimale Kapitalstruktur wegen der Rationierung ihrer kurz- und mittelfristigen Bankkredite und der Sperrung des Zugangs zum Markt für langfristiges Fremdkapital nicht realisieren. Ihre Wettbewerbsfähigkeit am Kapitalmarkt ist klar geschwächt.

Der allgemeinen Einschränkung der Wettbewerbsfähigkeit durch Rationierung des kurzfristigen Kredits steht also eine relative Begünstigung der stärker von Banken kontrollierten Unternehmen und eine relative Benachteiligung der anderen Unternehmen durch Rationierung des langfristigen Kredits gegenüber. Der erste Effekt ist systembedingt, der zweite verhaltensbedingt. Der erste könnte durch Übergang zu einem kapitalmarktorientierten System, der zweite durch einen Verzicht auf Aufsichtsratsmandate bei Kunden und durch Veräußerung von Anteilsbesitz an Kunden beseitigt werden. Die Sorge amerikanischer Finanztheoretiker, das amerikanische Trennbankensystem sei ein Wettbewerbsnachteil für die amerikanischen Unternehmen, scheint jedenfalls unbegründet.

Anhang: Die Berechnung der optimalen Kapitalstruktur

A. Das Modell

I. Das Modell ohne Kreditrationierung

Das Unternehmen maximiert eine Nutzenfunktion der Form

(1) $\quad u = a - c \exp(-bG)$

mit: $\quad u \quad$ = Nutzen
$\quad \quad \quad a, c, b$ = Parameter
$\quad \quad \quad G \quad$ = Gewinn

G ist eine stochastische Variable mit

(2) $\quad G = N(\mu, \sigma^2)$

Die Maximierung von (1) ergibt daher

(3) $\quad \max E(U) = a - c \exp\left(\frac{b}{2}\mu + \frac{b^2}{4}\sigma^2\right)$

oder

(4) $\quad \max E(U) = a - c \exp\left(\frac{b}{2}w\right)$

mit

$\quad \quad w = \mu + \frac{b}{2}\sigma^2$

Der Nutzen des Unternehmens berechnet sich aus dem Bruttogewinn einer Investition sowie den Kapitalkosten zur Finanzierung des Investitionsvolumens. Bei gegebener Investition ist die Maximierung von

(5) $\quad w = -\left(\mu + \dfrac{b}{2}\sigma^2\right)$

gleich der Maximierung von (3). In (5) bezeichnet μ die Kapitalkosten, σ^2 die Varianz der Kapitalkosten.

Die Kapitalkosten entsprechen der gewichteten Summe aus Eigen- und Fremdkapitalkosten. Fremdkapital für gewerbliche Investitionen wird in Deutschland von Geschäftsbanken bereitgestellt. Lang- und kurzfristige Bankkredite spielen eine entscheidende Rolle bei der Investitionsfinanzierung, auch wenn die Aufnahme von Fremdkapital in Wertpapierform in den letzten Jahren zugenommen hat.

Transaktionen zwischen Unternehmen und ihren Hausbanken sollten deshalb in lang- und kurzfristige Kredite aufgeteilt werden. Daraus resultiert

(6) $\quad \mu(c) = \bar{r}_e \cdot EK + \bar{r}_l \cdot LL + \bar{r}_k \cdot KD$

mit: $\bar{r}_e$ = erwartete Eigenkapitalkosten
$\bar{r}_l$ = erwartete Kosten für langfristig gewährtes Fremdkapital
$\bar{r}_k$ = erwartete Kosten für kurzfristig gewährtes Fremdkapital
LL = langfristig gewährtes Fremdkapital
KD = kurzfristig gewährtes Fremdkapital
EK = Eigenkapital.

Nun wird (5) unter der Nebenbedingung maximiert

(7) $\quad I = F$

mit I = Investition
F = Gesamtfinanzierung (Summe aus EK, lang- und kurzfristigem Fremdkapital)

Darin ist

(8) $\quad I_t = \left(a_0 + a_1 \dfrac{CF_t}{q_{t-1} K_{t-1}} + a_2 \Delta UB_t + a_3 \Delta UB_{t-1} + a_4 \Delta UB_{t-2} + a_5 \Delta UB_{t-3} \right.$
$\left. \qquad + a_6 \Delta k + a_7 \dfrac{I_{t-1}}{K_{t-2}}\right) K_{t-1}$

wobei:
CF = Cash Flow
q = Preisindex für Investitionsgüter,
K = Sachanlagevermögen
ΔUB = Veränderung des Umsatzes und
Δk = Veränderung der user cost of capital.

Bei der Darstellung in Matrixform hat das Modell die Form

(9) $\quad \min w = r' F + \dfrac{b}{2} F' SF$

mit $\quad r' = (\bar{r}_e, \bar{r}_l, \bar{r}_k)$
$\quad\quad F' = (EK, LL, KD)$

und S als Varianz-Kovarianz-Matrix. (9) ist zu minimieren unter der Nebenbedingung

(10) $\quad I = e' F$

mit e als Einheitsvektor. Die Lösung des Problems erfolgt mittels der Lagrangefunktion

(11) $\quad \max w = \bar{r}' F - \dfrac{b}{2} F' S F + \Lambda (I - e' F)$

Optimalitätsbedingungen sind

(12) $\quad \begin{bmatrix} \dfrac{\delta w}{\delta F} \\ \dfrac{\delta w}{\delta \Lambda} \end{bmatrix} = \begin{bmatrix} -\bar{r} \\ I \end{bmatrix} - \begin{bmatrix} bS & e \\ e' & 0 \end{bmatrix} \begin{bmatrix} F \\ \Lambda \end{bmatrix} = \begin{bmatrix} 0 \\ 0 \end{bmatrix}$

sowie für F

(13) $\quad F = -\dfrac{1}{b} \left[S^{-1} - \dfrac{S^{-1} e e' S^{-1}}{e' S^{-1} e} \right] \bar{r} + \left[\dfrac{S^{-1} \cdot e}{e' S^{-1} e} \right] I$

Vereinfachend kann das optimale Finanzierungsvolumen auch als

(14) $\quad F^* = A\bar{r} + dI.$

geschrieben werden. Zur Darstellung der dynamischen Transaktionen zwischen Bank und Unternehmen werden Koyck lags verwendet. Man erhält

(15) $\quad F_t = F_{t-1} + \Phi [F_t^* - F_{t-1}]$

mit Φ als Matrix der Anpassungsfaktoren, die die unterschiedlichen Kosten und Geschwindigkeiten der Anpassung von Eigenkapital und lang- und kurzfristigem Fremdkapital auf das optimale Niveau abbilden.

Aus der Umformung von (15) ergibt sich

(16) $\quad F_t = (E - \Phi) F_{t-1} + \Phi (A\bar{r} + dI)$

mit E als Einheitsmatrix.

Die Lösung der dynamischen Version des Modells ist dann

(17) $\quad F^* = \Phi A\bar{r} + \Phi dI + (E - \Phi) F_{t-1}$

mit

(18) $\quad e'd = 1$

(19) $\quad e'A = 0$

(20) $\quad e'\Phi = 1.$

II. Das Modell mit Kreditrationierung

Um die Rationierung des kurzfristigen Kredits durch die Bank zu modellieren, wird die Nebenbedingung (21) in das Modell eingefügt:

(21) $\quad KD = \alpha I$

mit α = Parameter.

B. Ergebnisse

1. Die tatsächliche Kapitalstruktur (gewichtet)

1) 1968–1994

Bankeneinfluß	Eigenkapital	langfristiges Fremdkapital	kurzfristiges Fremdkapital
gesamt	79.64	15.29	5.08
hoch	81.63	13.81	4.56
niedrig	78.37	16.23	5.40

2) 1968–1980

Bankeneinfluß	Eigenkapital	langfristiges Fremdkapital	kurzfristiges Fremdkapital
gesamt	76.94	17.21	5.86
hoch	74.80	18.54	6.65
niedrig	78.51	16.22	5.27

3) 1981–1994

Bankeneinfluß	Eigenkapital	langfristiges Fremdkapital	kurzfristiges Fremdkapital
gesamt	81.14	14.22	4.64
hoch	85.97	10.80	3.23
niedrig	78.30	16.23	5.47

2. Das Modell ohne Kreditrationierung:

1) Alle Unternehmen (116), 1968–1994

Geschätzte Koeffizienten:			
	Eigenkapital	langfristiges Fremdkapital	kurzfristiges Fremdkapital
EKKS	-0.1153 (-4.092)	0.0697 (2.5120)	0.0456 (1.6140)
RSL	-0.1035 (-0.7080)	-0.0224 (-0.1560)	0.1266 (0.8640)
RSK	-0.7620 (-1.3550)	0.1001 (1.8070)	-0.0238 (-0.4210)
Kurzfristige Anpassungskoeffizienten:			
	0.3831 (34.910)	0.2647 (24.490)	0.3522 (31.990)
R^2 und DW			
	R^2=0.9295 DW=1.9957	R^2=0.8200 DW=2.1247	R^2=0.8418 DW=2.0772
Langfristige Anpassungskoeffizienten:			
	0.5621	0.1614	0.2765

2) Unternehmen mit niedrigem Bankeneinfluß (78), 1968–1994

Geschätzte Koeffizienten:			
	Eigenkapital	langfristiges Fremdkapital	kurzfristiges Fremdkapital
EKKS	-0.1445 (-4.125)	0.0803 (2.1600)	0.0642 (1.7160)
RSL	-0.1496 (-0.8110)	-0.0813 (-0.4150)	0.0693 (0.3520)
RSK	-0.0441 (-0.6370)	0.0762 (1.0360)	-0.0319 (-0.4310)
Kurzfristige Anpassungskoeffizienten:			
	0.3500 (27.830)	0.2760 (20.680)	0.3740 (27.860)
R^2 und DW			
	R^2=0.9273 DW=1.9791	R^2=0.8099 DW=2.1700	R^2=0.8469 DW=2.0738
Langfristige Anpassungskoeffizienten:			
	0.4809	0.1911	0.3280

3) Unternehmen mit hohem Bankeneinfluß (38), 1968–1994

Geschätzte Koeffizienten:			
	Eigenkapital	langfristiges Fremdkapital	kurzfristiges Fremdkapital
EKKS	-0.0377 (-0.826)	0.0340 (0.947)	0.0642 (1.7160)
RSL	-0.1496 (-0.811)	-0.2735 (-1.512)	0.2094 (1.099)
RSK	-0.1416 (-1.526)	0.1484 (2.035)	-0.0069 (-0.090)
Kurzfristige Anpassungskoeffizienten:			
	0.5369 (23.510)	0.2095 (11.680)	0.2536 (13.420)
R^2 und DW			
	R^2=0.9374 DW=1.9357	R^2=0.8569 DW=1.9051	R^2=0.8292 DW=2.0259
Langfristige Anpassungskoeffizienten:			
	0.8868	0.0336	0.0796

3. Das Modell mit Kreditrationierung (5% kurzfristiges Fremdkapital):

1) Alle Unternehmen (116)
   a) 1968–1994

Geschätzte Koeffizienten:			
	Eigenkapital	langfristiges Fremdkapital	kurzfristiges Fremdkapital
EKKS	-0.0789 (-3.544)	0.0616 (2.720)	0.0173 (0.696)
RSL	0.0429 (0.335)	-0.0983 (-0.756)	0.0558 (0.390)
RSK	-0.0565 (-1.182)	0.0841 (1.732)	-0.0274 (-0.512)
Kurzfristige Anpassungskoeffizienten:			
	0.5273 (56.790)	0.4227 (45.530)	0.050 -----
R^2 und DW			
	R^2=0.9213 DW=1.9732	R^2=0.7843 DW=2.2379	R^2=0.7793 DW=2.0790
Langfristige Anpassungskoeffizienten:			
	0.5996	0.1941	0.2063

b) 1968–1980

Geschätzte Koeffizienten:			
	Eigenkapital	langfristiges Fremdkapital	kurzfristiges Fremdkapital
EKKS	-0.0582 (-2.817)	0.0572 (3.072)	0.0008 (0.049)
RSL	-0.0293 (-0.361)	-0.0683 (-0.935)	0.0987 (1.431)
RSK	0.0591 (1.568)	-0.0145 (-0.442)	-0.0440 (-1.375)
Kurzfristige Anpassungskoeffizienten:			
	0.4861 (40.910)	0.4639 (39.040)	0.050 -----
R^2 und DW			
	R^2=0.9512 DW=1.9040	R^2=0.9173 DW=2.1079	R^2=0.8670 DW=1.8466
Langfristige Anpassungskoeffizienten:			
	0.5892	0.3114	0.0994

c) 1981–1994

Geschätzte Koeffizienten:			
	Eigenkapital	langfristiges Fremdkapital	kurzfristiges Fremdkapital
EKKS	-0.1116 (-2.855)	0.1200 (2.543)	0.0106 (0.235)
RSL	0.4324 (1.062)	-1.3473 (-3.257)	0.9152 (1.961)
RSK	-0.1958 (-2.070)	0.2326 (2.420)	-0.0365 (-0.335)
Kurzfristige Anpassungskoeffizienten:			
	0.5375 (39.640)	0.4125 (30.420)	0.050 -----
R^2 und DW			
	R^2=0.8944 DW=1.9772	R^2=0.7394 DW=2.2442	R^2=0.7686 DW=2.0648
Langfristige Anpassungskoeffizienten:			
	0.5483	0.2019	0.2498

2) Unternehmen mit niedrigem Bankeneinfluß (78)
   a) 1968–1994

Geschätzte Koeffizienten:			
	Eigenkapital	langfristiges Fremdkapital	kurzfristiges Fremdkapital
EKKS	-0.1339 (-3.677)	0.0929 (2.412)	0.0411 (0.968)
RSL	-0.2829 (-1.475)	-0.0775 (-0.382)	0.3615 (1.620)
RSK	-0.0275 (-0.382)	0.0959 (1.259)	-0.0681 (-0.812)
Kurzfristige Anpassungskoeffizienten:			
	0.4979 (44.970)	0.4521 (40.830)	0.050 -----
R^2 und DW			
	R^2=0.9223 DW=1.9350	R^2=0.7936 DW=2.1629	R^2=0.8028 DW=1.9947
Langfristige Anpassungskoeffizienten:			
	0.5215	0.1938	0.2847

b) 1968–1980

Geschätzte Koeffizienten:			
	Eigenkapital	langfristiges Fremdkapital	kurzfristiges Fremdkapital
EKKS	-0.0943 (-2.575)	0.0781 (2.336)	0.0159 (0.573)
RSL	-0.2218 (-1.704)	-0.0633 (-0.533)	0.1599 (1.617)
RSK	-0.1107 (-1.907)	-0.1256 (-2.370)	0.0152 (0.344)
Kurzfristige Anpassungskoeffizienten:			
	0.4777 (31.250)	0.4722 (30.900)	0.050 -----
R^2 und DW			
	R^2=0.9644 DW=2.0215	R^2=0.9317 DW=2.0729	R^2=0.8313 DW=1.7499
Langfristige Anpassungskoeffizienten:			
	0.6129	0.3142	0.0729

c) 1981–1994

Geschätzte Koeffizienten:			
	Eigenkapital	langfristiges Fremdkapital	kurzfristiges Fremdkapital
EKKS	-0.1374 (-2.319)	0.0693 (1.129)	0.0682 (0.986)
RSL	-0.3451 (-0.729)	-0.1474 (-0.301)	0.4924 (0.892)
RSK	-0.1492 (-1.143)	0.2619 (1.937)	-0.1124 (-0.738)
Kurzfristige Anpassungskoeffizienten:			
	0.5088 (32.190)	0.4412 (27.920)	0.050 -----
R^2 und DW			
	R^2=0.8991 DW=1.8961	R^2=0.7855 DW=2.1000	R^2=0.8238 DW=1.9397
Langfristige Anpassungskoeffizienten:			
	0.4638	0.2049	0.3313

3) Unternehmen mit hohem Bankeneinfluß (38)
   a) 1968–1994

Geschätzte Koeffizienten:			
	Eigenkapital	langfristiges Fremdkapital	kurzfristiges Fremdkapital
EKKS	-0.0179 (-0.389)	0.0405 (1.112)	-0.0226 (-0.567)
RSL	0.1082 (0.465)	-0.2589 (-1.409)	0.1509 (0.750)
RSK	-0.1288 (-1.374)	0.1526 (2.060)	-0.0239 (-0.295)
Kurzfristige Anpassungskoeffizienten:			
	0.6898 (39.360)	0.2604 (14.850)	0.050 -----
R^2 und DW			
	R^2=0.9345 DW=1.8744	R^2=0.8549 DW=1.9082	R^2=0.8090 DW=1.9142
Langfristige Anpassungskoeffizienten:			
	0.9413	0.0226	0.0361

b) 1968–1980

Geschätzte Koeffizienten:

	Eigenkapital	langfristiges Fremdkapital	kurzfristiges Fremdkapital
EKKS	-0.0086	0.0712	-0.6262
	(-0.148)	(1.530)	(-1.050)
RSL	0.1941	-0.3374	0.1439
	(0.919)	(-1.984)	(0.660)
RSK	0.0147	0.1682	-0.1833
	(0.144)	(2.044)	(-1.736)

Kurzfristige Anpassungskoeffizienten:

	0.5366	0.4134	0.050
	(27.450)	(21.150)	-----

R^2 und DW

	R^2=0.9344	R^2=0.9382	R^2=0.9008
	DW=1.7484	DW=1.8756	DW=1.8691

Langfristige Anpassungskoeffizienten:

	0.3998	0.3224	0.2778

c) 1981–1994

Geschätzte Koeffizienten:

	Eigenkapital	langfristiges Fremdkapital	kurzfristiges Fremdkapital
EKKS	-0.1027	0.0544	0.0483
	(-1.142)	(0.752)	(0.615)
RSL	1.4269	-1.6175	0.1905
	(1.894)	(-2.671)	(0.289)
RSK	-0.2661	-0.0077	0.2737
	(-1.416)	(-0.051)	(1.665)

Kurzfristige Anpassungskoeffizienten:

	0.7509	0.1990	0.050
	(27.630)	(6.862)	-----

R^2 und DW

	R^2=0.9352	R^2=0.8147	R^2=0.7411
	DW=1.9635	DW=1.8755	DW=1.9399

Langfristige Anpassungskoeffizienten:

	0.9858	0.0117	0.0025

4) Investitionsfunktion 1968–1994
   a) ohne Verwendung eines Firmendummy

Bankeinfluß	Const.	$\frac{CF_t}{q_{t-1}K_{t-1}}$	ΔUB_t	ΔUB_{t-1}	ΔUB_{t-2}	ΔUB_{t-3}	$\Delta \kappa_t$	$\frac{I_{t-1}}{K_{t-2}}$	R^2	DW
gesamt	4.6794	0.0902	0.0549	0.0436	0.0982	0.0569	0.0784	0.1229	0.7411	1.9472
	(6.35)	(9.37)	(3.39)	(2.72)	(6.05)	(3.51)	(32.55)	(8.63)		
hoch	9.5594	0.1192	0.0386	0.0660	0.0963	0.0899	0.0782	0.0966	0.7303	1.8922
	(4.71)	(6.16)	(1.35)	(2.30)	(3.29)	(2.75)	(18.44)	(4.07)		
niedrig	2.5583	0.0779	0.0523	0.0321	0.0873	0.0480	0.0748	0.1623	0.7642	1.9687
	(4.49)	(7.21)	(2.64)	(1.65)	(4.42)	(2.53)	(26.14)	(9.07)		

b) mit Verwendung eines Firmendummy

Bankeinfluß	Const.	$\frac{CF_t}{q_{t-1}K_{t-1}}$	ΔUB_t	ΔUB_{t-1}	ΔUB_{t-2}	ΔUB_{t-3}	$\Delta \kappa_t$	$\frac{I_{t-1}}{K_{t-2}}$	R^2	DW
gesamt	148.76	0.0436	0.0461	0.0477	0.0841	0.0631	0.0427	0.1414	0.8365	1.8350
	(3.78)	(5.29)	(2.96)	(3.17)	(5.58)	(4.07)	(16.97)	(10.74)		
hoch	135.75	0.0827	0.0534	0.0626	0.0938	0.1026	0.0430	0.1294	0.8188	1.8029
	(3.21)	(4.44)	(1.92)	(2.39)	(3.59)	(3.08)	(9.73)	(6.46)		
niedrig	5.2140	0.0346	0.0342	0.0420	0.0775	0.0549	0.0419	0.1556	0.8490	1.8486
	(3.64)	(3.42)	(1.77)	(2.25)	(4.10)	(3.00)	(13.94)	(9.02)		

C. Liste der Unternehmen

1. Unternehmen mit niedrigem Bankeneinfluß (78)

Nummer	Name
2	AKZO FASER AG
5	HASEN-BRAEU AG
7	BASF AG
13	BRAUHAUS AMBERG AG
16	BABCOCK-BSH AG VORMALS BUETTNER-SCHILDE-HAAS AG
19	RIETER INGOLSTADT SPINNEREIMASCHINENBAU AG
24	DEGUSSA AG
28	BDAG BALCKE-DUERR AG
34	KABEL RHEYDT AG
35	PHILIPS KOMMUNIKATIONS INDUSTRIE AG
36	FORD-WERKE AG
46	HAGEDA AG
49	HOLSTEN BRAUEREI AG
68	AUDI AG
70	KM-KABELMETAL AG
81	GERRESHEIMER GLAS AG
84	SCHERING AG
88	SINALCO AG
95	IKON AG PRAEZISIONSTECHNIK
98	VOLKSWAGENWERK AG
105	TUCHER BRAEU AG
107	DYCKERHOFF AG
125	KSB KLEIN, SCHANZLIN & BECKER AG

Bankbeziehungen und Wettbewerbsfähigkeit

Nummer	Name
126	O & K ORENSTEIN & KOPPEL AG
127	DIDIER-WERKE AG
147	KERAMAG KERAMISCHE WERKE AG
154	AG KUEHNLE, KOPP & KAUSCH
156	AESCULAP-WERKE AG VORMALS JETTER & SCHEERER
160	GRUENZWEIG + HARTMANN UND GLASFASER AG
168	DIRKOPP ADLER AG
169	KRAUSS-MAFFEI AG
170	KROMSCHROEDER, G. AG
171	LEONISCHE DRAHTWERKE AG
179	MASCHINENFABRIK MUELLER-WEINGARTEN AG
180	MEINECKE, H. AG
183	NIEDERMAYR PAPIERWARENFABRIK AG
184	FORST EBNATH AG
193	SCHICHAU UNTERWESER AG
194	SCHLENK, CARL AG
197	SCHWABENVERLAG AG
256	KRAFTUEBERTRAGUNGSWERKE RHEINFELDEN AG
259	KUPFERBERG, CHR., ADALBERT + CO. KGAA
268	MITTELSCHWAEBISCHE UEBERLANDZENTRALE AG
269	NAK STOFFE AG
277	KULMBACHER REICHELBRAEU AG
278	RHEINELEKTRA AG
289	SUEDWESTDEUTSCHE SALZWERKE AG
290	TEUTONIA ZEMENTWERK AG
296	WESTAG & GETALIT AG
306	BAYERISCHE HARTSTEIN-INDUSTRIE AG
316	CHEMISCHE FABRIKEN ODER UND BRAUNSCHWEIG AG
319	DEUTSCHER EISENHANDEL AG
340	KUEHLTRANSIT AG
344	NECKARWERKE ELEKTRIZITAETSVERSORGUNGS-AG
345	AG NORDDEUTSCHE STEINGUTFABRIK
349	ALCATEL SEL AG
507	STUTTGARTER HOFBRAEU AG
513	UNIVERSITAETSDRUCKEREI H. STUERTZ AG
520	VEREINIGTE SCHMIRGEL- UND MASCHINENFABRIKEN AG
529	WOLLDECKENFABRIK WEIL DER STADT AG
533	ZAHNRAEDERFABRIK RENK AG
537	AG BAD SALZSCHLIRF
539	ALLERTHAL-WERKE AG
544	BAUMWOLLSPINNEREI GRONAU
550	BERLINER KRAFT- U. LICHT (BEWAG/BEKULA) AG
553	BINDING-BRAUEREI AG
561	BREMER WOLL-KAEMMEREI AG
563	BUERGERLICHES BRAUHAUS RAVENSBURG-LINDAU AG
568	CONTIGAS DEUTSCHE ENERGIE-AG
570	BLAUE QUELLEN MINERAL- UND HEILBRUNNEN AG
576	EICHBAUM BRAUEREIEN AG
578	JUTE-SPINNEREI U. WEBEREI BREMEN AG
581	ENERGIEVERSORGUNG OSTBAYERN AG
585	ERSTE KULMBACHER ACTIEN BRAUEREI AG
586	FLACHGLAS AG
594	HAMBURGISCHE ELEKTRICITAETS-WERKE AG
597	HINDRICHS-AUFFERMANN AG
598	HOFBRAUHAUS WOLTERS AG

2. Unternehmen mit hohem Bankeneinfluß (38)

Nummer	Name
10	BEIERSDORF AG
12	BAYERISCHE MOTORENWERKE AG
17	CASELLA AG
22	CONTINENTAL GUMMI-WERKE AG
33	HOECHST AG
37	RECKITT & COLMAN DEUTSCHLAND AG
40	MARKT- UND KUEHLHALLEN AG
41	GOLDSCHMIDT, TH, AG
63	SALAMANDER AG
64	NEUE BAUMWOLL-SPINNEREI UND WEBEREI HOF AG
69	LINDE AG
80	RUETGERSWERKE AG
90	SPINNSTOFF FABRIK ZEHLENDORF AG
92	SUED-CHEMIE AG
102	PHOENIX AG
110	AEG-AKTIENGESELLSCHAFT
122	BILFINGER + BERGER BAUAKTIENGESELLSCHAFT
124	KOEPP AG
129	LAHMEYER AG
149	PREUSSAG STAHL AG
159	OELMUEHLE HAMBURG AG
164	MAIHAK, H. AG
167	HUETTENWERKE KAYSER AG
196	SCHULTE-SCHLAGBAUM AG
254	KEMPINSKI AG
266	METALLGESELLSCHAFT AG
271	NEW-YORK HAMBURGER GUMMI-WAREN COMPAGNIE
273	PAULANER-SALVATOR-THMOASBRAEU AG
281	M.A.N.-ROLAND DRUCKMASCHINEN AG
506	BM BAECKERMUEHLEN AG
525	VEREINIGTE ELEKTRIZITAETSWERKE WESTFALEN AG
532	WUERZBURGER HOFBRAU AG
557	BRAUEREI MONINGER AG
558	BRAUNSCHWEIGISCHE MASCHINENBAUANSTALT
566	CHEMISCHE WERKE BROCKHUES AG
574	DORTMUNDER ACTIEN BRAUEREI AG
583	KLOECKNER HOLSTEIN SEITZ AG
600	ISAR-AMPERWERKE AG

Anmerkungen

1 Festvortrag, gehalten anläßlich der akademischen Feier zur Verabschiedung von Professor Dr. A. Ghanie Ghaussy in der Universität der Bundeswehr Hamburg am 14. Oktober 1997.
2 Vgl. z.B. Kanniainen, V., Stenbacka, R.: Project Monitoring and Banking Competition under Adverse Selection, Working Paper, Helsinki, August 25, 1997.
3 Kliesow, O.: Jusen, Absurdes Theater in Japans Finanzwelt, in: Zeitschrift für japanisches Recht 1996, S. 59–71.
4 Vgl. Nippel, P.: Die Struktur von Kreditverträgen aus theoretischer Sicht, in: Albach, H., Hax, H. et al. (Hrsg.): Beiträge zur betriebswirtschaftlichen Forschung, Band 73, Wiesbaden 1993.
5 Vgl. den Anhang.
6 Vgl. die Tabellen über die tatsächliche Kapitalstruktur im Anhang.

Bankbeziehungen und Wettbewerbsfähigkeit

Zusammenfassung

Im Rahmen eines Portfolio-Modells wird der Einfluß der Banken auf Rentabilität und Investitionsentscheidungen deutscher Industrieunternehmen untersucht. Bank-Monitoring kann im Rahmen von Eigentumsrechten, Aufsichtsrechten, Kreditverträgen und Konsortialführung bei Emissionen vorgenommen werden. Es wird nachgewiesen, daß die Banken bei allen Unternehmungen kurzfristige Kredite rationieren, langfristige dagegen nur bei Unternehmungen, bei denen sie keine Eigentums- und Aufsichtsrechte besitzen.

Summary

A portfolio model of capital structure is used to analyze the influence of banks of investment revisions and profitability of industrial firms. Bank monitoring takes on various forms: equity ownerships, board memberships, credit rationing, and services in convection with floating new equity. It is shown that banks ration short term credit for all firms and long-term credit for firms where banks do not have a share in the equity or where they do not have board memberships. Bank behavior is explained by applying signalling theory.

03: Bankwesen

Grundlagen optimaler Unternehmensfinanzierung

Die Bestimmung der optimalen Finanzierungsweise von Unternehmen zählt zu den Kernproblemen der Betriebswirtschaftslehre. Von der Transformationsfunktion der Unternehmensfinanzierung wird der Bogen über das Irrelevanztheorem von Modigliani/Miller (1958) und die Diskussion der Bedeutung von Steuern und Insolvenzkosten zu der Frage geschlagen, inwiefern Finanzierungsmaßnahmen als Medium der Informationsübermittlung und als Mittel zur glaubwürdigen Bindung der Unternehmensleitung gegenüber Kapitalgebern und Konkurrenten genutzt werden können. Zuletzt werden Probleme der optimalen Zuordnung von Verfügungsrechten zu Finanzierungsinstrumenten diskutiert.

- Grundlagen
- Transformationsfunktion der Unternehmensfinanzierung und Modigliani/Miller-Theorem
- Steuern und Insolvenzkosten als Determinanten unternehmerischer Finanzierungsentscheidungen
- Informationsübermittlung und Verhaltensbeeinflussung durch Unternehmensfinanzierung
- Neuere Ansätze

Prof. Dr. Wolfgang Breuer lehrt Unternehmensfinanzierung, Interne Unternehmensrechnung und Internationales Finanzmanagement an der Universität Bonn.

Wolfgang Breuer
Finanzierungstheorie
Eine systematische Einführung
Horst Albach (Hrsg.)
1998. XIII, 250 S.,
Die Wirtschaftswissenschaften,
broschiert DM 68,00
ISBN 3-409-12942-1

Bestell-Coupon

Ja, ich bestelle __ Exemplare

Wolfgang Breuer
Finanzierungstheorie
Eine systematische Einführung
Herausgegeben von Horst Albach
1998. XIII, 250 S.,
Die Wirtschaftswissenschaften,
broschiert DM 68,00
ISBN 3-409-12942-1

Änderungen vorbehalten. Stand: Juli 1998.
Erhältlich im Buchhandel oder beim Verlag.

Vorname und Name

Straße (bitte kein Postfach)

PLZ, Ort

Unterschrift

z. H. Frau Kristiane Alesch,
Postfach 15 47, 65005 Wiesbaden,
Fax: (0611) 78 78 439
http://www.gabler-online.de

GABLER

„Empirische Beiträge zur Optionsbewertung am Beispiel von Black und Scholes u.a."

Von Gerhard Schroeder

Überblick

- Es wird ein experimentelles Verfahren vorgestellt, bei dem mit Hilfe von fiktiven Optionen bekannte Ansätze zur Optionsbewertung umfassend und unabhängig von Zufälligkeiten der Optionsmärkte überprüft werden. Am Beispiel der Formel von Black und Scholes werden so systematisch Bewertungsabweichungen vom Ist – ex post – festgestellt. Durch die Möglichkeit, das Verfahrens an individuelle Optionsausstattungen anzupassen, wird zugleich auch ein Beitrag zur Optionsbewertung selbst geliefert.

- Mit künstlich nach vorgegebenen Verteilungen erzeugte Kursen kann gezeigt werden, daß die Formel nach Black und Scholes auch bei lognormal verteiltem Underlying zu Fehlbewertungen führt. Es wird nach statistischen Prinzipien problematisiert, aus Renditeverteilungen abgeleitete Erwartungen einzelnen Optionen zuzurechnen.

- (Auto-)Korrelation bei Zeitreihen von Börsendaten tritt diskontinuierlich auf. Die Bedeutung dieses Phänomens wie das der Volatilität für Optionsbewertung und Prognose werden ebenfalls problematisiert.

Eingegangen: 6. Juni 1998

Dipl.-Kfm. Gerhard Schroeder, Farrenstraße 51, 70186 Stuttgart.
e-mail: Dipl.Kfm.Gerhard.Schroeder@T-Online.de, Tel. 07 11/46 46 87, Fax 07 11/4 80 07 71.
Dipl.-Kfm. 1964 in Göttingen (Statistik), nach 29 Jahren IBM (unternehmensweite Finanzsysteme) seit 1994 freiberuflich tätig. Arbeitsgebiete: experimentelle Wirtschaftsforschung mit Finanzmarktdaten, Prognosemodelle, formal-logisch formulierte Anlagestrategien, Optionsbewertung und spieltheoretische Ansätze.

A. Einleitung

Bei der Optionsbewertung lassen sich zunächst zwei wesentliche Strömungen identifizieren, auf die im weiteren Text Bezug genommen wird: Die eine analysiert die Vergangenheit und versucht daraus die Zukunft zu projizieren. Die andere geht von mathematischen Finanzmarktmodellen aus, bei denen das Modell von Black und Scholes oder allgemeiner die der Kinetik entlehnte Brownsche Bewegung oder noch allgemeiner die Wiener Prozesse bis heute im Vordergrund steht.

Beide Ansätze versuchen mit weiter verfeinertern Zusatzannahmen und Techniken die wirklichen Bewegungen der Finanzmärkte zu beschreiben und vorallem vorherzusagen.

Hier wird ein allgemeines Bewertungsmodell vorgestellt, das – ex post – eine umfassende Bewertung beliebiger Optionen und Überprüfung beliebiger Bewertungsmodelle ermöglicht.

B. Methodik

Experimentelle Wirtschaftsforschung meint hier in Ergänzung zur stochastischen Analyse die Einführung fiktiver Optionen wie die Erzeugung künstlicher Finanzwerte. Alle abgeleiteten Werte wie Volatiltät, Bewertungsergebnisse, Ausübungsresultate etc. werden im rollierenden Verfahren über den gesamten Zeitraum von 1988 bis 1997 berechnet. Die letzten Werte in 1997 gehen dabei wegen des fehlenden Vorlaufs sukzessive von tatsächlichen, ex post festgestellten Werten in historische Werte über.

I. Einführung fiktiver Optionen

Es werden entlang den historischen (wöchentlichen) Notierungen fiktive Optionen emittiert, die den jeweiligen Spotkurs als Basis haben. Diese Optionen werden bei Erreichen des Verfallszeitpunkts ausgeübt und das Ausübungsergebnis auf den Emissionszeitpunkt abgezinst und diesem zugeschrieben. Zinssatz und Laufzeit können als Variable eingestellt werden. Diese Optionen liegen somit „am Geld".

Für Calls (Puts) „im Geld" wurde die prozentuale Abweichung der Optionsbasis vom Spotkurs mit -5% ($+5\%$) vom Spotkurs definiert. („Aus-dem-Geld" umgekehrt: mit $+5\%$ (-5%). Bei dem Vergleich mit tatsächlichen Optionen, kann jede geforderte Moneyness in Prozent vom Kurs eingegeben werden.

Als Bewertungsergebnis und Maßstab für den Vergleich wurde der Mittelwert der Ausübungserlöse aus etwa 500 Optionen (einschließlich der erfolglosen) festgelegt. Zugleich wurde die Trefferrate angegeben. Das Mittel der Erlöse wird künftig als Erfahrungswert bezeichnet.

Das Modell von Black und Scholes, das Optionen europäischen Typs voraussetzt wurde auch nach „europäischen" Regeln überprüft. Es wird aber bei den Optionsbeispielen in Abschnitt C III außer acht gelassen, daß die theoretischen Modelle zum Teil sehr einschränkende Annahmen machen, die teilweise die Anwendung auf Aktien, Indizes, Wechselkurs etc. oder Optionstypen (amerikanisch oder europäisch) verbieten würden (z. B. „Faire Wert"[1]). Es kann vereinbart werden, nur die Fälle als Treffer zu werten, bei denen die Kursänderung einen Schwellenwert, etwa ein Prozent, überschreitet.

II. Überprüfung von Bewertungsformeln

Es werden die fiktiven Optionen mit den gleichen Ausstattung nach der jeweiligen Methode, hier der Formel von Black und Scholes, bewertet und zum Vergleich der Mittelwert aus allen 500 Optionserlösen gebildet. Die Volatilität wurde ex post über 13 Wochen ermittelt und auf ein Jahr umgerechnet.[2]

Die zum Vergleich herangezogenen tatsächlichen Optionen sind amerikanischen Typs, wiewohl auch sie in der Schlußphase, einige Tage vor Fälligkeit auch nicht mehr ausgeübt werden dürfen. Praktisch werden sie selten ausgeübt. In der Regel liegen bei allen beobachteten Optionen – auch wenn „tief im Geld" – die Preise leicht über dem zu erzielenden Ausübungserlös.

Für die Barwertermittlung und für die jeweilige Methode können unterschiedliche Zinssätze angegeben werden, um zwischen risikolosen und anderen Zinssätzen unterscheiden zu können. Der Zinssatz wurde ohne Berücksichtigung der modelltheoretischen Vorgaben so ausgewählt, daß bei den Abweichungen ein Minimum erzielt wurde. So ergaben sich, 6 Prozent „risikoloser Zins" bei DAX und DOW sowie 3 Prozent bei fiktiven Dollarwechselkursoptionen, 4,5 Prozent bei den lognormalen Verteilungen. Bei tatsächlichen Währungsoptionen wurde mit Null Prozent die beste Annäherung erzielt.

Ein Einwand könnte darin liegen, daß ja der Wert einer Notierung, der ja als Parameter in die meisten Optionsbewertungsmodelle direkt eingeht[3], starken Änderungen und etwa beim DAX einem langjährigen Trend unterliegt. Diese Effekte gehen jedoch synchron in den Vergleich ein. Dazu wird aber im Abschnitt „Vergleich: Underlying vs Optionschancen" ein Normierungsansatz gezeigt (100 Einheiten, DM, Punkte etc.).

III. Feststellung der Autokorrelationshäufigkeit

Für das Kapitel „Empirische Ergebnisse – Teil 2" werden in einen rechenintensiven Verfahren entlang den historischen Notierungen die jeweils zu einem Zeitpunkt beginnende x-wöchige Datenreihe auf Korrelation mit der Gesamtheit der zur Verfügung stehenden Daten ermittelt und die Fälle, die ein vorgegebenes Korrelationsniveau (0,949) überschreiten ausgezählt.

Dazu werden die Anfangsreihe, sozusagen die 0-Reihe, verschieblich formuliert und alle Korrelationskoeffizienten zu den Reihen ermittelt, die in jeder der 500 Wochen beginnen. Dann wird die Vergleichsreihe mit Hilfe einer Makro durch den gesamten Zeitraum „gezogen" und die ermittelte Zahl der „Treffer" für den jeweiligen Zeitpunkt[4] festgehalten.

IV. Messung von Verteilungsunterschieden

Für das Phänomen, daß eine tatsächliche Verteilungsfunktion von einer idealtypisch angenommenem Funktion abweicht, bietet die Statistik Meßgrößen wie Kurtosis[5], Schiefe (Skewness) wie auch Vergleichstest wie den χ^2-Test an. Im Kontext dieser Untersuchungen liegt es nahe die Optionsbewertung selbst als Methode für den Vergleich von Verteilungen zu nutzen und die festgestellten Bewertungsunterschiede zu akzeptieren oder zu verwerfen. Die lognormale Verteilung (schwarz) aus Abb. B-1 korrespondiert mit der Verteilung der wöchentlichen Dollarwechselkursrenditen (weiß) insofern, als sie mit der Volatilität für 26 Wochen (7,1%/Wurzel(2)) gerechnet wurde. Die symmetrische normale Verteilung (O) soll die leichte Rechtsschiefe der log-normalen Verteilung (schwarze Linie) kenntlich machen. Ein Multiplizieren der Wahrscheinlichkeitsdichten mit den Erlösen aus dem obigen Beispiel mit den jeweiligen Erlösen bei Ausübung von Optionen mit der Basis 1,75 DM nach der Barwertmethode zeigt den Effekt von Verteilungen auf die Optionsbewertung. Die optisch minimal erscheinende Abweichung von normaler und in Vergleich zu lognormaler Verteilung wirkt sich in 9 Prozent Unter-(10 Prozent Über-)-bewertung bei Calls (Puts) aus, also rund 10 Prozent Wertverschiebung zu Lasten der geringfügigen Rechtsschiefe der lognormalen Verteilung. Die größer erscheinende Abweichung zwischen der tatsächlichen und der lognormalen Verteilung ergibt in diesem Beispiel eine Überbewertung von 10% bei Calls und eine Unterbewertung bei Puts (–3 Prozent).

Die ausgeprägte Spitze der Dollarverteilung um den Ausgangswert – ohne Ausübungserlöse geht die im Vergleich zur Normalverteilung zu Lasten der Puts (schwächere Flanke). Die Gesamtrendite ist beim Dollar in der Zeit geringfügig positiv (1,60 > 1,80 DM).

Die Kurtosis und Schiefe der tatsächlichen Verteilung kommt in hohen Werten zum Ausdruck, jedoch ist die Schiefe überzeichnet. Bei der absolut symmetrischen Normalverteilung wird fälschlich ein etwas höherer Wert angezeigt als bei der schiefen lognormalen Verteilung. Für die Optionsbewertung sind beide Begriffe unergiebig.

Die These, die Dollarverteilung sei lognormal verteilt, ist nach dem χ^2-Test zum Signifikanzniveau $\alpha = 0,1$ abzulehnen. Die These, die lognormale Verteilung sei mit den hier

Abb. B-1: Bewertungseffekte von Verteilungen

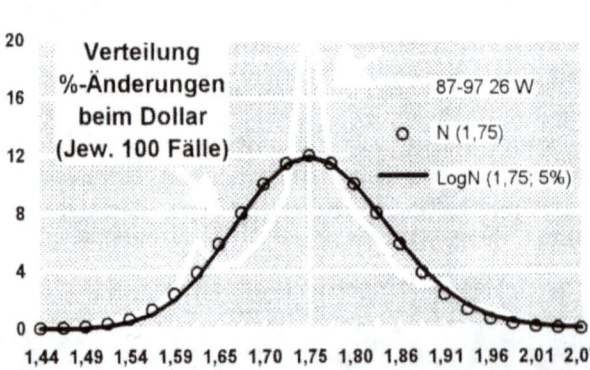

Tab. 1: Verteilungsvergleiche über den Preis

Verteilung ü. 26 Wochen	Calls DM	Puts DM	Treffer Calls	Puts	ohne Gewinn	Kurtosis	Schiefe	Kreuzkorrelation t.	ln.	n.
tatsächlich	3,45	3,22	40	37	23	7,24	2,38	1	0,78	0,85
lognormal	3,79	3,12	46	42	12	-1,32	0,49		1	0,93
normal	3,45	3,45	44	44	12	-1,35	0,52			1

verwendeten Parameter normal verteilt, wird kann sogar zum niedrigeren (schärferen) Signifikanzniveau $\alpha = 0,01$ nicht verworfen werden, ist also zulässig.

Dollarrenditen und Lognormalverteilung korrelieren positiv. Der Koeffizient beträgt $r = 0,78$. Jedoch soll hier erst ab $r > 0,95$ von „strammer" Korrelation gesprochen werden.

V. Künstliche Kurse mit vorgegebener Verteilung

Es wurde eine Spanne von 520 Wochen (in einem Fall 52 Wochen) zugrundegelegt. Die einzelnen Renditen wurden dann mit Zufallszahlen aus dem lognormal verteilten Renditevorrat abgerufen und um den Mittelwert der Renditeklassen normal gestreut, um die Formenvielfalt zu erhalten. Es wurde auch darauf geachtet, daß die auf 10 Jahre gerechnete lognormale Verteilung nicht durch weitere 13, für den Vorlauf benötigte Notierungen verändert wurde.

Für die Prognose würde man plausiblere Verteilungen – etwa die eigene Verteilung der Renditen einer Notierung über die letzten Jahre, korrigiert um konkrete Richtungseinschätzungen – verwenden.

C. Empirische Ergebnisse – Teil 1

Fiktive Optionen erlauben eine umfassendere Analyse von Bewertungsansätzen, als es mit Optionssamples möglich wäre.

I. Fiktive Dollarwechselkurs-Optionen

Die Abb. C-1 zeigt, wie der faire Wert nach Black und Scholes (Linien im Bereich von 0 bis 6 DM) in Relation zu den einzelnen Ausübungserlösen und zu deren Mittelwert steht. Die Abweichung zwischen dem Mittelwert aller „Fairen Werte" zu dem der Ausübungserlöse wird als Maßstab für die Richtigkeit einer zum Vergleich anstehenden Bewertungsmethode gewählt.

Das Phänomen positiver Durchschnittsrenditen (oder Trends des Underlying) wird im Modell von Black und Scholes nur im Rahmen der lognormalen Verteilung berücksichtigt.[6] Der mittlere „Faire Wert" für Calls, (schwarze Linie, Puts grau) beträgt hier 5,70 DM (3,30 DM), der aus den Erlösen (stark ausschlagende Linien) 5,35 DM (5,42 DM). Es gibt Phasen von bis zu anderthalb Jahren, in denen mit Dollar-Calls oder Puts (fast) keine Aus-

Abb. C-1: Fiktive Optionen – Dollar

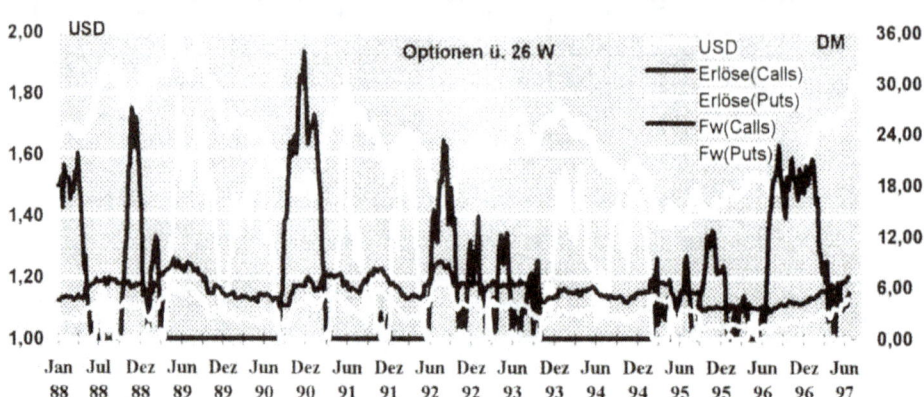

übungserlöse erzielt werden konnten, während die Fairen Werte auch in diesen Zeiträumen nur geringfügig um ihren Mittelwert schwanken.

II. Fiktive DAX-Optionen

Bei DAX-Optionen sind die gleichen Anmerkungen zur Bildung des Mittel=Erwartungswertes zu machen. Jedoch bewirkt die langjährige Durchschnittsrendite des DAX von über 11 Prozent eine Erhöhung der Treffer bei Calls (69% : 31%). Die „Fairen Werte" unterbewerten Calls (−43%) und überbewerten Puts (+29%). (Zu weiteren Messungen s. Tab. 2).

Volatilitätsspitzen, zu erkennen an den Maxima der „Fair-Value"-Kurven (z. B. Juli 1990, die Volatilität erreicht hier 30%), zeigen eher den Wechsel von Call- und Put-Chan-

Abb. C-2: Fiktive Optionen – DAX

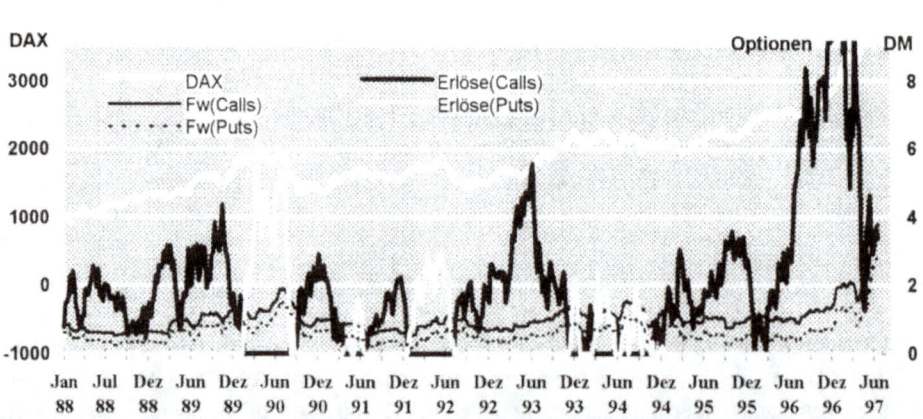

Tab. 2: Bewertungsfehler über 469 Optionen (1998 bis 9/1997)

Fehler B-S	Zins	Volatilität	Wochen	Moneyness	Calls	Puts
USD	3%	Ø 9,6%	13	im	9%	-16%
Treffer			26	im	12%	-25%
- 5% 75 : 25			13	am	-1%	-34%
0% 49 : 51			26	am	7%	-39%
+5% 23 : 77			13	aus	-21%	-47%
			26	aus	-7%	-53%
Ln(usd 1,5%)	3%	Ø 6,8%	13	im	7%	-25%
Treffer			26	im	-4%	-38%
- 5% 79 : 21			13	am	-16%	-55%
0% 51 : 49		(s. obere Kurve	26	am	-13%	-61%
+5% 26 : 74		in Abb. C-8)	13	aus	-85%	-78%
			26	aus	-49%	-53%
DAX	4,5%	Ø 15,3%	13	im	-22%	33%
Treffer			26	im	-35%	47%
- 5% 86 : 14			13	am	-29%	35%
0% 73 : 27			26	am	-43%	29%
+5% 55 : 45			13	aus	-34%	20%
			26	aus	-48%	5%
Ln(dax 3%)	3%	Ø 14,3%	13	im	-13%	-16%
Treffer			26	im	-21%	-25%
- 5% 65 : 35			13	am	-29%	-29%
0% 50 : 50		(s. Abb. C-7)	26	am	-35%	-40%
+5% 35 : 65			13	aus	-51%	-45%
			26	aus	-49%	-53%
DOW	4,5%	Ø 12,1%	13	im	-27%	79%
Treffer			26	im	-38%	174%
- 5% 96 : 4			13	am	-37%	156%
0% 82 : 18			26	am	-47%	278%
+5% 50 : 50			13	aus	-40%	167%
			26	aus	-54%	411%
NASDAQ	4,5%	Ø 12,5%	13	im	-5%	-13%
Treffer			26	im	-11%	-12%
- 5% 70 : 30			13	am	-12%	-25%
0% 56 : 44			26	am	-19%	-19%
+5% 40 : 60			13	aus	-20%	-38%
			26	aus	-28%	-25%
NIKKEI 95-97	4,5%	Ø 16,6%	13	im	-31%	40%
Treffer			26	im	-40%	83%
- 5% 87 : 13		nur über	13	am	-45%	31%
0% 73 : 27		100 Wochen	26	am	-50%	74%
+5% 54 : 46			13	aus	-58%	3%
			26	aus	-59%	58%

cen an als deren jeweilige Chancen. In der Zeit von Mitte 89 bis Anfang 91 erreicht die Volatilität ein Niveau von 22% (Ø = 15%). Diese Zeitspanne schließt nur im mittleren Drittel die profitablen DAX-Puts ein, aber auch die sich als wertlos ergebenen DAX-Calls in der gleichen Zeit.

Aus den im Dez. 96 ansteigenden Call-Erlösen resultieren aus der Erhöhung der DAX-Notierung. Die Volatilität ist hier unterdurchschnittlich (Siehe auch dazu Abschnitt: „Vergleich: Underlying vs Optionschancen"). Put-Erlöse waren vor allem in 1990 (1.–3. Quartal), 1991 (3. Q.) 1992 und 1994 zu erzielen. Die Spitzenwerte für Calls um Juni 1993 wird durch die Volatilität nicht reflektiert (hier max 15% = Ø).

III. Überprüfung an notierten Optionen (DAX, USD, SRF)

Vier Optionen wurden von Ausgabe bis Ausübung analysiert mit Laufzeiten von ½ Jahr (DAX), 1 und 2 Jahre (USD) sowie 2½ Jahre (SFR).[7]

Die folgende DAX-Option entspricht in der Laufzeit den o.a. fiktiven DAX-Optionen. Der DAX-Kurs wurde ohne Skala abgebildet.

Call-Preise liegen zunächst dicht bei den „fairen Werten" wie Erfahrungswerten. In den letzen vier Monaten jedoch nimmt der Überbewertung bei den Preisen wie bei den „fairen Werten" ständig zu. Die Put-Preise liegen bis zwei Monate vor Fälligkeit sowohl über den „fairen Werten" wie über den „Erfahrungswerten" gem. Abschnitt A.I.

Die weißen Linien „Ausübung" für Calls und Puts stellen den Erwartungswert nach Erlösen ex post nach der in Abschnitt „Überprüfung von Bewertungsformeln" dargestellten Methode dar. Dabei wurden die Zeiten zwischen den Meßpunkten auf Wochen abgerundet. Es handelt sich also um Erfahrungswerte, die sich für Optionen mit gleicher Ausstattung in den letzten 10 Jahren ergeben hätten. Die veränderte Moneyness wurde dabei für jeden Zeitpunkt neu eingestellt.

In den Monaten April/Mai wie Juli/Aug. 1996 folgen die Put-Preise etwa der Linie der fairen Werte nur um 30 bis 40 DPf höher. Das könnte an der Verwendung überhöhter impliziter Volatilitätswerte bei den Kaufentscheidungen liegen. Ab September liegen Preise und „Faire Werte" der Calls dicht beisammen jedoch durchgehend über den Erfahrungswerten. Die Volatilität stieg in 1996 fast stetig bis auf 7,4. Puts sind ab Oktober „aus dem Geld".

Beim Dollar liegen Call- wie Put-Preise meistens über den „Fairen Werten".

Die Annäherung der Bewertung nach Black und Scholes, jedoch mit dem Zinsfuß 0%, ist relativ erfolgreich. Die Volatilität wurde ex post festgestellt, indem 13-wöchige Volatilitäten mit dem Faktor Wurzel (4) = 2 auf Jahresvolatilitäten umgerechnet wurden.

Bei der folgenden Abbildung wurden die so ermittelten Volatilitäten durch Halbierung gedämpft. Die Höherbewertung an der Stelle 25. Juli gründet sich durch den dort ex post festgestellten hohen Wert für die Volatilität (16% statt Mittelwert 11%). Sie ist bezogen auf die tatsächlichen, aktuellen wie späteren, Optionspreise falsch. Der Dollarkurs erreicht erst wieder Anfang 1998 fast diese Höhe.

Bei der SFR-Option verzeichnen die Puts in der ersten Hälfte 1997 eine hohe Preissteigerung. Die mit 5 Prozent am 20. Dez. 96 hoch ausfallende Volatilität (Durchschnitt 3%) scheint die kommende Steigerung anzudeuten. Die daraus resultierende Bewertung

Abb. C-3: DAX-Optionen, Basis 2500

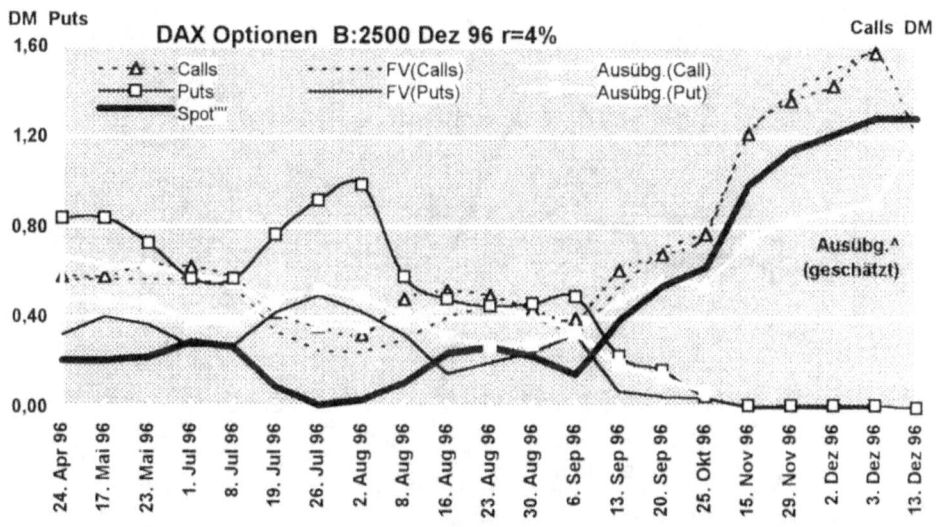

Abb. C-4: Dollar-Optionen, Basis 1,50 DM

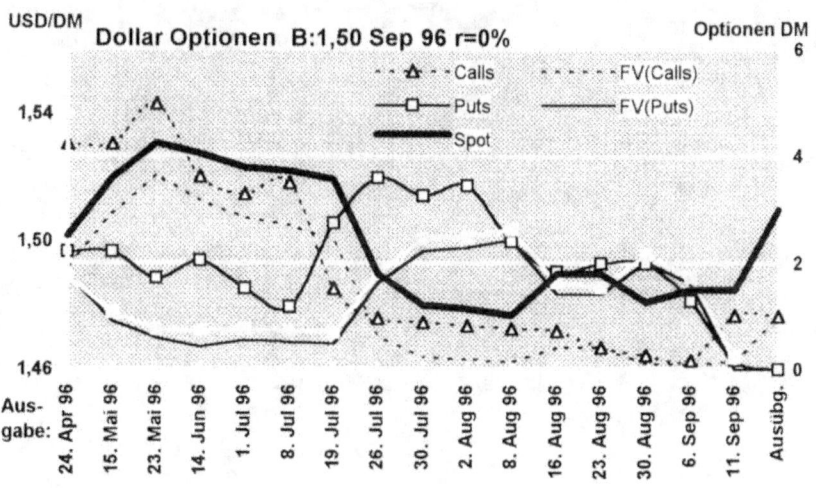

wird aber von den Preisen nicht erreicht. Der Volatilitätsausschlag am 19. Sept. 1997 führt zu einem leichten Anstieg der Fehleinschätzung (Linie mit Raute). Um den Jahreswechsel 97/98 entwickeln sich die Call-Preise noch einmal optimistisch. Die Volatilität wurde hier aus zwei Wochen (sonst 13 Wochen) errechnet.

(Die „Mispricing-Linie: ◊" setzt sich aus Call- und Put-Abweichungen zusammen.)

Abb. C-5: Dollar-Optionen, Basis 1,80 DM

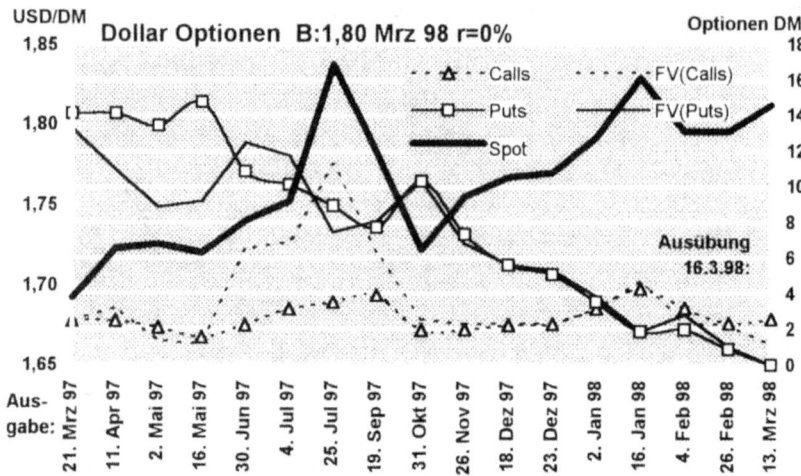

Abb. C-6: SFR-Optionen, Basis 1,23 DM

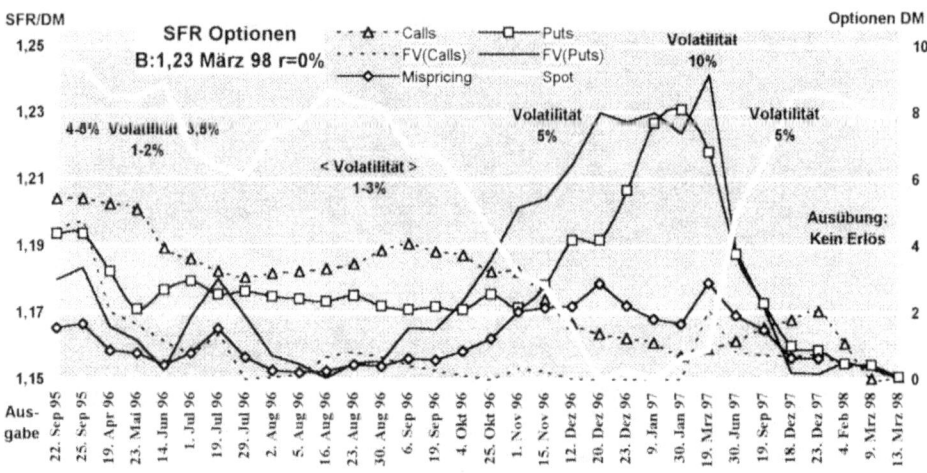

IV. Fiktive Kurse mit vorgegebenen Verteilungen

Fiktive Kurse lassen sich zum Überprüfen von Bewertungsansätzen wie auch zu Prognosezwecken mit Hilfe vorgegebener Renditeverteilung erzeugen.

Zu Überprüfung der Formel von Black und Scholes wird eine lognormale Verteilung berechnet, die als Ausgangspunkt eine korrespondierende DAX-Notierung ausgewählt und die sich an der Standardabweichung des DAX-Index in der Zeit von 1988 bis 1997 orientiert (ca. 8%,) und rollierend für 12 Monate gerechnet.

Abb. C-7: Künstlich erzeugte Kurse (DAX-Typ)

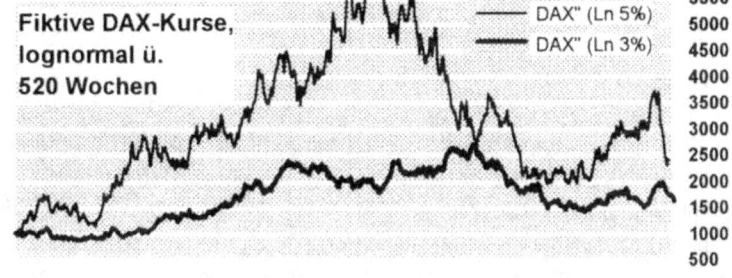

Die lognormalen Indizes können den DAX-Index von 87 bis 97 nicht nachbilden. Während sich der DAX in dem den Jahren von 1988 bis 1997 vervierfacht, erreichen lognormale Kurse bei einer Standardverteilung von 3 Prozent (5 Prozent) eine Steigerung von 1,8 (2,5). Eine höhere Standardverteilung würde zu unrealistischen (in 16 Jahren nicht beobachteten) Ausschlägen führen.

Eine der folgenden Kurse (Dollar-Typ, weiß) ist bereits über 52 Wochen lognormal verteilt. Man sieht, daß bei einem entsprechend veringertem Formenvorrat von nur 52 Renditen dieser Kurs eng um eine gedachte gerade Linie streut.

Die größeren Dollarbewegungen (Standardabweichung 4%) der Vergangenheit können damit nicht nachgebildet werden. Der Bewertungsfehler liegt hier – bei angenommenen Zins von 0% bis 5,9% für Calls (Puts) bei −30 bis +14 Prozent (−23% bis −53%). Im günstigsten Falle wurde bei einer lognormal verteilten Kurs (Dollar-Typ) bei 13 Wochen Laufzeit eine zutreffende Bewertung und bei 26 Wochen 12% (10%) Überbewertung bei Calls (Puts) festgestellt. Der Fehler durch Abrundung auf ganzzahlige Häufigkeit lag bei 1 Prozent.

Obwohl alle künstlichen Dollarkurse nach einer lognormalen Verteilung mit 1,5 Prozent Standardabweichung erzeugt wurden, liegt ihre Volatilität bei bis zu 7 Prozent.

Abb. C-8: Künstlich erzeugte Kurse (USD-Typ)

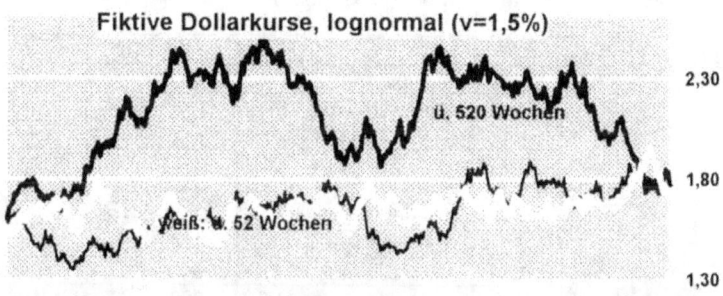

Die einzelnen Bewertungsunterschiede (Tabelle 2) beim DAX" und bei Dollar"-Kursen sind erheblich.

V. Tatsächliche Volatilität DAX vs VDAX

Die Abb. C-9 vergleicht ex post festgestellte, tatsächliche Volatilitätswerte[8] mit dem ab 1992 verfügbaren V_{DAX}-Werten der Deutschen Terminbörse. Dabei wurden Werte für 13 Wochen ermittelt und auf das Jahr umgerechnet (Wurzel (4)). Ab 1994 liegen die VDAX-Werte im Schnitt über den ex post festgestellten Werten (15,3% zu 13,6 %).

Die Tabelle 3 vergleicht den stärkeren Bewertungseffekt von tatsächlichen Volatilitätswerten (gleiche Zeit und Gesamtzahlen aus Tab. 2) und V_{DAX}-Werten bei fiktiver Optio-

Abb. C-9: VDAX vs Ist (ex post)

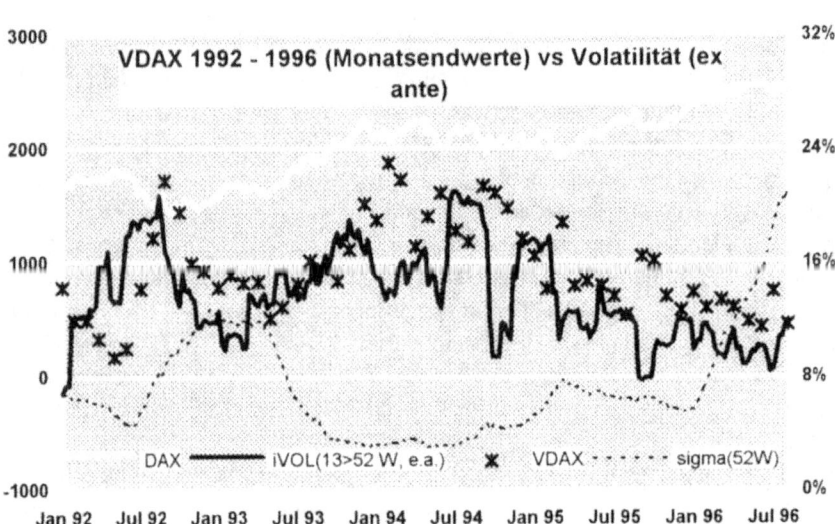

Tab. 3: VDAX vs Volatilität ex post (Zins 4,5%)

Fehlerquote nach B-S			VDAX		DAX'92-'95		DAX'88-'97	
Treffer:		Volatilität:	15,3%		13,7%		15%	
'92 - '95	Woch-	Money-	1992-1996		1992-1996		1988-1997	
- 5% 85:15	en	ness	Calls	Puts	Calls	Puts	Calls	Puts
0% 75:25	13	im	-30%	66%	-32%	58%	-22%	33%
+5% 65:35	26	im	-47%	115%	-49%	100%	-35%	47%
'88 - '97	13	am	-37%	110%	-43%	85%	-29%	35%
- 5% 90:10	26	am	-55%	130%	-60%	102%	-43%	29%
0% 70:30	13	aus	-43%	169%	-54%	107%	-34%	20%
+5% 45:55	26	aus	-63%	155%	-69%	104%	-48%	5%

nen. Die tendenzielle Unterbewertung von DAX-Calls durch Black und Scholes wird durch die höheren V_{DAX}-Werte abgeschwächt. Die Überbewertung bei DAX-Puts wird verstärkt.

VI. Vergleich: Underlying vs Optionschancen

Zum Vergleich von Optionschancen bei verschiedenen Notierungen wurde das Kursvolumen auf jeweils 100 Punkte oder DM normiert. Damit wird der Einfluß des Kursniveaus und des Bezugsverhältnisses neutralisiert. Es handelt sich wieder um fiktive Optionen „am Geld" mit 13 Wochen Laufzeit.

Tab. 4: Preisvergleich nach norm. Underlying

in DM	Zins	Vola	Methode	Calls	Puts
Dollar	3%	9,6%	B-S	2,30	1,57*
Dollar			tatsächlich	2,40	2,29
DOW	4,5%	12,1%	B-S	3,00	1,91
DOW			tatsächlich	4,34	0,86
DAX	4,5%	15,3%	B-S	3,63	2,53
DAX			tatsächlich	5,23	1,77
NASDAQ	4,5%	12,5%	B-S	3,09	1,99
NASDAQ			tatsächlich	5,73	1,66

Maxima sind in der Tabelle hervorgehoben. Gemessen am tatsächlichen Ausübungserlös haben NASDAQ-Calls (Dollar-Puts) – ceteris paribus – den höchsten Wert. Die Bewertung nach Black und Scholes, die auf die Volatilität abstellt, schätzt DAX-Calls und -Puts am höchsten ein. Bei allen Calls und bei Dollar-Puts (*) liegt die Bewertung nach Black und Scholes unter dem Erwartungswert nach Erlösen. (Hier geht es nur um die „Optionsfreudigkeit" einer Notierung ohne Berücksichtigung von Wechselkurs-Risiken für DM-Anleger!)

D. Empirische Ergebnisse – Teil 2

Mit Blick auf GARCH-Ansätze wurde die Dynamik der Autokorrelation analysiert.

I. Diskontinuität der Autokorrelation

Beim DAX ist wie bei anderen Indizes und dem Dollarwechselkurs ein Phänomen zu beobachten, daß die Häufigkeit ähnlicher Kursfolgen zu bestimmten Zeiten, im Schnitt einmal im Jahr, sprunghaft ansteigen kann und dann wieder auf ein niedriges Niveau zurückfällt. Dieser Effekt führt in der folgenden Abbildung zu Kurvenausprägungen, die wie „Stalagmiten" aussehen.

Der Formenvorrat an Streckenabschnitten mit 13 Punkten erreicht nach der Kombinatorik astronomische Zahlen. Die Zahlen reduzieren nicht spürbar, daß alle Variationen einmal durchlaufen wurden. Umgekehrt bedeutet die Beobachtung von Wiederholungen nur wegen der praktisch unbegrenzten Formenvielfalt eine Besonderheit.

Die Zahl ähnlicher 13-Wochen-Strecken reicht beim DAX bis 60, beim DOW und Dollarwechselkurs bis 40 mal (DOW und Dollar ohne Abb.). In 55 Prozent der Fälle liegen bis 3 Wiederholungen bei jeder der drei Notierungen in 16 Jahren vor: Das Auftreten von „strammer" Autokorrelation ist in hohem Maße mit dem DAX synchron.

Die beiden folgenden Abbildungen zur Autokorrelation beim NASDAQ mit wöchentlichen und täglichen Werten über jeweils vierteljährliche Datenstrecken zeigt, daß der Dis-

Abb. D-1: Autokorrelation DAX

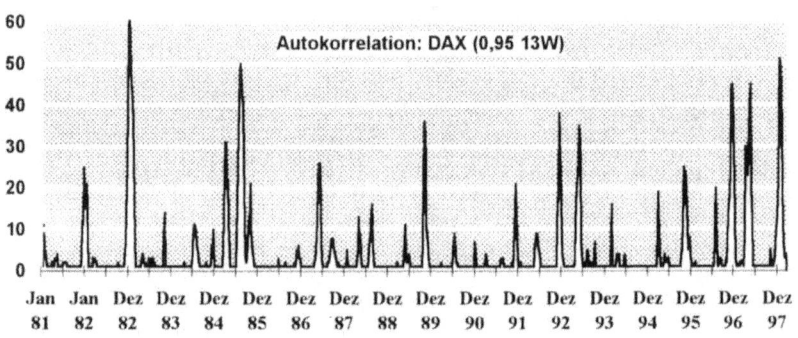

Abb. D-2: NASDAQ – wöchentliche zu täglichen Werten

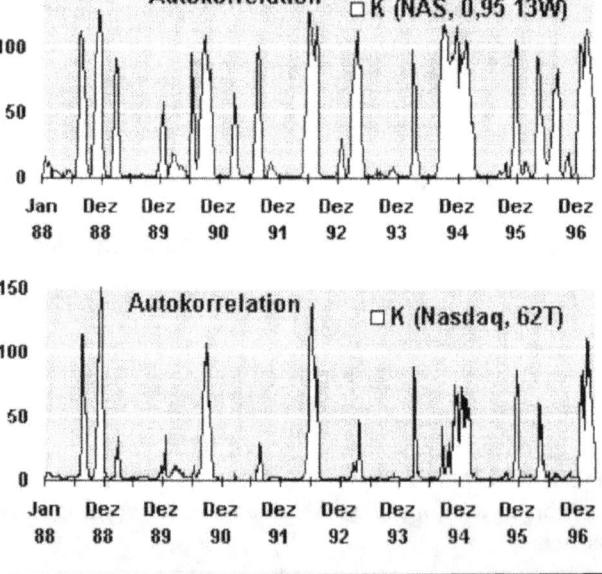

kontinuitätseffekt bei beiden Datentypen in hohem Maße synchron und auf gleichem Niveau über bemerkenswerte 120 Wiederholungen verläuft. Autokorrelation tritt bei kürzeren Strecken, z. B. 8 Wochen, erwartungsgemäß häufiger auf. Das Phänomen des sprunghaften Wechsels bleibt. Erst bei Folgen unter 6 Wochen diffundiert der Effekt.

II. Weißes Rauschen

Mit diesen Kriterien werden zwei verschiedene „Temperamente" definiert. Als ein Merkmal der „Temperamente" werden in der folgenden Tabelle die Renditen über 13 Wochen gegenübergestellt:

Tab. 5: Renditen ü. 13 W. nach Autokorrelation

	DAX	DAX	DOW	USD
Spanne	87-97	81-7/97	81-7/97	81-7/97
Jahre	11	16,6	16,6	16,6
gesamt	16%	14,5%	13,6%	-0,1%
„weiß"	13%	13%	12%	-0,1%
„schwarz"	22%	15%	20%	-0,1%
„>30 x"	21%	17%	30%	-/+5,0%

Phasen, in denen sich Folgen von 13 Wochen keine Wiederholungen ergeben. Dieses Stadium kann man als „weißes Rauschen" bezeichnen. Als „schwarz" werden Phasen mit Wiederholungen stramm korrelierender Folgen bezeichnet.

Bei DAX und DOW steigt die Neigung zu Wiederholungen mit dem Anstieg der Rendite, beim Dollarwechselkurs mit starken Renditeveränderungen in beiden Richtungen. (Der Dollar unterliegt auch nicht wie die Indizes einer stetigen Renditeerwartung). Die gemessene Rendite hängt – weniger als bei DAX und DOW – von der zufälligen Wahl des Zeitabschnitts ab. Die Kurven verlaufen bei DAX (siehe Abbildung), DOW und Dollar in hohem Maße synchron.

„Weiße" Phasen, die zwei Drittel der Beobachtungszeit von 81 bis 97 ausmachen, weisen bei den Indizes durch eine unterdurchschnittliche (beim Dollarwechselkurs durch eine mittlere) Rendite über 13 Wochen aus. (Ein Paradoxon: Die Wochenrenditen der schwarzen Abschnitte sind unterdurchschnittlich!)

„Schwarze" Phasen lassen sich so interpretieren, daß in ihnen global relevante Einflüsse auf Gruppen von Notierungen oder die Finanzmärkte insgesamt gleichzeitig ein wirken. In „schwarzen" Phasen wiederholen sich 13-wöchige Folgen mit strammer Korrelation im Schnitt neun mal.

Eine Erhöhung der Volatilität etwa über den Mittelwert von 11 Prozent ist kein Indiz für das Erreichen eine Phase mit hoher Korrelation. Die Mittelwerte der Volatilitätswerte aus jeweils allen „weißen" und „schwarzen" Abschnitten sind bis auf Bruchteile von Prozenten gleich, während die einzelnen Werte in beiden Abschnittstypen von 5 bis 24 Prozent schwanken.

Abb. D-3: Autokorrelation DAX

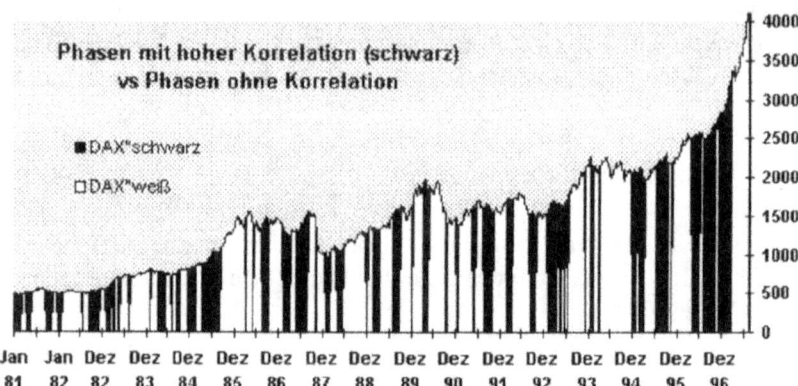

E. Folgerungen und Vermutungen

Es soll aufgrund der empirischen Ergebnisse gezeigt werden, welche Einschränkungen der prognostische Qualität der verschiedenen Modelle zu machen sind.

I. Verletzung der Lognormalverteilungsannahme

Die Unterbewertung der Puts bei den „Fairen Werten" in Abb. C-1: Fiktive Optionen – Dollar ist durch die Schiefe der lognormalen Verteilung begründet. Aber selbst lognormal verteilte, künstlich erzeugte Indizes unterliegen einer Fehlbewertung nach Black und Scholes.

Ein nicht unerheblicher Teil der Literatur über Finanzmodelle befaßt sich mit der Idee (Hoffnung?), Finanzdaten, und ihre Renditen ließen sich auf die Normalverteilung zurückführen, um darauf Prognosen aufbauen zu können. Vom Mathematikern Bachelier (1900) stammt einer der ersten Beiträge auf diesem Gebiet. (Die lognormale Verteilung ist in diesem Zusammenhang eine Normalverteilung der relativ-reziproken Renditen: gleiche Häufigkeit für Halbierung und Verdoppelung etc.)

Das schafft ein statistisches Dilemma: Die lognormale Verteilung etwa im Modell von Black und Scholes läßt sich allein theoretisch für Börsenkurse weder zwingend begründen noch verwerfen. Während keine empirischen Belege für lognormale Verteilung vorliegen, wurden seit Anfang der 80er Jahre zunehmend Einwände berichtet (Übersichten bei Galai, 1983, und Kolb, 1995 / Steinbrenner[9], 1996), daß die Annahme „lognormal" selten (nie?) zutreffen. Das kam oft schon im Titel zum Ausdruck: „Skewness, Kurtosis and Black-Scholes *Mispricing* (Geske, Touros[10], 1991) oder *„Failure of the Gaussian Hypothesis"* (Peters[11], 1994). Bei der Beurteilung der frühen theoretischen Modellen sollte berücksichtigt werden, daß die Datenverfügbarkeit mit den heutigen Möglichkeiten nicht zu vergleichen ist. Belege auch in dieser Arbeit für „Abweichungen" können nur Zweifel bekräftigen, aber nicht für alle denkbaren Notierungen der Zukunft ausschließen.

Verteilungen können immer dann nicht lognormal verteilt sein, wenn ihre Rendite die entsprechender lognormalen Verteilungen übersteigt, wie das bei bedeutenden Indizes und deren Werte zutrifft. Es müßten sonst Volatilitätswerte unterstellt werden, die unrealistische Kursschwankungen ergeben würden. „Horizontale" Kursbewegungen lassen sich nur mit einem Zins von r = 0% berücksichtigen.

II. Verteilungen und Überrenditen

GARCH-Ansätze[12] versuchen die Renditen und andere Charakteristika einer Notierung in einen für diese typischen, festen Wert und in einen Restwert in der Absicht aufzuteilen, daß sich die Residuen dann mit der Normalverteilung oder zumindest mit einer einfacheren Verteilung besser beschreiben lassen.

Die folgende Darstellung, für die beim DAX die langjährige Performance von rund 12% herausgerechnet wurde, zeigt diesen Effekt. Die Residuen sind dann fast symmetrisch um die 0%-Linie verteilt. Werden nur 5 Prozent, herausgerechnet – also ein Wert um die risikolose Verzinsung – ergibt sich noch keine befriedigende Symmetrie. An der Stelle – 5% wird sogar eine Unebenheit durch die Residualbetrachtung verstärkt. Die Kurtosis ist bleibt für eine Normalverteilung zu stark ausgeprägt

Für Prognoseüberlegungen ist der folgende Einwand anzubringen: Die Renditen der letzten 16 Jahre schwanken stark von –30 bis +60 Prozent. Erst gleitenden Durchschnitte über 8 Jahre pendeln schwach um die durchschnittliche Gesamtrendite:

Abb. E-1: Überrenditen

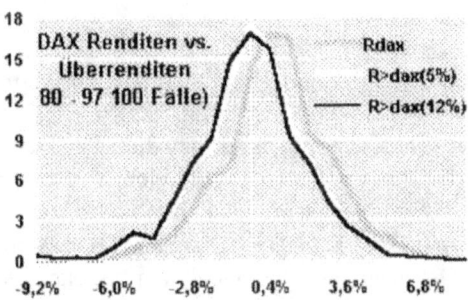

Das ist für Prognosen über kurze Strecken ein zu langer Zeitraum. Das heißt eine Konstante, die eingeführt wird, um eine festgestellte Verteilung durch Aufteilung in „Grundrenditen" und „Überrenditen" zu harmonisieren, ist selbst eine höchst „volatile" Variable. Wird dieser Effekt dadurch gemindert, daß der geringere Zinssatz für risikolose Anlegen gewählt wird, fällt der Harmonisierungseffekt schwächer aus (weiße Kurve). Das eigentliche Ziel, etwa eine Grundgesetzmäßigkeit wie die Normalverteilung bei den Residuen zu finden, wird nicht erreicht.

Welchen Sinn soll eine Gesetzmäßigkeit einer mehrfach abgeleiteten Größe (wenn sie existieren würde) rückwirkend für das Underlying haben? Schon die Notierung selbst ist eine Abstraktion durch Mitteln zwischen Angebots- und Nachfragepreisen und Abrundung auf Kommastellen oder Bruchteile. Mittelwert, Standardabweichung und Renditen sind eine weitere Ableitung. Volatilität als Standardabweichung der logarithmierten Renditen wiederum eine Ableitung höheren Grades etc.

Eine andere Idee, Sign-Bias-Effekte[13] (stärkere Volatilitätsschwankungen bei Kursrückgängen?) etwa für eine Prognose im Modell zu berücksichtigen, war nicht durchgängig festzustellen: Der Effekt kann bei starken Kursbewegungen (untersucht beim Dollar) sogar umschlagen.

III. Fehlbewertungen

Die einzelnen Bewertungsunterschiede aus Tabelle 2 – Fehlbewertungen, wenn man die vorgeschlagene Methode akzeptiert – von +20 bis –60 Prozent beim DAX sind erheblich. (Die Bezeichnung „Fair Value" für die Ergebnisse nach Black und Scholes ist eher euphemistisch). Die Abweichungen scheinen auch keiner Systematik zu folgen.

a) Die These (Steinbrenner[14] 1996 u.a.) in der Umkehrung, daß die implizite Volatilität, mit Preisen „am Geld" gerechnet, die geringste Verzerrung aufweist (Smile-Effekt), kann mit fiktiven und tatsächlichen Optionen nicht nachgewiesen werden. (Siehe dazu auch der Abschnitt „Tatsächliche Volatilität DAX vs VDAX")
b) Bei Laufzeiten bis 130 Wochen kann gezeigt werden, daß sich die Unterbewertung bei „Fairen Werte" für DAX-Calls (Treffer 75 aus 100) auf –30 Prozent einpendelt. Die Überbewertung bei DAX-Puts nimmt zu. Bei Dollar-Calls nimmt dagegen ab Laufzeiten von 26 Wochen die Überbewertung ständig zu, währen sich die Unterbewertung bei –50 Prozent einpendelt.
c) Eine Ursache für die erheblichen Bewertungsfehler liegt zunächst darin, daß die tatsächlichen Renditeverteilungen von den angenommenen, theoretischen Verteilungen der Modelle abweichen.
d) Bei der Formel nach Black und Scholes kommt hinzu, daß diese den künftigen, unterstellten Kurs de facto als um den *Basiswert* streuend annimmt.[15] Die empirische Erfahrung, die auch von vielen Autoren beobachtet und geteilt wird, zeigt jedoch, daß Kurse eher um *den letzten Wert*, „bester Schätzer[16]", streuen. Das erklärt, daß in der Regel die Fehlbewertung für Optionen „aus dem Geld" am höchsten ausfällt (Ausnahme DOW, siehe Tab. 2).
e) Die aus der Rechtsschiefe der unterstellten lognormalen Verteilung resultierende tendenzielle Überbewertung von Calls reicht zur Kompensation nicht aus: Bei den Indizes DAX, DOW und NASDAQ übertrifft die langjährige Rendite die Rechtsschiefe der lognormalen Verteilung und führt deswegen auch zu Unterbewertungen von Calls.
f) Künstlich erzeugte Indizes mit lognormaler(!) Verteilung über 10 Jahre (ein Beispiel über 1 Jahr) unterliegen – unerwartet – einer Fehlbewertung. Die Fehler liegen bei lognormalem Dollar"-Kursen (DAX") zwischen +7 und –85 Prozent (–13 bis –53%). Puts liegen hier im Mittel einer stärkeren Unterbewertung.
g) Ein Widerspruch[17] bei dem Einsatz der Formel nach Black und Scholes besteht darin, daß das Modell über die (Rest-)Laufzeit einer Option in der Realität so nicht zutref-

fend von Homoskedastizität (über die Laufzeit gleichbleibende Varianz) ausgeht. (S.u. dazu auch der Abschnitt zum „Wesen der Volatilität"). Es gibt Kursformate und damit Varianz- und Volatilitätsformate die Calls oder Puts begünstigen.

Man könnte einwenden, daß die überwiegende Unterbewertung bei Calls nach Black und Scholes kein Nachteil sei.[18] Von verschiedenen Autoren[19] wird darauf hingewiesen, daß bei Fairen Werten mit Hinzurechnung der Transaktionskosten und Steuern keine Gewinne „above normal" zu erzielen seien. Die Beispiele im Abschnitt „Überprüfung an notierten Optionen (DAX, USD, SRF)" zeigen, daß die „Fairen Werte" durchaus eine prägende Wirkung zu haben scheinen.

Da die Brown'sche Bewegung für Kurse allenfalls metaphorische Bedeutung hat und die damit unterstellte lognormale Verteilung nicht nachzuweisen ist, wartet die Preisbildung bei den Finanzmärkten noch auf eine rationale Erklärung. Der folgende Abschnitt untersucht dazu einen grundsätzlichen Einwand, ob die „Fairen Werte" überhaupt den tatsächlichen Verlauf der Erlöskurven repräsentieren.

IV. Gesetz der großen Zahl

In den Abbildungen „Abb. C-1: Fiktive Optionen – Dollar" und der entsprechenden Abbildung zum DAX wird deutlich, wie sich die Gewinnerwartungen bei Optionen erst über eine lange Zeit, hier 10 Jahre, bilden – gleich, ob man sich auf den Mittelwert der Erlöse oder die „Fairen Wert" abstützt. (Monatelange Phasen von Calls oder Puts ohne Ausübungserlöse schließen nicht kurzfristige Gewinne beim täglichen Handel mit tatsächlichen Optionen und bei in Wechselwirkung mit der Volatilität entstehenden Marktpreisen erzielen aus.)

Der Beitrag der Statistik für diese Problematik ist das Gesetz der Großen Zahl: „Bei genügend großem Umfang n der Beobachtungsserien wird die relative Häufigkeit von der ihr entsprechenden Wahrscheinlichkeit (…) nur selten um mehr als einen vorgegebenen, beliebig kleinen Betrag abweichend."[20] (Anderson[21], 1957)

Für Prognosen muß dabei immer eine zusätzliche, problematische[22] Annahme hinzugefügt werden: Die künftigen Werte, die ja nicht bei der Feststellung der Kollektivmerkmale der untersuchten Beobachtungsserie beteiligt waren, richten sich dennoch nach der gleichen dafür geltenden (oder unterstellten) Verteilung etc.

Black und Scholes formulierten dazu: „we assumed…, that *over a finite time interval the returns on a common stock are lognormally distributed.*"[23] Um eine diskrete log-normale Verteilung realistisch zu beschreiben, sind rund 40 Klassen und 100 Fälle[24] notwendig. Die angenommene Verteilung kann also erst unterstellt werden, wenn über 100 Zeitpunkte (Wochen, Tage etc) Optionen gleicher Ausstattung gekauft werden. Oder anders gesagt: Eine Verteilung, angenommen für n Zeitpunkte – also für einen zeitlichen Längsschnitt – kann nicht auf den zeitlichen Querschnitt angewendet werden.

Emittenten können so mit Verteilungen über Jahre die Risiken von Emissionsstrategien bestimmen, aber nicht punktuelle Anleger. Wobei eine Strategie nur dann richtig liegt, wenn sich die Ergebnisse im Mittel zunehmend der Vorhersage nähern. Das Bild, ein „Fairer Wert" könne sozusagen als Wertnachweis einer einzelnen Option angeheftet werden, ist statistisch nach diesem Modell nicht zu begründen.

Die Brown'sche Bewegung hat die Theorie der Finanzmärkte[25] stark beeinflußt. In diesem kinetischem Modell werden Erwartungswerte für Millionen von sich gleichzeitig bewegenden Moleküle (die bei gegebener Temperatur einen bestimmten Druck bilden) bestimmt. Die Übertragung auf die Preisbildung des Marktes fällt im Detail schwer. Da vor allem die lognormale Verteilung nicht zutrifft, wird in aktuellen Ansätzen[26] versucht, durch zusätzliche Modellbedingungen (Filterregeln, Handelsregeln wie der „Bid-Ask Spread" und Bedingungen für Exzeßvolatilität) Assymetrien, Leptokurtose der Renditen etc., „Marktanomalien" abzubilden.

Ein anderer Gedanke liegt in der Frage, ob die Optionen (noch) Derivate sind oder ob ihre Preisentwicklung und ihr Handelsvolumen nicht eher den Kurs des Underlying beeinflussen. Kolb[27] wirft diesen Gedanken mit der These mit der (Eintages-)„Lead-Lag"-Relationship auf. Vermutet wird dieses Phänomen besonders vor dem Verfallstermin. Es werden Modelle diskutiert, die umgekehrt aus der Optionspreisentwicklung Gesetzmäßigkeiten für das Underlying ableiten (Rady[28], 1995 u.a.).

V. Wesen der Volatilität

Im Abschnitt „Fiktive Dollarwechselkurs-Optionen" wurde gezeigt, daß die tatsächliche Volatilität keine Indikatorfunktion für Optionschancen hat. Sie ist, wie auch mit den künstlich erzeugten lognormalen Kursen gezeigt werden konnte, gegen die Annahmen verschiedener Modelle nicht für die Dauer kurzer Optionslaufzeiten konstant.

Die Beispiele im Abschnitt „Überprüfung an notierten Optionen (DAX, USD, SRF)" zeigen, daß „Faire Werten" bei hoher Volatilität (ex post) von den tatsächlichen Preisen weiter entfernen. Ähnlich wirken auch die überhöhten V_{DAX}-Werte, die allerdings die Fehlbewertung bei Calls (Puts) nach Black und Scholes beim DAX etwas reduzieren (erhöhen).

Ein Grund für das Interesse an der Volatilität besteht darin, die Prognoseaufgabe für das Underlying auf einen zentralen Parameter zu vereinfachen. In der Praxis wird mit tatsächlichen Optionspreisen eine sich täglich verändernde, sogenannte implizite Volatilität unter Umkehrung der Formel von Black und Scholes zurückgerechnet oder – richtiger – neu eingeschätzt. Diese Tageswerte als Prognose für Jahreswerte hochzurechnen und doch modellkonform als konstant für die restliche Laufzeit anzunehmen, ist statistisch fragwürdig. Implizite Volatilität kann im Wechsel mit überhöhten Preisen irreale Marktentwicklungen induzieren. Die tatsächliche Volatilität schließt dagegen per Definition eine Mittelwertbildung ein, bei der einzelne Werte nur schwachen Einfluß auf den Durchschnitt für mehrere Tage oder Wochen haben.

Die systematische Frage lautet, ob sich Preistendenzen im Wesentlichen aus der Volatilität begründen lassen.[29] Im Bewertungsvergleich tatsächlicher wie künstlich erzeugter Kurse auf die Chancen von Optionen in den vorangegangen Abschnitten konnte gezeigt werden, daß die Volatilität nicht der einzige Bestimmungsfaktor ist: Abb. C-6: SFR-Optionen, Basis 1,23 (in Kap. „Empirische Ergebnisse Teil 1") etwa zeigt, daß sich erhöhte Volatilitätswerte sich nicht prägend auf die tatsächlichen Erlöse auswirken. Bei wellenähnlichen Bewegungen etwa ist die auch Relation zwischen Wellenlänge und Laufzeit relevant. Auch der normierte „Vergleich: Underlying vs Optionschancen" zeigt, daß sich der Wert nach Erlösen nicht – zumindest nicht ausschließlich – nach der Volatilität richtet.

Die Bedeutung der (impliziten) Volatilität als zentraler Parameter (Die Prognose der Volatilität ist ein Forschungszweig für sich!) ist auf diesem Hintergrund schwer zu erklären. Sie ist als implizite Volatilität aus Tagespreisen allenfalls ein Indikator für die Optionspreise, der „Erhitzung" oder „Abkühlung" anzeigen kann. Die Tendenz des Marktes, die mit einer getrennten Auswertung und Gewichtung nach Call- und Put-Preisen bestimmt werden kann, findet kaum Interesse.

VI. Diskontinuität der Autokorrelation

Das Phänomen der Korrelation bei Finanzdatenreihen untereinander und insbesondere das Phänomen der Autokorrelation bildet die Grundlage der (Auto-)Regressionsmodelle – die „eigene Datengeschichte" wird für Prognosen genutzt, wie andere (Hindler, 1983[30]) sagen. Aber auch die Feststellung stark schwankender Autokorrelationsniveaus ist nicht neu. Dourat[31] et al. (1996) weisen sogar bei intra-day-Analysen („notoriously unstable") darauf hin. Autokorrelation bei Finanzwerten, auch die oft unterstellte „stramme" Korrelation zwischen DAX, DOW und Dollar unterliegt einer starken Dynamik (von $r > 0,95$ bis $r < -0,8$).

Die Darstellung des Phänomens für längere Zeiträume und insbesondere die Erkenntnis, daß das Autokorrelationsniveau praktisch zwischen zwei Zuständen, „weißem Rauschen" und Autokorrelation auf hohem Niveau wechselt, ist sowohl für die Bereitstellung idealer Testsamples für die experimentelle Forschung wie für die Prognosemodelle interessant.

Autokorrelation bei zufallsgenerierten lognormalen Kursen (ohne Abbildung) fällt wesentlich geringer aus als etwa beim DAX, obwohl die Formenvielfalt mit nur 25 verschiedenen Renditewerten stark eingeschränkt ist.

Die Ursachen für Autokorrelation sind ein Feld für weitere Untersuchungen. Auch, warum der Effekt beim DOW relativ gering ausfällt (bis 40 Wiederholungen), beim DAX stärker ausgeprägt ist (bis 60) und beim NASDAQ doppelt so stark ausfällt – sowohl bei wöchentlichen wie täglichen Notierungen. Zu fragen wäre, ob es ein Faktorenbündel gibt, daß Autokorrelation oder eben doch (Fremd-)Korrelation zu exogenen Faktoren provoziert. Zwei Thesen werden dazu angeboten:

1. Autokorrelation ist hier ein Scheineffekt. Autokorrelation – etwa über ein Jahr hinweg – bedeutet keinen tatsächlichen Zusammenhang der aktuellen Kurse mit den Altkursen wie etwa in der Bevölkerungsstatistik zwischen Eheschließungen und Geburten. Vielmehr *verhält* sich ein Kurs (und die daran interessierten Marktteilnehmer) gleichartig zu ähnlichen externen Impulsen, der aktuelle Markt schöpft aus dem „Repertoire" historischer Marktreaktionen.
2. Ein Index wie der DOW ist in seiner Reaktion auf Impulse dominanter, unabhängiger, als etwa der DAX.

Ein Ansatz für die Analyse könnte darin bestehen, vergleichbare Bedingungen für häufig auftretende Profile zu suchen.

VII. Diskontinuität und Prognose

Für Prognosen ergibt sich aus der Diskontinuität der interessante Ansatz, für verschiedene Statusformen (wie hier als Korrelationsniveaus definiert) getrennte Strategien, „Regime-Switching Models[32]", vorzuhalten. Für die Qualität von Prognosen auf der Basis autoregressiver Ansätze wie etwa bei den GARCH-Modellen, ist jedoch zu fragen, wie diese Dynamik für Prognosen zufriedenstellend zu berücksichtigt werden kann. Diese Information läßt sich nicht aus der „eigenen" Vergangenheit ableiten. Etwa traten 17-fache Wiederholungen innerhalb eines Jahres oder erst nach zwei Jahren auf. Diese Frage läßt sich auch nicht mit „out-of-sample"-Tests ausräumen.

Vereinfacht ausgedrückt, bildet ist sich die Charakteristik eines Wertes in Zeiten hoher Autokorrelation aus. Deren Dauer beträgt im Schnitt 5 Wochen, bei Spitzenwerten nur noch 3 Wochen. Der Wechsel zwischen den verschiedenen Phasen verläuft abrupt und ohne bisher erkennbaren Vorlauf von Kursformationen, die man als „Trigger" für „Wenn-Dann"-Prognosen verwenden könnte. Formate, die sich besonders häufig wiederholen, könnten daraufhin untersucht werden, wieweit sie mit anderen Kursfolgen oder exogenen Faktoren synchron verlaufen.

Anmerkungen

1. Nach der Beschreibung von Hull (1997) ein Standardwerk zur Optionsbewertung.
2. Nach der Formel: $V_{jahr} = \sqrt{52/13} \cdot V_{13} = 2 \cdot V_{13}$ Wochen. Die Umrechnung auf die jeweilige Laufzeit findet in der Bewertungsformel statt.
3. Das Underlying (S) geht mit in die Formel von Black und Scholes ein:

   Mit = Wert der Call-Option
   C = Spotkurs
   Sσ = Standardabweichung (Die Volatilität wird durch σ ausgedrückt, jedoch mit einer eigenen Formel ermittelt wird.
   r = Zins für risikofreie Anlagen
   t = (Rest-)Laufzeit
   L = Basispreis
   N = Normalverteilungsfunktion

   $C = SN(d) - Le^{-rt}N(d - \sigma\sqrt{t})$

   (zu „d" siehe Anmerkung 15).

   SN(d) wird als erwarteter Wert des Underlying, der zweite Ausdruck als die erwarteten Kosten der Option der Ausübung jeweils bei Fälligkeit interpretiert. Der Optionswert wird also als die Differenz beider Ausdrücke betrachtet.

4. Die Werte könnten auch den Mittelpunkten der Abschnitte (bei 13 Wochen also der siebten Woche etc.) zugerechnet werden. Werden die vorgefundenen Werte analysiert, sollte eine entsprechende Verschieblichkeit (lag) eingeräumt werden.
5. Kurtosis (als leptokurtisch, schlank, überspitzt oder als platykurtisch, flach) und Schiefe (Skewness) sind statistische Begriffe, mit denen diese Beobachtungen allgemein beschrieben werden, mit denen aber auch eine Hoffnung mitschwingt, es seien nur „defekte" Formen der Gaußischen Kurve, die These normalverteilter Renditen sei im Grunde noch richtig.
6. Siehe Formeln in Anmerkung 3 und 17. Ca. 2% lognormale Rendite bei $\sigma = 1{,}5$.

7 Optionen der Citibank N.A., in New York, Filiale Frankfurt am Main:

	WKN	Typ	Basis	ab:	Fällig:		WKN	Typ	Basis	ab:	Fällig:
SFR/DM	815543	CA	1,23	9/95	3/98	Dollar/DM	815277	CA	1,50	3/96	9/96
SFR/DM	815544	PU	1,23	9/95	3/98	Dollar/DM	815278	PU	1,50	3/96	9/96
DAX	815506	CA	2500	3/96	12/96	Dollar/DM	818434	CA	1,80	3/97	3/98
DAX	815507	PU	2500	3/96	12/96	Dollar/DM	818435	PU	1,80	3/97	3/98

(Optionsscheine unter dem Recht der Bundesrepublik Deutschland.)

8 Die tatsächlichen, auf Basis der folgenden 13 Wochen auf ein Jahr hochgerechneten Werte (nicht identisch mit den für einen Zeitpunkt rückwirkend berechneten „historischen" Werten!). Zur historischen vs künftigen Volatilität siehe Steinbrenner (1996) S. 228–233. Streng genommen ist auch die implizite Volatilität ein „historischer" Wert und sei er nur Sekunden alt!

9 Galai kommt in „A Survey of Empirical Tests of Option-Pricing-Models" (Brenner, 1983), S. 45f. noch zu dem Schluß, daß außer bei kurzen Laufzeiten die Forme nach Black und Scholes die Marktpreise gut approximiert. Dazu ist zu sagen, daß zu der Zeit – verglichen mit heute – empirische Daten nicht annähernd in Umfang und Verfügbarkeit zugrundegelegt werden konnten. Eine aktuellere Übersicht findet sich bei Kolb (1995) S. 182–185. Nach Berichten von sechs verschiedenen empirischen Studien kommt Kolbe zu dem Schluß: „Testing of the options pricing model is far from complete."

10 Geske, Touros (1991). S. Titel, siehe auch Anm. 5.

11 Peters (1994) sieht in den Finanzmarkt „Spiele mit *Erinnerung*", die deswegen nicht zufällig verlaufen.

12 Zu einem Vorschlag aus einer unveröffentlichten Manuskript (1997), das von der ZfB zu Verfügung gestellt wurde.

13 Gemessen wurde hier zur Überprüfung der Dollarwechselkurs 1988 bis 1997. Nach Engle/Hg (1993) Der Hinweis darauf stammt aus der gleichen Arbeit (Anm. 12).

14 Zu Idealformen des Smile-Effekts Steinbrenner (1996) S. 291.

15 Die Variable „d" aus der B-S-Formel hat mit „L" den Basiswert im Nenner (und nicht den Ausgangswert S_t!).

$$d = \frac{\ln \frac{S}{L} + \left(r + \frac{\sigma^2}{2}\right)t}{\sigma\sqrt{t}}$$

16 Hindler (1983) S. 105f., etwa unterstützt diese These, (der aktuelle Kurs sei) „best predictor of any future price". Tatsächlich liegt bei allen untersuchten Reihen bei einwöchigen Renditen hier der häufigste (dichteste) Wert. Der statistische Erwartungswert richtet sich jedoch nach dem gewichteten Mittel.

17 Die Anregung zu diesem Punkt verdanke ich dem Referee.

18 Galai (1983, in M. Brenner, 19983) S. 46, sieht darin sogar ein Zeichen von Markteffizienz, daß die Marktpreise mit der Summe aus (unterbewerteten) „Fairen Werten" unter Hinzunahme der Transaktionskosten (inkl. Steuern) übereinstimmten und insofern beim Kauf zu „Fairen Werten" keine „above-normal" Gewinne zu erzielen seinen.

19 Galai in Brenner (Hrsg.) (1983) S. 46.

20 Die englische Übersetzung des zuerst von J. Bernoulli (1713) formulierten Gesetzes „Ars Conjectandi", lautet: „In any chance event, when the event happens repeatedly, the statistics will tend to prove the probabilities." (Bekannt gemacht durch Leonard Euler u.a.).

21 Anderson (1957) S. 105ff.

22 Veränderungen gehen von der schnelleren Verbreitung der Börseninformationen aus (TV, Internet), vom stärkeren Einfluß wirtschaftlicher Krisen (Mexiko 1994/95, Fernost 1998) anstelle früherer militärischer Krisen (Falklands, Grenada, Libyen, Golf) und der Einführung des Euro.

23 Zur Annahme der lognormalen Verteilung vergl. Black/Scholes (1972) S. 400.

24 Nach dem χ^2-Quadrattest (Forderung von mindesten 5 Fällen pro Klasse) würde sogar mind. $5 \cdot 40$, also über 200 Fälle (bzw. 4 Jahre) erfordern.

25 Nach einer Internet-Recherche befassen sich etwa die LSE Financial Markets Group (z.B. Rady 1995), das Freiburger Zentrum der für Datenanalyse und Modellbildung, das Institut für numerische und angewandte Mathematik, Göttingen, das Institut für medizinische Statistik in Berlin (FU), sowie in der Regel die Fakultäten für Mathematik/Statistik der Universitäten in Cambridge, Harvard, Konstanz, Leiden, Paris (IV), Siegen, Sydney, und Warschau mit dem Forschungsgebiet, das sich mit den Stichworten Markoff- und Martingale-Prozesse, Brown'sche Bewegung (oder die allgemeineren Wiener Prozesse) umreißen läßt.
26 Aït-Sahalia (1998) S. 94f. u. 119f.
27 Zur These „Lead-Lag-Relationship" siehe Kolb (1996) S. 185.
28 Rady (1995) S. 1 und 11.
29 Laut Beike/Schulz (1996) S. 629f. haben „Marktteilnehmer, die sich (über ein Optionsgeschäft) einigen, (...) im Grund die *gleichen Vorstellungen über die künftige Volatilität.*"
30 Dazu Hindler (1983) S. 173 (unviariate Prognosen).
31 Vergl. Dourat/Dufiliot/Dunis/Mathieu (1997) S. 94f.
32 Aear/Lequeux (1997) S. 33.

Literatur

Aear, Emmanuel/Lequeux, Pierre: „Dynamic Strategies – a Correlation Study" in Dunis, Christian, Hrsg.: „Forecasting Financial Markets", (1996, Neuauflage 1997).
Aït-Sahalia, Yacine (1998): „Dynamic equilibrium and volatility in financial asset markets", Journal of Econometrics, North-Holland, S. 93–127.
Anderson, Oskar (1957): „Probleme der Statistischen Methodenlehre".
Bachelier, Louis (1964): „Theory of Speculation" (1900) engl. Übersetzung in Cootner (Hrsg.): The Random Character of Stockmarket Price", S. 17–78.
Beike, Rolf/Schulz, Johann (1996): „Finanznachrichten – lesen – verstehen – nutzen", Handelsblatt.
Black, Fisher/Scholes, Myron (1972): „The Valuation of Option Contracts and a Test of Market Efficiency", Journal of Finance, 27, S. 399–417.
Black, Fisher/Scholes, Myron (1973): „The Pricing of Options and Corporate Liabilities", Journal of Political Economy 81 (3), S. 637–654.
Dourat, Jerôme/Dufiliot, Grilles/Dunis, Christian/Mathieu, Laurent (1997): „Stochastic or Chaotic" in Dunis, Christian, Hrsg.: „Forecasting Financial Markets".
Engle, R. F., V. K. Ng (1993): „Measuring and Testing the Impact of News on Volatility", Journal of Finance 48, S. 1749–1778.
Galai, D. (1983): „A Survey of Empirical Tests of Option-Pricing-Models" in Brenner, S. Menachem (Hrsg.): „Option Pricing".
Geske, R, W. Touros (1991): „Skewness, Kurtosis and Black-Scholes Mispricing" In: Statistical Papers, Vol. 32, S. 299–309.
Hindler, Alex (1983): „Wechselkursprognosen – Ansätze, Modelle und Erfolgsbeurteilung" Europäische Hochschulschriften.
Hull, J. C. (1997): „Options, Futures and Other Derivates", 3rd edition, Prentice Hall.
Kolb, Robert W. (1995): „Understanding Options" Wiley, New York.
Peters, Edgar E. (1994): „Applying Chaostheory to Investment and Economics" Wiley.
Rady, Sven (1995): „State prices implicit in Valuation Formulae for Derivative Securities", Discussion Paper 181, London School of Economics, Financial Markets Group (Internet).
Steinbrenner, Hans Peter (1996): „Bewertungen im professionellem Optionsgeschäft", Deutscher Sparkassenverlag, Stuttgart.

Zusammenfassung

Durch Analyse fiktiver Optionen zu Wertreihen bekannter Börsennotierungen können Fehlbewertungen am Beispiel des Modells von Black und Scholes systematisch und unabhängig von Marktverzerrungen nachgewiesen werden. Die lognormale Verteilung von Renditen konnte in keinem Fall nachgewiesen werden. Sogar künstlich erzeugte Kurse mit lognormaler Verteilung werden in der Regel fehlbewertet.

Die statistische Erwartung für Ausübungsresultate, basierend auf Verteilungen über die Zeit, läßt sich nach dem Gesetz der Großen Zahl nur für zeitliche Reihe von Optionen mit vergleichbarer Ausstattung begründen – also für Strategien und nicht für einzelne Optionsgeschäfte.

Die aufgezeigte Diskontinuität autokorrelativer Effekte legen es nahe, exogene Faktoren wie relevante Wirtschaftsnachrichten und Krisen mit in die Prognose- und Bewertungsmodelle mit notierungsspezifischen Reaktionstypen einzubeziehen. Ansätze dazu sind: „Wenn-Dann"-Prognosen, „Regime-Switching" Modelle, neuronale und lernende Modelle. Die heutige Bedeutung der Volatilität für die Optionsbewertung ist nicht gerechtfertigt.

Summary

By analyzing fictitious options significant mispricing due to the formula of Black and Scholes can be shown systematically and independent from market distortion. Without any evidence of lognormal distributions in reality even options based on fictitious and lognormally distributed courses are not valued properly.

According to The Law of Large Numbers pricing models based on time distibutions should be applied to strategies rather than to single option trading.

The discontinuity of autocorrelation has impact on forecasting models. The future will belong to those models able to include exogene factors like relevant information and changes of the economic scenario. Promising aproaches that could cope with these influences are „if then"-predictions, regime switching models, neuronal and „learning" approaches. The current impact of volatility on option pricing is not justified.

70: Allg. Fragen der Finanzwirtschaft
78: Kapitalmarkttheorie

Allgemeine BWL aus managementorientierter Sicht

Inhalt

Die zweite Auflage dieses Standardbuches wurde vollständig neu gestaltet und um zahlreiche aktuelle Themen ergänzt. Sie gibt eine umfassende, moderne und gut verständliche Einführung in sämtliche unternehmerischen Funktionen aus managementorientierter Sicht.

Die "Allgemeine Betriebswirtschaftslehre" zeigt, mit welchen Instrumenten die Strukturen und Prozesse einer Unternehmung gestaltet werden können.

Das Buch dient sowohl als Lehrbuch als auch als Nachschlagewerk. Besonders hilfreich sind dabei die klare Strukturierung des Inhalts, die vielen anschaulichen Grafiken sowie das umfangreiche Stichwortverzeichnis.

Autoren

Prof. Dr. Jean-Paul Thommen ist Inhaber des Lehrstuhls für Allgemeine Betriebswirtschaftslehre an der European Business School (ebs) sowie Dozent an den Universitäten St. Gallen und Zürich.

Prof. Dr. Dr. Ann-Kristin Achleitner ist Inhaberin des Lehrstuhls für Allgemeine Betriebswirtschaftslehre, Vorsitzende des Vorstands des Instituts für Finanzmanagement an der European Business School (ebs) sowie Dozentin an der Universität St. Gallen.

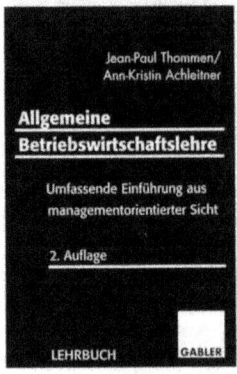

Jean-Paul Thommen/
Ann-Kristin Achleitner
Allgemeine Betriebswirtschaftslehre
Umfassende Einführung aus managementorientierter Sicht
2., vollst. überarb. u. erw. Aufl.
1998. 944 S. , 307 Abb.,
broschiert DM 98,00
ISBN 3-409-23016-5

Bestell-Coupon

Ja, ich bestelle ___ Exemplare

Jean-Paul Thommen/
Ann-Kristin Achleitner
Allgemeine Betriebswirtschaftslehre
Umfassende Einführung
aus managementorientierter Sicht
2., vollst. überarb. u. erw. Aufl. 1998.
944 S. , 307 Abb., broschiert DM 98,00
ISBN 3-409-23016-5

Änderungen vorbehalten. Stand: Juli 1998.
Erhältlich im Buchhandel oder beim Verlag.

Vorname und Name

Straße (bitte kein Postfach)

PLZ, Ort

Unterschrift

z. H. Frau Kristiane Alesch,
Postfach 1547, 65005 Wiesbaden,
Fax: (0611) 78 78 439
http://www.gabler-online.de

Haltedauern von DAX-Futures-Positionen und die Konzentration auf den Nearby-Kontrakt

Von Günter Bamberg und Gregor Dorfleitner

Überblick

- Die Frage nach der Häufigkeit des vorzeitigen Glattstellens sowie die nach der Haltedauer von DAX-Futures-Kontrakten erfordert eine Sichtweise, welche auf die von Individuen gehaltenen Positionen fokussiert.

- Durch Übertragung von Konzepten aus der Theorie statistischer Massen läßt sich unter vertretbaren Annahmen die mittlere Haltedauer von DAX-Futures-Positionen aus leicht verfügbaren und täglich veröffentlichten Daten berechnen. Diese liegt im Bereich von mehreren Handelstagen.

- Das vorzeitige Glattstellen von Futures-Positionen stellt am DAX-Futures-Markt den Regelfall dar. Es wird je nach Kontrakt bei 90% bis 98% aller Positionen praktiziert.

- Insgesamt kann am DAX-Futuresmarkt ein kurzer Planungshorizont, eine konstante Neigung zum Early Unwinding sowie eine zunehmende Konzentration auf den Kontrakt mit der kürzesten Laufzeit nachgewiesen werden.

Eingegangen: 17. April 1998

Prof. Dr. Günter Bamberg, Inhaber des Lehrstuhls für Statistik am Institut für Statistik und Mathematische Wirtschaftstheorie der Universität Augsburg, D-86135 Augsburg. Arbeitsschwerpunkte: Statistik, Ökonometrie, Operations Research, Entscheidungstheorie und Kapitalmarkttheorie.
Dipl.-Math. Gregor Dorfleitner, wiss. Mitarbeiter am Lehrstuhl von Prof. Bamberg. Zuständig für das von der Deutschen Forschungsgemeinschaft (DFG) geförderte Projekt „Regulierungs- und Deregulierungspotential am DAX-Futuresmarkt".

© Gabler-Verlag 1998

A. Einführung

Seit Einführung der DAX-Futures im Jahre 1990 beschäftigten sich viele wissenschaftliche Arbeiten mit diesem Finanzinstrument. Der Schwerpunkt lag dabei vor allem auf der Preisfindung bzw. auf Arbitragemöglichkeiten am DAX-Futuresmarkt.[1]

Wie manche Autoren andeuten[2], stellt das vorzeitige Glattstellen, welches im folgenden auch als Early Unwinding bezeichnet wird, an Futuresmärkten den Hauptfall dar. Kempf (1996) untersucht deshalb den Einfluß der Glattstellungsoption auf die Bepreisung von DAX-Futures-Kontrakten. Auch sogenannte *delayed unwindings* oder Rollovers, also Übertragungen von Futures-Position in einem Kontrakt mit kurzer Restlaufzeit auf einen Kontrakt mit längerer Laufzeit[3], gelten als Standardsituation am Futuresmarkt und werden vor allem in der englisch-sprachigen Literatur[4] umfassend behandelt. Viele Autoren, die den DAX-Futuresmarkt empirisch untersuchen, beschränken sich auf die Berücksichtigung des Kontraktes mit der kürzesten Restlaufzeit unter Hinweis darauf, daß dieser der liquideste sei.[5] Die anderen parallel dazu existierenden Kontrakte mit drei bzw. sechs Monate längerer Restlaufzeit werden oft völlig vernachlässigt.

Eine empirische Quantifizierung der von verschiedenen Autoren vermuteten Sachverhalte wurde selbst für den schon länger etablierten amerikanischen Index-Futuresmarkt indes nur ansatzweise geleistet. Für den DAX-Futuresmarkt sind unter anderem folgende Fragen nur unzureichend beantwortet.

- In welchem Umfang werden eingegangene Futures-Positionen vorzeitig glattgestellt?
- Wie lange werden Futures-Positionen im Mittel gehalten?
- Wie stark ist die Konzentration auf den Nearby-Kontrakt und wie verändert sie sich in Abhängigkeit der Zeit?
- In welchem Umfang finden Rollovers statt?

Die vorliegende Arbeit gibt nun auf die ersten drei Fragen umfassend Antwort, die Frage nach der Quantisierung der Rollover-Effekte wird ebenfalls diskutiert, kann aber aus den zur Verfügung stehenden Daten nicht erschöpfend beantwortet werden. Es werden zwei auf täglicher Basis vorliegende Größen ausgewertet, der Open Interest und das Umsatzvolumen.

Der Rest der Arbeit ist wie folgt gegliedert: Abschnitt B stellt Bezeichnungen und einige mathematische Beziehungen der wichtigsten Größen vor. Des weiteren wird eine Formel zur Berechnung der mittleren Haltedauer von Futures-Positionen hergeleitet. Nach einer Beschreibung der Datenbasis in Abschnitt C präsentiert Abschnitt D die empirischen Resultate. Diese werden aus zwei Blickwinkel, dem quartalsweisen und dem kontraktweisen, gewonnen und am Ende des Abschnitts zusammengefaßt. Mit einem Ausblick in Abschnitt E schließt die Arbeit.

B. Das Modell

I. Ein einleitendes Beispiel

Um die verwendeten Begriffe sowie die Problemstellung zu illustrieren, betrachten wir einleitend einen fiktiven ersten Handelstag eines neuen Futures-Kontrakts (Abbildung 1).

Abb. 1: Beispiel für eine Trading-Situation

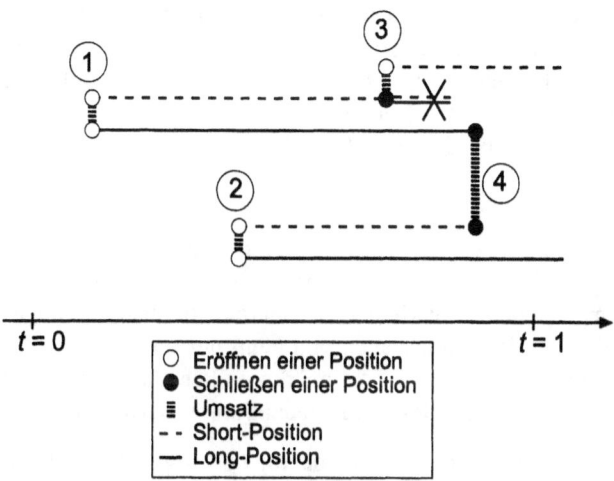

Der erste und der zweite Umsatz dienen je der Eröffnung zweier neuer individueller Positionen, jeweils eines Short-Long-Paares. Nach dem ersten Umsatz beträgt der Open Interest 1, nach dem zweiten beträgt er 2. Von den vier bis dahin eröffneten Positionen ist keine glattgestellt. Letzteres passiert beim dritten Umsatz, bei dem der Halter der Short-Position des ersten Umsatzes zusätzlich eine Long-Position eingeht. Diese beiden Positionen heben sich auf, die Short-Position wird geschlossen, was in Abbildung 1 durch ein Kreuz angedeutet ist. Der Open Interest nach dem dritten Umsatz beträgt weiterhin 2. Würde die Long-Position des dritten Umsatzes versehentlich einem neuen Marktteilnehmer zugeordnet, so wäre der Open Interest um eine Einheit höher. Der vierte Trade nun bringt ein Early Unwinding zweier Positionen mit sich. Der Open Interest am Ende des Tages beträgt 1.

Insgesamt gibt es während des Betrachtungszeitraumes 5 Positionen, von denen am Ende des ersten Tages bereits drei glattgestellt sind. Der relative Anteil der glattgestellten Positionen, die Early-Unwinding-Ratio, beträgt also am Ende des ersten Tages ⅗. Die drei bereits glattgestellten Positionen besitzen jeweils eine unterschiedliche Haltedauer, obwohl sie zum Teil mit demselben Trade eröffnet wurden. Eine Untersuchung der mittleren Haltedauer sowie des Early-Unwinding-Verhaltens erfordert deshalb eine Sicht, die Short- und Long-Positionen betrachtet, die im folgenden auch als individuelle Kontrakte bezeichnet werden sollen. Unter Futures-Kontrakten wollen wir im folgenden immer die abstrakten Instrumente mit bestimmten Fälligkeitsterminen verstehen. Wie man aus Abbildung 1 außerdem ersieht, kann zwar aus den Open-Interest- und Handelsvolumen-Werten jeweils die Anzahl der individuellen Kontrakte und der bereits glattgestellten unter diesen ermittelt werden, nicht jedoch die Aufteilung dieser Anzahlen auf Short- und Long-Positionen.

Die am Ende des Tages von der Deutschen Terminbörse (DTB) veröffentlichten Open-Interest-Werte entstehen wie folgt. Unterhalb der DTB als zentraler Clearingstelle gibt es die sogenannten Clearing-Teilnehmer wie etwa Banken, die Nicht-Börsenmitgliedern Zugang zum Futures-Markt verschaffen. Diese Clearing-Teilnehmer melden bei Abschluß eines Trades, ob es sich um die Eröffnung oder die Glattstellung einer individuellen Position handelt. Aus diesen Meldungen errechnet die DTB nun nach Ablauf eines Handelstages mit untenstehender Gleichung (3) den Open Interest. Genauere Informationen zu technischen Details finden sich bei Janßen (1995), S. 42 ff.

II. Bezeichnungen

Um das Problem formal behandeln zu können, definieren wir zunächst einige Variablen. Die Variable t mißt die Zeit in Handelstagen und kann nur die ganzzahligen Werte 0, 1, ..., t_e, t_e+1 annehmen, wobei $t=0$ den imaginären nullten Handelstag, t_e den letzten Handelstag und t_e+1 den Verfallstag des betrachteten Futures bezeichnet. Es sei:

TTQ_t die Anzahl der bis zum Handelsschluß von Tag t getätigten Umsätze (*total traded quantity*),

OIQ_t die Anzahl der offenen Positionspaare (*open interest quantity*) zum Handelsschluß des Tages t, kurz auch als der Open Interest bezeichnet,

ΔTTQ_t die Anzahl der am Tag t getätigten Umsätze, also $\Delta TTQ_t = TTQ_t - TTQ_{t-1}$,

ΔOIQ_t die Open-Interest-Veränderung am Tag t, also $\Delta OIQ_t = OIQ_t - OIQ_{t-1}$,

wobei für den nullten Handelstag $OIQ_0 = TTQ_0 = 0$ gilt.

Hierbei werden jeweils Paare von Short- und Long-Positionen als eine Einheit gezählt. Jeder einzelne Umsatz kann zur Veränderung des Open Interests einen Beitrag von 1, 0 oder -1 leisten, je nachdem ob es sich um die Eröffnung zweier neuer individueller Kontrakte, d.h. eines Short-Long-Paares, die Glattstellung eines individuellen Kontraktes bei gleichzeitiger Eröffnung eines neuen oder um das Glattstellen zweier bereits vorhandener individueller Kontrakte handelt. Damit gilt:

(1) $\quad |\Delta OIQ_t| \leq \Delta TTQ_t \quad$ und $\quad OIQ_t \leq TTQ_t$.

Die beiden Größen OIQ und ΔTTQ werden täglich von der DTB veröffentlicht und stehen damit unmittelbar zur Verfügung. Daneben führen wir für unsere Analyse zwei weitere wichtige Größen ein, nämlich:

ICQ_t die Anzahl der individuellen Kontrakte (*individual contract quantity*), die bis zum Handelsschluß von Tag t eröffnet wurden, d.h. die bis zum Tag t existiert haben oder am Tag t noch existieren,

EUQ_t die Anzahl der bis zum Handelsschluß von Tag t vorzeitig glattgestellten individuellen Kontrakte (*early unwinding quantity*).

Diese beiden Größen entsprechen der Summe aller an die DTB gemeldeten Openings bzw. Closings bis zum Tag t. Die ersten Differenzen dieser Größen seien wieder mit einem vorangestellten Δ gekennzeichnet. Offenbar gelten die beiden Gleichungen

(2) $\quad TTQ_t = \dfrac{ICQ_t + EUQ_t}{2}$

und

(3) $\quad OIQ_t = \dfrac{ICQ_t - EUQ_t}{2}$.

Gleichung (2) erklärt sich aus der Tatsache, daß jeder Umsatz eine Short- und eine Long-Seite besitzt. Damit erzeugt jeder Umsatz entweder zwei Openings, ein Opening und ein Closing oder zwei Closings. Gleichung (3) gibt die Tatsache wieder, daß der Open Interest aus der halben Anzahl derjenigen eröffneten Positionen besteht, die noch nicht glattgestellt wurden. Explizit ergibt sich aus (2) und (3):

(4) $\quad ICQ_t = TTQ_t + OIQ_t$

$\quad\quad EUQ_t = TTQ_t - OIQ_t$.

Diese Beziehungen gelten auch, wenn man zu den ersten Differenzen übergeht. Es gilt also insbesondere

(5) $\quad 2\Delta TTQ_t = \Delta ICQ_t + \Delta EUQ_t$,

d. h. das zweifache Handelsvolumen zerfällt in die Anzahl der an diesem Tage neu eröffneten und die Anzahl der an diesem Tage glattgestellten individuellen Kontrakte.

Die Definition der Early-Unwinding-Ratio EUR_t bis zum Zeitpunkt t ergibt sich nun als

(6) $\quad EUR_t = \dfrac{EUQ_t}{ICQ_t} = \dfrac{TTQ_t - OIQ_t}{TTQ_t + OIQ_t}$.

Offensichtlich gilt:

(7) $\quad EUR_t \in [0,1]$.

Außerdem definieren wir die Early-Unwinding-Neigung am Tag t als

(8) $\quad MEUR_t = \dfrac{\Delta EUQ_t}{\Delta TTQ_t} \in [0,2]$.

Diese Größe setzt die Anzahl der am Tag t glattgestellten individuellen Kontrakte ins Verhältnis zum Handelsvolumen an diesem Tag und mißt damit, in welchem Maße die Umsätze des Tages t zu einer Erhöhung der Anzahl der vorzeitig glattgestellten Kontrakte beitragen. Diese Größe bezeichnen wir deshalb auch als die (relative) Neigung zum Early Unwinding (oder die marginale Early-Unwinding-Ratio). Mit (5) und (8) gilt:

(9) $\quad \Delta EUQ_t = MEUR_t \Delta TTQ_t \quad$ und $\quad \Delta ICQ_t = (2 - MEUR_t)\Delta TTQ_t$.

Wegen $0 \leq OIQ_t \leq TTQ_t$ gilt:

(10) $\quad 0 \leq EUQ_t \leq TTQ_t \leq ICQ_t \leq 2TTQ$.

Des weiteren gilt wegen (1):

(11) $\quad \Delta EUQ_t = \Delta TTQ_t - \Delta OIQ_t \geq 0$

und

(12) $\quad \Delta ICQ_t = \Delta TTQ_t + \Delta OIQ_t \geq 0$.

Damit sind

(13) $\quad EUQ_t = \sum_{i=1}^{t} \Delta EUQ_i$

und

(14) $\quad ICQ_t = \sum_{i=1}^{t} \Delta ICQ_i$

ebenso wie

(15) $\quad TTQ_t = \sum_{i=1}^{t} \Delta TTQ_i$

isoton über der Zeit t. Lediglich der Open Interest ist nicht isoton, da ΔOIQ auch negative Werte annehmen kann.

Für die quartalsweise Betrachtung seien mit ΔTTQ_t^g und OIQ_t^g die Werte für den über alle drei Fristigkeiten kumulierten Umsatz bzw. Open Interest jeweils am Tag t bezeichnet.

III. Berechnung der mittleren Haltedauer

In der deskriptiven Statistik werden unter dem Stichwort „zeitabhängige statistische Massen" Zu- und Abgänge sowie Bestände zu gewissen Zeitpunkten betrachtet.[6] Dieser Ansatz kann in unserem Kontext dazu nutzbar gemacht werden, um die in Handelstagen gemessene mittlere Haltedauer d von individuellen Kontrakten zu ermitteln. Dazu muß allerdings die diskret gemessene Zeit als stetig aufgefaßt werden. Das im folgenden auftauchende Intervall $[s, t]$ ist zu verstehen als die Zeit vom Ende des s-ten, also vom Anfang des $(s+1)$-ten bis zum Ende des t-ten Handelstages.

Die kumulierte Anzahl der Zugänge bis zum Zeitpunkt t entspricht der Größe ICQ_t, die der Abgänge der Größe EUQ_t. Damit erhalten wir als Wert für den Bestand an individuellen Kontrakten zum Zeitpunkt t:

(16) $\quad ICQ_t - EUQ_t = 2\,OIQ_t$.

Es bedarf nun zweier Prämissen, um die durchschnittliche Haltedauer d_{st} derjenigen individuellen Kontrakte, deren Haltedauer sich mit dem Intervall $[s, t]$ überlappt, berechnen zu können.

Zunächst muß die Fläche F_{st} unter der Bestandsfunktion zwischen den Zeitpunkten s und t ermittelt werden. Die Werte der Bestandsfunktion, also verdoppelte Open-Interest-Werte, sind nur zu äquidistanten Zeitpunkten bekannt. Deshalb wird nun angenommen, daß sich der Bestand zwischen den bekannten Bestandswerten kontinuierlich entlang einer Geraden verändert, daß also die Bestandsfunktion zwischen den Stützpunkten durch lineare Interpolation angenähert werden kann. Dies erscheint wenig problematisch, da die zu berechnende Fläche dadurch im allgemeinen gut approximiert wird. Unter der erwähnten Annahme gilt:

(17) $\quad F_{st} = OIQ_s + 2 \sum_{i=s+1}^{t-1} OIQ_i + OIQ_t$.

Die zweite Annahme betrifft die mittlere Aufbauzeit $d_s^\uparrow$ bzw. Abbauzeit $d_t^\downarrow$ von individuellen Kontrakten, die bereits vor dem Zeitpunkt s im Bestand waren bzw. noch nach dem Zeitpunkt t im Bestand sind. Nach von der Lippe (1993) wird hierzu üblicherweise

(18) $\quad d_s^\uparrow = \delta d_{st} \quad$ und $\quad d_t^\downarrow = (1-\delta) d_{st}$

angenommen, wobei δ gleich ½ gewählt werden kann. Dies bedeutet, daß man die mittlere Aufbau- gleich der mittleren Abbauzeit setzt. Im Falle einer geschlossenen Masse (d. h. $2 OIQ_s = 2 OIQ_t = 0$) ist diese Prämisse nicht vonnöten. Dieser Fall liegt vor, wenn man den Erhebungszeitraum so wählt, daß er vom ersten Handelstag bis zum Fälligkeitstermin des Futures reicht.

Bezeichnet N_{st} die Anzahl aller individuellen Kontrakte, die im Intervall $[s, t]$ jemals zum Bestand gehört haben, so gilt offenbar die Identität:

(19) $\quad N_{st} d_{st} = 2 OIQ_s d_s^\uparrow + F_{st} + 2 OIQ_t d_t^\downarrow,$

die sich mit (18) zu

(20) $\quad N_{st} d_{st} = 2 \delta OIQ_s d_{st} + F_{st} + 2 (1-\delta) OIQ_t d_{st}$

umformen läßt. Aus Gleichung (20) erhält man nun die mittlere Haltedauer als

(21) $\quad d_{st} = \dfrac{F_{st}}{N_{st} - 2 \delta OIQ_s - 2(1-\delta) OIQ_t}.$

Mit (17) und $\delta = ½$ ergibt sich daraus:

(22) $\quad d_{st} = \dfrac{OIQ_s + 2 \sum_{i=s+1}^{t-1} OIQ_i + OIQ_t}{N_{st} - OIQ_s - OIQ_t}.$

Für $t \leq t_e$ kann man N_{st} gemäß

(23) $\quad N_{st} = ICQ_t - EUQ_s = ICQ_t - ICQ_s + 2 OIQ_s$

berechnen. Damit gilt nach (4) und (22) für die durchschnittliche Haltedauer d_{st}:

(24) $\quad d_{st} = \dfrac{OIQ_s + 2 \sum_{i=s+1}^{t-1} OIQ_i + OIQ_t}{TTQ_t - TTQ_s}.$

Setzt man t jedoch gleich dem Fälligkeitstag des Kontraktes, also $t = t_e + 1$, so gilt für die Anzahl aller individuellen Kontrakte, die es jemals gegeben hat:

(25) $\quad ICQ_{t_e+1} = TTQ_{t_e} + OIQ_{t_e}.$

Damit ergibt sich für $t = t_e + 1$:

(26) $\quad d_{st} = \dfrac{OIQ_s + 2 \sum_{i=s+1}^{t_e} OIQ_i}{TTQ_{t_e} - TTQ_s + OIQ_{t_e}}.$

Die gelieferten Formeln gelten für offene Massen gemäß von der Lippe (1993) nur dann, wenn die Länge des Beobachtungsintervalls mindestens den vierfachen Wert der durchschnittlichen Haltedauer annimmt. Deshalb können in der nachfolgenden empirischen

Untersuchung die Intervalle nicht beliebig klein gewählt werden. Den wichtigsten Fall der mittleren Haltedauer d über die gesamte Kontraktlaufzeit erhält man mit $s=0$ und $t=t_e+1$ aus (26) als:

$$(27) \quad d = 2 \, \frac{\sum_{i=1}^{t_e} OIQ_i}{TTQ_{t_e} + OIQ_{t_e}}.$$

In diesem Fall hat man es mit einer geschlossenen Masse zu tun. Insofern ist keinerlei Prämisse bzgl. der Intervall-Länge oder der mittleren Auf- oder Abbauzeit erforderlich.

C. Datenbasis

Die durchgeführte empirische Untersuchung basiert auf täglichen OIQ- und ΔTTQ-Daten vom 19.12.94 bis zum 20.12.96. Aus den 512 Handelstagen dieses Zweijahres-Zeitraums werden 8 Quartale gebildet, die von der sonst üblichen Quartalsdefinition leicht abweichen: Ein Quartal dauert in dieser Arbeit jeweils vom ersten Handelstag nach einem DAX-Future-Fälligkeitstermin bis zum nächsten Fälligkeitstermin. Tabelle 1 gibt Beginn und Ende sowie jeweils die drei aktuellen Futures-Kontrakte mit den unterschiedlichen Fristigkeiten lang (der langlaufende Kontrakt), mittel (der Kontrakt mit mittlerer Laufzeit) und kurz (der Kontrakt mit der kürzesten Laufzeit oder Nearby-Kontrakt) eines jeden Quartals wieder.

Die Bezeichnung der Futures-Kontrakte besteht aus dem ersten Buchstaben des Monats sowie dem Jahr des Fälligkeitstermins. So steht S95 beispielsweise für den Kontrakt, der am dritten Freitag im September 95 fällig ist, also am 15.09.95, dem Ende des Quartals Q395. Alle Quartale außer dem Quartal Q296 umfassen 13 Wochen. Letzteres dauert 14 Wochen.

Für alle Handelstage des Untersuchungszeitraumes liegen für alle 3 Fristigkeiten jeweils ein Wert für den Open Interest (am Ende des Tages) und einer für das tägliche Handelsvolumen vor, also für jeden Tag t die Werte OIQ_t, ΔTTQ_t und mit letzterem auch

$$(28) \quad TTQ_t = \sum_{i=1}^{t} \Delta TTQ_i.$$

Tab. 1: Die Quartale des Untersuchungszeitraumes

Quartal	von	bis	lang	mittel	kurz
Q195	19.12.94	17.03.95	S95	J95	M95
Q295	20.03.95	16.06.95	D95	S95	J95
Q395	19.06.95	15.09.95	M96	D95	S95
Q495	18.09.95	15.12.95	J96	M96	D95
Q196	18.12.95	15.03.96	S96	J96	M96
Q296	18.03.96	21.06.96	D96	S96	J96
Q396	24.06.96	20.09.96	M97	D96	S96
Q496	23.09.96	20.12.96	J97	M97	D96

Quelle: DTB

I. Der Open-Interest-Fehler

Die Daten des Untersuchungszeitraums entsprechen in einem Punkt nicht den in Abschnitt B skizzierten Zusammenhängen: Am letzten Handelstag nimmt der Open Interest um einen höheren Betrag ab als das Handelsvolumen an diesem Tag, d. h. es gilt

(29) $\quad |\Delta OIQ_{t_e}| > \Delta TTQ_{t_e}$

bzw. äquivalent dazu

(30) $\quad \Delta ICQ_{t_e} < 0$

und

(31) $\quad MEUR_{t_e} > 2$

Diese Auffälligkeit erklärt sich nach Auskunft der DTB folgendermaßen: Die Clearing-Teilnehmer gehen bei der Meldung der Information, ob es sich bei einer gehandelten Short- oder Long-Position um ein Opening oder ein Closing handelt, – wie bereits in Abschnitt B.I angedeutet – zuweilen etwas salopp vor. Sie melden in solch einem Fall Positionen als eröffnet, die in Wirklichkeit geschlossen wurden. Insbesondere bestand in den in dieser Arbeit untersuchten Jahren 1995 und 1996 kein Anreiz für die Clearing-Teilnehmer, diese Zuordnung korrekt zu melden, da die Zahlungsströme auf dem Clearing-Konto des Clearing-Mitglieds per saldo davon unbeeinflußt sind. Während der Zeit des aktiven Handels passieren solche Fehlmeldungen in gewissem Ausmaß ständig. Der von der DTB berechnete Open Interest wird dadurch überschätzt. Spätestens am Tag vor Fälligkeit des Kontraktes allerdings korrigieren die Clearing-Mitglieder wegen drohender Lieferungsgebühren bisher fehlgemeldete Openings durch Position-Closing-Adjustments, welche speziell am letzten Handelstag eine Open-Interest-Abnahme bewirken können, die das Handelsvolumen an diesem Tag übersteigt.

Korrekturen des Open-Interest-Fehlers treten nicht nur am letzten Handelstag auf, sondern auch gelegentlich in den Zeiten, in denen der Kontrakt noch nicht zu demjenigen mit kürzester Restlaufzeit geworden ist. Der Fall, daß eine Open-Interest-Zunahme größer ist als das Handelsvolumen, kommt indes nicht vor.

Insgesamt muß davon ausgegangen werden, daß die oben erwähnten Fehlmeldungen nur an solchen Tagen, an denen größere Korrekturen stattfinden, offenbar werden. Tabelle 2 zeigt, welches Ausmaß der Open-Interest-Fehler am letzten Handelstag annimmt und wie schwer er relativ gesehen wiegt. Außerdem wird die Anzahl der sonstigen Verletzungen des theoretischen Modells wiedergegeben, die allesamt in Zeiträumen auftreten, wo der Kontrakt noch nicht stark gehandelt wird.

Die Abweichung $|\Delta OIQ_{t_e}| - \Delta TTQ_{t_e}$ gibt an, um wieviele Einheiten OIQ_{t_e-1} den wahren Open Interest am vorletzten Handelstag mindestens überschätzt. Um diese Abweichung zu relativieren, setzt man sie ins Verhältnis zur Zahl TTQ_{t_e-1} der Umsätze, durch die sie entstanden ist. Wir definieren ε_1 deshalb als

(32) $\quad \varepsilon_1 := \dfrac{|\Delta OIQ_{t_e}| - \Delta TTQ_{t_e}}{TTQ_{t_e-1}}$

Tab. 2: Der Open-Interest-Fehler bei verschiedenen Kontrakten

Kontrakt	$|\Delta OIQ_{t_e}| - \Delta TTQ_{t_e}$	ϵ_1	ϵ_2	# sonst. Verletzungen
M95	4460	0,5%	5,9%	0
J95	35025	3,0%	33,0%	1
S95	20016	1,8%	35,5%	8
D95	11551	0,9%	18,1%	6
M96	31074	2,1%	23,2%	8
J96	47326	3,5%	31,3%	1
S96	25405	2,2%	37,0%	2
D96	8716	0,6%	11,7%	11

Quelle: Eigene Berechnungen

Da für die beiden Kontrakte M95 und J95 das gesamte Umsatzvolumen nicht zu ermitteln war, wurde bei der Berechnung von ε_1 als Approximation die Summe aller verfügbaren Umsatzzahlen verwendet. Deshalb überschätzen die ε_1-Werte dieser Kontrakte in Tabelle 2 den tatsächlichen Wert. Die ebenfalls in Tabelle 2 aufgeführte Größe

$$(33) \quad \varepsilon_2 := \frac{\left|\Delta OIQ_{t_e}\right| - \Delta TTQ_{t_e}}{OIQ_{t_e-1}}$$

stellt eine untere Schranke für die relativen Open-Interest-Fehler am Tag t_e-1 dar. Betrachtet man die Werte der Open-Interest-Fehler-Maße, so stellt man fest, daß der Fehler nicht vernachlässigt werden kann. Deshalb muß man ihn soweit möglich korrigieren.

II. Bereinigung der Open-Interest-Daten

Zur Behebung des Open-Interest-Fehlers gibt es zwei Möglichkeiten: Zunächst kann man eine möglichst niedrige obere Schranke für die wahren Werte angeben. Zwar stellen die berichteten Open-Interest-Werte $rOIQ_t$ (*reported open interest*) bereits eine obere Schranke für die tatsächlichen Werte dar. Man kann jedoch leicht eine bessere solche Schranke $mOIQ$ (*maximum open interest*) konstruieren. Dazu geht man wie folgt vor.

- Der berichtete und verläßliche Open-Interest-Wert am letzten Handelstag wird übernommen, d.h. man setzt $mOIQ_{t_e} := rOIQ_{t_e}$.
- Nun bildet man iterativ von t nach $t-1$ fortschreitend die Werte von $mOIQ$ durch $mOIQ_{t-1} := \min\{rOIQ_{t-1}, mOIQ_t + \Delta TTQ_t\}$.

Die zweite angewandte Korrektur-Methode ist etwas weniger restriktiv und bietet die Möglichkeit erheblicherer Korrekturen. Man nimmt an, daß der Open-Interest-Fehler nach und nach auf gleichmäßige Art und Weise zustande kommt und daß sein Ausmaß direkt proportional mit der Anzahl der Umsätze anwächst. Wählt man den Proportionalitätsfaktor ε_1, so unterstellt man einen Open-Interest-Fehler am vorletzten Handelstag von $\left|\Delta OIQ_{t_e}\right| - \Delta TTQ_{t_e}$.[7] Die korrigierten Werte ergeben sich nun als

$$(34) \quad OIQ_t := rOIQ_t - \varepsilon_1 TTQ_t.$$

Abb. 2: Entwicklung wichtiger Größen des Kontraktes S96 in Abhängigkeit der Zeit

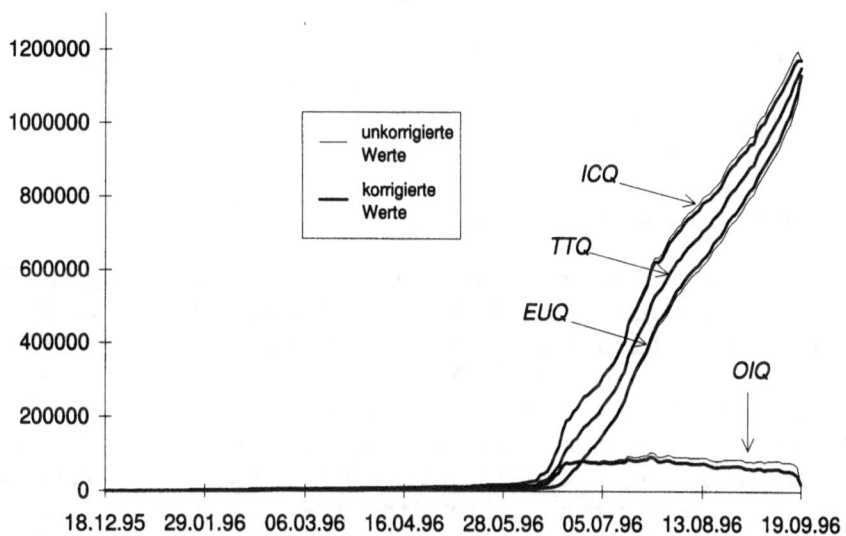

Obwohl auch diese Methode in ihrem Vorgehen als eher konservativ bezeichnet werden muß, ergeben sich hiermit bereits merkliche Änderungen des Open Interests. Im folgenden wurde meist mit den mittels der zweiten Methode korrigierten Werten gerechnet, weshalb diese mit OIQ bezeichnet werden. Nur im Falle der mittleren Haltedauern wurden zusätzlich die $mOIQ$-Werte berücksichtigt, um eine verläßliche Obergrenze für die mittlere Haltedauer zu bekommen.

Auch die Werte von ICQ und EUQ verändern sich mit der Korrektur. Abbildung 2 gibt den Verlauf der 4 Größen TTQ, OIQ, EUQ und ICQ (korrigiert und unkorrigiert) bei einem typischen Kontrakt wieder. Welche Folgen für die empirische Untersuchung haben nun der Open-Interest-Fehler und seine Behebung?

- Auch die bereinigten Open-Interest-Werte OIQ überschätzen tendenziell noch den wahren Open Interest. Für eine exakte obere Schranke muß man jedoch die $mOIQ$-Werte benutzen.
- Die Berechnung der Early-Unwinding-Ratio EUR_{t_e} am letzten Handelstag wird durch den Open-Interest-Fehler nicht beeinträchtigt, wenn man davon ausgeht, daß die Open-Interest-Werte am letzten Handelstag der Wirklichkeit entsprechen.
- Während der Laufzeit des Kontrakts kann es jedoch noch dazu kommen, daß EUQ und damit EUR und $MEUR$ leicht unterschätzt werden. Die mittleren Haltedauern werden dafür wegen der Open-Interest-Überschätzung als zu hoch eingeschätzt.
- Mit den bereinigten Werten lassen sich jedoch einigermaßen valide Aussagen treffen.

D. Empirische Resultate

Zur empirischen Analyse der eingangs erwähnten Fragen werden die vorhandenen Daten aus zwei Blickwinkeln betrachtet, dem quartals- und dem kontraktweisen. Eine Zusammenfassung der beiden Blickwinkel nimmt der dritte Unterabschnitt vor.

I. Quartalsweise Betrachtung

Zur quartalsweisen Betrachtung werden die TTQ- und OIQ-Daten der vorliegenden Quartale wie folgt aggregiert: Im Quartal Q296 wird die überzählige erste Woche weggelassen. An den nunmehr 65 Handelstagen eines theoretischen Quartals wird jeweils der Durchschnitt der vorliegenden Werte gebildet. Daten von Feiertagen werden dabei bei den Volumenwerten als Missing Values behandelt. Beim Open Interest wird hingegen plausiblerweise unterstellt, daß der Open Interest am Feiertag denselben Wert besitzt wie am letzten Handelstag vor dem Feiertag. Bei der Aggregation der Open-Interest-Daten wird das letzte Quartal weggelassen, da hier im Kontrakt mit mittlerer und in dem mit längster Restlaufzeit keine vernünftige Bereinigung vorgenommen werden kann. Die aggregierten Werte zeigen nun jeweils einen Verlauf, der dem eines typischen Quartals gleicht. Insofern können anhand der aggregierten Werte relevante Aussagen getroffen werden.

Betrachten wir zunächst den Verlauf des durchschnittlichen täglichen Gesamtvolumens ΔTTQ^g in Abhängigkeit der Zeit des Untersuchungszeitraums (Abbildung 3).

Das zunächst nahezu konstante gesamte Handelsvolumen erscheint in den letzten beiden Wochen eindeutig erhöht. Dies läßt sich auch mit nicht-aggregierten Werten statistisch signifikant nachweisen. Betrachtet man nämlich in allen Quartalen die täglichen Gesamt-

Abb. 3: Durchschnittliches tägliches Gesamtvolumen und relative Aufteilung der Umsätze auf die drei Kontrakt-Fristigkeiten in Abhängigkeit der Zeit

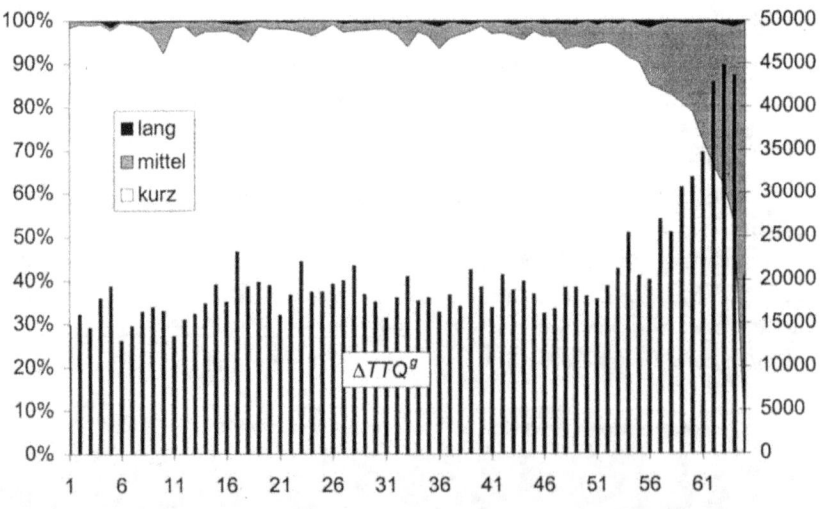

Tab. 3: Durchschnittliches tägliches Gesamtvolumen in den ersten 11 Wochen ($\overline{\Delta TTQ_a^g}$) bzw. letzten 2 Wochen ($\overline{\Delta TTQ_b^g}$) eines jeden Quartals

Quartal	$\overline{\Delta TTQ_a^g}$	$\overline{\Delta TTQ_b^g}$
Q195	14224,91	35918,90
Q295	17303,90	30205,88
Q395	15600,44	28264,60
Q495	20863,72	26677,50
Q196	22827,23	37208,30
Q296	18428,69	30715,40
Q396	15956,09	28360,10
Q496	20676,76	37394,10

Quelle: Eigene Berechnungen

Tab. 4: Aufteilung der Umsatzzahlen auf die drei Kontraktfristigkeiten im gesamten Untersuchungszeitraum

Fristigkeit	$\sum \Delta TTQ$	relativ
lang	61149	0,59%
mittel	1013697	9,83%
kurz	9239750	89,58%
Summe	10314596	100,00%

Quelle: Eigene Berechnungen

Umsatzzahlen und bildet man den Durchschnitt über die ersten 11 bzw. 12 (bei Q296) und die letzten 2 Wochen, so stellt man fest, daß dieser in den letzten beiden Wochen eines jeden Quartals deutlich zunimmt (Tabelle 3). Der durchschnittlich über 70-prozentige Anstieg des täglichen Gesamtvolumens in den letzten 2 Wochen ist trotz des geringen Stichprobenumfangs auf einem 1%-Niveau statistisch signifikant.[8]

Der OIQ^g-Verlauf hingegen verhält sich etwas differenzierter, wie der Abbildung 4 zu entnehmen ist. Hier kann nicht nachgewiesen werden, daß der Open Interest an den letzten Handelstagen höher als im sonstigen Quartal ist. Offenbar wird in den letzten beiden Wochen eines jeden Quartals am DAX-Futuresmarkt verstärkt gehandelt. Dies führt aber im wesentlichen nicht zu einer Erhöhung des Open Interests, sondern dient eher dem Umsteigen auf den Kontrakt mit mittlerer Laufzeit sowie dem Ausstieg.

Richten wir nun das Augenmerk auf die Aufteilung von ΔTTQ^g auf die Fristigkeiten lang, mittel und kurz (Abbildung 3). Während bis zur Mitte des Quartals praktisch fast nur der Nearby-Kontrakt gehandelt wird, beginnt dann der Umsatzanteil des Kontraktes mit mittlerer Laufzeit zuzunehmen. Erst in den letzten drei Wochen allerdings steigt der Anteil kräftig an, und zwar bis zu einem Wert von fast 100% am letzten Tag des Quartals, dem Fälligkeitstag des Nearby-Kontraktes, an dem dieser nicht mehr gehandelt wird. Der langlaufende Kontrakt bleibt die ganze Zeit über von den Umsatzzahlen her auf sehr niedrigem Niveau. Dieser prinzipielle Verlauf zeigt sich in allen Quartalen des Untersuchungszeitraums. Das Ansteigen der Handelsaktivität im Kontrakt mit mittlerer Laufzeit in der Zeit vor dem Fälligkeitstermin kann durch langsam einsetzende Rollover-Tätigkeit verursacht sein. Ob die neu eröffneten Positionen durch Rollover-Aktivitäten bedingt sind, kann aufgrund der vorliegenden Daten nicht geklärt werden.

Zur Quantifizierung der Verteilung der Umsätze auf die drei Fristigkeiten summiert man über alle Handelstage die Umsätze im jeweiligen Kontrakt mit langer bzw. mittlerer Laufzeit sowie dem Nearby-Kontrakt und erhält die in Tabelle 4 wiedergegebene Aufteilung. Dabei bedeuten etwa die beiden Zahlen in der zweiten Zeile, daß von den insgesamt über 10 Millionen Umsätzen im Untersuchungszeitraum 61 149 (oder 0,59%) auf einen Kon-

Abb. 4: Durchschnittlicher täglicher (gesamter) Open Interest und Aufteilung auf die drei Kontrakt-Fristigkeiten

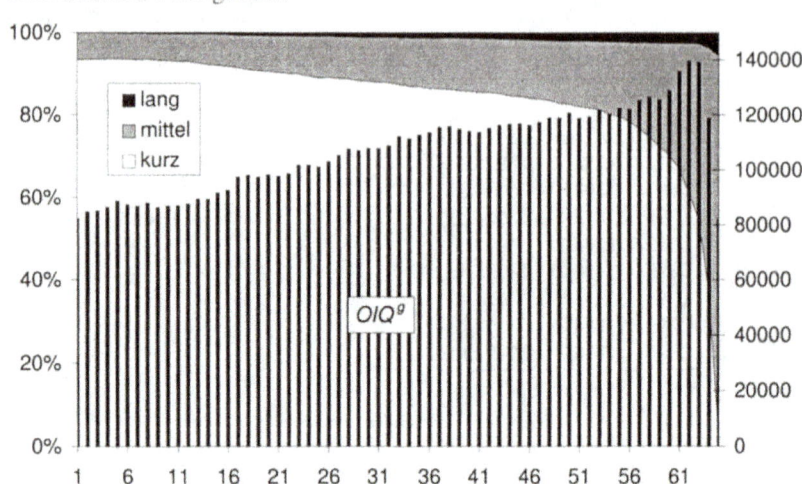

trakt fielen, der zum Umsatz-Zeitpunkt gerade ein langlaufender war. Die Konzentration auf den Nearby-Kontrakt beträgt also knapp 90%, während auf den Kontrakt mit mittlerer Laufzeit noch knapp 10% der Umsätze entfallen. Vergleicht man diese Aufteilung mit ähnlichen Zahlen aus früheren Untersuchungen[9], so stellt man fest, daß die Konzentration auf den Nearby-Kontrakt weiterhin zugenommen hat. Besonders drastisch hat sich auch die Umsatzhäufigkeit des Kontraktes mit der langen Laufzeit verändert.[10] Zu bemerken ist weiterhin der starke Anstieg des Umsatzvolumens seit der Zweijahresperiode 1991/1992 um ungefähr den Faktor 40.

Betrachten wir nun die Aufteilung des Open Interests anhand der über die Quartale Q195 bis Q396 aggregierten Werte (Abbildung 4). Auch hier stellt man im Ablauf des Quartals eine Zunahme des Kontraktes mit mittlerer Laufzeit und eine Abnahme des Nearby-Kontraktes fest. Die Verteilung fällt jedoch nicht so extrem aus wie beim Umsatz, das wohl auch daher rührt, daß es sich beim Open Interest bereits um kumulierte Werte handelt. Deshalb erscheinen die Kurven auch glatter. Die Konzentrationsverteilung an Hand der Open-Interest-Zahlen führt zu einem Anteil von 84% für den Nearby-Kontrakt, 14% für den Kontrakt mit mittlerer und 2% für den mit längster Restlaufzeit. Diese Werte besitzen jedoch nicht die Aussagekraft derer, die auf den Handelsvolumina basieren, die die *OIQ*-Werte aufgrund des Open-Interest-Fehlers weniger verläßlich sind und zusätzlich die Anzahl der offenen Kontrakte weniger über die entscheidende Größe Liquidität aussagt.

II. Kontraktweise Betrachtung

Wenden wir uns nun der kontraktweisen Betrachtung zu. Das Beobachtungsintervall für einen ganzen Kontrakt beträgt 9 Monate, also 39 (bzw. 40) Wochen. Die Entwicklung der

Abb. 5: Entwicklung von Early-Unwinding-Ratio und -Neigung des Kontraktes S96 in Abhängigkeit der Zeit

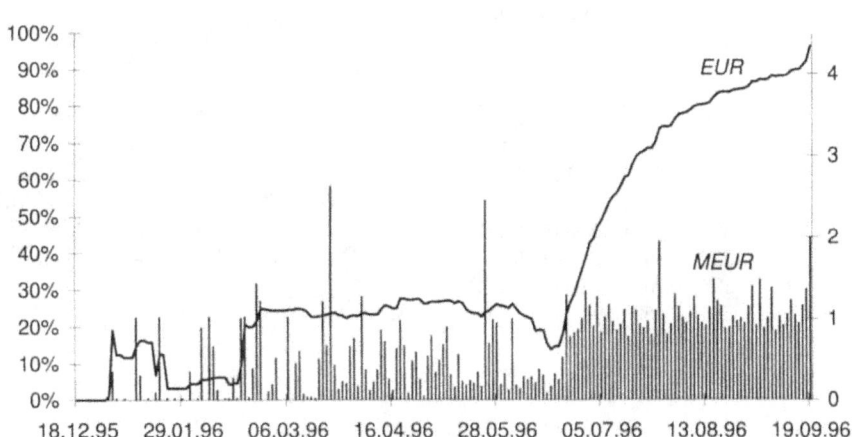

4 Basisgrößen bei einem typischen Kontrakt kann man Abbildung 2 entnehmen. Auch hier sieht man sehr deutlich, daß in den ersten 5 Monaten der Kontraktlaufzeit alle betrachteten Größen im Vergleich zu den letzten 4 Monaten nahezu vernachlässigt werden können. Wie man aus Abbildung 2 an Hand des relativ immer geringer werdenden Abstandes der Größen *ICQ* und *EUQ* ersehen kann, liegt die Early-Unwinding-Ratio (am letzten Handelstag) bei knapp 100%. Betrachten wir nun die relativen Größen *EUR* und *MEUR* über der Zeit. Den Verlauf bei einem typischen Kontrakt gibt die Abbildung 5 wieder.

Die Early-Unwinding-Ratio erscheint in den ersten 5 Monaten relativ erratisch. Zumindest verhält sich der Verlauf von *EUR* in diesem Zeitraum bei jedem Kontrakt anders. Dann nimmt die Early-Unwinding-Ratio langsam ab, um ab dem Zeitpunkt, zu dem der Kontrakt zum Nearby wird, drastisch bis auf über 95% anzusteigen. Auch dieses Verhalten weist auf Rollover-Effekte hin: Vermehrtes Einsteigen in den Kontrakt mit noch mittlerer Laufzeit bewirkt zunächst eine Abnahme des Verhältnisses von *EUQ* zu *ICQ*. Dann aber, nachdem der Kontrakt der mit der kürzesten Restlaufzeit geworden ist, nimmt die Early-Unwinding-Ratio zu. Die Early-Unwinding-Neigung unterstützt diese Aussagen. Zunächst ist das Verhalten eher als erratisch zu interpretieren. Dann sinkt der Wert ab, um schließlich ein Niveau anzunehmen, das um 1 herum pendelt. Tage, an denen übergroße Open-Interest-Fehler-Bereinigungen durchgeführt werden, erkennt man an *MEUR*-Werten von über 2. Die Schwankungen von *MEUR* über die Zeit hinweg besitzen keine erkennbare Systematik im Sinne von Wochentagseffekten, weshalb diese Untersuchungsrichtung nicht weiter verfolgt wurde. Es erscheint jedoch sinnvoll, die Early-Unwinding-Neigung als konstant zu begreifen.

Deshalb interpretieren wir nun ΔEUQ als lineare Funktion von ΔTTQ, d. h. wir regressieren ΔEUQ auf ΔTTQ mit Hilfe der für alle t definierten Gleichung:

(35) $\quad \Delta EUQ_t = m \Delta TTQ_t + u_t,$

Tab. 5: Early-Unwinding-Ratios und geschätzte erwartete Early-Unwinding-Neigung $\hat{m}$ verschiedener Kontrakte

Kontrakt	EUR_{t_e}	$\hat{m}$	R^2
M95		0,9772	0,8324
J95		0,9661	0,9154
S95	0,9809	0,9780	0,9256
D95	0,9685	0,9488	0,9067
M96	0,9014	0,9396	0,9415
J96	0,8971	0,9679	0,9259
S96	0,9659	0,9507	0,9021
D96	0,9528	0,9743	0,9547

Quelle: Eigene Berechnungen

Tab. 6: Mittlere Haltedauern verschiedener Kontrakte

Kontrakt	d^m	d_a^m	d_b^m	d	d_a
M95			9,01		
J95			12,30		
S95	8,87	14,26	8,70	7,69	13,79
D95	8,48	10,17	8,44	7,93	10,00
M96	9,43	26,08	9,06	8,31	25,20
J96	17,86	33,23	15,38	15,54	31,76
S96	10,51	24,47	10,11	9,08	23,66
D96	8,59	20,18	8,21	8,23	20,00
M97		17,21			

Quelle: Eigene Berechnungen

wobei u_t wie üblich die Fehlervariable mit Erwartungswert 0 wiedergibt. Die Größe m kann als die erwartete Early-Unwinding-Neigung interpretiert werden. Tabelle 5 gibt die Ergebnisse sowie die Early-Unwinding-Ratios wieder.

Die Early-Unwinding-Ratios (am letzten Handelstag) betragen also 90% und mehr. In der Spitze liegt der Wert sogar über 98%. Dies unterstreicht klar die Vermutung vieler Autoren, daß das vorzeitige Glattstellen von DAX-Futures-Positionen den Regelfall darstellt. Dieses Resultat wird nicht vom Open-Interest-Fehler verfälscht, da dieser am Ende des letzten Handelstages bereinigt ist.

Die durchgeführte Regression erklärt den Zusammenhang zwischen ΔEUQ und ΔTTQ recht gut, was an den hohen Werten für R^2 abzulesen ist. Damit kann man die Aufteilung von $2\,\Delta TTQ$ auf ΔEUQ und ΔICQ gemäß (5) als prinzipiell konstant und nur durch Zufallseinflüsse leicht gestört interpretieren. Der Wert für $\hat{m}$ beträgt knapp 1. Dies kann bedeuten, daß man ein einigermaßen ausgewogenes Verhältnis von Eröffnungen eines neuen Short-Long-Paares und Glattstellungen zweier alter individueller Kontrakte mit leichter Tendenz zu ersterem hat. Es kann aber auch von einem Übergewicht der Glattstellungen eines individuellen Kontraktes bei gleichzeitiger Eröffnung eines neuen herrühren. Diese beiden Erklärungen können auch zugleich zutreffen. Wenn für nahezu jeden Umsatz im Mittel eine Glattstellung eines individuellen Kontraktes erwartet werden muß, so erklärt dies auch, warum EUR_{t_e} einen so hohen Wert annimmt. Ein Bruch, bei dem zwar der Zähler einen geringeren Wert als der Nenner besitzt, bei dem jedoch Zähler und Nenner ständig um den gleichen Betrag erhöht werden, strebt gegen 1.

Wenden wir uns nun der Frage nach der mittleren Haltedauer von Kontrakten zu. Dazu wird zunächst zur Berechnung von d die ganze Laufzeit als Beobachtungszeitraum gewählt, sodann für d_a die ersten 25 (bzw. 26)[11] und für d_b die letzten 14 Wochen der Kontraktlebensdauer. Dies trägt der Tatsache Rechnung, daß wegen der höheren durchschnittlichen Haltedauer in den ersten beiden Quartalen der Kontraktlaufzeit auch der Beobachtungszeitraum größer gewählt werden muß. Tabelle 6 gibt für jeden Kontrakt die erwähnten Haltedauern wieder, wobei jeweils mit den OIQ- und den $mOIQ$-Werten gerechnet wurde. Bei Verwendung letzterer Zahlen ergeben sich obere Schranken für die tatsächlichen mittleren Haltedauern. Diese werden mit einem hochgestellten m gekennzeichnet.

Das Hauptresultat aus Tabelle 6 besteht darin, daß individuelle Kontrakte im Mittel nicht länger als 7 bis 15 Tage gehalten werden. Ein sehr deutlicher und statistisch signifikanter[12] Unterschied zeigt sich zwischen dem ersten und dem zweiten Teil der Gesamtlaufzeit des Kontrakts: Die mittlere Haltedauer nimmt eindeutig ab. Dies kann folgendermaßen interpretiert werden. Zunächst besitzt der Kontrakt wenig Liquidität, also finden auch weniger Glattstellungen statt. Die geringe Liquidität hält gleichzeitig Spekulanten eher ab, und nur Hedger und Steuersparer[13] handeln den Kontrakt. Diese besitzen wesentlich längere Planungshorizonte. Später, wenn der Kontrakt liquide geworden ist, handeln auch immer mehr Spekulanten den Kontrakt und senken die durchschnittliche Haltedauer signifikant. Dies entspricht auch den Ausführungen von von Campenhausen (1995), welcher von einem Handelsvolumen-Anteil der Marketmaker an den DTB-Futuresmärkten von weit über 50% berichtet. Diese dürften einen sehr kurzen Planungshorizont von einem Handelstag besitzen. Der der restlichen Marktteilnehmer ist entsprechend sehr viel länger.

Die Abweichung des J96-Kontraktes bezüglich der Größen d und d_a bzw. beider Juni-Kontrakte bezüglich d_b stellt sich trotz des geringen Stichprobenumfangs als hochsignifikant heraus.[14] Wie es scheint, fallen bei den Juni-Kontrakten die Early-Unwinding-Ratios etwas geringer (vgl. Tabelle 5) und die Haltedauern der Kontrakte deutlich höher aus. Dies mag auch mit dem bei den Juni-Kontrakten höheren Open-Interest-Fehler zusammenhängen, der zu einer Überschätzung der Haltedauern führt. Dennoch steht diese Tatsache in Einklang mit dem Befund von Bamberg/Röder (1994), daß der Juni-Kontrakt generell von den übrigen drei Fälligkeitsterminen abweicht, was von den erhöhten Dividendenzahlungen in der Zeitspanne herrührt, in der der Juni-Kontrakt der Nearby-Kontrakt ist.

III. Interpretation und Zusammenfassung der empirischen Ergebnisse

Faßt man nun die Ergebnisse der empirischen Untersuchung aus beiden Blickwinkeln zusammen, so ist folgendes festzustellen:

- Am DAX-Futures-Markt herrscht eine hohe Neigung zum vorzeitigen Glattstellen. In der Regel werden mehr als 90% aller eingegangenen Futures-Positionen vorzeitig glattgestellt. Dieser Wert liegt in der Spitze sogar über 98%.
- Mit den hohen Early-Unwinding-Ratios gehen mittlere Haltedauern von DAX-Futures-Positionen von 7 bis 15 Tagen einher.
- Der Juni-Kontrakt scheint bezüglich der Early-Unwinding-Ratio und der Haltedauern eine Ausnahme darzustellen.
- Am Ende des zweiten Quartals der Laufzeit eines Kontraktes setzen Rollover-Aktivitäten ein. Diese können allerdings nicht getrennt werden vom Schließen einer Position im Nearby-Kontrakt bei am gleichen Tag stattfindender Eröffnung einer neuen Position eines anderen Investors im Kontrakt mit mittlerer Laufzeit.
- Man kann die Laufzeit eines Kontrakts in verschiedene Phasen unterteilen: In den ersten 5 Monaten verhält er sich bei sehr dünnem Umsatz nahezu erratisch. Dann erwacht im Zusammenhang mit Rollover-Tendenzen die Handelsaktivität. In den letzten

14 bis 15 Wochen herrscht intensiver Handel bis zum letzten Handelstag. Am Ende des dritten Quartals findet eine drastische Abnahme des OIQ des Kontraktes statt, der parallel laufende Kontrakt mit mittlerer Restlaufzeit legt an OIQ zu.
- Die Beschränkung empirischer Untersuchungen auf den Nearby-Kontrakt vernachlässigt die Liquidität des Kontraktes mit mittlerer Laufzeit in den letzten zwei Wochen vor der Umwandlung in den Nearby-Kontrakt.
- Eine Konzentration auf den Nearby-Kontrakt ist klar gegeben. Diese liegt gemessen an den Umsatzzahlen bei ca. 90% vom Gesamtumsatz. Dabei gibt der Nearby-Kontrakt nur einige Wochen vor Fälligkeit nennenswerte Volumenanteile an den Kontrakt mit mittlerer Laufzeit ab. Diese Konzentration hat sich dabei im Laufe der Zeit noch verschärft.
- Der Open Interest wird durch die täglich veröffentlichten Zahlen oftmals überschätzt.

Nach Auskunft der DTB hat sich der letzte Punkt aufgrund der Einführung von Gebühren für Position-Closing-Adjustments mittlerweile zum besseren entwickelt.

E. Ausblick

Da der langlaufende Kontrakt nahezu keine Bedeutung besitzt, ist eine eventuelle Abschaffung dieser Fristigkeit zu überlegen. Allerdings würde man sich dann nicht mehr in Einklang mit den internationalen Standards befinden. Auch ist bei einer solchen Änderung nicht gesichert, daß die Konzentration auf den Nearby-Kontrakt tatsächlich abnimmt. Dies geht aus den Überlegungen an Hand eines einfachen Rollover-Effekte vernachlässigenden stochastischen Modells hervor, das die Autoren entwickelt haben. In solch einem Szenario könnten allerdings die Rollover-Effekte vielleicht dennoch für eine insgesamt geringere Konzentration auf den Nearby-Kontrakt sorgen.

Offenbar herrscht aber am DAX-Futuresmarkt anders als auf Commodity-Futuresmärkten, wo für Hedger manchmal noch längere Laufzeiten wünschenswert wären[15], im Mittel ein sehr kurzer Planungshorizont vor. Dies weist auf eine geringe Präsenz von Hedgern und Steuersparern hin, die wesentlich längere Planungshorizonte haben dürften. Deshalb erscheint am DAX-Futuresmarkt trotz vorhandener Rollover-Effekte eine Einführung noch länger laufender Kontrakte nicht notwendig.

Es wäre in weiteren Untersuchungen zu klären, in welchem Umfang die Open-Interest-Werte inzwischen besser geworden sind. Denn auch die Allokationseffizienz kann darunter leiden, wenn die täglich veröffentlichten Open-Interest-Werte von den Marktteilnehmern als zu hoch eingeschätzt werden. Wie nämlich Burke (1996) andeutet, gibt es unter Futures-Tradern Regeln für den optimalen Zeitpunkt eines Rollovers, die auf dem Open-Interest als Signalgröße aufbauen. Bei falschen Open-Interest-Werten könnten also Rollovers an suboptimalem Timing leiden.

Weitere Aufschlüsse über das Verhalten von Marktteilnehmern, insbesondere der Nicht-Börsenmitglieder, könnte man durch das Ziehen einer Stichprobe aus den unterschiedlichen Marktgruppen erhalten.

Zuletzt ist noch anzumerken, daß die entwickelte Formel zur Berechnung der mittleren Haltedauer aus täglichen Open-Interest- und Umsatz-Zahlen auch auf andere Futures wie etwa dem BUND-Future angewandt werden kann.

Anmerkungen

Für finanzielle Förderung danken die Autoren der Deutschen Forschungsgemeinschaft (DFG), in deren Schwerpunktprogramm „Effiziente Gestaltung von Finanzmärkten und Finanzinstitutionen" diese Arbeit entstand. Den Teilnehmern des 7. Kolloquiums dieses Schwerpunkts und insbesondere Herrn Prof. W. Gehe seien für wertvolle Hinweise gedankt.

1 Arbeiten in diesem Zusammenhang sind etwa Bühler/Kempf (1993), Janßen (1995), Merz (1995), Loistl/Kobinger (1993) oder Röder (1994).
2 Vgl. etwa Blank/Carter/Schmiesing (1991) oder Loistl/Kobinger (1993).
3 Vgl. Loistl/Kobinger (1993), S. 64.
4 Siehe hierzu etwa Merrick (1989), der allerdings das Hauptaugenmerk auf Arbitrage-Überlegungen richtet. Ma/Mercer/Walker (1992) konzentrieren sich bei ihren Ausführungen zum Rollover auf die Konstruktion eines Endlos-Kontraktes.
5 Vgl. etwa Loistl/Kobinger (1993), S. 74 ff., oder Kempf/Korn (1996), S. 844.
6 Für eine ausführliche Darstellung der Thematik siehe etwa Vogel (1997) oder von der Lippe (1993).
7 Dieser Wert ist jedoch nur eine untere Schranke für den tatsächlichen Open-Interest-Fehler am vorletzten Handelstag.
8 Durchgeführt wurde ein Vorzeichen-Test nach Büning/Trenkler (1994).
9 Vgl. etwa Bamberg/Röder (1994).
10 Diese lag nach Bamberg/Röder (1994) im Jahr 1991 noch bei 2,5% und 1992 bei 1,6%.
11 Bei J96, S96 und D96 beträgt die Anzahl der Wochen 26, sonst 25.
12 Durchgeführt wurde Wilcoxons Vorzeichen-Rang-Test nach Büning/Trenkler (1994).
13 Vgl. Bamberg/Trost (1995) zur Frage, wie man mit DAX-Futures Steuern sparen kann.
14 Durchgeführt wurde wieder Wilcoxons Vorzeichen-Rang-Test.
15 Vgl. hierzu Gardner (1989).

Literatur

Bamberg, G.; Trost, R. (1995): Können Privatanleger mit DAX-Futures Steuern sparen? Zeitschrift für betriebswirtschaftliche Forschung 47, S. 265–274.
Bamberg, G.; Röder, K. (1994): Arbitrage institutioneller Anleger am DAX-Futures Markt unter Berücksichtigung von Körperschaftssteuern und Dividenden, Zeitschrift für Betriebswirtschaft 64, S. 1533–1566.
Blank, S. C.; Carter, C. A.; Schmiesing, B. H. (1991): Futures and Options Markets: Trading in Financials and Commodities, Prentice-Hall, Englewood Cliffs.
Bühler, W.; Kempf, A. (1993): Der DAX-Future: Kursverhalten und Arbitragemöglichkeiten, Kredit und Kapital 26, S. 533–574.
Büning, H.; Trenkler, G. (1994): Nichtparametrische statistische Methoden (2., erweiterte und völlig überarbeitete Auflage), Verlag de Gruyter, Berlin/New York.
Burke, G. (1996): Rollover is no Pushover, Futures Magazine 25, S. 52.
Gardner, B. L. (1989): Rollover Hedging and Missing Long-term Futures Markets, American Journal of Agricultural Economics 71, S. 311–318.
Janßen, B. (1995): DAX-Future-Arbitrage: Eine kritische Analyse, DUV, Wiesbaden.
Kempf, A. (1996): Zum Preiszusammenhang zwischen Kassa- und Terminmarkt, Physica-Verlag, Heidelberg.
Kempf, A.; Korn, O. (1996): Preisführerschaft und imperfekte Arbitrage, Zeitschrift für Betriebswirtschaft 66, S. 837–859.
Loistl, O.; Kobinger, M. (1993): Index-Arbitrage insbesondere mit DAX-Futures, Beiträge zur Wertpapieranalyse (der DVFA) Nr. 28, Dreieich.
Ma, C. K.; Mercer, J. M.; Walker, M. A. (1992): Rolling Over Futures Contracts: A Note, Journal of Futures Markets, S. 203–217.

Merrick, J. J. (1989): Early Unwindings and Rollovers of Stock Index Futures Arbitrage Programs: Analysis and Implications for Predicting Expiration Day Effects, Journal of Futures Markets 9, S. 101–111.
Merz, F. (1995): DAX-Future-Arbitrage, Physica-Verlag, Heidelberg.
Röder, K. (1994) Der DAX-Future: Bewertung und empirische Analyse, Eul Verlag, Bergisch Gladbach/Köln.
Vogel, F. (1997): Beschreibende und schließende Statistik, Oldenbourg Verlag, München/Wien.
von Campenhausen, C. (1995): Optionsbewertung bei stochastischer Volatilität: Theorie und Empirie, Dissertation an der Universität St. Gallen.
von der Lippe, P. (1993): Deskriptive Statistik, Gustav Fischer Verlag, Stuttgart/Jena.

Zusammenfassung

Diese Arbeit untersucht und quantifiziert einige bisher eher vernachlässigte Aspekte des DAX-Futuresmarktes: die Konzentration des Umsatzes auf den Kontrakt mit kürzester Restlaufzeit (den Nearby-Kontrakt), die mittlere Haltedauer von Kontrakt-Positionen und die Neigung der Marktteilnehmer zum Early Unwinding, also dazu, Futures-Positionen vorzeitig glattzustellen. Ein Hauptergebnis besteht darin, daß letzteres in hohem Umfang passiert, wobei gleichzeitig die mittlere Haltedauer im allgemeinen recht kurz ist. Des weiteren wird ein Fehler in den täglich veröffentlichten Open-Interest-Zahlen nachgewiesen, der sich in einer Überschätzung des wahren Wertes niederschlägt. Schließlich werden die unterschiedlichen Phasen der 9-monatigen Laufzeit eines Futures-Kontraktes herausgearbeitet.

Summary

This paper investigates some aspects of the DAX futures market that rather have been neglected in the past: the concentration on the contract with the nearest expiration date (the nearby contract), the question how long futures contracts are held and the tendency of market participants to unwind futures positions before the expiration date. A main result is that early unwinding takes place on a large scale, while at the same time futures positions are on the average not held very long. Furthermore it is pointed out that the open interest is overestimated by the the daily published data.

Kapitalmarkttheoretische Ansätze zur Bewertung von Aktien: Entwicklung und Stand der Arbitrage Pricing Theory

Von Gerd Lockert

Überblick

- Der Beitrag beschäftigt sich mit der Bewertung von Beteiligungstiteln. Im Mittelpunkt steht die Arbitrage Pricing Theory (APT), die in den letzten Jahren zu Lasten des traditionellen Capital Asset Pricing Model (CAPM) größere Bedeutung erlangt hat. Hauptziel der Untersuchung ist es, Entwicklung und Stand der APT umfassend darzulegen, um so einen Eindruck von wesentlichen Elementen und der Leistungsfähigkeit dieser Forschungsrichtung zu vermitteln.

- Die recht heterogenen Varianten der APT unterscheiden sich in erster Linie hinsichtlich des Informationsgehalts der Modellergebnisse. Im vorliegenden Beitrag wird ausgehend von der Differenzierung in „traditionelle" bzw. „Arbitrage-APT" auf der einen und „Gleichgewichts-APT" auf der anderen Seite die unterschiedliche Bestimmtheit der jeweiligen Bewertungshypothese zur Bildung von drei Modellklassen herangezogen (Abschnitte C–E).

- Die approximative Bewertungshypothese, die vor allem in ursprünglichen Formulierungen der APT aus vergleichsweise schwachen Annahmen hergeleitet wird, ist nur prinzipiell testbar. Mehrere Modelle der „Gleichgewichts-APT" zeigen jedoch, daß der Bewertungsfehler unter bestimmten Bedingungen vernachlässigt werden kann. Zudem stellt die Hypothese mit dem höchsten Informationsgehalt, die exakte APT-Bewertungsgleichung, eine praktisch testbare Aussage dar. Um in der APT zu einer exakten Bewertung zu gelangen, sind allerdings restriktive Annahmen erforderlich, die stark den Prämissen des CAPM ähneln.

Eingegangen: 22. Juni 1998

Dr. Gerd Lockert ist wissenschaftlicher Assistent am Lehrstuhl für Betriebswirtschaftslehre, insbesondere Finanzierung an der Westfälischen Wilhelms-Universität Münster, Am Stadtgraben 13–15, 48143 Münster. Arbeitsgebiete: empirische Kapitalmarktforschung, Kapitalmarkttheorie, neoinstitutionalistische Finanzierungstheorie.

© Gabler-Verlag 1998

A. Einleitung

Die Analyse der Preisbildung risikobehafteter Wertpapiere stellt einen wesentlichen, wenn nicht den zentralen Bereich der Kapitalmarktforschung dar (vgl. Franke/Hax 1994, S. 360). Ein allgemein anerkanntes Modell zur Aktienbewertung gibt es allerdings bis heute nicht.[1] Die wichtigsten kapitalmarkttheoretischen Ansätze zur risikokonformen Bewertung von Aktien sind das klassische Capital Asset Pricing Model (CAPM) und die rund zehn Jahre später von Ross (1976, 1977) ausdrücklich als CAPM-Alternative formulierte Arbitrage Pricing Theory (APT). Nicht zuletzt wohl aufgrund der erheblichen Kritik am CAPM selbst respektive an den empirischen Tests dieses Modells vertreten inzwischen einige Autoren[2] die Ansicht, daß die APT der zentrale Ansatz zur Aktienbewertung sei. Auch im Bereich der praktischen Anwendung wird das CAPM zunehmend von der APT verdrängt.

Die APT ist im Anschluß an die originären Arbeiten modifiziert und weiterentwickelt worden, so daß es mittlerweile eine recht große Zahl von teilweise sehr komplexen Verfeinerungen und Erweiterungen gibt. Im vorliegenden Beitrag wird ein umfassender Überblick über die wichtigsten Formulierungen und Varianten der linearen APT[3] gegeben. Anders als die zuletzt von Kruschwitz/Löffler (1997a, 1997b) geäußerte APT-Kritik, die lediglich auf *eine* Variante abzielt (vgl. auch Steiner/Wallmeier 1997, S. 1987), ist der Beitrag ausdrücklich nicht auf einen Teilbereich dieses neueren Forschungszweigs beschränkt. Vielmehr sollen die facettenreichen APT-Versionen systematisch erörtert werden, um so ein sachgerechtes Bild von der APT zu vermitteln.

Der Aufsatz ist wie folgt gegliedert: Der Einleitung schließt sich Abschnitt B an, der nach einem kurzen historischen Überblick die verschiedenen APT-Ansätze systematisiert. Die drei Modellklassen, die sich anhand der Bestimmtheit der jeweiligen Bewertungshypothese bilden lassen, werden anschließend sukzessive vorgestellt. Zunächst stehen jene APT-Modelle im Vordergrund, die eine approximative Bewertungshypothese aufstellen, aber keine Aussage zur wertpapierindividuellen Approximationsgüte enthalten (Abschnitt C). Die im Abschnitt D erörterten Ansätze leiten zwar ebenfalls eine approximative Bewertungsgleichung ab, sie erlauben jedoch zusätzlich eine Abschätzung des (maximal möglichen) Bewertungsfehlers je Wertpapier. Der Abschnitt E beschäftigt sich mit denjenigen theoretischen APT-Studien, die entweder eine exakte Bewertungsgleichung herleiten oder die Beziehungen zwischen der „exakten" APT und der (μ, σ)-Effizienz bestimmter Wertpapierportefeuilles analysieren. Die Frage, inwieweit die verschiedenen Bewertungsaussagen der APT-Varianten testbar sind, wird im Abschnitt F diskutiert.

B. Vom CAPM zu Ansätzen der „Arbitrage-" und „Gleichgewichts-APT"

Die hohe Akzeptanz, die das CAPM in der finanzwirtschaftlichen Literatur zunächst fand, hat sich im Laufe der Zeit deutlich abgeschwächt. Ursächlich für diesen Wandel in der Beurteilung sind, neben dem geringen Realitätsgehalt einiger Prämissen und Implikationen sowie den z. T. „unbefriedigenden" Testergebnissen[4], vor allem die fundierten Zweifel an der empirischen Überprüfbarkeit des CAPM. So wird die praktische Testbarkeit des CAPM durch die Studie von Roll (1977) grundsätzlich in Frage gestellt.

Roll zeigt, daß lediglich eine einzige Hypothese des CAPM selbständig testbar ist, nämlich die (ex ante) Effizienz des Marktportefeuilles. Da das „wahre" Marktportefeuille jedoch nicht beobachtbar ist, können im Rahmen empirischer Tests nur Teilportefeuilles verwendet werden. Die mittels dieser Vorgehensweise erzielbaren Testergebnisse erlauben lediglich eine Aussage bezüglich der (μ, σ)-Effizienz des gewählten Stellvertreters. Für die eigentlich zu überprüfende (μ, σ)-Effizienz des Marktportefeuilles sind sie dagegen ohne Bedeutung.[5] Roll weist somit nach, daß das CAPM nur prinzipiell testbar ist. Im Hinblick auf die praktischen Testmöglichkeiten ist eine tatsächliche empirische Überprüfung zur Zeit (und wohl auch in Zukunft) ausgeschlossen.[6] Die erforderliche Bezugnahme auf einen empirischen Marktportefeuille-Stellvertreter, von dem man eigentlich nur weiß, daß er sowohl definitiv als auch erheblich vom in der Theorie eindeutig definierten Marktportefeuille abweicht, läßt sich auch nicht durch den Verweis auf das generelle Adäquationsproblem der Wirtschaftsstatistik relativieren. Allein schon wegen der exponierten Rolle des Marktportefeuilles im CAPM kann dieses, zuletzt von Kosfeld (1996) in seiner Habilitationsschrift wiedergegebene Argument, wonach Variablen ökonomischer Theorien fast immer einer adäquaten Operationalisierung bedürften, die Kritik von Roll nicht entkräften.

Rolls Kritik wurde durch den in dieser Zeitschrift erschienenen Beitrag von Hamerle/Ulschmid (1996) noch einmal bekräftigt. Die Autoren verdeutlichen in diesem Artikel, der sich mit dem traditionellen zweistufigen Vorgehen der CAPM-Tests beschäftigt, daß die mangelnde Beobachtbarkeit des „wahren" Marktportefeuilles das zentrale und faktisch nicht lösbare Problem bei dem Versuch ist, das CAPM in ein geeignetes statistisches Modell zu überführen.

Die angedeuteten Schwierigkeiten will Ross mit der Arbitrage Pricing Theory überwinden. Seine Originalarbeiten sind dabei zweigeteilt: Sie bestehen aus einer heuristischen Herleitung und einem Teil mit präzise bewiesenen Aussagen; letztere weichen darüber hinaus von den heuristisch abgeleiteten Aussagen ab.[7] In der Literatur wird gewöhnlich zwischen der „traditionellen" APT und der „Gleichgewichts-APT" unterschieden.[8] Den Ansätzen der ersten Modellgruppe, die von Reisman (1992) auch als „Arbitrage-APT" bezeichnet wird, liegt ein arbitragefreier Kapitalmarkt zugrunde, auf dem (zumindest in der Grenzbetrachtung) unendlich viele Wertpapiere gehandelt werden. Die Ableitungen der „Gleichgewichts-APT" ersetzen die Arbitragefreiheits-Annahme der „traditionellen" APT durch Prämissen über Anlegerpräferenzen sowie Marktgleichgewichts-Bedingungen und gehen überwiegend von einem Markt mit endlich vielen Wertpapieren aus.

Der wesentliche Unterschied zwischen den beiden Modellgruppen betrifft die Bestimmtheit der jeweiligen Bewertungshypothese. Das zentrale Ergebnis der „traditionellen" APT besteht in der Behauptung, daß eine obere Schranke für die unendliche Summe der quadrierten Bewertungsfehler existiert; bezüglich der Höhe der einzelnen Summanden wird hingegen (abgesehen davon, daß jeder Summand einen endlichen Wert annehmen muß) keine Aussage getroffen. Demgegenüber erlauben speziell die „Gleichgewichts-APT"-Modelle von Dybvig (1983) und Grinblatt/Titman (1983) auch eine Beurteilung der wertpapierindividuellen APT-Approximationsgüte. Die exakte Bewertungsgleichung, die u. a. im „Gleichgewichts-APT"-Ansatz von Connor (1984) abgeleitet wird, weist schließlich den höchsten Informationsgehalt auf. Die nachfolgende Abbildung zeigt einige be-

Abb. 1: Wesentliche APT-Versionen im Überblick

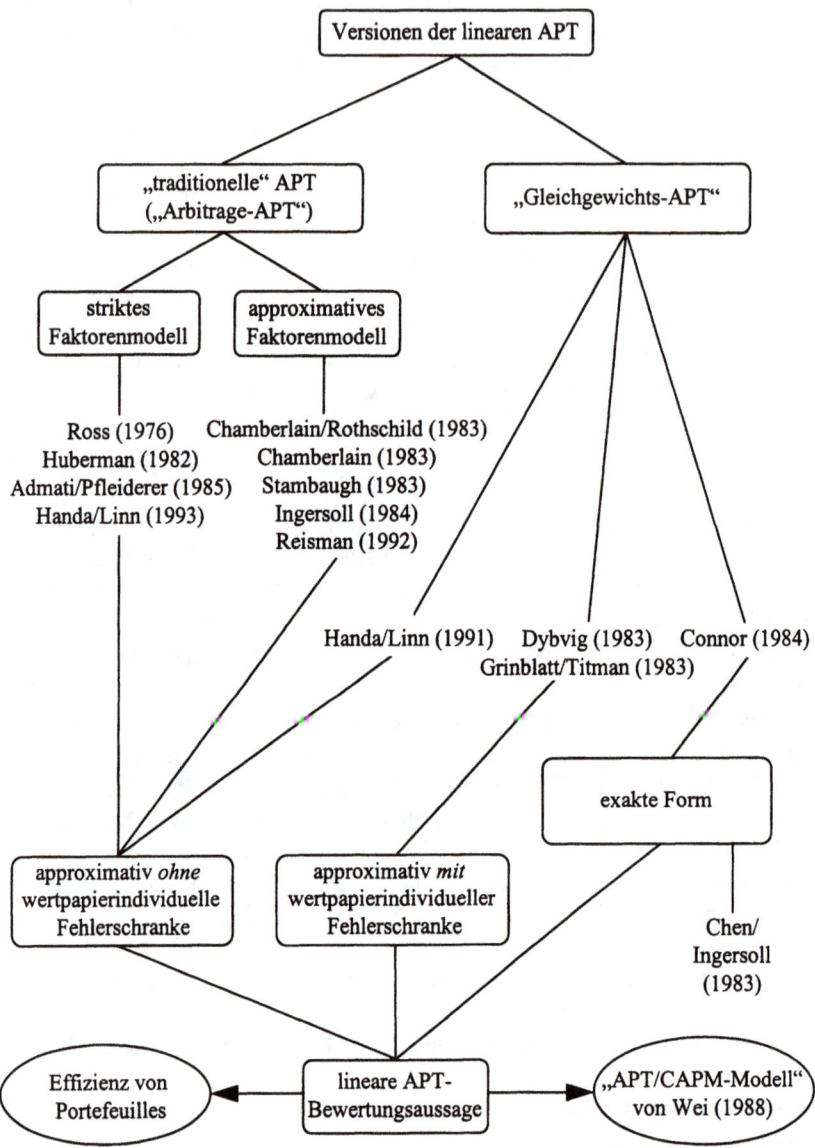

deutende APT-Versionen im Überblick. Der weitere Aufbau des Beitrags trägt, wie bereits in der Einleitung dargelegt, vornehmlich dem Unterscheidungsmerkmal „Bestimmtheit der hergeleiteten Bewertungshypothese" Rechnung.

C. Approximative Bewertung ohne Abschätzung des Bewertungsfehlers je Wertpapier

I. Die Annahmen der ursprünglichen APT-Formulierungen

Die APT in ihrer ursprünglichen Form basiert auf vergleichsweise schwachen Prämissen. Zunächst wird vorausgesetzt, daß auf dem Kapitalmarkt unendlich viele Wertpapiere gehandelt werden. In den Herleitungen von Ross (1976) und Huberman (1982) werden Folgen von Ökonomien mit steigender Wertpapieranzahl betrachtet, wobei die ersten p−1 Wertpapiere in der p-ten Ökonomie mit den Wertpapieren der (p−1)-ten Ökonomie identisch sind und die Grenz-Ökonomie unendlich viele Wertpapiere umfaßt. Hingegen unterstellen beispielsweise Chamberlain/Rothschild (1983) sowie Ingersoll (1984) direkt eine Ökonomie mit unendlich vielen Wertpapieren und analysieren Folgen von Wertpapier-Teilmengen mit steigender Wertpapieranzahl, wobei den ersten p−1 Wertpapieren im p-ten Schritt ein zusätzliches Wertpapier hinzugefügt wird.

Es wird weiter die Annahme getroffen, daß die p betrachteten risikobehafteten Wertpapiere auf einem vollkommenen und atomistischen Kapitalmarkt gehandelt werden, auf dem keine asymptotischen Arbitragemöglichkeiten verfügbar sein sollen. Eine asymptotische Arbitragemöglichkeit ist nach Huberman (1982) durch die Existenz einer Teilfolge von Arbitrageportefeuilles gegeben, deren erwartete Zahlungen am Periodenende für eine gegen unendlich wachsende Wertpapieranzahl gegen unendlich konvergieren, während gleichzeitig das Risiko der einzelnen Arbitrageportefeuilles (gemessen durch die Varianz der Zahlungen) gegen null geht. Ein Arbitrageportefeuille ist dabei ein sich selbst finanzierendes Portefeuille, d. h. die Käufe von Wertpapieren werden allein durch entsprechende Verkäufe von anderen Wertpapieren finanziert. Die geforderte Arbitragefreiheit stellt eine notwendige Voraussetzung für die Existenz eines Marktgleichgewichts dar.[9]

Im Rahmen der APT wird außerdem die fundamentale CAPM-Unterscheidung zwischen systematischem und unsystematischem Risiko aufgegriffen. Im Gegensatz zum CAPM setzt die APT jedoch voraus, daß das systematische Risiko durch eine bestimmte Anzahl von Faktoren determiniert wird. Konkret wird angenommen, daß die Anleger hinsichtlich des Generierungsprozesses der künftigen Wertpapierrenditen[10] übereinstimmend von einem linearen k-Faktoren-Modell ausgehen (vgl. Ross 1976, S. 347):

$$(1) \quad r_i = \mu_i + \sum_{j=1}^{k} b_{ij} f_j + e_i \quad (i = 1, ..., p).$$

Hierbei bezeichnen r_i die zukünftige Rendite des i-ten Wertpapiers, μ_i den Erwartungswert von r_i, f_j den j-ten systematischen Risikofaktor, b_{ij} die Sensitivität von r_i gegenüber alternativen Ausprägungen von f_j und e_i die Störgröße des i-ten Wertpapiers.

Die Rendite des i-ten Wertpapiers wird durch die Gleichung (1) in mehrere Bestandteile zerlegt. Sie setzt sich aus einer erwarteten und einer unerwarteten Komponente zusammen. Letztere wird weiter in einen faktorenbezogenen (die Summe der $b_{ij} f_j$) und einen wertpapierspezifischen Bestandteil (den Term e_i) unterteilt. Die mögliche Diskrepanz zwischen erwarteter und realisierter Rendite macht das Risiko des betreffenden Wertpapiers aus. Die Variable e_i soll im Rahmen der APT die Ursache für das unsystematische

Risiko des Wertpapiers i reflektieren, wohingegen das systematische Risiko innerhalb der APT a priori auf die k Faktoren f_j zurückgeführt wird (vgl. Roll/Ross 1980, S. 1076 und Franke 1984, S. 110). Gleichung (1) lautet in Matrixschreibweise wie folgt:

(2) $\quad \mathbf{r} = \mu + \mathbf{B}\mathbf{f} + \mathbf{e}$.

Hierbei bezeichnen $\mathbf{r}$ den $(p \times 1)$-Vektor der r_i, μ den $(p \times 1)$-Vektor der μ_i, $\mathbf{B}$ die $(p \times k)$-Matrix der Sensitivitätskoeffizienten b_{ij}, $\mathbf{f}$ den $(k \times 1)$-Vektor der f_j und $\mathbf{e}$ den $(p \times 1)$-Vektor der e_i. Gleichung (2) muß folgenden Bedingungen genügen:

(3a) $\quad rg(\mathbf{B}) = k$,

(3b) $\quad E(\mathbf{f}) = \mathbf{0}$,

(3c) $\quad E(\mathbf{ff'}) = \mathbf{I} = \text{diag}[1 \ldots 1]$,

(3d) $\quad E(\mathbf{fe'}) = \mathbf{0}$,

(3e) $\quad E(\mathbf{e}) = \mathbf{0}$,

(3f) $\quad E(\mathbf{ee'}) = \mathbf{\Psi} = \text{diag}[\text{var}(e_1) \ldots \text{var}(e_p)]$, mit $\text{var}(e_i) < \infty \; \forall i$,

(3g) $\quad k \ll p$.

Die Prämissen (3a) bis (3e) stellen keine Einschränkung der Allgemeinheit dar. Ist beispielsweise (3a) verletzt, entspricht also die Anzahl der linear unabhängigen Spaltenvektoren von $\mathbf{B}$ nicht der Spaltenzahl dieser Matrix, so existiert ein „äquivalentes" Faktorenmodell mit geringerer Anzahl systematischer Faktoren, welches die Forderung (3a) erfüllt (vgl. Connor 1984, S. 15). Die in den Prämissen (3b) und (3e) zum Ausdruck kommenden Faktoren- bzw. Störgrößen-Erwartungswerte von null sind logisch notwendig, da die Investoren ja zu Beginn der Periode erwarten, daß die künftige Rendite des Wertpapiers i den Wert μ_i annimmt (vgl. Huberman 1987, S. 106 und Berry/Burmeister/McElroy 1988, S. 31). Die in (3c) verlangte Orthonormalitätseigenschaft läßt sich stets durch eine geeignete Normierung und Transformation der systematischen Faktoren sicherstellen. Die Bedingung (3d), wonach jede Störgröße mit jedem Faktor unkorreliert ist, kann letztlich auf die Unterscheidung zwischen systematischem und unsystematischem Risiko zurückgeführt werden.

Der in Gleichung (2) modellierte Generierungsprozeß wäre ohne Informationsgehalt, wenn keine Restriktionen hinsichtlich der Identität und Anzahl der systematischen Faktoren sowie bezüglich der Kovarianzmatrix der Störgrößen gesetzt würden. So ließen sich z. B. im Fall $k = p$ stets Faktoren dergestalt finden, daß die Gleichung (2) erfüllt ist (vgl. Chen 1983, S. 1396 und Franke 1984, S. 110). In der APT wird gefordert, daß die Anzahl der systematischen Risikofaktoren erheblich kleiner ist als die der betrachteten Wertpapiere (Prämisse (3g)). Die im Rahmen der ursprünglichen APT-Ableitungen zusätzlich getroffene Annahme wechselseitig unkorrelierter Störgrößen, deren Varianzen außerdem nach oben beschränkt sein sollen (Annahme (3f)), kennzeichnet das sog. exakte bzw. strikte Faktorenmodell. Die APT quantifiziert jedoch nicht die exakte Faktorenzahl; außerdem werden die systematischen Risikofaktoren inhaltlich nicht festgelegt. Die Annahme, daß eine verhältnismäßig kleine Anzahl systematischer Risikofaktoren existiert, von denen jeder einzelne die Renditen (fast) aller Wertpapiere beeinflußt, legt allerdings die Vermutung nahe, daß die unbekannten Faktoren mit fundamentalen makroökonomischen Größen verbunden sind.[11] Ferner werden im Rahmen der APT weder die Verteilungen der systematischen Risikofaktoren noch die der wertpapierspezifischen Störgrößen konkretisiert. Daher kann die APT im Gegensatz zum CAPM, das ohne die Voraussetzung quadratischer (Risiko-)Nutzenfunktionen der Anleger eine multivariate Normalverteilung der Wertpapierrenditen erfordert, als verteilungshypothesenfreier Ansatz gelten.

Die Prämisse eines linearen k-Faktoren-Modells liegt allen Versionen der linearen APT zugrunde und kann als zentrale annahmenbezogene Gemeinsamkeit der ansonsten relativ heterogenen APT-Modelle verstanden werden.[12] Es handelt sich zudem insoweit um eine APT-spezifische Aussage, als weder die Annahmen des CAPM noch dessen Ergebnisse eine vergleichbare Aussage über den Wertpapierrenditen-Generierungsprozeß beinhalten.[13]

II. Die approximative Bewertungsgleichung

Würde die Prämisse (3f) durch die strengere Annahme ersetzt, daß die Störgrößen-Kovarianzmatrix Ψ eine $(p \times p)$-Nullmatrix ist, was einem Wegfall der Störgrößen entspräche[14], so könnte eine exakte Bewertungsgleichung hergeleitet werden. Es existierten dann Skalare $\lambda_0, \lambda_1, ..., \lambda_k$, so daß für alle i die folgende Gleichung erfüllt wäre:

$$(4) \quad \mu_i = \lambda_0 + \sum_{j=1}^{k} \lambda_j b_{ij} \quad (i = 1, ..., p).$$

Die lineare Beziehung zwischen der erwarteten (Über-)Rendite des Wertpapiers i und den Sensitivitätskoeffizienten b_{ij} würde im Fall der Abwesenheit von wertpapierspezifischen Störgrößen zwingend aus dem unterstellten Faktorenmodell und dem vorausgesetzten arbitragefreien (sowie vollkommenen) Kapitalmarkt folgen.[15] Der angedeutete Zusammenhang wird offensichtlich, wenn man bedenkt, daß zwei beliebige Wertpapiere bzw. Wertpapiermischungen mit übereinstimmenden Sensitivitätskoeffizienten in diesem Fall perfekte Substitute wären. Sie müßten somit identische Rendite-Erwartungswerte aufweisen, um potentielle Arbitragegewinne auszuschließen. Das Vorliegen eines k-Faktoren-Modells ohne wertpapierspezifische Störgrößen (für das ansonsten die Spezifizierungen des Abschnitts C.I gelten) ist aber ein äußerst unwahrscheinlicher Sachverhalt. Die Annahme, daß der Renditen-Generierungsprozeß der p Wertpapiere vollständig durch k systematische Faktoren (mit $k \ll p$) erklärt werden kann, wäre deshalb sicherlich zu restriktiv (vgl. Shanken 1982, S. 1131 und Connor 1989, S. 306).

Unter den in C.I genannten Annahmen können sowohl Ross (1976) als auch Huberman (1982) zeigen, daß Skalare $\lambda_0, \lambda_1, ..., \lambda_k$ und eine positive Zahl V existieren, so daß die folgende Beziehung gilt:

$$(5) \quad \lim_{p \to \infty} \sum_{i=1}^{p} (\delta_i)^2 \equiv \lim_{p \to \infty} \sum_{i=1}^{p} (\mu_i - \lambda_0 - \lambda_1 b_{i1} - ... - \lambda_k b_{ik})^2 \leq V < \infty.$$

Aus der Ungleichung (5) läßt sich folgern, daß die erwarteten Renditen der *meisten* Wertpapiere (annähernd) linear von den entsprechenden Sensitivitätskoeffizienten abhängen. Unter Beachtung dieser Einschränkung kann also von der Ungleichung (5) auf

$$(6) \quad \mu_i \approx \lambda_0 + \lambda_1 b_{i1} + ... + \lambda_k b_{ik}$$

geschlossen werden. Die Bewertungsgleichung der „traditionellen" APT ist mithin keine Identität, sondern lediglich eine Approximation. Sie weist darüber hinaus im Gegensatz zur Bewertungsgleichung des CAPM, in deren Mittelpunkt die Kovarianz zwischen der Rendite des betreffenden Wertpapiers und der des (theoretisch) eindeutig definierten Marktportefeuilles steht, ein beträchtliches Maß an Unbestimmtheit auf, da die APT ja keinerlei Aussagen hinsichtlich der genauen Anzahl und des „Inhalts" der systematischen Risikofaktoren macht. Die APT-Bewertungsgleichung stellt insofern lediglich eine Bewertungsstruktur dar (vgl. Elton/Gruber 1991, S. 375).

Ross (1976) und Huberman (1982) weisen darüber hinaus nach, daß λ_0 der Rendite eines risikolosen Wertpapiers (r_f) entspricht, sofern ein solches Wertpapier vorhanden ist. Die Skalare λ_j (j = 1, ..., k) sind vom Markt bestimmte, für alle Wertpapiere identische Größen; sie können als faktorenbezogene Risikoprämien bezeichnet werden. Weder Höhe noch Vorzeichen der faktorenbezogenen Risikoprämien, für die überdies keine Eindeutigkeit gegeben ist, sind allerdings festgelegt. Außerdem kann die naheliegende Deutung der Risikoprämie λ_j als erwartete Überrendite (d. h. als über λ_0 hinausgehenden Rendite-Erwartungswert) eines Wertpapiers bzw. Portefeuilles, dessen Rendite-Ausprägungen die Realisationen des j-ten Faktors exakt „nachbilden" (mimicking portfolio), nicht unmittelbar aus den von Ross und Huberman hergeleiteten Theoremen gefolgert werden. Eine derartige Interpretation ist, wie Admati/Pfleiderer (1985) in einer alternativen Ableitung der Ungleichung (5) zeigen, erst unter der zusätzlichen Annahme möglich, daß auf dem unendlichen Wertpapiermarkt neben dem risikolosen Wertpapier auch k Wertpapiere gehandelt werden, deren künftige Renditen durch

$$r_j = \mu_j + f_j \qquad (j = 1, ..., k)$$

gegeben sind. Die Risikoprämie λ_j kann in diesem Fall als Differenz zwischen μ_j und r_f gedeutet werden. Im Beitrag von Admati/Pfleiderer wird allerdings – wie in den ursprünglichen APT-Ableitungen – keine Hypothese bezüglich der Eindeutigkeit der Koeffizienten λ_j (j = 1, ..., k) aufgestellt. Die von den Autoren eingeführte Prämisse ist zudem überaus restriktiv. Eine Abschwächung ist jedoch insofern möglich, als es zur Herleitung analoger Ergebnisse ausreicht, wenn für p gegen unendlich neben einem risikolosen (Grenz-)Portefeuille für jeden systematischen Risikofaktor ein vollständig diversifiziertes (Grenz-)Portefeuille existiert, dessen Rendite-Realisationen die Ausprägungen des betreffenden Faktors exakt nachbilden (vgl. Admati/Pfleiderer 1985, S. 194). Hinreichende Bedingungen, unter denen zum einen derartige Portefeuilles gebildet werden können, zum anderen die (entsprechend interpretierbaren) faktorenbezogenen Risikoprämien eindeutig festgelegt sind, werden insbesondere von Ingersoll (1984) erarbeitet.

III. Ansätze auf der Basis einer approximativen Faktorenstruktur

Ross merkt bereits in seinem ersten APT-Beitrag an, daß die (bei geringer Faktorenanzahl) ziemlich wirklichkeitsfremde Bedingung wechselseitig unkorrelierter Störgrößen nicht zwingend für die Modellaussagen ist (vgl. Ross 1976, S. 355).

Eine alternative Bedingung ist erstmalig von Chamberlain/Rothschild (1983) formuliert worden. Den Ausgangspunkt ihrer Überlegungen bildet die bekannte Aussage der Matrizenalgebra, nach der die Eigenwerte einer Diagonalmatrix gerade die Hauptdiagonalelemente dieser Matrix sind. Die Annahme (3f) impliziert daher, daß die Eigenwerte der Störgrößen-Kovarianzmatrix nach oben beschränkt sind. Chamberlain/Rothschild zeigen, daß die approximative Bewertungsgleichung der APT auch bei nicht-diagonaler Störgrößen-Kovarianzmatrix hergeleitet werden kann, sofern sich die Kovarianzmatrizen der Wertpapierrenditen für jedes p in $\mathbf{BB}' + \mathbf{\Psi}$ zerlegen lassen und alle Eigenwerte der resultierenden Folge von positiv-semidefiniten Störgrößen-Kovarianzmatrizen nach oben beschränkt sind. Hinreichende und zugleich notwendige Bedingung für das Vorliegen dieses sog. approximativen k-Faktoren-Modells ist, daß die k größten Eigenwerte der Kovarianzmatrix der Wertpapierrenditen für p gegen unendlich unbegrenzt ansteigen, während die anderen Eigenwerte dieser Matrix nach oben beschränkt sind (vgl. Chamberlain/Rothschild 1983, S. 1284).

Grinblatt/Titman (1985) zeigen indes, daß ein approximatives Faktorenmodell im Vergleich zum exakten keine deutlich schwächere Annahme darstellt. Sie legen ihrer Argumentation gewissermaßen eine Portefeuille-Interpretation der beiden Faktorenmodell-Annahmen zugrunde. Auf dieser Basis demonstrieren Grinblatt/Titman, daß sich jede (unendliche) Wirtschaft, die den Anforderungen des approximativen Faktorenmodells genügt, durch das Bilden von p Portefeuilles aus den p Wertpapieren der betreffenden Ökonomie in eine (unendliche) Wirtschaft transformieren läßt, für die das exakte Faktorenmodell gilt[16], und umgekehrt. Die erforderlichen Transformationen bewirken faktisch keine Veränderung der Alternativenmenge der Investoren. Das approximative und das exakte Faktorenmodell sind deshalb ökonomisch äquivalent (vgl. Huang/Jo 1992, S. 398). Dennoch kann das approximative Faktorenmodell als Verallgemeinerung des exakten Faktorenmodells angesehen werden (vgl. Luedecke 1986, S. 69).

Approximative APT-Bewertungsaussagen für den Fall (eingeschränkt) korrelierter Störgrößen werden auch von Ingersoll (1984) hergeleitet. Anstelle der Annahme einer diagonalen Störgrößen-Kovarianzmatrix setzt dieser zunächst lediglich voraus, daß die Matrix $\mathbf{\Psi}$ positiv definit (und damit regulär) ist; außerdem soll der Betrag jedes Elements der Matrix $\mathbf{B}$ nach oben beschränkt sein. Er weist nach, daß die Summe der „mit der Matrix $\mathbf{\Psi}^{-1}$ gewichteten" quadrierten APT-Bewertungsfehler stets endlich ist. Die zentrale Aussage der „traditionellen" Arbitrage-Pricing-Theorie kann folglich aufrechterhalten werden, wobei auf der linken Seite der Ungleichung (5) nunmehr die zur Inversen der Störgrößen-Kovarianzmatrix gehörige quadratische Form in den Bewertungsfehlern δ_i (i = 1, ..., p) steht. Der Autor zeigt im weiteren Verlauf seiner Analyse u. a., daß sich die ursprüngliche („kovarianzfreie") Formulierung der Ungleichung (5), der letztlich die zur (p×p)-Einheitsmatrix gehörige quadratische Form in den δ_i zugrunde liegt, auch dann einstellt, wenn die Prämisse eines exakten Faktorenmodells durch die Forderung substituiert wird, daß die untersuchte Ökonomie „beschränkte Varianz" (bounded variation) besitzt.[17] Eine Ökonomie hat nach der entsprechenden Definition von Ingersoll beschränkte Varianz, wenn die euklidische Norm der Störgrößen-Kovarianzmatrix nach oben begrenzt ist. Unter Berücksichtigung der Aussage, daß die euklidische Norm einer symmetrischen Matrix dem größten Eigenwert dieser Matrix entspricht, wird ersichtlich, daß Ingersolls (hinreichende) Bedingung mit der Annahme eines approximativen Faktorenmodells übereinstimmt.

Die Arbeit von Reisman (1992) beschäftigt sich mit der Frage, inwieweit die approximative APT-Bewertung ihre Gültigkeit behält, wenn k Hilfsvariablen verwendet werden, die nicht mit den (unbekannten) systematischen Risikofaktoren übereinstimmen. Reisman legt dar, daß die von Chamberlain/Rothschild (1983) hergeleitete Obergrenze für die Summe der quadrierten Bewertungsfehler i. a. keinen endlichen Wert annimmt, wenn beliebige Hilfsvariablen als Stellvertreter für die Faktoren zum Einsatz kommen. Damit die in seinem Beitrag abgeleitete obere Schranke für die Summe der quadrierten Abweichungen von der exakten Bewertungsgleichung (4) endlich ist, muß vorausgesetzt werden, daß die Matrix jener eigentlichen Regressionskoeffizienten, die sich aus einer multivariaten Regression der Stellvertreter auf die systematischen Risikofaktoren ergeben, regulär (invertierbar) ist.[18] Bei Gültigkeit dieser schwachen Bedingung sind die erwarteten Wertpapierrenditen näherungsweise linear in den Sensitivitätskoeffizienten gegenüber den Stellvertretern. Die angeführte Bedingung kann indes nicht geprüft werden, da hierzu die systematischen Risikofaktoren bekannt sein müßten.

IV. Ansätze mit Berücksichtigung heterogener bzw. unvollkommener Informationen

Eine grundlegende Prämisse der bislang erörterten APT-Ansätze ist, daß die Anleger homogene Vorstellungen und vollständige Informationen hinsichtlich der Faktorenmodell-Parameter besitzen. In mehreren Beiträgen wird nun gezeigt, daß auch diese Annahme unter bestimmten Bedingungen abgeschwächt werden kann, ohne gleichzeitig das zentrale Modellergebnis in Form einer approximativen Bewertungsaussage aufgeben zu müssen.

Das APT-Modell von Handa/Linn (1991) stellt auf den Fall ab, daß die Anleger unvollständige Informationen bezüglich der Parameter des k-Faktoren-Modells besitzen und vor Handelsbeginn heterogene (private) Informationen erhalten, mit deren Hilfe allerdings nicht eindeutig auf die unbekannten Parameter geschlossen werden kann. Die Anleger nutzen diese Informationen über die Faktorenmodell-Parameter sowie die nach Handelsbeginn beobachteten markträumenden Wertpapierpreise für ihre (rationale) Erwartungsbildung hinsichtlich der künftigen Zahlungen der Wertpapiere. Im Marktgleichgewicht gilt, daß die Anleger weder die „wahren" Sensitivitätskoeffizienten kennen noch diesbezüglich homogene Vorstellungen haben. Dennoch können Handa/Linn zeigen, daß die vom jeweiligen Anleger erwarteten Zahlungen der Wertpapiere stets näherungsweise linear in den „wahren" Sensitivitätskoeffizienten sind. Die faktorenbezogenen Risikoprämien, deren Ausprägungen nun vom betrachteten Investor abhängen, werden durch die approximative Bewertungsgleichung eindeutig bestimmt.

Den Ausgangspunkt einer neueren Arbeit von Handa/Linn (1993) zur „Parameter-Unsicherheit"[19] bildet die Annahme, daß die verfügbare (unvollständige) Informationsmenge der Anleger zwischen den Wertpapieren variieren soll. Während die zuvor beschriebene APT-Erweiterung von Handa/Linn vor allem auf Informationsunterschiede zwischen den einzelnen Investoren abstellt, rückt in diesem Beitrag also, wie auch in der aktuellen Studie von Clarkson/Guedes/Thompson (1996), die differierende Informationsqualität hinsichtlich der verschiedenen Wertpapiere in den Vordergrund. Handa/Linn können nachweisen, daß die von ihnen gewählten Prämissen[20] Bedingungen repräsentieren, die für die Gültigkeit einer approximativen APT-Bewertungshypothese hinreichend sind. Gemäß dieser Bewertungsaussage besteht näherungsweise eine lineare Beziehung zwischen der erwarteten Rendite des i-ten Wertpapiers und den von den Investoren geschätzten („unsicheren") Sensitivitätskoeffizienten des betreffenden Wertpapiers.

D. Approximative Bewertung mit Abschätzung des Bewertungsfehlers je Wertpapier

Die der approximativen APT-Bewertung (überwiegend) zugrundeliegende Ungleichung (5) impliziert, daß der *mittlere* quadrierte Bewertungsfehler für p gegen unendlich gegen null strebt (vgl. Connor 1984, S. 25). Die Approximationsgüte im Hinblick auf ein konkretes Wertpapier ist indes unbestimmt. Folglich werden die erwarteten Renditen durch die Gleichung (4) zwar im Durchschnitt (annähernd) korrekt ermittelt; es ist jedoch nicht auszuschließen, daß der Fehler bei einigen Wertpapieren sehr groß ist. Verschiedene Modelle der „Gleichgewichts-APT" versuchen, den maximal möglichen Bewertungsfehler in bezug auf ein einzelnes Wertpapier zu präzisieren. Eine theoretische Abschätzung der wertpapierindividuellen Approximationsgüte wird insbesondere in den Arbeiten von Dybvig (1983) und Grinblatt/Titman (1983) vorgenommen.

Die beiden Ansätze, die im Gegensatz zur „traditionellen" APT von einer Ökonomie mit endlich vielen Wertpapieren ausgehen, sind durch eine nicht unbeträchtliche Erweiterung des im Abschnitt C.I erörterten Annahmenkatalogs gekennzeichnet. Beispielsweise ist die von Dybvig (1983) hinsichtlich des Renditen-Generierungsprozesses getroffene Prämisse erheblich restriktiver als die Faktorenmodell-Annahme der ursprünglichen APT-Ableitungen. Dybvig fordert zum einen, daß nicht nur die Renditen der p betrachteten, sondern vielmehr die Renditen aller risikobehafteten Basispapiere (mit positivem Netto-Angebot x_i) durch ein lineares k-Faktoren-Modell generiert werden. Zum anderen setzt er anstelle der „Unkorreliertheitsannahmen" (3d) und (3f) voraus, daß die Störgröße jedes Wertpapiers sowohl von den übrigen wertpapierspezifischen Störgrößen als auch von den systematischen Risikofaktoren stochastisch unabhängig ist. Grinblatt/Titman (1983) machen bezüglich der Renditengenerierung in ihrer APT-Ableitung nur insofern eine etwas schwächere Annahme, als sie das von Dybvig vorausgesetzte Faktorenmodell lediglich für jene Wertpapiere postulieren, die von der APT bewertet werden. Stochastische Abhängigkeiten zwischen den Störgrößen dieser Wertpapiere und den künftigen Renditen der nicht-bewerteten Wertpapiere sollen allerdings nicht bestehen.

Darüber hinaus werden in beiden APT-Ansätzen sowohl Prämissen über die Präferenzen der Anleger als auch Marktgleichgewichts-Bedingungen eingeführt. So liegen der Modellanalyse jeweils K Investoren zugrunde[21], die den Erwartungswert des Risikonutzens ihres Endvermögens maximieren, wobei die individuellen Nutzenfunktionen monoton steigend, zwei- (Grinblatt/Titman) oder dreimal differenzierbar (Dybvig) und (streng) konkav sein sollen. Dybvig trifft zudem die vergleichsweise starke Annahme, daß die (mittels der entsprechenden Arrow/Pratt-Kennzahl gemessene) absolute Risikoaversion jedes Anlegers nicht-steigend und nach oben beschränkt ist. Grinblatt/Titman setzen in ihrem Ansatz der „Gleichgewichts-APT" voraus, daß die zweite Ableitung der Nutzenfunktion des jeweiligen Anlegers nach dessen Endvermögen eine bestimmte Restriktion erfüllt.[22]

Dybvig (1983) leitet für die wertpapierspezifische Abweichung von der exakten APT-Bewertungsgleichung die nachstehende Ungleichung her:

$$|\delta_i| \leq \exp\left[A \cdot \frac{x_i}{K}\right] \cdot A \cdot \operatorname{var}(e_i) \cdot P_i \cdot \frac{x_i}{K} \quad (i = 1, \ldots, p).$$

Hierbei ist A das harmonische Mittel aus den individuellen Anleger-Obergrenzen für die absolute Risikoaversion, während die Quotienten x_i/K und $P_i \cdot x_i/K$ das mengen- bzw. wertmäßige Pro-Kopf-Angebot des i-ten Wertpapiers darstellen.

Das zentrale Resultat des APT-Ansatzes von Grinblatt/Titman (1983) besteht in der Ungleichung

$$0 < \delta_i \leq B \cdot \text{var}(e_i) \cdot \eta_{Mi} \quad (i = 1, ..., p),$$

wobei B eine endliche Zahl mit positivem Vorzeichen ist und η_{Mi} den Anteil des Wertpapiers i am Gesamtwert aller Vermögensgegenstände der Anleger (den Anteil am Marktportefeuille) symbolisiert.[23] Der Bewertungsfehler ist demnach stets positiv, d. h. der sich aus der APT-Bewertungsgleichung (4) für das jeweilige Wertpapier ergebende Rendite-Erwartungswert unterschätzt den „wahren" Rendite-Erwartungswert immer. Grinblatt/Titman weisen ferner nach, daß alle Investoren einen positiven Anteil jedes gehandelten Wertpapiers halten. Sie können darüber hinaus für den (realitätsfernen) Fall, daß entweder die Renditen der Wertpapiere multivariat normalverteilt sind oder die Entscheidungen der Anleger auf quadratischen Nutzenfunktionen basieren, zeigen, daß der Bewertungsfehler des Wertpapiers i (i = 1, ..., p) exakt durch die folgende Gleichung gegeben ist[24]:

$$\delta_i = r^* \cdot \text{var}(e_i) \cdot \eta_{Mi}.$$

Hierbei symbolisiert r* das Rubinstein-Maß für die relative Risikoaversion eines Anlegers, dessen in das Wertpapier i investierter Anteil seines Anfangsvermögens dem (wertmäßigen) Anteil dieses Wertpapiers am Marktportefeuille entspricht. Das Rubinstein-Maß ergibt sich als mit dem Anfangsvermögen gewichteter Quotient der Erwartungswerte der zweiten und ersten Ableitung der über das Endvermögen des Investors definierten Risikonutzenfunktion (vgl. Grinblatt/Titman 1983, S. 504 und Wei 1988, S. 890).

Das von Grinblatt/Titman (1983) abgeleitete Resultat einer Obergrenze für den wertpapierindividuellen Bewertungsfehler wird von Wei (1988) auf den Fall einer nicht-diagonalen Störgrößen-Kovarianzmatrix übertragen. Wei zeigt, daß im Hinblick auf den Betrag des Bewertungsfehlers die Ungleichung

$$|\delta_i| \leq R \cdot \text{var}(e_M) \cdot |b_{iM}| \quad (i = 1, ..., p)$$

gilt, wobei R eine Obergrenze für die „typische" relative Risikoaversion der Anleger verkörpert, e_M die Marktportefeuille-Störgröße des k-Faktoren-Modells symbolisiert und der Sensitivitätskoeffizient b_{iM} die durch $\text{var}(e_M)$ dividierte Kovarianz zwischen r_i und e_M bezeichnet.

Obwohl die in den einzelnen APT-Modellen ermittelten Ausdrücke für den maximal möglichen Bewertungsfehler des Wertpapiers i differieren, werden die erzielten Ergebnisse gewöhnlich in der Aussage zusammengefaßt, daß der Betrag der Abweichung des tatsächlichen Rendite-Erwartungswerts von dem mittels Gleichung (4) bestimmten gemäß der folgenden Ungleichung nach oben beschränkt ist:

$$|\delta_i| \leq R \cdot \text{var}(e_i) \cdot \eta_{Mi} \quad (i = 1, ..., p).[25]$$

Die Determinanten des maximal möglichen Bewertungsfehlers sind direkt beobachtbar respektive zumindest abschätzbar (vgl. auch Dybvig 1983, S. 484). Selbst die Ermittlung von η_{Mi} bereitet keine größeren Schwierigkeiten, da der Anteil des Wertpapiers i am Gesamtvermögen der Anleger in jedem Fall kleiner ist als sein Anteil an empirisch beobachteten Stellvertretern für dieses Gesamtvermögen. Bezüglich des maximal möglichen Bewertungsfehlers je Wertpapier gilt somit, daß der empirisch bestimmte Wert (ceteris paribus) stets größer ist als der wirkliche Wert.[26]

Es ist offensichtlich, daß der maximal mögliche Bewertungsfehler bei Wertpapieren mit hoher Residualvarianz größer ist als bei Wertpapieren mit geringer Residualvarianz.[27] Eine analoge Aussage läßt sich im Hinblick auf den Zusammenhang zwischen dem maximal möglichen Bewertungsfehler des Wertpapiers i und dem Anteil dieses Wertpapiers am Gesamtvermögen der Anleger formulieren. Der Bewertungsfehler ist für alle Wertpapiere vernachlässigbar klein, wenn die relative Risikoaversion der Anleger nicht zu groß, die Residualvarianz der Wertpapierrenditen gering sowie der Anteil der einzelnen Wertpapiere am Anleger-Gesamtvermögen niedrig ist.[28] Im Falle diesbezüglicher Prämissen kann die Gleichung (4) gewissermaßen als Hauptaussage der APT-Modelle von Dybvig (1983) und Grinblatt/Titman (1983) angesehen werden. Einen Anhaltspunkt über die wertpapierindividuelle Approximationsgüte liefert Dybvig, der im Rahmen seiner theoretischen Studie berechnet, daß die mittels der Gleichung (4) bestimmte erwartete Wertpapierrendite maximal um 0,04% vom „wahren" Erwartungswert der jährlichen Rendite abweicht. Grinblatt/Titman (1983) schätzen für die von ihnen hergeleitete obere Schranke einen Wert von 0,2% pro Jahr.

E. Exakte Bewertung

I. APT-Ansätze mit exakter Bewertungsgleichung

In mehreren Ansätzen werden zusätzliche Bedingungen abgeleitet, die für die Gültigkeit der Bewertungsgleichung (4) hinreichend sind.[29] Im folgenden werden exemplarisch die Modellformulierungen von Chen/Ingersoll (1983) und Connor (1984) erläutert.[30]

Im Modell von Chen/Ingersoll (1983) wird ein Kapitalmarkt mit endlich vielen Wertpapieren betrachtet. Bezüglich des Renditen-Generierungsprozesses unterstellen sie eine Faktorenmodell-Annahme, die insofern restriktiver als die Voraussetzung eines strikten Faktorenmodells ist, als der bedingte Erwartungswert der Störgröße e_i (i = 1, ..., p) für beliebige Realisationen der Risikofaktoren f_j (j = 1, ..., k) gleich null sein soll. Die Prämisse wechselseitig unkorrelierter Störgrößen wird dagegen nicht benötigt. Chen/Ingersoll zeigen, daß es für die Gültigkeit der exakten APT-Bewertungsgleichung unter den von ihnen getroffenen Annahmen hinreichend ist, wenn erstens ein vollständig diversifiziertes Portefeuille existiert, welches zweitens das optimale Portefeuille für zumindest einen risikoaversen Investor darstellt, der seine Entscheidungen auf der Basis des Bernoulli-Prinzips fällt. Aus den entsprechenden Annahmen folgt allerdings keineswegs zwangsläufig, daß die Portefeuilles aller Investoren vollständig diversifiziert sind: „Nonsystematic risk is not priced even if only a single investor chooses not to bear it." (Chen/Ingersoll 1983, S. 987.)

Connor (1984) hat sein Modell sowohl für einen Kapitalmarkt mit endlich vielen Wertpapieren als auch für einen mit unendlich vielen Wertpapieren formuliert. Die Wertpapiere werden in beiden Modellversionen von einer endlichen Zahl risikoaverser Investoren gehandelt, die ihren erwarteten Risikonutzen maximieren. Jeder Investor soll dabei eine unendliche Zahl „homogener" Investoren repräsentieren. Ferner setzt Connor die Existenz eines risikolosen Wertpapiers voraus. Analog zu Chen/Ingersoll (und damit abweichend von der Faktorenmodell-Annahme des Abschnitts C.I) unterstellt er, daß der bedingte Erwartungswert der Störgröße e_i ($i = 1, ..., p$) für beliebige Ausprägungen der Risikofaktoren f_j ($j = 1, ..., k$) gleich null ist. Hinsichtlich des Kapitalmarkts mit unendlich vielen Wertpapieren wird des weiteren gefordert, daß die Kovarianzmatrix der Störgrößen nicht-singulär ist, während die entsprechende Matrix in der endlichen Ökonomie durchaus singulär sein kann.[31]

Der Kapitalmarkt mit endlich vielen Wertpapieren soll sich in einem Gleichgewichtszustand befinden. Das sog. „Konkurrenzgleichgewicht" (competitive equilibrium), welches aus einer gleichgewichtigen „Verteilung" von Anlegerportefeuilles[32] und Gleichgewichtspreisen der Wertpapiere besteht, liegt vor, wenn das Portefeuille jedes Anlegers bei den gegebenen Wertpapierpreisen die individuelle Budgetrestriktion erfüllt und der Anleger das betreffende Portefeuille allen anderen realisierbaren Portefeuilles vorzieht.[33] Schließlich definiert Connor eine „versicherbare" (insurable) Ökonomie. Eine Ökonomie heißt versicherbar, wenn für jede Verteilung von Wertpapierportefeuilles eine in bestimmter Hinsicht äquivalente Verteilung existiert[34], die sich ihrerseits gänzlich aus vollständig diversifizierten Portefeuilles zusammensetzt. Connor weist nach, daß eine derartige Ökonomie dann und nur dann gegeben ist, wenn

– zum einen das Marktportefeuille kein unsystematisches Risiko aufweist,
– zum anderen für jeden ($k \times 1$)-Vektor **b** ein vollständig diversifiziertes Portefeuille existiert, dessen k Sensitivitätskoeffizienten den Elementen dieses Vektors entsprechen.

Er kann zeigen, daß alle Anleger im Marktgleichgewicht[35] Portefeuilles halten, die frei von unsystematischen Risiken sind, sofern diese beiden Bedingungen erfüllt sind. Hieraus folgt das zentrale Ergebnis des Modells von Connor, die exakte Bewertungsgleichung: „Equilibrium prices in an insurable factor economy are linear in the expected payoffs and factor betas of the assets." (Connor 1984, S. 22.) Der wesentliche Unterschied zwischen den beiden Modellversionen (endliche oder unendliche Ökonomie) betrifft die Annahme, daß das Marktportefeuille vollständig diversifiziert ist. Dies erfordert bei Zugrundelegung der endlichen Ökonomie, daß das Angebot der risikobehafteten Wertpapiere exakt dergestalt beschaffen ist, daß sich die unsystematischen Risiken der Wertpapiere (bei singulärer Störgrößen-Kovarianzmatrix) gegenseitig aufheben. Für die Ökonomie mit unendlich vielen Wertpapieren (deren Störgrößen nur gering korreliert sind) ist es dagegen hinreichend, daß das Pro-Kopf-Angebot jedes Wertpapiers infinitesimal klein ist, was offensichtlich eine weniger restriktive Bedingung darstellt.[36]

Das gemeinsame Ergebnis der APT-Ansätze von Chen/Ingersoll (1983) und Connor (1984) besteht letztendlich in der Aussage, daß das unsystematische Risiko dann nicht bewertet wird (die APT-Bewertungsgleichung damit exakt gilt), wenn die Anleger dieses Risiko beseitigen können und sie daher keinem unsystematischen Risiko ausgesetzt sind. Der wesentliche Unterschied zwischen diesen APT-Ableitungen auf der einen und den von Dybvig (1983) sowie Grinblatt/Titman (1983) auf der anderen Seite besteht darin, daß erstere durch die getroffenen Annahmen faktisch (und unmittelbar) sicherstellen, daß das unsystematische Risiko bedeutungslos für die Bewertung der Wertpapiere ist, während letztere zeigen, daß das unsystematische Risiko unter bestimmten (anderen) Prämissen nur sehr eingeschränkt bewertungsrelevant sein kann.[37]

Allen vier APT-Modellen ist gemeinsam, daß sie zwei wesentliche Vorteile gegenüber den Ansätzen der „traditionellen" APT besitzen. Erstens benötigen sie (mit Ausnahme der einen Modellversion von Connor) keinen Kapitalmarkt mit unendlich vielen Wertpapieren. Zweitens sind die Aussagen der betreffenden Modelle präziser als die Aussagen der „traditionellen" APT. Der „Preis" für diesen höheren Informationsgehalt der Modellergebnisse besteht darin, daß die erforderlichen Prämissen[38] deutlich restriktiver sind als die Annahmen, aus denen sich die Ungleichung (5) deduzieren läßt. So weist Wei (1988) darauf hin, daß beispielsweise die von Chen/Ingersoll (1983) formulierte hinreichende Bedingung für die Gültigkeit der exakten APT-Bewertungsgleichung nur schwer zu rechtfertigen ist (vgl. Wei 1988, S. 882). Besonders die zentrale Forderung des Modells von Connor (1984), wonach die (endlich vielen) Wertpapiere in einem ganz bestimmten Verhältnis im Marktportefeuille enthalten sein müssen, damit sich ihre unsystematischen Risiken gegenseitig aufheben können, ist sehr rigide. Darüber hinaus würde nahezu jede Veränderung des Wertpapierangebots bewirken, daß die Marktportefeuille-Zusammensetzung die einmal erreichte Eigenschaft verlöre (vgl. Connor 1984, S. 28). Die Kritik an Connors Bedingung bildete den Ausgangspunkt für die Studie von Wei (1988), die als ein vorläufiger Endpunkt der Entwicklung der „Gleichgewichts-APT" angesehen werden kann.

II. Das „APT/CAPM-Modell" von Wei (1988)

In seinem Beitrag modifiziert Wei (1988) diejenige Modellversion von Connor (1984), welche auf einen Kapitalmarkt mit endlich vielen Wertpapieren abstellt, indem er die Prämisse, daß das Marktportefeuille – im Rahmen des angenommenen k-Faktoren-Modells – ausschließlich systematisches Risiko besitzt, aufhebt. Wei setzt statt dessen voraus, daß die wertpapierspezifischen Störgrößen des k-Faktoren-Modells der Gleichung

(7) $\quad e_i = b_{iM} e_M + \varepsilon_i \quad (i = 1, ..., p)$

genügen, wobei die „reinen" wertpapierspezifischen Störgrößen ε_i ($i = 1, ..., p$) die Forderung

(8) $\quad E(\varepsilon_i \mid \mathbf{f}, e_M) = 0$

erfüllen sollen.[39]

Das zentrale Ergebnis des Modells von Wei besteht in der Aussage, daß im Konkurrenzgleichgewicht eine exakte Bewertungsgleichung gilt, die sich von der Gleichung (4) um den zusätzlichen Summanden $\lambda_M b_{iM}$ unterscheidet:

(9) $\quad \mu_i = \lambda_0 + \sum_{j=1}^{k} \lambda_j b_{ij} + \lambda_M b_{iM} \quad (i = 1, ..., p),$

mit

$\quad \lambda_M > 0.$

Die Sensitivitätskoeffizienten b_{ij} ($j = 1, ..., k$) und b_{iM} stimmen mit denen der Gleichungen (1) und (7) überein. Wei kann außerdem zeigen, daß alle Anleger vollständig diversifizierte Portefeuilles halten. Hierbei ist zu beachten, daß das unsystematische Risiko des i-ten Wertpapiers in seinem Modell nicht durch die Variable e_i, sondern durch die wertpapierspezifische Störgröße ε_i des um den Summanden $b_{iM} e_M$ erweiterten Faktorenmodells verursacht wird.

Der Ansatz von Wei stellt in gewisser Hinsicht eine Synthese von APT und CAPM dar, da das systematische Risiko des Wertpapiers i, das gemäß der Gleichung (9) allein bewertungsrelevant ist, sowohl auf die k APT-Risikofaktoren als auch (mittelbar) auf die Rendite des Marktportefeuilles zurückgeführt wird. Es ist schließlich evident, daß die Gleichung (9) in die Bewertungsgleichung des APT-Modells von Connor (1984) übergeht, falls die Größe e_M den Wert null annimmt, das Marktportefeuille also – bezogen auf das ursprüngliche k-Faktoren-Modell – kein unsystematisches Risiko aufweist.

III. Exakte APT-Bewertungsgleichung und (μ, σ)-Effizienz

Verschiedene theoretische Studien analysieren die Beziehungen, die zwischen der exakten APT-Bewertungsgleichung auf der einen Seite und der an sich nicht der APT-Modellwelt entstammenden (μ, σ)-Effizienz bestimmter Wertpapierportefeuilles auf der anderen Seite bestehen. Hier können vor allem die Beiträge von Chamberlain (1983), Franke (1984), Grinblatt/Titman (1987), Huberman/Kandel/Stambaugh (1987) und Tiemann (1988) angeführt werden.[40]

Chamberlain (1983) weist für einen unendlichen Kapitalmarkt nach, daß die Gleichung (4) dann und nur dann gilt, wenn wenigstens ein Portefeuille risikobehafteter Wertpapiere, das auf der Effizienzkurve aller betrachteten Wertpapiere liegt, kein unsystematisches Risiko besitzt. Falls ein risikoloses Grenzportefeuille gebildet werden kann, ist die exakte APT-Bewertung gleichbedeutend mit der Aussage, daß alle (μ, σ)-effizienten Portefeuilles vollständig diversifiziert sind. Franke (1984) geht hingegen von einem Kapitalmarkt mit endlich vielen Wertpapieren aus. Unter der Annahme, daß der Koeffizient λ_0 von der erwarteten Rendite des Portefeuilles mit global minimaler Varianz (Minimal-Varianz-Portefeuille) abweicht, kann Franke zeigen, daß die Existenz eines effizienten Portefeuilles ohne unsystematisches Risiko notwendig und hinreichend für die Gültigkeit der exakten APT-Bewertung ist.

Huberman/Kandel/Stambaugh (1987) betrachten zunächst Anlagepositionen (mit unter Umständen von eins abweichenden Komponentensummen), die aus den p risikobehafteten Wertpapieren gebildet werden. Die Autoren charakterisieren jene Mengen, welche k Faktoren-nachbildende Anlagepositionen, die anstelle der systematischen Risikofaktoren zur exakten APT-Bewertung der Wertpapiere verwendet werden können, umfassen.[41] Im Anschluß daran zeigen sie, daß eine Menge von k Faktoren-nachbildenden Portefeuilles, die natürlich vollständig diversifiziert und deren Komponentensummen jeweils auf eins normiert sind, dann und nur dann existiert, wenn das Minimal-Varianz-Portefeuille systematisches Risiko besitzt. Die Anzahl derjenigen Portefeuilles, die aus den Faktoren-nachbildenden Portefeuilles zusammengesetzt sind und gleichzeitig auf der Effizienzkurve aller risikobehafteten Wertpapiere liegen, beträgt entweder null, eins oder unendlich. Hinsichtlich der beiden letztgenannten Fälle beweisen die Autoren folgende Aussagen (vgl. Huberman/Kandel/Stambaugh 1987, S. 4 f.):

(1a) Es existiert dann und nur dann genau ein effizientes Portefeuille der k Faktoren-nachbildenden Portefeuilles, das nicht dem Minimal-Varianz-Portefeuille entspricht, wenn erstens die exakte APT-Bewertungsgleichung gilt (wobei λ_0 ungleich dem Rendite-Erwartungswert des Minimal-Varianz-Portefeuilles ist), und zweitens der $(p \times 1)$-Summationsvektor nicht im Spaltenraum der Matrix **B** liegt (d. h. keine Linearkombination der Spaltenvektoren von **B** ist).
(1b) Ist dagegen das Minimal-Varianz-Portefeuille das einzige Portefeuille der k Faktoren-nachbildenden Portefeuilles, das auf der globalen Effizienzkurve liegt, dann kann die exakte APT-Bewertungsgleichung nicht gelten.
(2) Jedes effiziente Portefeuille ist dann und nur dann ein Portefeuille der k Faktoren-nachbildenden Portefeuilles, wenn erstens die exakte APT-Bewertungsgleichung gilt, und zweitens der $(p \times 1)$-Summationsvektor im Spaltenraum von **B** liegt.

Die Aussage (1a) ähnelt der grundlegenden These des Beitrags von Grinblatt/Titman (1987). Letztere zeigen, daß eine exakte lineare Bewertung mit Hilfe von k Faktoren-Referenzportefeuilles äquivalent zur Aussage ist, daß ein Portefeuille dieser Portefeuilles auf der globalen Effizienzkurve liegt. Diese Referenzportefeuilles genügen dabei der Bedingung, daß keine Linearkombination der betreffenden Wertpapiermischungen das Minimal-Varianz-Portefeuille der p Wertpapiere ergibt.

Tiemann (1988) untersucht die Implikationen, die sich aus der exakten APT-Bewertung und der gleichzeitigen Existenz eines (μ, σ)-effizienten Portefeuilles mit ausnahmslos positiven Anteilen η_i (i = 1, ..., p) ergeben. In seinem Beitrag werden Restriktionen formuliert, die der $(k \times 1)$-Vektor der faktorenbezogenen Risikoprämien erfüllen muß, damit die Bewertungsgleichung (4) mit dem Vorhandensein eines (μ, σ)-effizienten Portefeuilles, dessen Kapitalanteile alle positiv sind, vereinbar ist. Die Existenz eines derartigen Portefeuilles stellt für die Gültigkeit des CAPM eine notwendige Voraussetzung dar, da laut CAPM zum einen das Marktportefeuille effizient ist, zum anderen alle Elemente des Vektors der Marktportefeuille-Anteile größer als null sind. Tiemann leitet daher Bedingungen für den Vektor der faktorenbezogenen Risikoprämien ab, unter denen die exakte APT-Bewertungsgleichung nicht im Widerspruch zur grundlegenden Aussage des CAPM steht.

F. Zur praktischen Testbarkeit der APT

Die Frage der praktischen Testbarkeit der APT wird in der Literatur kontrovers diskutiert. So stellt die Bewertungsapproximation (6) respektive die zugrundeliegende Ungleichung (5) vor allem für Shanken (1982, 1985) keine empirisch testbare Aussage dar. Kritik an der Ansicht von Shanken wird insbesondere von Dybvig/Ross (1985) geübt. Weitere Schätz- und Testprobleme der APT resultieren aus der unbekannten Anzahl und Bedeutung der systematischen Risikofaktoren.

Die Ungleichung (5) kann in der Tat empirisch nicht getestet werden. Ursächlich dafür ist im Kern, daß sie eine Aussage bezogen auf eine unendliche Anzahl von Wertpapieren macht, wohingegen ein empirischer Test zwangsläufig nur auf einer endlichen Menge an Wertpapieren beruhen kann. Allein die unendlich vielen Wertpapiere, die im jeweiligen Test keine Berücksichtigung finden können, sind ausschlaggebend für die empirische Validität der Ungleichung (5). Die obere Schranke für die Summe der quadrierten Bewertungsfehler (V) stellt in endlichen Stichproben keine Restriktion dar; die Ungleichung (5) ist für endliche Summen vielmehr eine mathematische Tautologie, d. h. eine logisch wahre Aussage (vgl. Shanken 1982, S. 1132 und Shanken 1992, S. 1570).

Im Kontext der Untersuchung der generellen APT-Testbarkeit sind jedoch auch die Ableitungen, welche den (maximal möglichen) Bewertungsfehler je Wertpapier konkretisieren, sowie die APT-Modelle mit exakter Bewertungsgleichung zu berücksichtigen. So legen diejenigen Ansätze der „Gleichgewichts-APT", in denen eine obere Schranke für den Betrag des wertpapierbezogenen Bewertungsfehlers hergeleitet wird, nahe, daß dieser Bewertungsfehler faktisch vernachlässigbar ist. Die exakte APT-Bewertungsgleichung stellt darüber hinaus zweifellos eine praktisch testbare Aussage dar. In der Literatur zur APT ist weithin akzeptiert, daß als Basis zur Überprüfung der empirischen Gültigkeit dieses Theorieansatzes die exakte Bewertungsgleichung gewählt werden sollte: „Empirically, the APT should be tested as an equality." (Dybvig/Ross 1985, S. 1184.) Aus der exakten Bewertungsgleichung folgt im übrigen, daß nur das systematische, durch die Sensitivitätskoeffizienten gemessene Aktienrisiko bewertungsrelevant ist. Damit ist insbesondere ausgeschlossen, daß das unsystematische Risiko als weitere Einflußgröße in die Preisbildung der Wertpapiere eingeht.[42]

Einer empirischen Analyse der „exakten" APT liegen allerdings implizit auch jene zusätzlichen Annahmen zugrunde, welche letztendlich die Herleitung der Gleichung (4) gestatten. Shanken (1985) vertritt sogar die Ansicht, daß einige dieser Prämissen explizit in die jeweiligen Analysen einzubeziehen seien. Seiner Meinung nach müsse ein empirischer Test des APT-Modells von Connor (1984) als Überprüfung einer verbundenen Hypothese aufgefaßt werden; diese Hypothese setze sich aus der exakten APT-Bewertungsgleichung und der Bedingung eines vollständig diversifizierten Marktportefeuilles zusammen. Entsprechend sei Gegenstand eines empirischen Tests der APT-Modelle von Dybvig (1983) und Grinblatt/Titman (1983) sowohl die wertpapierspezifische Fehlerschranke als auch die Forderung, daß die Störgröße des i-ten Wertpapiers von den künftigen Renditen aller anderen Wertpapiere stochastisch unabhängig ist.[43] Die verbreitete Auffassung, wonach weder die empirische Validität der angeführten noch die der anderen Prämissen explizit zu testen ist (vgl. etwa Dybvig/Ross 1985, S. 1176), ist jedoch nach Ansicht des Verfassers zutreffender. Der folgenden Aussage von Roll/Ross (1980), S. 1083 wird dementsprechend zugestimmt: „The theory should be tested by its conclusions, not by its assumptions." Dies sollte natürlich nicht nur für APT-Tests, sondern in gleicher Weise für empirische Tests gelten, die sich z. B. auf das CAPM beziehen.

Als Verfahren für einen Test der „exakten" APT bietet sich angesichts des Problems der unbekannten Faktorenbedeutung (und -anzahl) die statistische Faktorenanalyse an, deren Ziel – unabhängig von dem hier gegebenen Anwendungsgebiet – ja gerade in der Ableitung von latenten Variablen aus einer Menge von beobachteten Variablen besteht. Dementsprechend setzt eine stattliche Zahl von APT-Untersuchungen dieses Verfahren ein, um die zur Durchführung des Tests benötigte Matrix der Sensitivitäten zu schätzen.[44] Eine Identifikation der systematischen Risikofaktoren auf der Basis faktorenanalytischer Resultate ist dagegen kaum möglich, so daß die angesprochenen Untersuchungen ausschließlich der empirischen Überprüfung der APT dienen. Vor dem Hintergrund praktischer Anwendungen scheint es jedoch unumgänglich zu sein, die Identität der Risikofaktoren eindeutig zu bestimmen. Eine „neuere" empirische Forschungsrichtung versucht daher, die Faktoren auf dem Weg der makroökonomischen Vorabspezifikation zu bestimmen. Diese APT-Untersuchungen testen letztlich eine verbundene Hypothese, die sowohl die Gültigkeit der exakten Bewertungsgleichung als auch die Bewertungsrelevanz der ausgewählten makroökonomischen Variablen postuliert. Die betreffenden Tests sind nicht nur mit Schwächen bei der Interpretation „negativer" Testresultate behaftet, sondern es können – wie Hamerle/Rösch (1998) zeigen – auch statistisch-ökonometrische Probleme auftreten. Diese Schwierigkeiten sind jedoch eher anwendungsbezogen und stellen kein generelles Testproblem (Testbarkeitsproblem) der APT dar.

G. Schlußbetrachtung

Zusammenfassend können folgende Resultate festgehalten werden:

1. Den ansonsten recht heterogenen Versionen der linearen APT ist die zentrale Prämisse gemeinsam, daß sich der Wertpapierrenditen-Generierungsprozeß durch ein lineares Faktorenmodell beschreiben läßt. Das grundlegende APT-Ergebnis besagt, daß eine lineare Beziehung zwischen der erwarteten Rendite des i-ten Wertpapiers und jenen Sensitivitätskoeffizienten besteht, welche das betreffende Wertpapier hinsichtlich einer Menge von k Faktoren aufweist. Die APT-Bewertungsaussage stellt strenggenommen lediglich eine Bewertungsstruktur dar, da in der APT weder die genaue Anzahl noch die Bedeutung der systematischen Risikofaktoren festgelegt wird. Außerdem enthält die APT prinzipiell keine Hypothese bezüglich der Eindeutigkeit der faktorenbezogenen Risikoprämien.
2. Die verschiedenen APT-Versionen unterscheiden sich vor allem hinsichtlich der Bestimmtheit der jeweiligen Bewertungshypothese. Die Bewertungsaussage, die in der „traditionellen" APT aus vergleichsweise schwachen Prämissen hergeleitet wird, gilt nur approximativ. Zwar strebt der mittlere quadrierte Bewertungsfehler für eine gegen unendlich wachsende Wertpapieranzahl gegen null, die Approximationsgüte im Hinblick auf ein konkretes Wertpapier ist jedoch unbestimmt. Mehreren Modellen der „Gleichgewichts-APT", die ebenfalls eine Bewertungsapproximation ableiten, gelingt es zusätzlich, den (maximal möglichen) Bewertungsfehler je Wertpapier abzuschätzen. Anhand der dort erzielten Ergebnisse läßt sich außerdem zeigen, daß der APT-Bewertungsfehler ggf. vernachlässigt werden kann. Anderen APT-Versionen, die überwiegend ebenfalls der „Gleichgewichts-APT" zugeordnet werden können, liegen Prämissen zugrunde, die für die Gültigkeit einer exakten Bewertungsgleichung hinreichend sind.
3. Insgesamt ist zu konstatieren, daß die schwachen Annahmen der ursprünglichen APT-Formulierungen keineswegs genügen, um zu einer exakten Bewertung zu gelangen. Dazu sind vielmehr zusätzliche Annahmen nötig, die teilweise sehr rigide sind.

4. Die Aussage, daß die unendliche Summe der quadrierten APT-Bewertungsfehler beschränkt ist, kann nicht getestet werden, da sie für jede Menge von endlich vielen Wertpapieren – und nur eine solche kann Gegenstand empirischer Tests sein – eine mathematische Tautologie darstellt. Die exakte Bewertungsgleichung der APT ist hingegen eine praktisch testbare Aussage; sie muß als Basis zur Überprüfung der empirischen Gültigkeit dieses Ansatzes gewählt werden.

Neuere Ergänzungen bzw. Erweiterungen der APT, auf die im Beitrag nicht näher eingegangen wurde, sind die Herleitung einer Generalized Multibeta Representation durch John/Reisman (1991) sowie die Entwicklung einer nicht-linearen APT, die hauptsächlich auf Bansal/Viswanathan (1993) zurückgeht. Speziell mit Blick auf diese jüngsten Entwicklungen im Bereich der theoretischen APT-Forschung muß allerdings konstatiert werden, daß sich der „Abstand" zwischen dem ursprünglichen Theorieansatz und dessen Erweiterungen im Zeitablauf stetig vergrößert hat. Ungeachtet der formalen Eleganz der neueren APT-Varianten ist zu fragen, ob die Fortentwicklung der Arbitrage-Pricing-Theorie nicht bestimmte Grenzen erreicht hat. So bleibt festzuhalten, daß die meisten der wesentlichen APT-Erweiterungen (hier sind besonders die Herleitungen auf der Grundlage eines approximativen Faktorenmodells und die zu präziseren Bewertungshypothesen führenden „Gleichgewichts-APT"-Ansätze zu nennen) Anfang der achtziger Jahre formuliert wurden. Seitdem ist eine deutliche Verlangsamung des Erkenntnisfortschritts im Bereich der theoretischen Forschung zu beobachten, die mit einer Schwerpunktverlagerung in den Bereich der empirischen „Suche" nach den systematischen Risikofaktoren einhergeht.

Anmerkungen

Der Autor dankt seinem Kollegen Lutz Hahnenstein sowie einem unbekannten Gutachter der ZfB für wertvolle Anregungen und Kommentare.

1 So auch Franke (1994), S. 128, 134.
2 Vgl. beispielsweise Copeland/Weston (1988) und Steiner/Nowak (1994).
3 Vgl. zur nicht-linearen APT besonders Bansal/Viswanathan (1993).
4 Siehe u. a. Banz (1981), Winkelmann (1984), Lehmann/Modest (1988), Fama/French (1992) und Warfsmann (1993).
5 So kann das anstelle des unbekannten Marktportefeuilles herangezogene Portefeuille – bezogen auf die betrachtete Stichprobe – effizient (ineffizient) sein, obwohl das Marktportefeuille möglicherweise ineffizient (effizient) ist; vgl. Roll (1977), S. 130 und Franke (1984), S. 109.
6 Vgl. Roll (1977), S. 129 f. Aufgrund der vorliegenden prinzipiellen Bestätigungs-/Falsifizierungsfähigkeit ist das CAPM dennoch empirisch gehaltvoll.
7 Vgl. dazu auch Wilhelm (1981a), S. 20. Siehe zur heuristischen Vorgehensweise Ross (1976), S. 342 f. und Ross (1977), S. 194–200 sowie zur exakten Herleitung Ross (1976), S. 346–353.
8 Vgl. beispielsweise Shanken (1985), S. 1190 f. Hingegen vertreten Dybvig/Ross (1987), S. 106 die Auffassung, daß diese Differenzierung nicht sachdienlich sei.
9 Vgl. beispielsweise Roll/Ross (1980), S. 1074 und Franke/Hax (1994), S. 361. Daneben liegen der APT auch implizite Arbitragefreiheits-Bedingungen zugrunde; vgl. dazu Wilhelm (1981b), S. 894, 900.
10 Zumeist wird unterstellt, daß der Planungszeitraum der Anleger eine Periode umfaßt; die APT ist also prinzipiell ein einperiodiges Modell. Vgl. für viele Huberman (1987), S. 106, 108.
11 Bereits in einem der beiden APT-Originalbeiträge weist Ross auf die potentielle Bedeutung derartiger Größen hin; vgl. Ross (1977), S. 207.

12 Vgl. Hörnstein (1990), S. 4. Bereits Cragg/Malkiel (1982), S. 98 stellen fest, daß die grundlegende APT-Prämisse nicht die explizite Arbitragefreiheits-Bedingung, sondern die Faktorenmodell-Annahme ist.
13 So betont Treynor (1993), S. 11: „There is ... nothing about factor structure in the CAPM's *assumptions* ... there is also nothing about factor structure in the CAPM's *conclusions*."
14 Es würde dann ein „noiseless factor model" (Connor (1989), S. 300) angenommen.
15 Vgl. Dybvig/Ross (1985), S. 1184. Ähnlich äußert sich auch Latham (1989), S. 264: „The one piece of the APT that is truly based on arbitrage is that, if a security's return ... is an *exact* linear function (no error term) of the factors, then its expected-return premium ... is a linear function of the factor premia ..."
16 Die Anteile des i-ten Portefeuilles entsprechen prinzipiell dem Eigenvektor, der zum i-ten Eigenwert der nicht-diagonalen Störgrößen-Kovarianzmatrix gehört. Jeder Eigenvektor ist allerdings noch dergestalt zu skalieren, daß die Summe seiner Elemente eins beträgt. Letztendlich wird von Grinblatt/Titman (1985) die aus der mathematischen Eigenwerttheorie bekannte orthogonale Transformation einer symmetrischen Matrix, hier: der Störgrößen-Kovarianzmatrix des approximativen Faktorenmodells, auf Diagonalgestalt verwendet.
17 Ingersoll leitet darüber hinaus eine andere „kovarianzfreie" Formulierung der Ungleichung (5) unter der Bedingung ab, daß die betrachtete Ökonomie „diagonal" ist. Vgl. dazu im einzelnen Ingersoll (1984), S. 1026 f.
18 Falls die künftigen Wertpapierrenditen durch ein 1-Faktor-Modell generiert werden, bedeutet dies, daß sich eine Variable immer dann als Stellvertreter für den systematischen Risikofaktor verwenden läßt, wenn der Korrelationskoeffizient zwischen der betreffenden Variablen und dem Faktor von null verschieden ist. Vgl. dazu auch die einfachere Beweisführung von Shanken (1992), S. 1571 f.
19 In der Literatur spricht man gewöhnlich auch von „Schätzrisiko" (estimation risk).
20 Vgl. dazu insbesondere Handa/Linn (1993), S. 86–88.
21 Die Herleitung von Dybvig (1983) besteht aus zwei Teilen: Dybvig analysiert im ersten Schritt eine Ökonomie mit einem Anleger; im zweiten Schritt erweitert er sein Modell auf eine Ökonomie mit vielen Anlegern.
22 Vgl. dazu Grinblatt/Titman (1983), S. 499 f. (Annahme 6).
23 Vgl. bezüglich der Definition der Konstanten B Grinblatt/Titman (1983), S. 502.
24 Trotz der Hinzunahme dieser restriktiven Annahmen verbleibt also im APT-Modell von Grinblatt/Titman – im Gegensatz zum CAPM – ein Bewertungsfehler; vgl. zur Begründung des angedeuteten und angesichts der partiellen Prämissenübereinstimmung erstaunlichen Unterschieds in der Bewertungsgenauigkeit Grinblatt/Titman (1983), S. 504.
25 Vgl. Dybvig/Ross (1985), S. 1175 und Wei (1988), S. 889.
26 Vgl. Dybvig/Ross (1985), S. 1176. Schneller (1990), S. 13 bezeichnet die empirisch ermittelte obere Schranke deshalb anschaulich als „upper bound to the upper bound" bzw. kürzer als „upper-upper bound".
27 Eine dementsprechende „Vermutung" wird bereits von Ross (1976), S. 354 geäußert: „... assets with a high own variance will have a greater latitude for discrepancies than those with low own variances." Ingersoll (1984), S. 1028 und Nowak (1994), S. 76 zeigen, daß die angeführte Beziehung ökonomisch plausibel ist.
28 Vgl. dazu ebenfalls Shanken (1985), S. 1194. Ähnliche Bedingungen formuliert auch Dybvig (1983), S. 493.
29 Mit zusätzlichen Bedingungen (Annahmen) sind solche gemeint, die über die im Abschnitt C.I angeführten hinausgehen. Siehe bezüglich einer umfassenden, jedoch keineswegs vollständigen Enumeration der in den verschiedenen APT-Ableitungen getroffenen Annahmen Dybvig/Ross (1985), S. 1175.
30 Daneben wird u. a. auch in den Studien von Chamberlain (1983) und Franke (1984) eine hinreichende Bedingung für die Gültigkeit der exakten APT-Bewertungsgleichung abgeleitet, die gleichzeitig eine notwendige Bedingung ist. Vgl. dazu Chamberlain (1983), S. 1315 (Korollar 1) und Franke (1984), S. 113 (Behauptung 2) sowie die Ausführungen des Abschnitts E.III.
31 Eine vollständige Beseitigung des unsystematischen Risikos ist bei endlicher Anzahl von Wertpapieren nur möglich, wenn eine singuläre Kovarianzmatrix der Störgrößen vorliegt.

32 Mit dem Begriff „Verteilung" wird von Connor eine Menge von Portefeuilles (ein Portefeuille für jeden Anleger) bezeichnet, die dadurch charakterisiert ist, daß alle am Markt umlaufenden Wertpapiere von den Anlegern gehalten werden; vgl. Connor (1984), S. 17. Ferner sei darauf hingewiesen, daß es sich bei den Portefeuilles um Misch-Portefeuilles handelt, die jeweils aus einem Bestand des risikolosen Wertpapiers und einem Portefeuille der risikobehafteten Wertpapiere zusammengesetzt sind.
33 Vgl. zu diesen Eigenschaften/Bedingungen des Marktgleichgewichts Connor (1984), S. 17 und auch Wei (1988), S. 884.
34 Konkret wird verlangt, daß die beiden Verteilungen „faktorenäquivalent" sind; bezüglich dieses Begriffs sei auf Connor (1984), S. 19 verwiesen.
35 Befindet sich die versicherbare Ökonomie mit endlich vielen Wertpapieren im Gleichgewicht, so folgt daraus, daß ein Gleichgewicht auch für die korrespondierende versicherbare Ökonomie mit unendlich vielen Wertpapieren existiert. Vgl. Connor (1984), S. 18, 26 (Theorem 4).
36 Vgl. hinsichtlich des unterschiedlichen „Diversifikationsmechanismus" Connor (1984), S. 28.
37 Vgl. dazu auch Dybvig (1983), S. 484 f.
38 Es läßt sich zeigen, daß die Prämissen der entsprechenden APT-Ansätze den im CAPM getroffenen Annahmen sehr ähneln; vgl. etwa Lockert (1996), S. 45.
39 Vgl. die beiden alternativen Annahmen 6a und 6b von Wei, die zusammen mit anderen Prämissen seines Modells implizieren, daß die Gleichung (8) erfüllt ist.
40 Vgl. auch den Beitrag von Huberman/Kandel (1987), der allerdings nur mittelbar auf die „exakte" APT Bezug nimmt. Im übrigen sei auf die Monographie von Sauer (1994) verwiesen, in welcher der zentrale Beitrag von Huberman/Kandel/Stambaugh (1987) ausführlich und fundiert erörtert wird.
41 Vgl. dazu Huberman/Kandel/Stambaugh (1987), S. 3 (Behauptung 1).
42 Das von Hamerle/Rösch (1998) erörterte Problem wertpapierspezifischer Regressionskonstanten tritt dann in den empirischen Querschnittsanalysen nicht auf.
43 Vgl. Shanken (1985), S. 1193 f. Es ist ersichtlich, daß jeweils ein wesentlicher Teil der verbundenen Hypothese auf die Gesamtheit der risikobehafteten Wertpapiere abstellt. Daher wäre die von Roll (1977) geübte Kritik an den empirischen Tests des CAPM analog auch für empirische APT-Tests relevant; vgl. Shanken (1985), S. 1189.
44 Einen Überblick über wesentliche faktorenanalytische Untersuchungen bietet Lockert (1996), S. 75–84.

Literatur

Admati, A. R./Pfleiderer, P. (1985): Interpreting the Factor Risk Premia in the Arbitrage Pricing Theory, in: Journal of Economic Theory, Vol. 35, S. 191–195.
Bansal, R./Viswanathan, S. (1993): No Arbitrage and Arbitrage Pricing: A New Approach, in: The Journal of Finance, Vol. 48, S. 1231–1262.
Banz, R. W. (1981): The Relationship between Return and Market Value of Common Stocks, in: Journal of Financial Economics, Vol. 9, S. 3–18.
Berry, M. A./Burmeister, E./McElroy, M. B. (1988): Sorting Out Risks Using Known APT Factors, in: Financial Analysts Journal, Vol. 44, S. 29–42.
Chamberlain, G. (1983): Funds, Factors, and Diversification in Arbitrage Pricing Models, in: Econometrica, Vol. 51, S. 1305–1323.
Chamberlain, G./Rothschild, M. (1983): Arbitrage, Factor Structure, and Mean-Variance Analysis on Large Asset Markets, in: Econometrica, Vol. 51, S. 1281–1304.
Chen, N.-f. (1983): Some Empirical Tests of the Theory of Arbitrage Pricing, in: The Journal of Finance, Vol. 38, S. 1393–1414.
Chen, N.-f./Ingersoll, J. E., Jr. (1983): Exact Pricing in Linear Factor Models with Finitely Many Assets: A Note, in: The Journal of Finance, Vol. 38, S. 985–988.
Clarkson, P./Guedes, J./Thompson, R. (1996): On the Diversification, Observability, and Measurement of Estimation Risk, in: Journal of Financial and Quantitative Analysis, Vol. 31, S. 69–84.

Connor, G. (1984): A Unified Beta Pricing Theory, in: Journal of Economic Theory, Vol. 34, S. 13–31.
Connor, G. (1989): Discussion: Notes on the Arbitrage Pricing Theory, in: Bhattacharya, S./ Constantinides, G. M. (Hrsg.), Theory of Valuation: Frontiers of Modern Financial Theory, S. 298–308.
Copeland, T. E./Weston, J. F. (1988): Financial Theory and Corporate Policy, 3. Aufl.
Cragg, J. G./Malkiel, B. G. (1982): Expectations and the Structure of Share Prices.
Dybvig, P. H. (1983): An Explicit Bound on Individual Assets' Deviations from APT Pricing in a Finite Economy, in: Journal of Financial Economics, Vol. 12, S. 483–496.
Dybvig, P. H./Ross, S. A. (1985): Yes, the APT is Testable, in: The Journal of Finance, Vol. 40, S. 1173–1188.
Dybvig, P. H./Ross, S. A. (1987): Arbitrage, in: Eatwell, J./Milgate, M./Newman, P. (Hrsg.), The New Palgrave: A Dictionary of Economics, Vol. 1, S. 100–106.
Elton, E. J./Gruber, M. J. (1991): Modern Portfolio Theory and Investment Analysis, 4. Aufl.
Fama, E. F./French, K. R. (1992): The Cross-Section of Expected Stock Returns, in: The Journal of Finance, Vol. 47, S. 427–465.
Franke, G. (1984): On Tests of the Arbitrage Pricing Theory, in: OR Spektrum, Vol. 6, S. 109–117.
Franke, G. (1994): Performancemessung auf der Basis von Mehr-Faktoren-Modellen, in: Gebauer, W./Rudolph, B. (Hrsg.), Erfolgsmessung und Erfolgsanalyse im Portfolio-Management, S. 125–143.
Franke, G./Hax, H. (1994): Finanzwirtschaft des Unternehmens und Kapitalmarkt, 3. Aufl.
Grinblatt, M./Titman, S. (1983): Factor Pricing in a Finite Economy, in: Journal of Financial Economics, Vol. 12, S. 497–507.
Grinblatt, M./Titman, S. (1985): Approximate Factor Structures: Interpretations and Implications for Empirical Tests, in: The Journal of Finance, Vol. 40, S. 1367–1373.
Grinblatt, M./Titman, S. (1987): The Relation between Mean-Variance Efficiency and Arbitrage Pricing, in: The Journal of Business, Vol. 60, S. 97–112.
Hamerle, A./Rösch, D. (1998): Zum Einsatz „fundamentaler" Faktorenmodelle im Portfoliomanagement, in: DBW, 58. Jg., S. 38–48.
Hamerle, A./Ulschmid, C. (1996): Empirische Performance der zweistufigen CAPM-Tests, in: ZfB, 66. Jg., S. 305–326.
Handa, P./Linn, S. C. (1991): Equilibrium Factor Pricing with Heterogeneous Beliefs, in: Journal of Financial and Quantitative Analysis, Vol. 26, S. 11–22.
Handa, P./Linn, S. C. (1993): Arbitrage Pricing with Estimation Risk, in: Journal of Financial and Quantitative Analysis, Vol. 28, S. 81–100.
Hörnstein, E. (1990): Arbitrage- und Gleichgewichtsmodelle in der Kapitalmarkttheorie: Eine vergleichende Analyse der CAPM- und APT-Ansätze unter Berücksichtigung ihrer empirischen Überprüfbarkeit.
Huang, R. D./Jo, H. (1992): Transformed Securities and Alternative Factor Structures, in: The Journal of Finance, Vol. 47, S. 397–405.
Huberman, G. (1982): A Simple Approach to Arbitrage Pricing Theory, in: Journal of Economic Theory, Vol. 28, S. 183–191.
Huberman, G. (1987): Arbitrage Pricing Theory, in: Eatwell, J./Milgate, M./Newman, P. (Hrsg.), The New Palgrave: A Dictionary of Economics, Vol. 1, S. 106–110.
Huberman, G./Kandel, S. (1987): Mean-Variance Spanning, in: The Journal of Finance, Vol. 42, S. 873–888.
Huberman, G./Kandel, S./Stambaugh, R. F. (1987): Mimicking Portfolios and Exact Arbitrage Pricing, in: The Journal of Finance, Vol. 42, S. 1–9.
Ingersoll, J. E., Jr. (1984): Some Results in the Theory of Arbitrage Pricing, in: The Journal of Finance, Vol. 39, S. 1021–1039.
John, K./Reisman, H. (1991): Fundamentals, Factor Structure, and Multibeta Models in Large Asset Markets, in: Journal of Financial and Quantitative Analysis, Vol. 26, S. 1–10.
Kosfeld, R. (1996): Kapitalmarktmodelle und Aktienbewertung: Eine statistisch-ökonometrische Analyse.
Kruschwitz, L./Löffler, A. (1997a): Ross' APT ist gescheitert. Was nun?, in: ZfbF, 49. Jg., S. 644–651.

Kruschwitz, L./Löffler, A. (1997b): Mors certa, hora incerta (Erwiderung auf die Stellungnahme von Manfred Steiner und Martin Wallmeier), in: ZfbF, 49. Jg., S. 1089 f.

Latham, M. (1989): The Arbitrage Pricing Theory and Supershares, in: The Journal of Finance, Vol. 44, S. 263–281.

Lehmann, B. N./Modest, D. M. (1988): The Empirical Foundations of the Arbitrage Pricing Theory, in: Journal of Financial Economics, Vol. 21, S. 213–254.

Lockert, G. (1996): Risikofaktoren und Preisbildung am deutschen Aktienmarkt.

Luedecke, B. P. (1986): Arbitrage Pricing, Factor Structure, Eigenvectors and All That – An Exposition, in: Australian Journal of Management, Vol. 11, S. 67–85.

Nowak, T. (1994): Faktormodelle in der Kapitalmarkttheorie.

Reisman, H. (1992): Reference Variables, Factor Structure, and the Approximate Multibeta Representation, in: The Journal of Finance, Vol. 47, S. 1303–1314.

Roll, R. (1977): A Critique of the Asset Pricing Theory's Tests: Part I: On Past and Potential Testability of the Theory, in: Journal of Financial Economics, Vol. 4, S. 129–176.

Roll, R./Ross, S. A. (1980): An Empirical Investigation of the Arbitrage Pricing Theory, in: The Journal of Finance, Vol. 35, S. 1073–1103.

Ross, S. A. (1976): The Arbitrage Theory of Capital Asset Pricing, in: Journal of Economic Theory, Vol. 13, S. 341–360.

Ross, S. A. (1977): Return, Risk, and Arbitrage, in: Friend, I./Bicksler, J. L. (Hrsg.), Risk and Return in Finance, Vol. 1, S. 189–218.

Sauer, A. (1994): Faktormodelle und Bewertung am deutschen Aktienmarkt.

Schneller, M. I. (1990): The Arbitrage Pricing Theories: A Synthesis and Critical Review, in: Research in Finance, Vol. 8, S. 1–21.

Shanken, J. (1982): The Arbitrage Pricing Theory: Is It Testable?, in: The Journal of Finance, Vol. 37, S. 1129–1140.

Shanken, J. (1985): Multi-Beta CAPM or Equilibrium-APT?: A Reply, in: The Journal of Finance, Vol. 40, S. 1189–1196.

Shanken, J. (1992): The Current State of the Arbitrage Pricing Theory, in: The Journal of Finance, Vol. 47, S. 1569–1574.

Stambaugh, R. F. (1983): Arbitrage Pricing with Information, in: Journal of Financial Economics, Vol. 12, S. 357–369.

Steiner, M./Nowak, T. (1994): Zur Bestimmung von Risikofaktoren am deutschen Aktienmarkt auf Basis der Arbitrage Pricing Theory, in: DBW, 54. Jg., S. 347–362.

Steiner, M./Wallmeier, M. (1997): Totgesagte leben länger! (Anmerkungen zum Beitrag „Ross' APT ist gescheitert. Was nun?" von Lutz Kruschwitz und Andreas Löffler (ZfbF Heft 7/8/1997, S. 644–651)), in: ZfbF, 49. Jg., S. 1084–1088.

Tiemann, J. (1988): Exact Arbitrage Pricing and the Minimum-Variance Frontier, in: The Journal of Finance, Vol. 43, S. 327–338.

Treynor, J. L. (1993): In Defense of the CAPM, in: Financial Analysts Journal, Vol. 49, S. 11–13.

Warfsmann, J. (1993): Das Capital Asset Pricing Model in Deutschland: Univariate und multivariate Tests für den Kapitalmarkt.

Wei, K. C. J. (1988): An Asset-Pricing Theory Unifying the CAPM and APT, in: The Journal of Finance, Vol. 43, S. 881–892.

Wilhelm, J. (1981a): Capital Asset Pricing, Factor Models, and No-Arbitrage Conditions in Financial Markets, Mitteilungen aus dem Bankseminar der Universität Bonn, Nr. 42.

Wilhelm, J. (1981b): Zum Verhältnis von Capital Asset Pricing Model, Arbitrage Pricing Theory und Bedingungen der Arbitragefreiheit von Finanzmärkten, in: ZfbF, 33. Jg., S. 891–905.

Winkelmann, M. (1984): Aktienbewertung in Deutschland.

Zusammenfassung

Gegenstand des vorliegenden Beitrags ist ein umfassender Überblick über Entwicklung und Stand der Arbitrage Pricing Theory (APT), deren ursprüngliche Formulierung auf Stephen A. Ross zurückgeht. Mittlerweile gibt es eine recht große Zahl von Varianten dieses kapitalmarkttheoretischen Bewertungsansatzes, der auch in der Praxis immer größere Bedeutung gewinnt. Die APT-Versionen unterscheiden sich vor allem hinsichtlich der Bestimmtheit der jeweiligen Bewertungshypothese. In der „traditionellen" APT wird aus vergleichsweise schwachen Prämissen eine approximative Bewertungsgleichung hergeleitet, ohne jedoch eine Aussage zur wertpapierindividuellen Approximationsgüte zu treffen. Eine Abschätzung des maximalen Bewertungsfehlers je Wertpapier erfolgt in mehreren Modellen der „Gleichgewichts-APT". Anhand der dort erzielten Ergebnisse läßt sich außerdem zeigen, daß der Bewertungsfehler ggf. vernachlässigt werden kann. Andere APT-Versionen führen auf der Basis von restriktiven Prämissen unmittelbar zu einer exakten Bewertungsgleichung, die auch zur Überprüfung der empirischen Gültigkeit der APT heranzuziehen ist.

Summary

The Arbitrage Pricing Theory (APT), originally introduced by Stephen A. Ross and later extended in several directions, is one of the central models in modern finance. This article presents an overall review of the current state of the theory recently gaining considerable attention in practice. The main result of the APT consists in a linear relation between expected returns and factor betas. The theoretical derivations differ first of all in the form (exactness) of the pricing equation. While the "traditional" APT establishes merely an approximate relation without quantifying the amount by which an individual security is mispriced, some models belonging to the "Equilibrium-APT" give an explicit bound on the respective pricing error. As a further result these deviations from APT pricing appear negligible under certain conditions. Some other extensions make assumptions sufficiently strong to ensure that exact pricing will hold. This form of APT pricing should be used in empirical tests of the model.

78: Kapitalmarkttheorie

Neu in der Reihe
„Die Wirtschaftswissenschaften"

Inhalt

Das didaktisch gut aufbereitete Lehrbuch bietet einen umfassenden Überblick über die verschiedenen Entwicklungslinien der Produktionstheorie von ihren Ursprüngen in der Mikroökonomie bis hin zum aktuellen Stand der Forschung. Dabei wird der Einbeziehung von Umweltbeziehungen der Produktion sowie der Verknüpfung der Produktionstheorie mit der anwendungsorientierten Produktionsplanung besonderes Augenmerk gewidmet.

- Grundbegriffe
- Ertragsgesetzliche Produktionsfunktionen
- Gutenberg-Produktionsfunktion, Heinen-Produktionsfunktion, Input/Output-Analyse
- Dynamische Produktionsfunktionen
- Strukturalistische Produktionstheorie, unscharfe Produktionsfunktionen, Dienstleistungsproduktion

Autor

Dr. Marion Steven ist Inhaberin des Lehrstuhls für Produktionswirtschaft an der Ruhr-Universität Bochum.

Marion Steven
Produktionstheorie
Hrsg. von Horst Albach
1998. XIV, 314 Seiten,
100 Abbildungen, „Die Wirtschaftswissenschaften",
broschiert DM 78,00
ISBN 3-409-12930-8

Bestell-Coupon

Ja, ich bestelle ___ Exemplare

Steven, Marion
Produktionstheorie
Hrsg. von Horst Albach
1998. XIV, 314 S., 100 Abb.
„Die Wirtschaftswissenschaften",
broschiert DM 78,00
ISBN 3-409-12930-8

Änderungen vorbehalten. Stand: Juli 1998.
Erhältlich im Buchhandel oder beim Verlag.

Vorname und Name

Straße (bitte kein Postfach)

PLZ, Ort

Unterschrift

z. H. Frau Kristiane Alesch,
Postfach 15 47, 65005 Wiesbaden,
Fax: (0611) 78 78 439
http://www.gabler-online.de

Wieviel Phantasie braucht die Fußballaktie?

Von Erik Lehmann und Jürgen Weigand

Überblick

- In der „Fußballaktie" sehen Vereinsmanager und manche Analysten eine langfristig lohnende Anlage für Investoren. Der Börsengang soll den emittierenden Vereinen eine Eigenkapitalausstattung liefern, die wirtschaftlich eine (inter)nationale Konkurrenzfähigkeit sicherstellt. Die Fußballaktie wird als Anlageobjekt aus Sicht des Aktionärs und aus Sicht des emittierenden Vereines analysiert.

- Anhand wöchentlicher Kursdaten aus England wird die Performance englischer Fußballaktien untersucht. Die Kursentwicklung wird in einem ökonometrischen Paneldaten-Ansatz in Abhängigkeit des Tabellenstandes während der Spielsaison, der Neuemission von Fußballaktien sowie der Entwicklung verschiedener Aktienindizes modelliert.

- Von den 15 zur Zeit an der London Stock Exchange notierten Vereinen wiesen im Untersuchungszeitraum nur drei Vereine eine positive Kursentwicklung auf. Während die Performance dieser drei Vereine die Entwicklung des FTSE-100 Börsenindex deutlich übertraf, verzeichneten die restlichen Aktien teilweise drastische Kursverfälle und entpuppten sich den Aktionären als Fehlkäufe. Eine ähnlich divergente Entwicklung ist auch für deutsche Fußballaktien zu erwarten.

Eingegangen: 11. Februar 1998

Dipl.-Kfm. Erik Lehmann, Universität Rostock, Lehrstuhl für Volkswirtschaftslehre – Geld und Kredit, Parkstr. 6, 18057 Rostock. Arbeitsgebiete: Industrieökonomik, Unternehmensfinanzierung, Sportökonomik.

Dr. Jürgen Weigand, Indiana University, Institute for Development Strategies, School of Public and Environmental Affairs (SPEA), Bloomington, IN 47405. Arbeitsgebiete: Industrieökonomik, empirische Wirtschaftsforschung, Sportökonomik, Unternehmensfinanzierung.

A. Einleitung

Die rasante und unaufhaltsame Kommerzialisierung des Profifußballs hat in Deutschland zu einem Wiederaufleben der Diskussion um die „Fußballaktiengesellschaft" geführt. Während die „AG"-Planspiele von Bayern München noch vor einigen Jahren vom DFB und von der großen Mehrheit der Profivereine als reine Gedankenspiele abgetan wurden, hat nun in Anbetracht der jüngsten internationalen Entwicklung ein Umdenken eingesetzt. Eine Hauptursache dieser Kehrtwende ist der infolge des sog. Bosman-Urteils des Europäischen Gerichtshofs[1] enorm gestiegene Kapitalbedarf, der die Vereine zwingt, neue Finanzierungsquellen zu erschließen, wenn sie auf dem (inter)nationalen Markt für Spitzenspieler auch in Zukunft noch erfolgreich mitbieten wollen. Gravierende Veränderungen in der Vergabe der TV-Übertragungsrechte haben den Vereinen in den 1990er Jahren zwar einen Einnahmeboom beschert, doch sind die Gehälter selbst für Durchschnittsspieler inzwischen erheblich angestiegen. Die finanzielle Aufwertung der europäischen Pokalwettbewerbe (insbes. Champions League), die maßgeblich auf die Übernahme der Übertragungen durch private TV-Anbieter zurückzuführen ist, hat auch national zu einem „Aufrüsten" der Mannschaften geführt, um sich für diese lukrativen Wettbewerbe zu qualifizieren. Angesichts der Erfolge einiger britischer Vereine bei der Nutzung des Finanzierungsinstrumentes Börse verspricht sich mancher deutsche Vereinsmanager von der Umwandlung der Profifußballvereine in Aktiengesellschaften und anschließendem Börsengang einen erheblichen Kapitalzufluß. Dadurch sollen nicht nur neue Gehaltsdimensionen erreichbar und internationale Spitzenspieler finanzierbar werden, sondern auch der Neubau von vereinseigenen Stadien. Ähnliche Überlegungen werden in Italien, Spanien, Frankreich und der Schweiz angestellt. Vor allem dieser internationale Druck und die Angst vor einem Verlust an sportlicher Konkurrenzfähigkeit infolge mangelnder Finanzkraft wird wohl in absehbarer Zeit zu einer Änderung der Statuten des Deutschen Fußballbundes (DFB) und zu einer Zulassung der Fußball-Aktiengesellschaft führen.

Der vorliegende Beitrag beschäftigt sich mit der Notwendigkeit der angestrebten Umwandlung deutscher Profifußballvereine in Kapitalgesellschaften und den Erfolgsaussichten eines Börsengangs. Zunächst stellt Abschnitt B die ökonomischen Besonderheiten des sportlichen Wettbewerbs und der Vereinsfinanzierung im Profifußball heraus. Abschnitt C nennt Gründe für eine börsengestützte Kapitalbeschaffung und diskutiert Vor- und Nachteile des Börsengangs von Profifußballvereinen aus Sicht der potentiellen Aktionäre und der Vereine. Mit Hilfe einer empirischen Untersuchung der Kursentwicklung englischer Fußballaktien (Kapitel D) werden die Erfolgsaussichten für den Börsengang deutscher Vereine in Abschnitt E diskutiert. Der Beitrag schließt mit einem Fazit und Ausblick in Abschnitt F.

B. Profifußball und Vereinsfinanzierung

Ein fundamentaler Unterschied zwischen Vereinen als Unternehmen im Profiteamsport und Wirtschaftsunternehmen besteht im angebotenen Produkt. Während ein Wirtschaftsunternehmen keiner Konkurrenten bedarf, um ein Produkt zu kreieren, herzustellen und

Wieviel Phantasie braucht die Fußballaktie?

zu vermarkten, ist der einzelne Fußballprofiverein auf die Existenz von und die Kooperation mit Konkurrenten angewiesen. Das Produkt „Unterhaltung durch Fußball" kann nur von mindestens zwei Mannschaften, die gegeneinander antreten, angeboten werden. Die Attraktivität des Wettkampfes liegt für die Zuschauer jedoch nicht allein im ungewissen Ausgang einzelner Spiele, sondern wird dadurch gesteigert, daß die Profimannschaften in einer Liga organisiert sind und einen Wettbewerb um die (Liga)-Meisterschaft austragen. Das Angebot dieses Gemeinschaftsproduktes konkurrierender, aber sowohl in Angebot als auch Nachfrage wechselseitig voneinander abhängiger Mannschaften setzt wenigstens eine Kooperation der Vereine zur Organisation und Durchführung (inkl. Regelwerk, Kontrollorgane) eines solchen Ligawettbewerbs voraus.

Im Fußballbereich übernimmt auf nationaler Ebene der sog. Verband, wie z.B. in Deutschland der Deutsche Fußballbund (DFB), als Dachorgan und Interessenvertreter der Vereine die Organisation und Durchführung des Ligawettbewerbs. Da es – satzungsrechtlich verankert und sportpolitisch geschützt – nur einen Verband und auch nur eine Profiliga (mit untergeordneten Profi- und Amateurligen) gibt, liegt ein reines Monopol vor, daß entsprechende Monopolrenten im Verkauf seines Produktes realisieren kann. Der DFB besitzt dabei auch im Hinblick auf die nationale TV-Vermarktung des entstehenden Unterhaltungsproduktes eine Monopolstellung, die er im Interesse seiner Mitglieder ausnutzt. Im allgemeinen verfügt zudem jeder Verein der höchsten Profiliga über ein lokales Monopol.[2] Die lokale Monopolstellung hat in früheren Zeiten über die Stadionkapazität und den Zuschauerbesuch maßgeblich die Einnahmen des Vereins bestimmt. Vereine mit großen Stadien und Einzugsgebieten konnten entsprechend hohe Einnahmen erzielen und Sponsoren akquirieren, so daß sie in der Lage waren, Investitionen in die Mannschaft und Gehälter zu finanzieren. Hierfür reichten die Einnahmen aus traditionellen Finanzierungsquellen wie Mitgliederbeiträge, Eintrittsgelder, Sponsorengelder sowie TV-Einnahmen aus den Absprachen zwischen DFB und den öffentlich-rechtlichen Fernsehanstalten aus.

Die durch Deregulierung im Medienbereich (Zulassung privater TV-Anbieter) und durch kartellrechtliche Entscheidungen erzwungene Liberalisierung im Bereich der TV-Übertragungsrechte hat das bilaterale Monopol DFB-ARD/ZDF aufgebrochen und in ein Angebotsmonopol-Nachfrageoligopol mit entsprechendem Bieterwettbewerb verwandelt. Diese strukturelle Veränderung hat zusammen mit dem fast gleichzeitig einsetzenden Zuschauerboom (s. Abs. E) in den 1990er Jahren zu deutlich höheren Einnahmen für die Vereine geführt. Die starke Zunahme der Fernsehübertragungen hat zudem die früher im wesentlichen lokal, auf das Stadion begrenzte Wirkung des Unterhaltungsangebotes „Fußball" vollständig aufgehoben. Nach dem Motto „Alle Spiele-Alle Tore" transportieren die TV-Sender auch die Spiele der sog. grauen Mäuse in alle Wohnzimmer. Finanziell profitiert haben von dieser Entwicklung besonders die Top-Vereine der Bundesliga. Sie konnten ihre überregional gesteigerte Popularität ausnutzen, um den Fanartikelverkauf (Merchandising) auf nationale Ebene auszudehnen und zu einer wichtigen Einnahmequelle zu machen.

In einer Profiliga müssen alle Mannschaften im eigenen Interesse darauf bedacht sein, daß die Spielstärken der einzelnen Mannschaften nicht zu stark voneinander abweichen. Spielstärke und sportlicher Erfolg hängen aber stark von der Finanzkraft eines Profivereins ab (s. Lehmann/Weigand 1997). Kann ein Verein aufgrund der Spielstärke seiner

Mannschaft alle anderen Mannschaften längerfristig dominieren, so besteht die Gefahr, daß die Liga wegen der zunehmenden Vorhersagbarkeit von Spielausgängen ihr Spannungselement und damit ihre Attraktivität für den Zuschauer verliert.[3] Sinkende Popularität der Liga macht das Unterhaltungsprodukt aber für die Medien und die Werbetreibenden weniger interessant, so daß die Einnahmen auch für den dominierenden Verein zurückgehen können.

In der Bundesliga erfolgte früher ein ‚Finanzausgleich' zwischen finanzstarken und finanzschwachen Vereinen vor allem über ein vom DFB geregeltes, die Finanzkraft des spielerkaufenden Vereins berücksichtigendes Transfersystem sowie über eine gleichmäßige Aufteilung der Einnahmen aus Fernsehübertragungen. Das Transfersystem, in dem Ablösezahlungen nach Vertragsablauf obligatorisch waren, wurde durch das Bosman-Urteil des Europäischen Gerichtshofes hinfällig. Auch der Finanzausgleich über die Aufteilung der Fernseheinnahmen wurde auf Druck der führenden Bundesligavereine aufgeweicht. Mit der Spielzeit 1997/98 erfolgt die Verteilung der Fernsehgelder nach der Tabellenposition und somit nach sportlicher Leistung. Die Vereine partizipierten ebenfalls in Abhängigkeit vom Tabellenplatz an den Einnahmen aus dem Europapokal-Vertrag (ausgenommen Champions League), den der DFB mit den Agenturen ISPR/Ufa abgeschlossen hat (insgesamt ca. 60 Mio. DM). Seit dem 15. 12. 1997 steht jedoch höchstrichterlich fest, daß Vereine ihre internationalen Spiele selbst vermarkten dürfen. Freiwillige Ausgleichszahlungen der Europapokal-Teilnehmer an die anderen Bundesliga-Mannschaften als eine Art Solidarleistung sind kaum zu erwarten. Ob nach dieser jüngsten Rechtsprechung des Bundesgerichtshofs das Vermarktungskartell aus DFB und Agenturen für die Bundesligaspiele noch lange zu halten sein wird, ist fraglich, sofern sich DFB und Politiker nicht, wie bereits angekündigt, über eine rasche Novellierung des Kartellrechts einen wettbewerbspolitischen Ausnahmebereich Sport schaffen.[4]

Kritiker befürchten nun, daß der Börsengang von Top-Vereinen wie Bayern München oder Borussia Dortmund die finanzielle Kluft zwischen Davids und Goliaths weiter vergrößert und den Weg in eine Europaliga der Großvereine ebnet.

C. Vom Idealverein zur Kapitalgesellschaft

Die Vereine der deutschen Bundesliga können sich nicht aus eigener Entscheidung heraus in Kapitalgesellschaften umwandeln. Da die Vereine dem sog. *Lizenzspielerstatut* des DFB unterliegen, kann eine Umwandlung nur nach Änderung dieses Statuts erfolgen. Gemäß §§ 5c, 7 Nr. 1a *Lizenzspielerstatut* darf nur ein eingetragener Verein im Sinne des § 21 *BGB* am Spielbetrieb der Bundesliga teilnehmen. Gegenwärtig wird diskutiert, daß Lizenzspielerabteilungen und wirtschaftliche Geschäftsbereiche (z.B. Merchandising) eines börsenfähigen Vereins auf eine Aktiengesellschaft ausgegliedert werden, während der Verein selbst als eingetragener Verein im Sinne des § 21 *BGB* bestehen bleibt. Der Verein wird dann Aktionär der Aktiengesellschaft.

Im folgenden sollen zunächst die angeführten Gründe für eine Umwandlung kurz dargestellt werden (I.). Anschließend werden die Vorteile einer Börsenemission von Fußballaktien aus Sicht des Aktionärs (II.) und des Vereins (III.) beleuchtet.

Wieviel Phantasie braucht die Fußballaktie?

I. Gründe für eine Umwandlung in Aktiengesellschaften

Der überwiegend angeführte Grund für einen notwendigen Börsengang von deutschen Profilclubs ist der drastisch gestiegene Kapitalbedarf als Folge des Bosman-Urteils (1.), der Aufwertung der europäischen Wettbewerbe (2.) und des beabsichtigten Baus vereinseigener moderner Stadien (3.). Getragen wird der Enthusiasmus mancher Vereinsrepräsentanten für einen Börsengang vom Börsenerfolg des britischen Spitzenclubs Manchester United (4.). Ein willkommener, von Vereinsführern meist nur indirekt angesprochener Nebeneffekt einer Umwandlung in Kapitalgesellschaften liegt darin, daß eine neue Führungsstruktur erforderlich ist, die eine Änderung der Entscheidungsgewalten gegenüber der traditionellen vereinsrechtlichen Mitgliederdemokratie bedeutet (5.).

1. Die Folgen des Bosman-Urteils

Das Bosman-Urteil hat die Verhandlungsposition der Spieler bei Vereinswechsel nach Vertragsablauf erheblich verbessert. Während die Ablösezahlungen früher dem abgebenden Verein zuflossen, profitiert nun der Spieler in Form eines „Handgeldes" für den Vertragsabschluß und/oder eines deutlich höheren Gehaltes. Die Vereine müssen selbst für Durchschnittsspieler höhere Gehälter zahlen als vor Inkrafttreten des Bosman-Urteils (vgl. Lehmann/Weigand 1997, S. 382 f.). Konsequenz ist, daß die Vereine mit Spitzenspielern langfristige und entsprechend höher dotierte Verträge abschließen müssen. Die lange Vertragslaufzeit hat zwar für den Verein einerseits den Vorteil, daß der Spieler von einem anderen Verein nur gegen Ablösezahlung aus dem laufenden Vertrag „herausgekauft" werden kann. Andererseits steigt für den Verein das finanzielle Risiko, daß der Spieler nicht mehr die erwartete Leistung bringt („Rentenvertrag"), der Vertrag aber von Vereinsseite nur unter Abfindungszahlung aufgelöst werden kann und ein Weiterverkauf des Spielers erschwert ist.

2. Europäische Wettbewerbe und (inter)nationale Konkurrenz

In einem Europa mit demnächst einheitlicher Währung ist es wohl nur eine Frage der Zeit, bis sich aus dem jetzigen Europapokal-System eine „Europa-Liga" entwickelt. Die wirtschaftliche Basis von Vereinen in einer solchen Liga wird zwangsläufig eine andere sein müssen als die gegenwärtige deutscher Erstligavereine. Fußball-AG und Börsengang sind dann mit Blick auf die Spitzenvereine eine notwendige und logische Maßnahme, um international ‚wettbewerbsfähig' zu sein. Aufgrund der Einnahmen aus Fernseh- und Vermarktungsrechten wird bereits heute ein großer Teil der Gewinne der deutschen Top-Vereine in den europäischen Wettbewerben, hier vor allem in der Champions League, erwirtschaftet. Bereits die Qualifikation für die Champions League ist mit einer lukrativen Prämie verbunden. Bei Weiterkommen und Erfolg in diesen Wettbewerben erreichen die Einnahmen aus Ticketverkauf, Fernseh- und Vermarktungsrechten sowie UEFA-Prämien schnell Größenordnungen, die im nationalen Bereich nicht realisierbar sind. Diese Zusatzgewinne aus den europäischen Wettbewerben können dann für Investitionen in teure Spitzenspieler verwendet werden. Mit der Börsenkapitalisierung und den deutlich höheren Einnahmen englischer Vereine aus der TV-Vermarktung ist die Nachfrage nach Spitzenspielern bei unverändertem Angebot gestiegen, so daß die Gehaltsforderungen international und national erheblich zugenommen haben. Internationale Spitzenspieler sind zur Zeit für deutsche Vereine kaum finanzierbar. Gleichzeitig besteht die Gefahr, daß eigene Spitzenspieler abwandern.

3. Stadionneubau

Der Zuschauerboom der letzten Jahre hat wesentlich dazu beigetragen, daß Stadien modernisiert wurden oder daß manche Vereine einen Neubau planen. Dem Beispiel von Ajax Amsterdam folgend wollen zum Beispiel Bayern München und Schalke 04 eigene Stadien mit hohem Komfort und moderner technischer Ausstattung (,Schiebedach', versenkbarer Rasen) bauen. Eigentum am Stadion gibt den Vereinen die Möglichkeit, die Stadionnutzung (z.B. für Konzerte) zu jeder Zeit selbst zu vermarkten und ihre Einnahmen auf diese Weise zu ,diversifzieren'. Zudem schaffen die Vereine bilanzierbares Anlagevermögen, das als Sicherheit für externe Kapitalgeber dienen kann.

4. Börsengang britischer Vereine

Der Erfolg britischer „Fußball-AGs" motiviert auch deutsche Vereinsmanager. Verschiedene britische Proficlubs sind schon seit einiger Zeit als Aktiengesellschaften organisiert und börsennotiert. Der Londoner Club Tottenham Hotspurs war der Vorreiter auf dem Weg an die Börse, wo er 1983 erstmals notiert wurde. Im Zeitablauf folgten Millwall (1986), Manchester United (1991), Celtic Glasgow und Preston North End (beide 1995) sowie weitere elf Vereine bis Ende 1997. Die für die Privatanleger reservierten zehn Prozent bei der Zeichnung der Aktien für den Neuling Newcastle United wurden siebenfach überzeichnet.[5] Vorbild für umwandlungswillige Vereinsmanager ist Manchester United. Betrachtet man die Kennzahlen in Tabelle 1, so wird deutlich, warum Manager deutscher Fußballclubs sich verstärkt mit einem Börsengang beschäftigen und die Fußballaktie als eine langfristig gute Geldanlage für Investoren ansehen.

Ein Bruttogewinn von knapp 84 Mio. DM bei einem Eigenkapital von über 200 Mio. DM ist selbst für Deutschlands finanzkräftigste Vereine Bayern München und Borussia Dortmund im Augenblick noch reines Wunschdenken.

Tab. 1: Manchester United plc. in Zahlen

	1995/96	1996/97	Veränderung (in %)
Umsatz (in Mio. £)	35,5	87,9	+65
Betriebskosten (in Mio. £)	17,4	25,1	+44
Betriebsgewinn (in Mio. £)	14,1	26,2	+85
Gewinn vor Steuern (in Mio. £)	15,4	27,6	+79
Gewinn je Aktie (in Pence)	18,4	29,8	+61
Dividende (in Pence)	5,0	6,2	+19
Einbehaltener Gewinn (in Mio. £)	8,1	15,0	+85
Eigenkapital (in Mio. £)	40,7	72,4	+78

Quelle: Manchester United

5. Durchsetzung neuer Führungs- und Entscheidungsstrukturen

Die Kommerzialisierung des Profifußballs hat die Unvereinbarkeit von wirtschaftlicher Entwicklung und der auf den Prinzipien der Gemeinnützigkeit und Ehrenamtlichkeit fußenden Organisationsform des traditionellen Vereins aufgezeigt. Bei Umsätzen im zwei- und dreistelligen Millionenbereich braucht der Profifußballverein, wie jedes Wirtschaftsunternehmen, betriebswirtschaftlich durchdachte und auf Wirtschaftlichkeit und Gewinnerzielung ausgerichtete Organisationsstrukturen (vgl. Lehmann/Weigand 1997). Mit der Notwendigkeit einer Umwandlung, die den Übergang zu einer aktienrechtlichen Führungsstruktur beinhaltet, könnten sich manche Vereinsführer auf elegante Weise auch von der häufig als hinderlich empfundenen vereinsrechtlichen Mitgliederdemokratie trennen. In einer Fußball-AG wird nicht mehr wie in der traditionellen Hauptversammlung eines Vereins nach Köpfen, sondern nach Kapitalbeteiligung abgestimmt. Die Vorstände (Manager) werden als qualifizierte und bezahlte Fachkräfte nicht von der Mitgliederversammlung nach oftmals von Emotionen geprägten Wahlkampf bestimmt, sondern von einem Aufsichtsrat bestellt. Erfüllen die Vorstände nicht die in sie gesetzten Erwartungen, können sie auch kurzfristig, ohne Einberufung einer außerordentlichen Mitgliederversammlung mit Neuwahl vom Aufsichtsrat entlassen werden. Eine solche AG-Führungsstruktur, wie sie der DFB schon seit einigen Jahren empfiehlt und Schalke 04 erfolgreich eingeführt hat, können sich die Profivereine aber bereits durch entsprechende Änderung der Vereinssatzung geben. Ein Wechsel der Rechtsform ist hierfür nicht nötig.

II. Vorteile einer Emission aus Aktionärssicht

Das primäre Interesse eines Aktionärs gilt der Rendite seiner Investition. Die Rendite ist zum einen vom Preis, den der Aktionär für die Aktie bezahlen muß, und zum anderen von den laufenden Erträgen aus dem Aktienbesitz abhängig. Renditepotentiale liegen in

- der Emissionsrendite,
- der Dividendenzahlung sowie
- der Kursentwicklung (-potential).

Die *Emissionrendite* berechnet sich aus dem Emissionspreis vor der Börsennotierung und dem ersten Börsenkurs. Nach Ehrhardt (1997) beträgt diese Rendite in Deutschland im Durchschnitt 14% bei bankbegleiteter Emission und etwa 17% ohne Bankbegleitung. Als Gründe für ein solches Underpricing des festgesetzten Kurs werden die Reputation des Emissionshauses (Schmidt et. al 1988), die asymmetrische Informationsverteilung zwischen Emittent und Emissionshaus (Rock 1986) oder die Kurspflege in den ersten Börsenwochen (Ruud 1993) angeführt. Einige Autoren (z.B. Allen/Faulhaber 1989, Chemmandur 1993) sehen im Underpricing ein Signal für den Wert eines Investitionsobjekt.

Eine zu erwartende Emissionsrendite könnte den monetären Anreiz bieten, frühzeitig Aktien von Fußballclubs zu zeichnen. Die Überzeichnungen bei der Börseneinführung englischer Vereine 1997 mögen ein Indiz für einen solchen Anreiz sein. Der Festbesitzanteil der Clubs könnte diesen Anreiz sogar verstärken. Nach Leland und Pyle (1977) stellt der Festbesitzanteil ein Signal des informierten Eigentümers an die uninformierten Aktionäre hinsichtlich der Renditeerwartungen dar.[6] Ljungqvist (1994) zeigt, daß die Emissionsrendite um so geringer ist, je mehr Aktien beim Publikum plaziert werden. Ferner, und aus Aktionärssicht besonders interessant, ist das Underpricing höher, wenn der Festbesitzanteil 75% übersteigt. Die höhere Rendite kann in diesem Fall als Prämie für den Verzicht auf die Sperrminorität interpretiert werden. Das Ansinnen der Vereine, einen hohen Festbesitzanteil zu halten, läßt unter Umständen ein höheres Underpricing, und damit eine höhere Emissionsrendite zu.

Die durchschnittliche Rendite von Aktien erhöht sich durch laufende geldwerte Vorteile (vgl. Stehle/Hartmond 1991). Hierzu zählen vor allem *Dividendenzahlungen*, die hauptsächlich aus dem laufenden Geschäftsergebnis finanziert werden. Angesichts des hohen und schwer abzuschätzenden Kapitalbedarfs für Spieler ist bei Fußballvereinen wohl nicht mit hohen Dividenden zu rechnen. Die Dividendenrendite von Manchester United dürfte nach eigenen Schätzungen bei ca. einem Prozent liegen. Langfristig ist daher eher eine unterdurchschnittliche Rendite zu erwarten.

Als drittes Renditepotential ist die *langfristige Entwicklung* von Neuemissionen zu beachten. Untersuchungen weisen eine langfristige Underperformance deutscher Aktien nach. Die Underperformance setzt etwa 10 bis 18 Monate nach der Börseneinführung ein (vgl. Uhlir 1989, Wittleder 1989, Döhrmann 1990). Ljungqvist (1994) kann auch eine längere Underperformance nicht ausschließen.[7] Als Ursache für die Underperformance werden Kurskorrekturen nach der Überbewertung am ersten Börsentag und einer Differenzierung der Nachfrage im Anlageverhalten im Zeitablauf (Shiller 1990) oder eine Fehlbewertung durch die Marktteilnehmer zum Zeitpunkt der Börseneinführung (Loughran/Ritter 1995) genannt. Hierbei ist auch der Einfluß der Werbung auf den Verkauf von Aktien nicht zu vernachlässigen, wie die jüngsten Beispiele PRO 7 oder Deutsche Telekom gezeigt haben.

Außer der zu erwartenden Emissionsrendite kann aus Renditeüberlegungen längerfristig kein geldwerter Vorteil der Fußballaktie erwartet werden. Gemessen an der vermutlich geringen Dividendenrendite muß demnach eine ‚intrinsische' Motivation für den Kauf einer Fußballaktie vorhanden sein. Diese kann in der Identifikation mit dem Verein begründet sein. Aus diesem Grund ist eine hohe Mitgliederzahl oder eine große Fangemeinde ein ‚must' für eine erfolgreiche Plazierung.

Institutionelle Anleger dürften deutsche Fußballaktien weniger interessant finden, da

- mit einer geringen Rendite zu rechnen ist und
- ein Einfluß der Aktionäre auf die Entscheidungen des Managements nicht gewünscht wird. Ein großer Teil der Aktien soll nämlich in der Hand des Vereins bleiben, um einen beherrschenden Einfluß von Medienunternehmen, Banken oder einen „unfriendly takeover" eines Großkonzerns oder eines Einzelinvestors zu verhindern.[9]

Damit fehlt aus Sicht eines institutionellen Anlegers zunächst sowohl die erwartete Rendite als auch die Phantasie, die in der Möglichkeit der Übernahme besteht. Übernahmen sind aber bei drohendem Konkurs möglich, wenn die Hauptversammlung einem Sanierer durch Kapitalerhöhung die Mehrheit verschafft (wie bei englischen Clubs geschehen) und der DFB dies nicht verhindern kann, wenn man den Gang vor den Konkursrichter vermeiden will.

Für die Fußballaktien ist eine hohe Volatilität zu erwarten. Neukäufe von Spielern, Entlassungen erfolgloser Trainer oder Dissonanzen im Management werden ebenso zur Entwicklung des Kurses beitragen wie die wöchentlichen Spielergebnisse oder die mögliche Teilnahme an internationalen Wettbewerben.⁹ Ob die hohe Volatilität als positiv oder negativ einzustufen ist, hängt primär von der Risikoneigung des einzelnen Investors ab. Schütz (1997, S. 20) wertet Fußballaktien als „Nebenwerte mit hohem Beta". Daß die Fans als Aktienbesitzer die Volatilität zum eigenen Vorteil ausnutzen könnten und zu Börsenspekulanten werden, ist weniger wahrscheinlich.

III. Vorteile einer Emission aus Sicht des Vereins

Vorteile einer Aktienemission sind

- die Verbesserung der Eigenkapitalausstattung,
- die Erleichterung zukünftiger Anleihe- und Aktienemissionen,
- Image- und Werbeeffekte sowie
- die Möglichkeit einer stärker erfolgsabhängigen Entlohnung von Spielern, Trainern oder Managern der Vereine.

Die Verbesserung der Eigenkapitalausstattung hängt in hohem Maße von den Emissionserlösen ab, die vom Volumen der plazierten Aktien sowie vom Emissionspreis determiniert werden. Als Aktionäre kommen insbesondere Vereinsmitglieder sowie Fans in Frage. Neben der Nachfrage bestimmt das Aktienangebot den Emissionserlös. Infolge der Angst vor Übernahmen und unerwünschter Einmischung von Aktionären kann mit einem hohen Festbesitzanteil der Vereine – und damit mit einem niedrigen Emissionsvolumen gerechnet werden.

Der Preis der Aktien dürfte sich weniger an den Aktiva eines Vereins, denn am sportlichen Erfolgspotential und an den Fähigkeiten des Managements orientieren. Entscheidend für den Preis wird sein, ob die Wahl auf Stamm- oder Vorzugsaktien fällt (oder beides). Der Vorteil bei der Emission von Stammaktien liegt in einem höheren Emissionskurs. Dieser höhere Kurs kann als diskontierte Übernahmephantasie interpretiert werden. Ein hoher Festbesitzanteil reduziert diese Phantasie allerdings. Vorzugsaktien weisen aus Sicht des Vereins den Nachteil einer kumulierten Dividendenberechtigung aus (Hartmann-Wendels/von Hinten 1989), sind dafür aber nicht stimmberechtigt. Dem geringeren Preis der Vorzugsaktie bei der Emission und der laufenden Dividendenzahlung steht der Vorteil gegenüber, daß die Mitsprache der Alteigentümer auch nach der Börsenemission gesichert ist und das Risiko einer Übernahme reduziert wird (vgl. Titzrath 1995, S. 140). Dies würde die Plazierung eines größeren Volumens erlauben und die Emissionserlöse erhöhen. Eine weitere Möglichkeit, bei gegebenem Volumen den Preis zu erhöhen, besteht in einer intensiven Werbung.¹⁰

Die Erleichterung zukünftiger *Anleihe- und Aktienemissionen* spielt dann eine Rolle, wenn in Abhängigkeit vom zukünftigen Kapitalbedarf eine weitere Kapitalbeschaffung notwendig wird. Der Erfolg einer solchen Kapitalbeschaffung hängt von der Performance der Erstemission ab. Ein möglicher *Imageeffekt* durch den Börsengang ist nicht auszuschließen. Vor allem bei der Akquisition von Sponsorengeldern dürfte dies förderlich sein. Des weiteren dürfte eine noch stärkere Anbindung der Fans als „Miteigentümer" erfolgen und so ein nachhaltiges Interesse am Verein fördern.

Von besonderer Bedeutung für den Verein kann die *Mitarbeiterbeteiligung* werden. Spielergehälter und Prämienzahlungen machen einen Großteil der laufenden Ausgaben aus. Längerfristige Verträge mit Spielern erhöhen das finanzielle Risiko der Vereine. Im Gegensatz zu Industrieunternehmen ist der Einfluß des einzelnen Spielers, des Trainers oder des Managers auf die Gesamtleistung der Mannschaft relativ groß. Daher bietet sich eine an die Performance der Vereinsaktien gekoppelte Entlohnung an. Analog zur Bezahlung amerikanischer Topmanager könnten durch den Einsatz von Aktienoptionen hohe Gehälter gezahlt werden, ohne die Eigenkapitalbasis des Vereins zu gefährden.

D. Die Kursentwicklung englischer Fußballaktien: Eine empirische Untersuchung

Um die Diskussion über die Erfolgsaussichten eines Börsengangs und potentielle Einflußfaktoren der Kursentwicklung wissenschaftlich zu fundieren, haben wir die Entwicklung englischer Fußballaktien zwischen August 1995 und November 1997 empirisch untersucht. Die im folgenden verwendeten Kursdaten und sportlichen Daten der 15 am 10.11.97 offiziell an der London Stock Exchange notierten Vereinen wurden von uns aus den wöchentlichen Veröffentlichungen der englischen Wirtschafts- und Sportpresse zusammengetragen.

Tabelle 2 gibt die Vereine, den Tag der Börseneinführung, die Liga-Zugehörigkeit („1" steht für die oberste Spielklasse *Premier League*, „2" für *Division* 1, die 2. Liga), den ersten Kurs der Aktie bzw. den Kurs am Beginn des Beobachtungszeitraumes (14.08.95), den Kurs am Ende der Spielzeit 1996/97 (sofern notiert) sowie den Kurs am Ende des Beobachtungszeitraumes (10.11.97) an. In Klammern hinter den Kursen ist als Indikator für die sportliche Leistung jeweils die erreichte Tabellenposition angegeben.

Börsenstar unter den Vereinen ist eindeutig Meister Manchester United mit einem Kurszuwachs von mehr als 300 Prozent im Beobachtungszeitraum. Abbildung 1 stellt – zum

Abb. 1: Entwicklung des Aktienkurses von Manchester United und des FTSE-100

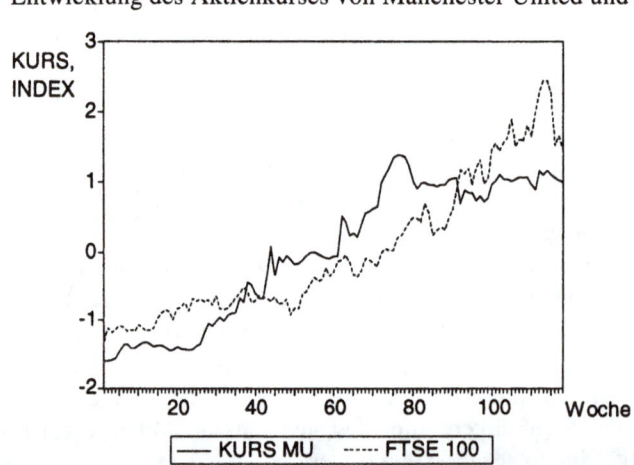

Wieviel Phantasie braucht die Fußballaktie?

Tab. 2: Die börsennotierten englischen Profivereine und ihre Kursentwicklung

Verein	Notiert seit	Liga	Kurs am 14.08.95 (Tabellenrang)	Kurs Ende Spieljahr 96/97 (Tabellenrang)	Kurs 10.11.97 (Tabellenrang)	Veränderung Erster Kurs zu Kurs 10.11.97 (in Prozent)
Manchester United	vor 14.08.95	1	159 (-)*	592 (Meister)	650 (1)	+ 308,9
Tottenham Hotspurs	vor 14.08.95	1	30 (-)*	109 (10)	82 (16)	+ 173,3
Aston Villa	12.05.97	1	975 (5)	975 (5)	785 (15)	−19,5
Newcastle United	07.04.97	1	139 (5)	123 (2)	102 (10)	−26,6
FC Chelsea (Chelsea Village)	01.04.96	1	60 (10)	127 (6)	105 (4)	+ 75,0
Leeds United (Caspian Group)	05.08.96	1	30 (-)*	28 (11)	25 (5)	−16,7
FC Southhampton** (S.hampton Leisure Holding)	vor 14.08.95	1	46 (-)*	101 (16)	73 (14)	−51,8**
Sunderland	31.12.96	1, 2	748 (11)	445 (Absteiger)	298 (12)	−60,2
Sheffield United***	vor 14.08.95	2	36 (-)*	66 (5)	55 (4)	−49,3***
Birmingham City	10.03.97	2	58 (19)	47 (9)	40 (13)	−31,0
Charlton Athletic	24.03.97	2	65 (14)	58 (15)	53 (6)	−18,5
Queens Park Rangers (Loftus Road)	28.10.96	2	75 (9)	63 (9)	33 (14)	−56,3
West Bromwich Albion	06.01.97	2	25000 (15)	20000 (16)	13500 (3)	−46,0
Leicester City (L. City Soccer investments)	28.04.97	1	104 (16)	104 (9)	88 (7)	−15,4
Nottingham Forest	13.10.97	2	62 (1)	- (Absteiger)	60 (2)	−3,2

Quelle: London Stock Exchange; eigene Recherchen
* kein Tabellrang angegeben, da Saisonbeginn 21.08.95.
** bis zum 9.12.96 notiert (+-0%). Am 20.01.97 nach Umplazierung zum Kurs von 151,5 Pence wieder gehandelt. (Wurde in der Auswertung berücksichtigt.)
*** bis zum 21.10.96 notiert (+44,2%). Am 20.01.97 nach Umplazierung zum Kurs von 108,5 Pence wieder gehandelt (Wurde in der Auswertung berücksichtigt.)

besseren Vergleich auf Basis normalisierter Zeitreihen – die wöchentliche Entwicklung des Aktienkurses von Manchester United (MU) zwischen August 1995 und November 1997 der Entwicklung des führenden britischen Aktien-Index *FTSE* 100 gegenüber.

Deutlich wird, daß sich der Aktienkurs von Manchester United und der *FTSE* 100 Index nicht immer parallel entwickelt haben und sich seit Februar 1997 (79. Woche) eine Abkopplung abzeichnet.

Während die Aktienkurse von Manchester United, Tottenham Hotspurs, Chelsea London, Southhampton und Sheffield United im Vergleich zu den Aktien-Indizes[11] *FTSE* 100 und *Allshares*, deren Entwicklung in Tabelle 3 neben der Entwicklung des *Bloomberg* Fußballaktien-Index angegeben ist, überproportional zugenommen haben, ist die Kursentwicklung der zehn Vereine, die als nächste den Börsengang wagten, mehr als ernüchternd.

Tab. 3: Entwicklung der Aktienindizes im Untersuchungszeitraum

	Stand 14.08.95 (1)	Stand 05.08.96 (2)	Stand 10.11.97 (3)	Veränderung (1) zu (3) (in Prozent)	Veränderung (2) zu (3) (in Prozent)
FTSE 100 Index	3441	3788	4807	+ 39,7	+ 26,9
Allshares Index	1699	1871	2281	+ 34,3	+ 21,9
Bloomberg Index	100	221	246	+ 146,0	+ 11,3

Keiner dieser Vereine konnte den Emissionskurs zum 10.11.1997 halten. Dieses Ergebnis hat seine Ursache nicht in einem verschlechterten Börsenklima, wie Tabelle 3 verdeutlicht. Sowohl die allgemeinen Aktien-Indizes als auch der Bloomberg-Index haben im Zeitraum August 1996 (Börsengang von Leeds United) bis November 1997 zugelegt. Dieses Ergebnis stützt die Einschätzung, daß die neu hinzugekommenen Vereine eigentlich nicht börsenreif waren.

Um den Zusammenhang zwischen der Kursentwicklung der Vereinsaktien und sportlichem Erfolg sowie allgemeiner Börsenentwicklung genauer zu untersuchen, wird die Struktur des Datensatzes, d.h. die Kombination von Querschnitts- und Zeitreihendaten, für eine Regressionsanalyse unter Berücksichtigung vereinsspezifischer Besonderheiten genutzt. Faktoren, wie die Tradition des Vereins, die Mitglieder- oder Fan-Gemeinde, aber auch die Managementqualitäten der Vereinsführung, die häufig nicht quantifizierbar oder nicht (direkt) beobachtbar sind, könnten einen systematischen Einfluß auf den Aktienkurs ausüben. Wir betrachten diese Faktoren für die weitere Untersuchung aufgrund des kurzen Untersuchungszeitraum von etwas mehr als zwei Jahren als vereinsspezifische Konstanten. Es läßt sich dann folgendes lineare ökonometrische Modell formulieren

(1) $Kurs_{it} = \alpha_i + \beta_1 Index_{it} + \beta_2 Rang_{it} + \beta_3 Konk_{it} + \mu_{it}$,

wobei $i = 1, ..., 15$ die einzelnen Vereine des Datensatzes und $t = 1, ..., 118$ den Laufindex für die Börsenwochen darstellen.

In Gleichung (1) steht *Index* jeweils stellvertretend für die drei Aktienindizes *FTSE* 100, *Allshares* und *Bloomberg*, die in der Regressionsanalyse alternativ als „erklärende" Variablen verwendet werden. *Rang* bezeichnet die wöchentliche Tabellenposition. Diese Variable steht natürlich nur während der Spielsaison zur Verfügung. Die Aktien werden jedoch auch in der spielfreien Zeit an der Börse gehandelt. Daher wird Modell (1) für die spielfreie Zeit ohne *Rang* geschätzt. Die Variable *Konk* steht für die Anzahl der börsennotierten Vereine, die sich im Untersuchungszeitraum sukzessive von 4 auf 15 erhöht hat. Für den größten Teil der börsennotierten Vereine gilt $t < 118$, so daß es sich um ein sog. unausgewogenes („unbalanced") Panel handelt. In (1) sind durch die sog. fixen Effekte α_i, d.h. die vereinsspezifischen Regressionskonstanten abgebildet. Die stochastischen Störterme μ_{it} sollten die typischen Eigenschaften, $E(\mu_{it}) = 0$ und $E(\mu_{it}^2) = \sigma_\mu^2$ aufweisen. Die Parameter β_1, β_2 und β_3 sind durch ein geeignetes ökonometrisches Verfahren zu schätzen. Die direkte Anwendung der üblichen OLS Methode auf das Modell (1) ist aus zwei Gründen nicht sinnvoll. Zum einen enthält das Modell individuelle Regressionskonstanten, zum anderen sind die Zeitreihen der Kursvariablen teilweise trendbehaftet (Abb. 1) und daher möglicherweise nicht stationär. Beide Probleme lassen sich durch eine einfache Transformation des Modells beseitigen.[12] Zunächst seien die Kurs-Daten in ihren natürlichen Logarithmus transformiert. Wendet man nun auf Gleichung (1) den sog. Differenzenfilter an, d.h. man bildet die erste Differenz dieser Gleichung

(2) $\quad \Delta_t \log Kurs_i = \beta_1 \Delta_t \log Index_i + \beta_2 \Delta_t Rang_i + \beta_3 \Delta_t Konk_i + \Delta_t \mu_{it}$,

wobei für jede der Variablen $\Delta_t x_i := x_{it} - x_{it-1}$ den Differenzenoperator darstellt, sind die im Zeitablauf als konstant unterstellten vereinsspezifischen Effekte eliminiert und die Zeitreihen der Aktienkurse sind stationär. Gleichung (2), die jetzt den Zusammenhang zwischen den wochenbezogenen (semi-)logarithmischen Veränderungen abbildet, kann nun konsistent mit OLS geschätzt werden. Zu beachten ist, daß die zu schätzenden Parameter β_1, β_2 und β_3 durch die Transformation nicht beeinflußt werden. Die folgende Tabelle 4 enthält die OLS Schätzergebnisse für die transformierte Gleichung (2).

Die Spalten 1 bis 3 geben die Schätzungen für Gleichung (2) unter Verwendung der alternativen Indizes an. In den Spalten 4 und 5 sind *Bloomberg*-Index und *FTSE* bzw. *Allshares* jeweils zusammen in der Regression enthalten. Zusätzlich wurde die Tabellensituation der Vorwoche *Rang* (–1) aufgenommen, um ein abwartendes Verhalten der Anleger auf die sportliche Entwicklung eines Vereins zu berücksichtigen. Die Spalten 6 und 7 beziehen sich auf die spielfreie Zeit.

Tab. 4: Ergebnisse der Panel-Regressionen

	Saison					Spielfreie Zeit	
	(1)	(2)	(3)	(4)	(5)	(6)	(7)
Δ FTSE	0,2196 (2,03)			0,2634 (2,16)		0,2680 (1,50)	
Δ Allshares		0,3320 (2,59)			0,3783 (2,65)		0,3331 (1,60)
Δ Bloomberg			0,0181 (1,70)	0,0173 (1,65)	0,0168 (1,62)	0,6524 (4,30)	0,6517 (4,31)
Δ Rang	–0,0027 (2,48)	–0,0027 (2,46)	–0,0033 (2,51)	–0,0033 (2,48)	–0,0032 (2,45)		
Δ Rang (–1)				–0,00003 (1,66)	–0,00003 (1,68)		
Δ Konk	–0,0108 (1,91)	–0,0109 (1,95)	–0,0097 (1,73)	–0,0110 (1,96)	–0,0111 (1,99)	–0,0239 (2,40)	–0,0237 (2,41)
$\bar{R}^2$	0,015	0,018	0,020	0,027	0,031	0,116	0,111
DW	1,94	1,95	2,00	1,91	1,91	2,02	2,02
NT	621	621	548	548	548	259	259

Anmerkungen:
Heteroskedastie-konsistente t-Werte (White) in Klammern unter den geschätzten Koeffizienten.
DW ist die Durbin-Watson-Statistik für den Test auf Autokorrelation 1. Ordnung in den Residuen der transformierten Gleichung.
NT gibt die Zahl der einbezogenen Panel-Beobachtungen an, wobei N=15 und T maximal 117 Zeitpunkte umfassen kann. Der Bloomberg-Index steht seit 2.1.96 zur Verfügung, so daß 97 Beobachtungen für seine Veränderung vorliegen.

Betrachtet seien zunächst die Ergebnisse während der Saison. Die Schätzungen der Spalten 1 bis 3 zeigen, daß eine hochsignifikant positive Beziehung zur allgemeinen Börsenentwicklung vorliegt. Bei einem einprozentigen Anstieg des *FTSE* 100 oder des *Allshares* Index erhöhen sich auch die Kurse der Fußballaktien, und zwar im Durchschnitt zwischen ca. 0,2 und 0,4 Prozent. Die Beziehung zum Bloomberg-Fußball ist wesentlich schwächer ausgeprägt, und in Spalte (5) zudem nicht mehr statistisch signifikant. Die sportliche Entwicklung des Wochenendes beeinflußt die Entwicklung des Fußballaktienkurses am Montag in statistisch signifikanter Weise. Das Vorzeichen des geschätzten Koeffizienten ist negativ, d.h. ein verbesserter Tabellenrang (z.B. von 10 auf 9) führt zu einem Kursanstieg. Allerdings ist dieser Effekt schwächer als der von der allgemeinen Börsenentwicklung ausgehende Effekt.[13] Das Ergebnis ändert sich durch die Hinzunahme der verzögerten Variable in der Hinsicht, daß auch der Koeffizient dieser Variablen (schwach) signifikant negativ ist. Die Anleger reagieren somit auf die Entwicklung des sportlichen Erfolges über wenigstens zwei Spieltage. Der Börsengang neuer Vereine *Konk* hat sich für die bereits an der Börse etablierten Vereine kursdämpfend ausgewirkt; der Koeffizient ist in allen Schätzvarianten wenigstens bei 10% Fehlerwahrscheinlichkeit statistisch signifikant von Null verschieden.

In der spielfreien Zeit (Spalten 6 und 7) ist eine enge Beziehung zwischen individueller Kursentwicklung und dem Bloomberg-Index festzustellen. Das ist wenig überraschend, da die englischen Fußballaktien im Bloomberg-Index enthalten sind. Die Koeffizienten der allgemeinen Aktienindizes haben sich gegenüber den Schätzungen für die Saison kaum verändert; sie sind allerdings nicht mehr statistisch signifikant. Das deutet auf eine kollineare Beziehung zwischen allgemeinen Aktienindex und *Bloomberg*-Index hin, d.h. der *Bloomberg*-Index ist genauso wie die individuellen Fußballaktienkurse als endogene Variable aufzufassen und folgt in der spielfreien Zeit der allgemeinen Börsenentwicklung.

Als Resümee läßt sich festhalten, daß die allgemeine wirtschaftliche Entwicklung, wie sie sich in den Industrie-Aktienindizes widerspiegelt, für die Kursentwicklung der englischen Fußball-Aktien einen wichtigeren Faktor darstellt als der kurzfristige sportliche Erfolg. Man bedenke, daß vereinsspezifische Eigenheiten (Ruf aufgrund vergangener Erfolge etc.) im Schätzmodell berücksichtigt bzw. eliminiert wurden.

E. Börsenaussichten deutscher Bundesligavereine

Die Auswertungen für die englischen Fußballaktien zeigen, daß für eine euphorische Erwartungshaltung deutscher Vereinsmanager hinsichtlich eines Börsenerfolgs kein Anlaß besteht. Eine Ausnahme dürften lediglich die Top-Clubs wie Bayern München oder Borussia Dortmund darstellen. Mit einer Umwandlung in Aktiengesellschaften ist der Börsengang noch nicht eingeleitet. Dem Wunsch vieler Vereine, durch einen Börsengang Kapital zu akquirieren, steht faktisch die Börsenfähigkeit der Vereine gegenüber: Höchstens drei oder vier Vereine gelten zur Zeit in Fachkreisen als börsenfähig. Jeder Verein hat vor einem Börsengang wenigstens zwei grundsätzliche Kriterien zu erfüllen, nämlich wirtschaftliche Solidität und ein nach *wirtschaftlichen* Maßstäben professionelles Management (vgl. Fuhrmann 1995). Beide Kriterien sind bei den meisten Bundesligavereinen bislang nicht oder höchstens in Ansätzen erfüllt.

Wieviel Phantasie braucht die Fußballaktie?

Wirtschaftliche Solidität und sportlicher Erfolg sind eng miteinander verbunden (Lehmann/Weigand 1997). Die finanzielle Situation der meisten Bundesliga-Clubs ist trotz der gestiegenen Einnahmen aus Verwertungsrechten und einem Zuschauerboom, der nach dem Gewinn der Weltmeisterschaft 1990 einsetzte, mehr als bedenklich. Die Liga hat einen Schuldenberg von ca. 600 Mio. DM angehäuft.[14] Krisensicheres Anlagevermögen ist nur bei wenigen Vereinen vorhanden. Die Schaffung von Anlagevermögen als Sicherheit für externe Investoren ist eine unabdingbare Voraussetzung für den Börsengang. Als Anlagevermögen kommt zunächst vor allem Grundvermögen wie ein vereinseigenes Trainingsgelände oder Stadion in Frage.[15] Weiterhin wäre ein Diversifizierung in sog. „fußballarrondierende" Bereiche (z.B. Catering, Touristik, Entertainment) nützlich, die zusätzliche Einnahmequellen erschließt und die Abhängigkeit von TV-Einnahmen sowie Zuschauerentwicklung reduziert.

Ein Blick auf Tabelle 5 zeigt, daß die Stadienauslastung gegenüber den 1980er Jahren trotz (oder vielleicht gerade wegen) der deutlich angestiegenen Übertragungen im Fernsehen bei allen Vereinen, für die Vergleichszahlen verfügbar waren, zugenommen hat. Knapp fünf Millionen Zuschauer (Schnitt 32.556) haben die Spiele der Vorrunde der Saison 1997/98 der 1. Bundesliga besucht. Von der positiven Zuschauerentwicklung profitierten vor allem die kleineren Vereine wie z.B. VfL Bochum. Stadionumbau, Reorganisation des Managements und erhebliche Investitionen in die Mannschaften haben aus der ehemaligen „grauen Maus" Bayer Leverkusen einen Champions League-Teilnehmer und für die Zuschauer attraktiven Verein gemacht. Vor allem Vereine mit reinen Fußballarenen wurden vom Publikum angenommen (Kaiserslautern, Dortmund, Leverkusen). Er-

Tab. 5: Auslastung der Stadien und Dauerkartenverkauf

Verein	Mittlere Auslastung in %			Dauerkarten	Mitglieder
	1997/98 *	1991-1996	1981-1990	(1997, in %)	(1997)
1. FC K'Lautern	100 (38)	87,6	58,4	79	8.000
VFL Wolfsburg	100 (15,5)	-	-	48	4.800
Bor. Dortmund	98,4 (55)	93,0	52,0	70	61.000
Arminia Bielefeld	96,7 (22,5)	-	47,9	45	1.600
Bayern München	90,9 (63)	68,7	40,6	31	68.000
Bayer Leverkusen	88,0 (25)	68,9	41,9	56	10.000
Werder Bremen	84,3 (33,6)	58,6	50,9	55	2.900
VfL Bochum	82,9 (31)	52,4	33,3	34	1.300
Hansa Rostock	80,8 (24,5)	70,9	-	11	1.000·
Bor. M'gladbach	79,0 (34)	75,2	48,5	40	4.200
Karlsruher SC	77,9 (33,6)	62,9	42,6	40	3.000
VfB Stuttgart	77,3 (53)	49,7	36,4	26	6.300
FC Schalke 04	68,3 (71)	53,9	33,3	25	1.800
Hertha BSC	63,3 (75)	-	-	16	2.000
1. FC Köln	57,6 (54)	51,6	30,7	12	4.600
MSV Duisburg	56,8 (30)	-	-	16	2.900
Hamburger SV	55,1 (59)	43,8	36,6	19	9.400
1860 München	52,7 (63)	-	-	22	21.000

Quelle: kicker Sportmagazin, eigene Recherchen (- nicht verfügbar)
* Vorrunde, Fassungsvermögen des Stadions (in Tausend) in Klammern

Tab. 6: Kennziffern zur potentiellen Börsenreife

Verein	Umsatz*	Sponsor**	Führung	Stadion	Börse***
Bayern München	165	6 Opel	k	a, np, av	+ +
Borussia Dortmund	130	12 S. Olivier	k	n, f	+ +
Schalke 04	70	4-7,5 Veltins	k	a, np	+
Hamburger SV	56	2,8 Hyundai	neg	a, av	−
Borussia M'Gladbach	55	4,5 Maxdata	z	n, f	−
Werder Bremen	53	4 o.te.lo	k	n, av	−
Bayer Leverkusen	49	6 Bayer	k	n, f	+
VfB Stuttgart	46	6,7 Göttinger Gr.	k	n	+
MSV Duisburg	45	2,3 Götzen	0	a	− −
1.FC Kaiserslautern	43	2,5 Bahlsen	z	n, f	+
Karlsruher SC	40	4 Ehrmann	z	a	−
1860 München	38	4 Löwenbräu	z	a	−
VFL Bochum	38	3,5 Faber	k	n	− −
Arminia Bielefeld	35	3 G. Weber	0	a, f	− −
Hertha BSC	35	4 Continentale	z	a	− −
1.FC Köln	35	3 Ford	neg	a	− −
Hansa Rostock	33	2,5 Roy Robson	k	a	− −
VFL Wolfsburg (2.Liga)	8	3 VW	0	a, f	− −

Quellen: FAZ v. 01.08.1997, Kicker Sportmagazin, eigene Recherchen.

* Daten der letzten Hauptversammlung 1997 (in Mio. DM)
** Daten vom 31.07.1997 (in Mio. DM), Hauptsponsor.
k   fachliche und wirtschaftliche Kompetenz in den Medien betont
0   selten oder nie in den Schlagzeilen, eher positiv
z   Kompetenz angezweifelt
neg   häufig negative Schlagzeilen, wiederholte Führungskrisen
a   Stadion veraltet, keine Fußballarena
av   Anlagevermögen (vereinseigenes Trainingsgelände etc.) vorhanden (soweit bekannt)
f   reine Fußballarena
n   Stadion neu oder modernisiert
np   Neubau eines vereinseigenen Stadions in Planung
*** Eigene Einschätzung zur Aussicht auf einen Börsengang:
    + + ohne Probleme, + möglich, − derzeit keine Chance, − − mittelfristig keine Chance.

folgreiche oder attraktive Spielweise lockte die Zuschauer aber auch in die eher Fußballunfreundlichen Arenen wie Stuttgart oder Schalke. Selbst die vermeintlichen ‚Underdogs' wie Rostock oder Wolfsburg (in den Jahren zuvor Freiburg oder St. Pauli) müssen nicht über mangelnde Auslastung klagen. Die größten Auslastungsprobleme haben Vereine wie Köln oder der HSV, die schon über längere Zeit sportlich wenig erfolgreich sind und deren Management man wiederholt Fehlentscheidungen und Führungsschwäche vorgeworfen hat. Wie lange der Zuschauerboom, und damit ein wesentlicher Bestimmungsfaktor auf der Einnahmenseite, noch anhält, ist kaum vorhersagen.

Abschließend möchten wir versuchen, die Börsenfähigkeit der aktuellen Erstligavereine anhand einiger Kriterien zu beurteilen. Als Indikatoren für die Finanzkraft dienen der Umsatz sowie die Mittelzuflüsse vom Hauptsponsor, der auch als potentieller Großaktionär in Frage kommt. Über die Höhe oder Struktur der Verbindlichkeiten, eine zentrale Größe für die Beurteilung der wirtschaftlichen Solidität liegen uns leider keine vereinsspezifischen Informationen vor. Die Führungsqualitäten des Managements können daran abgeschätzt werden, ob ein Verein in den letzten fünf Jahren nicht nur in sportlichen Belangen (z.B. häufige Trainerwechsel), sondern auch in wirtschaftlichen Fragen (z.B. Probleme bei der Lizenzerteilung) sehr oft negative Schlagzeilen in den Medien erhalten hat. Die Attraktivität bzw. Nachfrageseite eines Vereins läßt sich mit Hilfe der Mitgliederzahl, der Stadionauslastung und des Dauerkartenverkaufs beurteilen.

Die letzte Spalte in Tab. 6 gibt auf Basis der nachfrageseitigen Indikatoren in Tab. 5 und den wirtschaftlichen Faktoren der Tab. 6 unsere subjektive Einschätzung der Börsenreife der aktuellen Erstligavereine wieder. Börsenreife Vereine sollten neben der sportlichen Perspektive vor allem einen hohen Umsatz, geringe oder keine Verschuldung, hohe Stadionauslastung bei großem Fassungsvermögen, hohe Mitgliederzahlen und Führungskompetenz nachweisen. Nach unserer Beurteilung kann man lediglich Bayern München und Borussia Dortmund, die in den Medien auch als „schuldenfrei" angeführt werden, einen erfolgreichen Börsengang zutrauen. Vereine wie Schalke, Leverkusen, Stuttgart oder Kaiserslautern haben bei zukünftiger positiver sportlicher Entwicklung ebenfalls Potential für einen Börsengang. Bei allen anderen Vereinen sind die Aussichten aus Aktionärssicht als wenig aussichtsreich zu bewerten.

F. Zusammenfassung und Ausblick

Unsere Analyse hat gezeigt, daß die Basis für einen erfolgreichen Börsengang bislang nur bei wenigen Vereinen vorhanden ist. Die Untersuchung englischer Fußballaktien macht zudem deutlich, daß vor einer übertriebenen Euphorie für einen Börsengang zu warnen ist. Wie das Beispiel Manchester United zeigt, dürfen lediglich die renommierten, sportlich längerfristig erfolgreichen und wirtschaftlich gesunden Vereine bei einem Börsengang auf den angestrebten Zufluß an Kapital hoffen. Nachzügler beim Börsengang müssen dagegen davon ausgehen, daß sich ihre Erwartungen nicht erfüllen. Die inhärente Phantasie, die manche Börsenfachleute Bundesliga-Fußballaktien zuschreiben[16], ist zur Zeit nicht zu erkennen. Auch Erfahrungen in anderen Ländern, wie etwa das geringe Interesse der Anleger an der Aktie von Grasshoppers Zürich, lassen berechtigte Zweifel an einem breiten Börsengang deutscher Erstligavereine aufkommen. Weiterhin ist fraglich, wie lange der Zuschauerboom noch anhält, der die Basis für hohe Einnahmen aus Übertragungsrechten bildet. Bedenkt man abschließend, daß die Vereine der ersten Liga einen Schuldenberg von ca. 600 Mio. DM aufgetürmt haben, so bleibt als Fazit nur eine Bestätigung der Einschätzung des ehemaligen DFB-Ligasekretärs Wolfgang Holzhäuser: „Ich bleibe dabei, nur zwei bis drei Vereine werden AG."

Anmerkungen

1 Das zentrale Ergebnis des Bosman-Urteils ist der Wegfall von Ablösezahlungen bei Vereinswechsel, wenn der Vertrag des wechselnden Spielers abgelaufen ist. Vgl. im Detail Frick/Wagner (1996).
2 Lediglich in Großstädten wie München oder zeitweise Hamburg und Stuttgart koexistieren zwei Erstligavereine. Zwar gibt es im Rhein-Ruhrgebiet eine Ballung von Erstligaclubs, doch besteht hier eine besonders enge Bindung zwischen Vereinen und Zuschauern. Schalke 04 und Dortmund konkurrieren daher trotz ihrer geographischen Nähe nicht um die gleichen Zuschauer. Ähnliches gilt auch für Bayern München und 1860 München.
3 Um anhaltend stark divergente Spielstärken in einer Liga zu vermeiden, haben die nordamerikanischen Profiteamsportligen Mechanismen wie z.B. draft-Systeme bei der Verpflichtung von Nachwuchsspielern oder Gehaltsobergrenzen installiert (vgl. Quirk/Fort 1992, Whitney 1993).
4 Frankfurter Allgemeine Zeitung, 22.12.1997, S. 27.
5 Die Welt, 27.3.1997, S.19.
6 Die Emissionsrendite müßte dann umso geringer sein, je höher der Festbesitzanteil ist bzw. je weniger Aktien gestreut werden.
7 Er ermittelt eine statistisch signifikante Underperformance von –8,28% nach 750 Handelstagen (wobei das IPO-Portfeuille um den DAFOX-Index bereinigt ist).
8 Angedacht ist z.B. eine „50% + 1 Stimme" Regelung, so daß die Stimmrechtsmehrheit beim Verein verbleibt.
9 Die Aktie von Newcastle United verlor nach Bekanntwerden einer schweren Verletzung ihres Top-Stürmers Alan Shearer in Minuten mehr als sieben Prozent ihres Wertes (zit. Die Zeit, 29. Januar 1998, S. 35).
10 Von den Emissionserlösen sind natürlich die Emissionskosten (Kosten für Beratung, Börsenzulassung, Werbung etc., vgl. Ehrhardt 1997, S. 8 f.) abzuziehen, um die Nettozufluß an Eigenkapital zu erhalten.
11 Der FTSE 100 beinhaltet die Kurse der hinsichtlich der Börsenkapitalisierung führenden 100 AGs. Der marktbreitere Allshares umfaßt ca. 1900 Aktien. Im Bloomberg Football-Index sind neben den in Tab. 2 aufgeführten englischen Clubs auch nicht-englische enthalten.
12 Zu den Problemen von Paneldatenmodellen und adäquaten Schätzmethoden siehe Baltagi (1995). Zur Problematik nicht-stationärer Zeitreihen siehe Hamilton (1994).
13 Ignoriert man die Diskretheit des Merkmals Rang, entsprechen die in Tab. 4 angegebenen Koeffizienten von $\Delta Rang$ (bezogen auf die Mittelwerte $\Delta \log Kurs = -0.0019$ und $\Delta Rang = -0.0773$) Elastizitäten zwischen 0,11 und 0,13.
14 Angabe in Die Zeit, 29. Januar 1998, S. 35.
15 Quirk/Fort (1992, S. 137 ff.) dokumentieren für die US-Teamsportprofiligen den positiven Einfluß neuer Stadien auf die Zuschauerentwicklung. Auch Manchester United plc. nutzte die Möglichkeit des Börsenganges zu einem Stadionumbau, der in der vergangenen Saison zu ausverkauften Spielen führte (Kapazität: 55.000).
16 Vgl. entsprechende Aussagen zitiert in Die Zeit, 29. Januar 1998, S. 35.

Literatur

Allen, F. und G. R. Faulhaber (1989): Signalling by Underpricing in the Ipo Market, Journal of Financial Economics 23, S. 303–323.
Baltagi, B. H. (1995): Econometric Analysis of Panel Data, New York et al.
Chemmandur, T. J. (1993): The Pricing of Initial Public Offerings: A Dynamic Model with Information Production, Journal of Finance 48, S. 285–304.
Döhrmann, A. (1990): Underpricing oder Fair Value: Das Kursverhalten deutscher Aktiengesellschaften, Wiesbaden.
Ehrhardt, O. (1997): Börseneinführungen von Aktien am deutschen Aktienmarkt, Wiesbaden: Gabler.
Frick, B. und Wagner, G. (1996): Bosman und die Folgen. Das Fußballurteil des Europäischen Gerichtshofes aus ökonomischer Sicht, WiSt, S. 611–615.
Fuhrmann, C. (1995): Idealverein oder Kapitalgesellschaft im bezahlten Fußball?, Sport und Recht, H. 1/2, S. 12–17.
Hamilton, D. (1994). Time Series Analysis, Princeton.
Hartmann-Wendels, T. und P. von Hinten (1989): Marktwert von Vorzugsaktien, Zeitschrift für betriebswirtschaftliche Forschung 41, S. 263–293.
Lehmann, E. und J. Weigand (1997): Fußball als ökonomisches Phänomen, ifo Studien 43, S. 381–409.
Leland, H. E. und D. H. Pyle (1977): Informational Asymmetries, Financial Structure, and Financial Intermediation, Journal of Finance 32, S. 371–387.
Ljungqvist, A. (1994): Underpricing and Long-Term Performance of German Initial Public Offerings 1970–1993, Working Paper, Oxford University.
Loughran, T. und J. R. Ritter (1995): The New Issues Puzzle, Journal of Finance 50, S. 23–51.
O. V. (1996): Nach der Pleite ein geschlossener Rücktritt, Frankfurter Allgemeine Zeitung, 12. Dezember 1996, S. 33.
Quirk, J. und R. D. Fort (1992): Pay Dirt. The Business of Professional Team Sport, Princeton.
Rock, K. (1986): Why New Issues are Underpriced, Journal of Financial Economics 15, S. 187–212.
Ruud, J. S. (1993): Underwriter Price Support and the Ipo Underpricing Puzzle, Journal of Finance and Economics 34, S. 135–151.
Schmidt, R. H. et al. (1988): Underpricing bei deutschen Erstemissionen 1984/85, Zeitschrift für Betriebswirtschaft 58, S. 1193–1203.
Schütz, A. (1997): Fußball an der Börse, Kreditwesen (17/97), S. 20.
Shiller, R. J. (1990): Speculative Prices and Popular Models, Journal of Economic Perspectives 4, S. 55–65.
Stehle, R. und A. Hartmond (1991): Durchschnittsrenditen deutscher Aktien 1954–1988, Kredit und Kapital 24, S. 371–411.
Titzrath, A. (1995): Die Bedeutung des Going Public: Ein Erfahrungsbericht aus Sicht einer Bank, Zeitschrift für Betriebswirtschaft 65, S. 133–155.
Uhlir, H. (1989): Der Gang an die Börse und das Underpricing-Phänomen: Eine empirische Untersuchung deutscher Emissionen (1977–1987), Zeitschrift für Bankrecht und Bankwirtschaft 1, S. 2–16.
Whitney, J. D. (1993): Bidding Till Bankrupt: Destructive Competition In Professional Team Sports. Economic Inquiry 31, S. 100–115.
Wittleder, C. (1989): Going Public – Die Publikumsöffnung deutscher Aktiengesellschaft, Köln.

Zusammenfassung

Nach dem Vorbild börsennotierter britischer Vereine wird es auch deutschen Profifußballvereinen in absehbarer Zukunft möglich sein, sich in Aktiengesellschaften umzuwandeln. Der anschließende Börsengang soll dann den nach den jüngsten Entwicklungen im Profifußballbereich gestiegenen Kapitalbedarf abdecken und eine im internationalen Vergleich konkurrenzfähige wirtschaftliche Basis schaffen. Eine empirische Untersuchung der Kursentwicklung der börsennotierten englischen Proficlubs zeigt, daß Vereine und potentielle Anleger vor übertriebenen positiven Erwartungen zu warnen sind. Die Erfolgsaussichten eines Börsengangs sind nur für wenige deutsche Spitzenvereine als positiv zu beurteilen.

Summary

Following the example of quoted British professional football teams German clubs will be enabled to convert from non-profit organizations into stock corporations in the near future. Going public is intended to cover the funding needs required to remain internationally competitive. To evaluate the prospects an empirical analysis investigates the price performance of English football shares. The results indicate that managers of German clubs as well as potential investors should be warned of expecting too much from going public. Only a few German top teams may have good prospects of succeeding on the stock market.

Kapitalgesellschaften im bezahlten Fußball

Einige in der Umwandlungsdiskussion meist übersehene verfügungsökonomische Argumente

Von Egon Franck und Jens Christian Müller

Überblick

- Ziel ist die Erweiterung der aktuellen Diskussion über die Umwandlung der Vereine der Fußball-Bundesliga in Kapitalgesellschaften um verfügungsökonomische Überlegungen, die regelmäßig übersehen werden.

- Der Verein ist eine Verfassungsalternative für „Fußball-Produzenten", die aufgrund nicht spezifizierter Gewinnaneignungs- und Liquidationsrechte vergleichsweise große Anreiz- und Kontrollprobleme aufweist. Die Umwandlung in Kapitalgesellschaften mit definierten und vollständig zugewiesenen Gewinnaneignungs- und Liquidationsrechten ist demzufolge empfehlenswert.

- Die spezifische zweistufige Produktionsstruktur in Sportligen – auf Clubebene werden Mannschaften „geformt", die auf Ligaebene die vermarktbaren „Spiele" und „Meisterschaften" produzieren – schafft ein relativ empfindliches Abhängigkeitsgeflecht, in dem konzentrierte Verfügungsrechte auf Clubebene unerwünschte Nebeneffekte haben können.

- Die Untersuchung sogenannter „ruinöser Rüstungswettläufe" der Clubs führt zu der Empfehlung, die Gewinnaneignungsrechte neu entstehender „Fußball-Unternehmen" relativ stark zugunsten der Liga einzuschränken. Unter Vermarktungsaspekten und zum Schutz spezifischer Investitionen ist eine weitergehende Begrenzung der Koordinations- und Liquidationsrechte zweckmäßig.

Eingegangen: 18. Februar 1998

Professor Dr. Egon Franck, Dipl.-Kfm. Jens Christian Müller, Technische Universität Bergakademie Freiberg, Lehrstuhl für Industriebetriebslehre, Gustav-Zeuner-Str. 10, D-09596 Freiberg i. Sa.

© Gabler-Verlag 1998

A. Problemstellung und Vorgehensweise

Die im Grunde schon klassische Diskussion über die Umwandlung der Vereine in Kapitalgesellschaften (vgl. Müller 1998) scheint derzeit durch eine Reihe struktureller Entwicklungen eine neue Qualität und Aktualität zu gewinnen. Einerseits sind die Erlöse im bezahlten Fußball durch die Deregulierung des Fernsehmarktes, das Erschließen neuer Geschäfte (z.B. Merchandising) und den Zuschauerboom in den Stadien seit Beginn der neunziger Jahre geradezu in die Höhe geschnellt und werden in der Saison 1997/98 erstmals die Milliardengrenze überschreiten. Andererseits ist die finanzielle Situation der meisten Vereine desolat, was in einem Schuldenstand der 36 Profivereine von über 600 Millionen DM klar zum Ausdruck kommt. Das Dilemma steigender Schulden trotz erheblicher Erlöszunahmen erzeugt ein immer ausgeprägteres Problembewußtsein für die Notwendigkeit eines institutionellen Wandels im bezahlten Fußball.[1]

Gerade weil internationale Wettbewerbe erhebliche Bedeutung für den Marktwert des Fußballs haben, liegt es für die Fußball-Verantwortlichen in Deutschland nahe, das Ausland als Referenzmodell für Reformbestrebungen zu wählen, wo wie z.B. in England oder Italien „Fußball-Produzenten" bereits als Kapitalgesellschaften verfaßt sind und sich immer häufiger durch Aktienemissionen Eigenkapital beschaffen. Die Sorge vor dem Entstehen eines sportlichen Defizits gegenüber der ausländischen Konkurrenz ist groß. Angesichts höherer Spielergehälter, Transfersummen, Fernseherlöse usw. in Italien, Spanien und England wird befürchtet, daß die Wettbewerbsfähigkeit deutscher Clubs auf europäischer Ebene und die Attraktivität der Bundesliga insgesamt gefährdet seien. Infolge des Ende 1995 ergangenen Bosman-Urteils[2] wirkt sich die mit den jeweiligen nationalen organisatorischen Besonderheiten des bezahlten Fußballs zusammenhängende unterschiedliche Finanzausstattung der Clubs und Ligen tatsächlich viel stärker aus als zuvor: Die weitgehende Deregulierung des Arbeitsmarktes für Profisportler hat nicht nur sprunghaft gestiegene Gehälter der „Spielerstars", sondern auch eine gewachsene internationale Faktormobilität zur Folge. Spieler aus Afrika, Südamerika oder Osteuropa strömen nach Deutschland, während die besten und teuersten Fußballer heute zumeist in England, Spanien und Italien spielen. Nicht wenige interpretieren diese Faktor(ab)wanderung als „schlechte Zensur" für die Fußball-Institutionen in Deutschland.

Die von einigen Vereinen gehegten Börsenpläne werden aber nicht nur durch ausländische Vorbilder, sondern gerade auch durch das absehbare „Versiegen" öffentlicher Finanzquellen verstärkt. Da es die Lage der öffentlichen Haushalte immer weniger zuläßt, daß Stadien modernisiert, geschweige denn neu erbaut werden, sollen zunehmend private Investoren an die Stelle der Kommunen treten. Mit Blick auf die Bewerbung Deutschlands für die Weltmeisterschaft im Jahr 2006 wird diese Privatisierung bisher staatlicher Aktivität sogar politisch forciert.[3] Die Bestrebungen zur Verbesserung privater Anlage- und Beteiligungsmöglichkeiten am Fußballgeschäft sind aus dieser Perspektive verständlich.

Obgleich das Wiederaufleben der Umwandlungsdiskussion vor dem Hintergrund dieser und anderer Entwicklungen nachvollziehbar ist, vermissen wir wichtige ökonomische Argumente in der Auseinandersetzung. Was kann vor allem die neuere ökonomische Theorie der Verfügungsrechte, deren prominentester Gegenstandsbereich gerade die Untersuchung von Unternehmensverfassungen[4] ist, zu einer Versachlichung der Diskussion über die Umwandlung von Bundesliga-Vereinen in Kapitalgesellschaften beitragen?

Da gibt es einen schon klassischen Argumentationsweg, der sich mit Anreiz- und Kontrollproblemen in Abhängigkeit mehr oder weniger verdünnter Verfügungsrechte über Ressourcen beschäftigt. Selbstverständlich können auch Verfassungsalternativen für „Fußball-Produzenten" aus dieser Betrachtungsperspektive untersucht werden, was wir in Abschnitt B kurz tun werden.

Unserer Ansicht nach reicht diese aus anderen Anwendungsfeldern bekannte Argumentation für die Untersuchung von Verfassungsalternativen im bezahlten Fußball aber nicht aus. Die spezifische zweistufige Produktionsstruktur in Ligen – auf der Clubebene werden Ressourcen zu Mannschaften gebündelt, die dann erst durch eine geregelte Serie von Spielen auf der Ligaebene die vermarktbaren Unterhaltungsprodukte „Meisterschaftsspiel" bzw. „Meisterschaft" produzieren – schafft ein relativ empfindliches Abhängigkeitsgeflecht, in dem eine zu weit getriebene Konzentration von Verfügungsrechten auf Clubebene überraschende und für die Betreiber von Umwandlungsprozessen möglicherweise sogar unerwünschte Nebeneffekte haben kann. Die in Abschnitt C herausgearbeiteten verfügungsökonomischen Aspekte eines solchen Nebeneffektes, den wir als das Problem der „ruinösen Rüstungswettläufe" der Clubs bezeichnen wollen, stehen im Mittelpunkt dieses Beitrags, der mit einigen Gestaltungsempfehlungen zur Organisation von Sportligen und einem kurzen Ausblick in Abschnitt D schließt.

B. Anreiz- und Kontrollprobleme verschiedener Clubverfassungen

Die Clubverfassung regelt die grundlegende Verteilung der Verfügungsrechte[5] aller ökonomischen Akteure, die Inputs für die „Produktion" einer Fußballmannschaft einbringen. Man unterscheidet im wesentlichen zwei Arten von Rechten: Residuale (d.h. nicht an andere Akteure vertraglich abgetretene) Koordinationsrechte über den Einsatz der „Clubressourcen" und Ansprüche auf die residualen Erträge aus dem Einsatz der „Clubressourcen". Letztere umfassen die Erträge, die dem Club nach Befriedigung aller vertraglichen Ansprüche Dritter verbleiben und können zum einen als laufender Gewinn und zum anderen als Liquidationserlös beim Verkauf des Clubs anfallen. In aller Kürze lassen sich die wesentlichen Argumentationslinien des Verfassungsvergleichs wie folgt skizzieren.

In einem als klassisches Eigentümerunternehmen verfaßten Club, wie er z.B. in den amerikanischen Profiligen bis vor wenigen Jahren noch die Regel war (vgl. Quirk/Fort 1992, S. 378–478), sind alle Verfügungsrechte spezifiziert und gebündelt einem einzigen Akteur, dem Clubeigentümer, zugeordnet. Das Recht auf die residualen Erträge bietet dem Eigentümer starke Anreize, das Koordinationsrecht effizient auszuüben. Die Internalisierung aller (positiven und negativen) Ertragsfolgen der eigenen Entscheidungen über den Ressourceneinsatz ist das kennzeichnende Element konzentrierten Eigentums. Neben Personenunternehmungen sind auch Kapitalgesellschaften mit wenigen Eigentümern bzw. mit dominanten Eigentümerpositionen dem Ideal der Eigentümer-Unternehmung in diesem Sinne sehr nahe.

Kapitalgesellschaftem können natürlich auch stark verdünnte Eigentumsstrukturen haben. So sind bei einer Aktiengesellschaft im Streubesitz die Verfügungsrechte auf den spezialisierten Vorstand (Koordinationsrecht) und eine Vielzahl von Aktionären (Ertragsrechte) verteilt. In der nach der klassischen Arbeit von Berle/Means (1932) einsetzenden

Diskussion über die Trennung von Koordinations- und Ertragsrechten in der Publikumsgesellschaft[6] wurden ökonomische Gründe sind für die Kontroll- und Sanktionsohnmacht der Kleinaktionäre analysiert: Angesichts der kleinen Anteile würden die Kosten der Vorstandskontrolle sehr rasch den erwarteten Nutzen des einzelnen Kleinaktionärs übersteigen. Hinzu kommt, daß der Nutzen der Kontrolle ein öffentliches Gut ist, so daß Trittbrettfahrerverhalten eine spezialisierte Produktion von Vorstandskontrolle als entgeltliche Dienstleistung verhindert. Es folgt daraus, daß Kleinaktionäre weder ausreichende Information haben, um den Vorstand zu kontrollieren, noch einen ausreichenden Organisationsgrad erreichen, um den Vorstand zu sanktionieren. Die so entstehenden Spielräume der Vorstände, negative Folgen eigennütziger Handlungen (Schonhaltung, überzogenes Karrierestreben, Verschwendung usw.) auf die Aktionäre (geringeres Residuum) abzuladen, werden durch Mechanismen wie z.B. eine erfolgsbezogene Vergütung, durch den kontrollierenden Aufsichtsrat und zusätzlich durch sogenannte Eigentumssurrogate begrenzt. Darunter versteht man die disziplinierenden Wirkungen wettbewerblicher Güter-, Kapital- und Managerarbeitsmärkte und nicht zuletzt auch gemeinsame Wertorientierungen. In der Summe führt die für eine Aktiengesellschaft im Streubesitz im Vergleich zur Eigentümerunternehmung typische Verdünnung des Eigentums zu ausgeprägteren Anreiz- und Kontrollproblemen. Diesem Nachteil sind jedoch auf einer Risikodiversifikation der Eigenkapitalgeber beruhende Finanzierungsvorteile gegenüberzustellen.

Unter Anreiz- und Kontrollgesichtspunkten betrachtet ist die Verfassung des Vereins mit noch größeren Problemen behaftet als die Verfassung einer Publikumsgesellschaft (vgl. Franck 1995, S. 204ff.). Dies beruht auf drei Faktoren.

Zum einen sind die Anreize, effizient zu wirtschaften, im Vergleich zu Kapitalgesellschaften geringer, denn Verfügungsrechte über laufende Gewinne oder den Liquidationserlös sind im Vereinsrecht gar nicht spezifiziert. Wegen der inexistenten Möglichkeit, Ausschüttungen oder Wertsteigerungen einzunehmen, liegt das Augenmerk der Vereinsmitglieder nicht so sehr auf den monetären Folgen des Handelns der gewählten bzw. beauftragten Vereinsfunktionäre. Anerkennung und Prestige sind die wesentlichen Belohnungen für Funktionäre. Sie korrelieren nicht immer mit guter Managementarbeit, sondern meist stärker mit sportlichem Erfolg und öffentlichkeitswirksamen „Aktionen". Dem Funktionär droht bei Mißmanagement auch keine finanzielle „Bestrafung", wie sie für Unternehmer typisch ist und zu stetiger Anstrengung motiviert. Natürlich kann sich auch ein Unternehmer Prestigeobjekte, Aktionismus, Untätigkeit, Verschwendung oder die lasche Beaufsichtigung seiner Untergebenen leisten, doch nur auf Kosten der Schmälerung des ihm zustehenden Residuums (vgl. Alchian/Demsetz 1972). Der weitgehend „immunisierte" Vereinsfunktionär hingegen sozialisiert die entsprechenden monetären Effekte.

Hinzu kommt zweitens, daß Eigentumssurrogate, die in einer breit gestreuten Aktiengesellschaft die Verdünnung der Verfügungsrechte kompensieren können und so den Kontrollproblemen entgegenwirken, in einem Bundesliga-Verein eine relativ geringe Wirkung entfalten. Die Vereine agieren auf ihren durch die sportliche Relegation und das Ligenmonopol des DFB wirksam geschützen Märkten als lokale Absatzmonopolisten (ausgeschalteter Wettbewerb auf dem Gütermarkt), der „Übernahme-" bzw. Kapitalmarkt spielt angesichts nicht spezifizierter Liquidationsrechte für sie naturgemäß keine Rolle und die bisherige Dominanz ehrenamtlicher Funktionäre verhindert einen funktionierenden Arbeitsmarkt für Manager. Vor allem angesichts der zyklisch auftretenden Skandale und Querelen ist zudem stark zu bezweifeln, ob Funktionäre und Mitglieder der heutigen Bundesliga-Großvereine noch so etwas wie eine ausgeprägte geteilte Wertorientierung haben, die opportunistisches Verhalten wirksam verhindert.

Drittens gilt, daß die Disziplinierung des Vereinsvorstandes durch die Mitglieder selbst noch problematischer ist als die Vorstandskontrolle in einer Publikumsgesellschaft. Während den Kleinaktionären neben den Mitspracherechten in der Hauptversammlung durch Verkauf ihrer Anteile und einen so ausgelösten Kursrückgang ein – allerdings teilweise selbstschädigendes – Sanktionsinstrument bleibt, ist die „Exit-Option" unzufriedener Vereinsmitglieder weniger wirksam. Sie können durch Austritt angesichts fehlender Liquidationsrechte überhaupt keine Kapitalmarktsignale aussenden.

Vor dem Hintergrund dieser Überlegungen lautet die institutionenökonomische Empfehlung zur Entschärfung der Anreiz- und Kontrollprobleme im bezahlten Fußball, Gewinnaneigungs- und Liquidationsrechte zu spezifizieren und klar zuzuweisen, also die Vereine z.B. in Kapitalgesellschaften umzuwandeln.[7] Wegen des als Eigentumssurrogat nur schwach wirkenden Wettbewerbs auf den lokalen Gütermärkten der Sportproduzenten wäre eine klassische Eigentümerunternehmung einer Aktiengesellschaft mit breit gestreutem Anteilsbesitz vorzuziehen.

C. Das Problem der ruinösen Rüstungswettläufe

Die Spezifikation von Gewinnaneigungs- und Liquidationsrechten, die man sich durch eine Umwandlung der Vereine in Kapitalgesellschaften „einhandelt", hat nun einige oft übersehene Folgen, die über die Stärkung der Anreize zu effizientem Handeln in den Clubs hinausgehen.

I. Rattenrennen

Die Metapher des sogenannten Rattenrennens[8] beschreibt ökonomische Prozesse, bei denen mehrere Akteure gegeneinander um ein Stückchen Käse „rennen", das ab einem bestimmten Punkt bezogen auf eine Steigerung des Inputeinsatzes der Rennteilnehmer nur unterproportional oder im Extremfall überhaupt nicht wächst. George Akerlof, der die Metapher in die Literatur eingeführt hat, formuliert den Extremfall:

> „In the rat race the chances of getting the cheese increase with the speed of the rat, although no additional cheese is produced" (Akerlof 1976, S. 603).

Unter bestimmten Bedingungen kommt es zu überhöhten, d.h. durch den Anstieg der Ligaerlöse nicht mehr gerechtfertigten Investitionen der Clubs in Spielstärke. Bildlich ausgedrückt: Alle Ligaclubs „rennen" immer schneller[9], ohne den Rennausgang und die Höhe der „Preisgelder" dadurch wesentlich zu beeinflussen.[10] Wie kann man sich das erklären?

Ranginterdependenz

Der Kern des Problems besteht in der Ranginterdependenz zwischen Akteuren im Wettbewerb um plazierungsabhängige Erlöse (vgl. zum folgenden ausführlich Franck/Müller

1997). Der Anteil der Clubs an den Einnahmen der Liga korreliert nämlich mit ihrem Abschneiden im Meisterschaftsrennen. Kein Teilnehmer kann eine bessere Plazierung erreichen, ohne mindestens einen anderen auf einen schlechter „dotierten" Platz zu verdrängen. Clubs in einer Sportliga, die andere „überholen", sichern sich so selber einen größeren „Käseanteil", haben aber keinen Anlaß, die „Käseeinbußen" der Überholten in ihrem privaten Kalkül zu berücksichtigen. Insofern ist jede Rangverbesserung eines Clubs mit dem Abladen eines negativen externen Effekts auf andere verknüpft. Wegen der zu Grunde liegenden Positionsänderung im Rennen kann man von „positionalen externen Effekten"[11] sprechen.

Wären alle Rennteilnehmer vollständig informiert und verfolgten sie ausschließlich das Ziel der Maximierung ihres privaten Renngewinns, dann käme es in Sportligen trotzdem nicht zu einer Wohlstandsvernichtung. Clubs mit einer unterlegenen Produktions- und Vermarktungstechnologie (geringeres Wertgrenzprodukt der eingesetzten Produktionsfaktoren) würden nämlich von einer Überholung derjenigen Clubs absehen, die einen anvisierten Tabellenrang mit niedrigeren Kosten produzieren bzw. mit höheren Erlösen vermarkten können (höheres Wertgrenzprodukt der eingesetzten Produktionsfaktoren). Die vergleichsweise schwächeren Clubs würden antizipieren, daß es sich für überlegene Clubs dank ihres Technologievorsprungs lohnt, Überholmanöver zu kontern, und daher davon absehen. Warum kommt es nun aber trotzdem zum Rattenrennen?

„Verzerrte" Clubkalküle und Dominoeffekt

In der Realität sind die Clubs weder zwingend Gewinnmaximierer, noch agieren sie unter der Bedingung vollständiger Information. Das Verfolgen anderer Ziele als dem der Maximierung des privaten Renngewinns, Optimierungskalküle der Clubmanager vor dem Hintergrund unvollständiger Information, ja sogar systematische „Verfälschungen" der Optimierungskalküle haben zur Folge, daß Clubs zur Überholung auch solcher Rivalen ansetzen, die ihnen hinsichtlich ihrer Produktions- und Vermarktungsmöglichkeiten überlegen sind.

Überholmanöver technologisch unterlegener Clubs zeitigen zwei Folgen. Zum einen erreicht der schwächere Überholer durch den Konter des Rivalen den anvisierten Erlöszuwachs nicht und bleibt auf den zusätzlichen Kosten des Überholversuchs sitzen. Zum zweiten kommt innerhalb der Liga eine Kettenreaktion in Gang, denn auch die rationale Verteidigung der stärkeren Clubs trägt zur Investitionseskalation bei (rationaler Verteidiger verdrängt Clubs, die sich wiederum rationalerweise verteidigen usw.) und verringert letztlich den verteilbaren Wohlstand. So betrachtet besteht die eigentliche Ursache für den überhöhten Inputeinsatz in Sportligen in „verzerrten" Investitionskalkülen mindestens eines Ligateilnehmers. Worin liegt der entscheidende Unterschied zwischen dem Wettbewerb in einer Liga und dem Wettbewerb auf Märkten?

Im Unterschied zum neoklassischen Ideal atomistischer Märkte, auf denen ein Akteur, dessen individuelles Kalkül nicht aufgehen kann, keine Verhaltensänderung bei seinen Konkurrenten auslöst, sondern selber nach einiger Zeit ausscheiden muß (Selektionsprozeß des „fehlertoleranten" Wettbewerbs um Güter mit absoluten Eigenschaften), zwingt die ausgeprägte Ranginterdependenz einer Sportliga die überlegenen Überholten zu einer aktiven Wiederherstellung eigentlich „natürlicher Verhältnisse", die allerdings einen ebenfalls erhöhten Inputeinsatz erfordert. Während Akteure auf atomistischen Märkten ihre „Fehler" ausschließlich selbst machen und ausbaden, löst der „Fehler" eines schwächeren Überholers in einem Turnier eine Art systemweite ressourcenverschwendende Dominoreaktion aus.[12] Wodurch kommt es aber zu „Verzerrungen" im oben genannten Sinne in den Investitionskalkülen von Ligaclubs?

II. Verfassungsbedingte Spielstärke- statt Gewinnmaximierung der Vereine

Für institutionelle Akteure wie Unternehmen oder Vereine kann man im Gegensatz zu individuellen Akteuren einigermaßen systematische Aussagen über Ziele treffen, denn ihre Verfassung, die die Verteilung der Verfügungsrechte an den eingebrachten Ressourcen regelt, erleichtert häufig die Verfolgung bestimmter Ziele oder schließt diese umgekehrt ganz aus.

In den Bundesliga-Vereinen sind Gewinnaneignungsrechte nicht spezifiziert. Für in der „Vereinshülle" antretende Teilnehmer am Meisterschaftsrennen, die einem Ausschüttungsverbot bei unbeschränkter Körperschaftssteuerpflicht und außerdem den Bestimmungen zur Gemeinnützigkeit[13] unterliegen, kann Gewinnmaximierung kein sinnvolles Ziel sein. Vielmehr werden Vereinsfunktionäre ermächtigt und getrieben, Ziele wie die Maximierung der Spielstärke zu verfolgen, die auch mit der Maximierung der eigenen Selbstdarstellung am stärksten korrelieren. Bildlich gesprochen wird durch die Ausschüttungssperre der Vereinsverfassung regelrecht Öl ins Feuer der Rüstungseskalation gegossen: Die Vereine werden Einnahmen grundsätzlich „in die Mannschaft" reinvestieren und die Spirale aus Überholmanövern und Kontern weiter anheizen. Die Profiteure des institutionellen Zwangs, Einnahmen unmittelbar in den Geldkreislauf zurückzuschleusen, sind in erster Linie die Spielerstars, deren Gehälter[14] stark angestiegen sind.[15]

Die Vermutung eines „Rattenrennens Bundesliga" wird durch die trotz erheblich gestiegener Erlöse immer größere Verschuldung vieler Vereine empirisch gestützt. Auch die Entscheidungsträger innerhalb der Liga erkennen den Zusammenhang zunehmend. So führt DFB-Ligasekretär Holzhäuser aus: „Alles, was wir reinholen, versickert".[16] Und es kommt, zumindest nach Ansicht des Fußball-Funktionärs Mayer-Vorfelder, noch schlimmer: „Das Rad, das gedreht wird, wird immer größer, der Profifußball entwickelt sich zu einem riskanten, wenn nicht ruinösen Geschäft. Letztlich ist das Ganze nicht mehr finanzierbar. ... Tatsache ist, daß nach den Haftungsbestimmungen des deutschen Aktienrechts zehn Bundesligaklubs Konkurs anmelden müßten".[17]

Vor diesem Hintergrund könnte die mit der Umwandlung der Vereine verbundende Spezifizierung von Gewinnaneignungsrechten deeskalierend wirken. Clubs, die sich über den Kapitalmarkt finanzieren, unterliegen einer „harten" Budgetbegrenzung in dem Sinne, daß sie gewinnorientiert agieren müssen. Kapitalentzug durch renditeorientierte Anleger, die häufig sogar selbst institutionalisiert sind, wie z.B. Fonds oder andere Unternehmen, führt gerade bei Kapitalgesellschaften erheblich zur Disziplinierung auf das Gewinnziel (Schlagwort: shareholder value) und damit zur Ausblendung anderer Ziele. Das Investitionskalkül ändert sich, was im Extremfall des gewinnmaximierenden Clubs eindeutig ist: Abgewogen wird der erwartete Grenzertrag gegen die Grenzkosten jeder Verstärkung. Der Kreislauf der automatischen Reinvestition jeder Einnahme ist durchbrochen.

III. Optimierungskalküle bei unvollständiger Information

In Wirklichkeit agieren jedoch auch gewinnorientiert verfaßte Clubs – also Eigentümer-Unternehmen oder börsennotierte Aktiengesellschaften – nach außen vor dem Hintergrund der begrenzten Rationalität ihrer zwangsläufig nur unvollständig informierten Entscheidungsträger.

So würde z.B. das „Ausrechnen" eines gewinnmaximierenden „Geschwindigkeitsniveaus" im Meisterschaftsrennen voraussetzen, ex ante die eigene Technologie im Vergleich zu den Ligakonkurrenten einschätzen, Verletzungen, Formschwankungen, Team-Kompatibilität, Wechselabsichten wichtiger Spieler, die Änderung rechtlicher Rahmenbedingungen[18], Wettereinflüsse usw. voraussehen zu können. Eine gewisse Unkalkulierbarkeit des Ausgangs eines Spiels oder einer Meisterschaft sind bekanntlich sportspezifische Produkteigenschaften und machen den ökonomischen Wert des Unterhaltungsproduktes „Fußball" mit aus. Hieraus sollte man jedoch nicht den vorschnellen Schluß ziehen, unvollständige Information im Sport sei prinzipiell gut. Tatsächlich verläuft nur ein kleiner Teil des Sportproduktionsprozesses sozusagen „auf der Bühne", nämlich das Spielgeschehen im engeren Sinn. Nur in diesem Teil ist unvollständige Information im Sinne einer gewissen Unplanbarkeit für die Zuschauer unterhaltsam und daher teilweise wertsteigernd. Der größere Teil der Sportproduktion, nämlich das Vorbereiten und Formen der Mannschaften, findet dagegen „hinter den Kulissen" statt. Hier kann unvollständige Information durchaus zu ineffizienten Rüstungswettläufen führen, indem das Unterschätzen fremder und Überschätzen eigener Produktions- und Vermarktungsmöglichkeiten zur Überinvestition in die Zusammenstellung und Vorbereitung der Mannschaft führt. Von so ausgelösten Überhol- und Konteraktivitäten „hinter den Kulissen" merkt der Zuschauer wenig. Sie generieren folglich keinen „Marktwert", treiben aber die Kosten aller Clubs in die Höhe, ohne daß sich am Ergebnis, nämlich daß die Clubs mit den besten Vermarktungs- und Produktionsmöglichkeiten trotz „operativer Unplanbarkeit" „auf der Bühne" im Aggregat häufiger gewinnen bzw. Meister werden, etwas ändert.

IV. Systematische Verfälschungen des Optimierungskalküls

Optimierungskalküle können nicht nur deswegen „verzerrt" sein, weil ökonomische Akteure nicht über alle relevanten Informationen verfügen, sondern auch, weil ihnen bei der Verarbeitung der verfügbaren Informationen – gemessen an einer rationalen Verarbeitungslogik – systematische Fehler unterlaufen, die eine Verfälschung des Kalküls zur Folge haben.

Gerade bei der Erforschung von Spielen, Turnieren und Lotterien wurden regelmäßig auftretende Verhaltensweisen aufgedeckt, die sich mit Unwissen über zukünftige unsichere Ereignisse allein nicht erklären lassen. Subjektive Vorstellungen über die Eintrittswahrscheinlichkeiten bestimmter künftiger Ereignisse sind Ausdruck eines individuellen „Grades an Glauben"[19], der mehr oder weniger von den objektiven Wahrscheinlichkeiten abweichen kann. Es gibt eine ganze Reihe empirisch belegter Einflüsse auf die subjektiven Einschätzungen wichtiger Entscheidungsparameter, die zu einem für den externen Beobachter vorhersagbaren „Risiko-Bias" im Kalkül ökonomischer Akteure führen.

Eine Klasse solcher auch bei „Sportspielen" relevanten Verzerrungsursachen wird unter dem Terminus „Wunschdenken" diskutiert und führt zur systematischen Überschätzung der eigenen Gewinnchancen. Schon klassisch ist das Konzept der kognitiven Dissonanz[20], demzufolge Individuen zur Konfliktvermeidung Informationen nur selektiv wahrnehmen oder gefärbt interpretieren. Ansätze wie „competence effect" – das systematische Ignorieren von Risiken auf Gebieten, auf denen man sich für kompetent hält – und „illusion of control" – überzogener Optimismus hinsicht zukünftiger unsicherer Ereignisse, deren Ausgang teilweise von eigenen Handlungen abhängt – beleuchten verwandte Facetten einer systematischen Verdrängung oder „Wegerklärung" von Risiken[21], die keineswegs auf Laien beschränkt sind, denn „auch Experten begehen systematische Fehler, sobald die Entscheidungsprobleme nicht mehr trivial sind" (Frey/Eichenberger 1989, S. 82).

Aus der Lotterieökonomik und der Analyse sogenannter „winner-take-all-Märkte" (vgl. Frank/Cook 1995) ist bekannt, daß vor allen Dingen die Hoffnung auf einen „Volltreffer" bzw. einen Beruf mit hohem Einkommen und Berühmtheitsstatus viele Menschen zu Handlungen „verführt", die nur schwerlich mit der Denkfigur des homo oeconomicus vereinbar sind. Erwiesenermaßen wirkt beim Lotto die Erhöhung des Maximalgewinns bzw. die Einführung eines „Jackpot" weit überproportional auf das Nachfrageverhalten der Spieler, so daß die Lottogesellschaften inzwischen ihre Wiederausschüttungen auf die höchsten Gewinnklassen konzentriert haben: „The lure of a large jackpot brings new money into the lottery" (Cook/Clotfelder 1993, S. 642).

In Anlehnung an die empirischen Erkenntnisse über Glücksspieler, die den negativen Erwartungswert des Spiels ignorieren bzw. ihre Gewinnchancen überschätzen[22], und das um so mehr, je größer der Höchstgewinn ist, wollen wir im folgenden vom „Lockruf der Siegprämie" sprechen, dem auch die Entscheidungsträger in Fußball-Clubs ausgesetzt sein können, je stärker die Preisgelder bzw. Erlöse auf den obersten Tabellenplätzen zunehmen. Wenn die Kalküle der Clubverantwortlichen tatsächlich durch den „Lockruf der Siegprämie" systematisch verfälscht werden, dann bewirken „Jackpots" auf den obersten Tabellenplätzen eine ungerechtfertigt starke Mobilisierung von „Möchtegern-Meistern", die z.B. in Gestalt forcierter Spielerverpflichtungen zur Überholung ansetzen und die Dominoreaktion intendiert rationaler Verteidigungen anheizen.

Das verfügbare Datenmaterial über den bezahlten Fußball belegt tatsächlich, daß neben den Gesamterlösen insbesondere die Konzentration der Erlöse auf die oberen Ränge in den letzten Jahren erheblich zugenommen hat.

Am klarsten zeigt sich der Erlösanstieg bei der Vermarktung der Fernsehrechte. Während der DFB in der Saison 1987/88 für die Bundesliga-Übertragungsrechte insgesamt 18 Millionen DM einnahm, beträgt der Erlös für die Saison 1997/98 mit 255 Millionen DM das Vierzehnfache.[23] Parallel zu der gestiegenen Fernseh-Präsenz haben sich die Werbe- und Sponsoringeinnahmen der Vereine entwickelt. Allein die Erlöse für Trikotsponsoring, die sich für die Erstligisten in der Saison 1987/88 auf 13 Millionen DM summierten, haben sich in der Saison 1997/98 auf 78 Millionen DM versechsfacht. Die aggregierten Zuschauererlöse für die Bundesliga-Spiele, die früher die wichtigste Einnahmequelle der Clubs bildeten, haben sich von 104 Millionen DM in der Saison 1990/91 auf 211 Millionen DM in der Saison 1996/97 verdoppelt.[24]

Die zunehmende Ungleichverteilung der insgesamt erzielten Erlöse ist an den Einnahmen aus dem Stadionbesuch bei Bundesliga-Spielen abzulesen. In der Saison 1996/97 betrug der relative Anteil der beiden Vereine mit den höchsten Einnahmen (Bayern München und Borussia Dortmund) 25,4 Prozent verglichen mit 20,2 Prozent (Bayern München und Eintracht Frankfurt) in der Saison 1990/91 und 17,2 Prozent in der Saison 1987/88 (Bayern München und VfB Stuttgart). Allein das Umsatzvolumen von Bayern München und Borussia Dortmund von zusammen 295 Millionen DM in der Saison 1996/97 macht etwa ein Drittel des auf über 900 Millionen DM geschätzten (vgl. o.V. 1997c) Gesamtumsatzes aller 18 Bundesliga-Vereine aus.

Diese Zahlen verdeutlichen, daß auf den obersten Tabellen-Plätzen der Bundesliga ein besonders großer Anteil des insgesamt gewachsenen „Kuchens" zu verdienen ist, so daß man mit einiger Berechtigung von einem regelrechten „Jackpot" sprechen kann. Die wesentliche Ursache für diese Entwicklung liegt keineswegs in „besserem Fußball", sondern in der mit der Deregulierung des Fernsehmarktes Ende der achtziger Jahre einsetzenden Verstärkung „medialer Hebel", die inbesondere den Top-Mannschaften zugute kam.[25]

Im Wettbewerb der Sender um den für die Marktdurchdringung strategischen „content" Fußball sind die Preise der Übertragungsrechte und das Übertragungsvolumen stark gestiegen. Von der Deregulierung profitieren die Spitzenclubs deswegen überproportional, weil Fernsehzuschauer die Spiele der Top-Mannschaften bevorzugen.[26] Dies könnte damit zusammenhängen, daß Konsumenten den Rang eines Clubs als Qualitätssignal interpretieren oder sich bevorzugt mit „Siegern" identifizieren. Die Eignung von Fußball-Übertragungen als Transportmedium für Werbebotschaften hat zur Folge, daß sich ein besserer Unterhaltungswert eines Spiels nicht nur in eine höhere Einschaltquote, sondern auch in einem höheren Werbewert niederschlägt. Da es kaum produktionstechnologische Begrenzungen gibt – die Bedienung eines zusätzlichen Konsumenten ist beim Informationsprodukt Fußball zu Grenzkosten von annähernd Null möglich – können Spitzenclubs im Prinzip beliebig große Absatzmärkte bedienen. Sie schöpfen die Erlöse eines höheren Unterhaltungs- und Werbewertes ab, ohne zusätzliche Kosten für jeden neuen Nachfrager in Kauf nehmen zu müssen.

Die Effekte „medialer Hebel" bei Spitzenmannschaften hat sich der europäische Fußball-Dachverband UEFA zu Nutze gemacht, als er den Europapokalwettbewerb der Landesmeister zur „Champions League" reformierte. Der geänderte Austragungsmodus, der für viele den Einstieg in eine Europaliga darstellt (vgl. Zorn 1996), bewirkt letztlich eine Produktionsausweitung europäischen Spitzenfußballs, durch die sich das offenbar bestehende Nachfragepotential des gesamten europäischen Marktes mobilisieren läßt. Pro Spieltag verfolgen etwa 200 Millionen Zuschauer die in 202 Länder übertragenen Spiele. Durch die Zentralvermarktung der Werbe- und Fernsehrechte nimmt die UEFA in der Saison 1997/98 360 Millionen DM ein, von denen in Form von Startgeldern und Prämien z.B. bis zu 22,5 Millionen DM an die vier Clubs ausgeschüttet werden, die das Halbfinale erreichen. Weil die Zuschauererlöse noch hinzukommen, konnte z.B. Borussia Dortmund als Gewinner der Champions League in der Saison 1996/97 allein in diesem Wettbewerb 32 Millionen DM einnehmen.

Entstehung und Größe des „Jackpots" im bezahlten Fußball haben folglich eine einfache Erklärung: Da ist die stark auf die oberen Tabellenplätze konzentrierte Nachfrage, die durch das Fernsehen auch wirklich bedienbar wird, ohne daß wesentliche Zusatzkosten entstehen und ohne daß die Erlöse durch die im starken Wettbewerb stehenden Fernsehsender abgeschöpft werden könnten. Die Schweizer Bankgesellschaft bringt im Titel ihrer Studie über den britischen Fußball das Analyseergebnis auf den Punkt: „The winners take it all" (UBS 1997).

Auf sogenannten „lock-in"-Effekten (vgl. etwa Klein/Crawford/Alchian 1978 und Arthur 1989) beruht eine weitere Klasse von „Verzerrungen". Die Spezifität zurückliegender Investitionen und große rangabhängige Erlössprünge erzeugen eine Art von „entrapment game" (Shubik 1971). So binden z.B. die Clubs ihre infolge des Bosman-Urteils von Mobilitätsbarrieren befreiten Spieler durch Verträge mit längeren Laufzeiten.[27] Beim Abstieg eines Clubs in die Zweite Liga oder beim Verpassen der anvisierten Europapokal-Qualifikation schlagen die hohen Fixkosten dieser Verträge angesichts sprunghafter Erlöseinbußen voll auf die Erfolgsrechnung des Clubs durch. Clubverantwortliche werden durch die Situationslogik dazu verleitet, den ökonomischen Wert der Altinvestitionen zumindest teilweise „zu retten", indem sie „koste es, was es wolle" in dem eskalierenden Rennen um den anvisierten Rang bleiben und die Risikobereitschaft erhöhen. Dixit/Nalebuff (1991) vergleichen „entrapment games" mit einer Rutschbahn:

> „Once you start sliding, it is hard to recover. It is better not to take the first step unless you know where you are going" (Dixit/Nalebuff 1991, S. 349).

Hängt die Weiterbeschäftigung, Wiederwahl oder Entlohnung der Entscheidungsträger in den Clubs von der Erreichung bestimmter Referenzwerte ab[28], haben die Akteure im Falle der drohenden Verfehlung ihrer „Benchmarks" nichts zu verlieren, aber viel zu gewinnen, wenn sie hoch „pokern". Reiner Calmund, Manager von Bayer Leverkusen, bringt die „Rutschbahn-Investitionslogik" der Vereine bzw. ihrer Entscheidungsträger auf den Punkt: „Wer als erster bremst, verliert".[29] In Wahrheit verlieren jedoch am Ende alle.

V. Institutionelle Hebel gegen eskalierende Investitionen der Clubs

Die Clubs der amerikanischen Profiligen im Baseball, Football, Basketball und Hockey operieren schon seit ihrer Gründung als gewinnorientierte Unternehmen. Die amerikanischen Clubeigentümer hatten seit jeher größere Anreize als deutsche Funktionäre, den Ligabetrieb ökonomisch zu optimieren. Insofern ist es nicht überraschend, daß die amerikanischen Ligen besonders reichhaltiges Anschauungsmaterial für den Umgang mit ruinösen Rüstungswettläufen liefern. Im Rahmen sogenannter Major League Agreements haben sich die Clubeigentümer untereinander auf Regeln verständigt, die den individuellen Anreiz für Überholmanöver durch Erlösumverteilung von den oberen Rängen nach unten dämpfen.[30]

So ist es in den US-Ligen üblich, die *Zuschauereinnahmen* eines Spiels in einem festgelegten Verhältnis[31] zwischen Heim- und Gastmannschaft aufzuteilen. Sowohl bei Heim- als auch bei Auswärtsspielen kann daher ein Club, der sich z.B. mit einem spektakulären Spieler aus dem Ausland verstärkt hat, den auf diese Investition zurückführbaren Anstieg der Zuschauererlöse nur teilweise einnehmen, muß aber die Kosten für den Spieler allein tragen.

Die durch den Verkauf der landesweiten *Übertragungsrechte* erzielten Einnahmen werden nach Köpfen auf die Clubs aufgeteilt. Verstärkt sich ein Club mit attraktiven Spielern, dann schlagen bei ihm die entsprechenden Kosten zu Buche, während eventuelle Zusatzerlöse beim Verkauf der Übertragungsrechte allen Clubs zugute kommen.

Auch die *Merchandising-Einnahmen* werden zwischen den amerikanischen Clubs nach Köpfen geteilt, so daß alle Clubs zu gleichen Teilen von der Popularität eines Superstars bei den Devotionalien-Nachfragern profitieren, während seine Gehaltskosten nur aus der Tasche eines Clubeigentümers bestritten werden.[32]

Sogenannte *Draft-Rechte*, die den Clubs in umgekehrter Reihenfolge der letzten Tabellenplazierung den exklusiven Zugriff[33] auf einen vorher definierten Pool von Nachwuchsspielern erlauben, haben – nicht zuletzt aufgrund ihres Potentials zur monopsonistischen Ausbeutung der einseitig „reservierten" Spieler[34] – einen Marktwert und sind zwischen den Clubs handelbar. So kann der Tabellenletzte einer Saison den besten Nachwuchsspieler verpflichten oder dieses Recht an einen anderen Club veräußern. Auch das „Trostpflaster" des Draft-Rechtes, das einer Subvention für die sportlich schwächeren Clubs gleichkommt, senkt den Anreiz für Überholmanöver.

Diese und ähnliche Regeln[35] senken aber nicht nur den Gewinn einer Rangverbesserung und wirken auf das rationale Überholkalkül der Clubs dämpfend. Sie verringern auch „Jackpots" – durch Umverteilung der Erlöse in der Tabelle von oben nach unten – und schwächen durch Beseitigung großer rangabhängiger Erlössprünge „lock-in"-Effekte, so daß bestimmte Tabellenplätze nicht mehr „koste es, was es wolle" erreicht werden müssen.

Was bedeuten diese Dämpfungsmechanismen nun im Lichte der Theorie der Verfügungsrechte? Aus verfügungsökonomischer Sicht sind die in den US-Ligen installierten Umverteilungsmechanismen Einschränkungen der Gewinnaneignungsrechte auf Clubebene.

Ihre Eignung zur Dämpfung wohlstandszehrender Rüstungswettläufe wird durch einen Blick in die Empirie keineswegs in Frage gestellt: Ein Vergleich der US-Ligen zeigt, daß die mit Abstand profitabelste Liga die NFL ist, in der erstaunliche 90% der Gesamterlöse gleichmäßig unter den Clubs aufgeteilt werden (vgl. Vrooman 1995, S. 981). Demgegenüber sind die großen Fußball-Ligen im europäischen Ausland mit Kapitalgesellschaften und unterentwickelten Umverteilungsmechanismen trotz der Erlösanstiege der letzten Jahre unprofitabel. Die Wirtschaftsprüfungsgesellschaft Deloitte & Touche ermittelte einen kumulierten Verlust der 18 Clubs der italienischen Seria A in Höhe von 53 Milliarden Lira in der Saison 1996/97 (vgl. Betts 1997). Die zwanzig Clubs der englischen Premier League wiesen einen kumulierten Vorsteuerverlust von 62,4 Millionen Pfund in der Saison 1995/96 aus, der durch den Vorsteuergewinn des Spitzenclubs Manchester United (15,4 Millionen Pfund) noch relativiert wird (vgl. Deloitte & Touche 1997, S. 9ff.).

D. Gestaltungsempfehlung und Ausblick

Im Hinblick auf die Anreiz- und Kontrollproblematik erscheint es sinnvoll, die Bundesliga-Vereine in Kapitalgesellschaften mit möglichst konzentrierten Eigentumsrechten umzuwandeln.

Die Handhabung des Problems ruinöser Rüstungswettläufe erfordert demgegenüber eine differenziertere Betrachtung. Weil als Kapitalgesellschaften verfaßte Fußball-Clubs das Vereins-Problem der zwanghaften Reinvestition von Erlösen nicht mehr haben, ist die Umwandlung der deutschen Profi-Vereine in Kapitalgesellschaften zu empfehlen. Dabei ist jedoch zu berücksichtigen, daß gerade auch gewinnorientierte Kapitalgesellschaften angesichts unvollständiger Information und durch „Jackpots" und „lock-ins" verfälschter Kalküle mit dem Problem ruinöser Rüstungswettläufe konfrontiert sind. Deswegen sollten bei einer Umwandlung der Vereine gleichzeitig die Gewinnaneignungsrechte der Clubs „nach amerikanischem System" relativ stark eingeschränkt werden.

Natürlich würde eine zufriedenstellende Theorie der Ligaorganisation voraussetzen, daß auch weitere Einschnitte in die Verfügungsrechte der Clubs, die aufgrund der spezifischen zweistufigen Produktionsstruktur im Fußball notwendig sind, erst einmal systematisch analysiert werden. Nur thesenartig soll ein kurzer Ausblick auf zwei ergänzende verfügungsökonomische Probleme gegeben werden, die ebenfalls in der Umwandlungsdiskussion zu berücksichtigen sind:

Die Frage nach der richtigen Vermarktungsebene für Produkte des Ligasports

Die zentrale Vermarktung von Fernseh-, Werbe- und Lizenzrechten durch die Liga – als Alternative zur Selbstvermarktung der Clubs mit Zusammenlegung der Einnahmen und anschließender Redistribution – ist zunächst ein Instrument zum Aufbau von Marktmacht und damit zur Extraktion von Monopolrenten aus den jeweiligen unter Wettbewerbsbedingungen agierenden Marktgegenseiten. Um diesen Effekt geht es in den zahlreichen Auseinandersetzungen zwischen Wettbewerbsbehörden und Sportligen im Falle des Paketverkaufs der Fernsehrechte.[36]

Doch nicht nur über zusätzliche Marktmacht lassen sich die Erlöse einer zentral vermarkteten Liga steigern. Unter bestimmten Bedingungen bietet die Zentralvermarktung auch ein Potential zur Senkung von Transaktionskosten (vgl. Franck 1995, S. 160–166). Am Beispiel der Werberechte soll dies kurz skizziert werden.

Grundsätzlich kann die Vermarktung des Werbewertes des Fußballs auf drei verschiedenen Ebenen – Spieler, Club, Liga – erfolgen. Werbung mit einzelnen Spielern wird durch erhebliche Informationsprobleme belastet, die auf exogene Risiken und Verhaltensrisiken zurückführbar sind. Wenn sich etwa der gesponsorte Spieler während der Vertragslaufzeit verletzt, schlecht spielt oder durch unsportliches Verhalten auffällt und daher als Imageträger beschädigt wird, tritt die erhoffte Werbewirkung nicht ein. Auch die Sponsoren eines Clubs, der unerwartet in Abstiegsnot gerät oder dessen Image durch Querelen getrübt wird, sind ähnlichen Risiken ausgesetzt, gegen die sie sich nur schwer schützen können. Demgegenüber gibt es auf der Ebene der Liga im Aggregat immer Meister und Erfolgsgeschichten, so daß Werbeinvestitionen in die Liga durch exogene Risiken überhaupt nicht und durch Verhaltensrisiken kaum zu entwerten sind. Dieser unterschiedliche Transaktionskostenpegel der verschiedenen Vermarktungsebenen wäre für die Frage nach einer effizienten Ligaorganisation natürlich irrelevant, wenn es zwischen den drei Ebenen keine Konkurrenzbeziehungen gäbe.[37] Offensichtlich setzt aber die Möglichkeit zur Positionierung und Vermarktung einer ganzen Liga als „Markenartikel"[38] eine Einschränkung der Werbemöglichkeiten der Spieler und Clubs voraus. So zielen die Vermarktungsstrategien im amerikanischen Sport ganz deutlich auf den „good-will" der Liga ab und erfordern den weitgehenden Verzicht der Clubs auf individuelle Trikot- und Ausrüsterwerbung oder den eigenständigen Vertrieb von Fanartikeln. Hinzu kommt, daß die Liga durch die Übertragung der zentralen Vermarktung auf professionelle Akteure Spezialisierungs- und vor allem Skalenvorteile[39] nutzen kann. Die Werbe- und Merchandisingumsätze der NFL und NBA von jeweils weit mehr als 3 Milliarden Dollar jährlich deuten unserer Meinung nach klar auf die Vorteilhaftigkeit eingeschränkter Werberechte auf Clubebene hin.

Überträgt man diese Überlegungen auf die institutionelle Umgestaltung des bezahlten Fußballs in Deutschland, dann wird deutlich, daß eine erhebliche Einschränkung der Koordinationsrechte der neugegründeten Kapitalgesellschaften zu Gunsten der Liga zum Zwecke einer Sicherung zentraler Vermarktungsmöglichkeiten notwendig ist.

Das Problem des Schutzes spezifischer Investitionen

Man kann Sportligen als eine besondere Art von „natürlichen Monopolen" bezeichnen, die nicht über Kostenfunktionen, sondern absatzseitig begründet sind. Der Nutzen der Konsumenten ist um so größer, je mehr Aussagekraft der Meistertitel hat, der in einer Liga produziert wird. Ligenwettbewerb und damit z.B. mehrere unvergleichbare deutsche „Meisterchen" im Fußball sind kein attraktives Produkt. Auch unter Wettbewerbsbedingungen sind in den USA nach kurzer Zeit immer Monopolligen entstanden, indem rivalisierende Ligen entweder in den bestehenden Ligen aufgegangen oder schlicht eingegangen sind.

Investitionen der Clubeigentümer in das Monopolrennen „Fußball-Bundesliga" sind daher per definitionem spezifisch.[40] Man kann nicht „aussteigen" und sozusagen „mit sich selbst spielen". Um ihre spezifischen Investitionen zu schützen, haben die Clubeigentümer angesichts der fehlenden „Exit-Option" ein erhebliches Bedürfnis, den Zutritt anderer Akteure zur Liga zu kontrollieren und zu überwachen. Mitsprache- und Sanktionsrechte – in der Terminologie Hirschmans (1970) eine „Voice-Option" – „heilen" die vielfältigen Entwertungsrisiken, denen Clubeigentümer ihre Investitionen in einer Liga aussetzen. Die Vermarktbarkeit der gesamten Liga wäre z.B. durch „gekaufte Spiele" oder Doping-Manipulationen extrem beeinträchtigt. Auch die theoretische Möglichkeit, daß ein Akteur durch Verfügungsrechte an mehreren Clubs den Ausgang sportlicher Wettkämpfe beeinflußt, stellt die Integrität einer Liga aus Sicht der Konsumenten in Frage. So hat sich z.B. die englische Investmentfirma Enic darauf verlegt, Anteile an einer ganzen Reihe europäischer Spitzenclubs zu erwerben. Drei der Clubs, an denen Enic beteiligt ist, haben sich in der Saison 1997/98 für den Europapokalwettbewerb der Pokalsieger qualifiziert. Während UEFA-Generalsekretär Aigner beklagt, erst aus der Presse von solchen Entwicklungen zu erfahren, fragt „Der Spiegel", ob etwa Slavia Prag noch gegen Vicenza gewinnen dürfte, „wo doch in Italien die höheren Renditen erzielt werden" (o.V. 1997b).

Der in vielen ausländischen Ligen schon erfolgte Einstieg von Großunternehmen schließlich lenkt den Blick auf das Problem von „Stellvertreterkriegen", die innerhalb einer Sportliga ausgetragen werden könnten. Das primäre Interesse von Medienunternehmen, Sportausrüstern, Bierbrauern oder Autoherstellern (vgl. z.B. Knust 1997b) gilt anderen Märkten. Zur Erreichung von Zielen auf diesen Märkten (etwa zur Durchsetzung eines technischen Standards bei der Digitalisierung des Fernsehens) könnten „Sportfreunde" zumindest theoretisch die Clubs als „lohnende Vehikel" mißbrauchen und dabei die ganze Liga schädigen.

Die Einschränkung der Liquidationsrechte auf Clubebene – indem z.B. wie in den US-Ligen der Verkauf von Clubanteilen an die mehrheitliche Zustimmung der Eigentümer der anderen Clubs gekoppelt wird – ist ein wirksames Instrument zum Schutz spezifischer Investitionen bzw. des „good-will" einer Liga gegen opportunistisches Verhalten „feindlicher Eindringlinge".

Als Fazit ist festzuhalten, daß sich Kapitalgesellschaften im professionellen Teamsport erheblich von Kapitalgesellschaften in anderen Bereichen unterscheiden müssen und werden. Bereits dieser knapp gehaltene Ausblick verdeutlicht, daß neben einer Eingrenzung von Gewinnaneignungsrechten auf Clubebene auch die Beschränkung von Koordinations- und Liquidationsrechten ökonomisch zweckmäßig ist. Hier besteht allerdings noch erheblicher Forschungsbedarf.

Anmerkungen

1 Die Angaben über den höchsten Umsatz und gleichzeitig die höchsten Verbindlichkeiten der Profivereine machte der Vorsitzende des für das Lizensierungsverfahren der Vereine der ersten und zweiten Bundesliga zuständigen DFB-Ligaausschusses, Gerhard Mayer-Vorfelder (zitiert nach Franzke/Smentek 1997; vgl. hierzu auch Freese 1997).
2 Am 15. Dezember 1995 entschied der Europäische Gerichtshof auf Klage des belgischen Profifußballers Bosman, daß erstens die Zahlung von Ablösesummen bei einem grenzüberschreitenden Wechsel eines Spielers, dessen Vertrag ausgelaufen ist, und zweitens die sogenannten Ausländerklauseln, die die Anzahl der bei einem Club beschäftigten ausländischen Spieler begrenzen, mit Artikel 48 des EWG-Vertrags (Freizügigkeit der Arbeitnehmer) unvereinbar seien. Die europäischen Fußball-Verbände mußten daher das Transfersystem und die Ausländerklauseln aus ihren Regelwerken streichen.
3 Sportminister Manfred Kanther kann nach eigener Aussage die Finanzierung von Stadionneu- oder -umbauten etwa in Berlin oder Leipzig aus dem Sportetat nicht leisten. „Hier muß es Finanzierungskonzepte aller Beteiligten geben. Und sollte etwas privat gelingen, wäre das von großem Vorteil" (zitiert nach Haffner/Stratmann 1997).
4 Vgl. stellvertretend Berle/Means 1932, Alchian/Demsetz 1972, Jensen/Meckling 1976, Albach 1981, Fama/Jensen 1983, Picot/Michaelis 1984, Picot/Kaulmann 1985.
5 Vgl. zur Property Rights-Theorie z.B. Furubotn/Pejovich 1972, Picot 1981, Tietzel 1981, Schüller 1983.
6 Vgl. u.a. Jensen/Meckling 1976, Fama/Jensen 1983 und zum folgenden Picot 1981, Franck 1995, S. 204–222, und Picot/Dietl/Franck 1997, S. 193–198.
7 Gelegentlich wird darüber reflektiert, ob Vereine nicht besser in Genossenschaften umgewandelt werden sollten. Doch erstens erzielt man dadurch nur eine geringfügige Konzentration der Verfügungsrechte, denn jedes Verfügungsrecht ist auf alle Genossen gesplittet. Zweitens würde sich Spielerfluktuation bei einer Spielergenossenschaft direkt als „Verfassungsfluktuation" manifestieren und erhebliche Transaktionskosten durch permanente „Genossenwechsel" hervorrufen. Vgl. hierzu ausführlich Franck 1995, S. 189–191.
8 Vgl. zu dieser Metapher Akerlof 1976, Milgrom/Roberts 1992, S. 372–374, Kräkel/Schauenberg 1994 sowie den Überblick bei Franck/Müller 1997.
9 Von dem Problem, daß alle zu schnell rennen, zu unterscheiden ist die bis Rottenberg (1956) und Neale (1964) zurückreichende Diskussion, ob die Varianz der Geschwindigkeit der Rennteilnehmer einen Einfluß auf die Gesamterlöse einer Liga hat. Vgl. hierzu Franck 1995, S. 154f. Zur Operationalisierung der Spannung eines Meisterschaftsrennens und zu empirischen Untersuchungen der Effekte dominierender Clubs auf die Ligaerlöse vgl. Quirk/Fort 1992, S. 240–293 für die amerikanischen Profiligen und Frick 1997 für die Fußball-Bundesliga.
10 In Wirklichkeit sind die Preisgelder im bezahlten Fußball eindeutig gewachsen. Darauf zielt das Argument aber nicht ab. Es geht darum, daß die Preisgelder nicht (oder nur wenig) infolge des gestiegenen Renneinsatzes gewachsen sind.
11 Unseres Wissens führte Frank 1997, S. 601–605, diesen Begriff in die Literatur ein.

12 Natürlich sind die meisten realen Märkte sowohl von der maximalen Ranginterdependenz einer Sportliga als auch von dem atomistischen Ideal fehlender externer Effekte ein Stück weit entfernt.
13 Vgl. z.B. zur steuerlichen Zulässigkeit einer Rücklagenbildung in Vereinen Galli 1997, S. 188.
14 Aus theoretischer (vgl. Késenne 1996, S. 81) und empirischer Sicht (vgl. Quirk/Fort 1992, S. 238) wurde erwartet, daß das Bosman-Urteil die Streuung der Spielergehälter in der Bundesliga erhöhen würde, mithin „Stars" überproportional und durchschnittliche Spieler kaum vom Wegfall der Spielerbindungsregeln („free agency") profitieren. Für diese Prognose sprach zudem, daß durch die Aufhebung der Ausländerklauseln und den „Importsog" der Bundesliga das Angebot an Durchschnittsspielern insgesamt größer wurde. Dennoch klagen die meisten Bundesliga-Funktionäre gerade darüber, daß die mittelmäßigen Spieler „zuviel" verdienen.
15 Zieht man die hohen Summen in Betracht, mit denen die öffentlichen Haushalte den Profisport fördern, nicht zuletzt, um überschuldete „Imageträger" einer Stadt oder Region am Leben zu erhalten, erscheint die Eskalation der Spielergehälter (vgl. etwa Zorn 1997b) durchaus in einem kritischen Licht. Nach Angaben der Gewerkschaft der Polizei betragen allein die Personalkosten für Polizeieinsätze bei den Begegnungen beider Bundesligen 50 Millionen DM pro Jahr (vgl. o.V. 1996). Vgl. zur städtischen Subvention des Clubgeländes von Bayern München die bei Knust 1997a dargestellte „Provinzposse".
16 Zitiert nach Kramer 1997.
17 Zitiert nach o.V. 1997a. Vgl. hierzu auch Whitney 1993 oder Zorn 1997a.
18 Man denke hier z.B. an die Abschaffung der Ausländerklauseln und der Ablösesummen bei auslaufenden Spielerverträgen als Folge des Bosman-Urteils.
19 Hirshleifer/Riley 1979, S. 1378. Vgl. hierzu auch Krelle 1968, S. 196–205.
20 Vgl. Festinger 1957, Akerlof/Dickens 1982, S. 308f., Camerer/Kunreuther 1989, S. 571.
21 Vgl. Howell 1971, Langer 1975, Weinstein 1980, Gilovich 1983, March/Shapira 1987, Thaler/Ziemba 1988, Heath/Tversky 1991, Golec/Tamarkin 1995, Hausch/Ziemba 1995.
22 „It may be argued that the gambler is one who believes the odds are more favourable to him than they really are" (Arrow 1974, S. 91).
23 Der Rechtehändler ISPR zahlt 180 Millionen DM für die detailliert geregelte Berichterstattung über die Spiele der ersten und zweiten Bundesliga im in- und ausländischen Fernsehen und der Pay TV-Sender „premiere" 75 Millionen DM für zwei Live-Übertragungen je Spieltag.
24 Die Daten wurden den Verfassern freundlicherweise vom DFB-Ligasekretariat überlassen.
25 Vgl. zum folgenden die auf Rosen 1981 zurückgehenden Überlegungen zur Ökonomie der Superstars.
26 Die Konzentration der Marktnachfrage auf wenige Spitzenvereine ist z.B. anhand der bei den Sendern „premiere" und SAT 1 live übertragenen Bundesligaspiele empirisch nachweisbar.
27 Die „Bindungswirkung" längerer Vertragslaufzeiten erhöht die Komplexität der Vertragsinhalte. Beide Vertragspartner können z.B. auf die Vereinbarung von Ausstiegsklauseln dringen.
28 Vgl. allgemein zu Referenzwerten und der Risikobereitschaft von Managern Lopes 1987 und March/Shapira 1987, S. 1412f.
29 Zitiert nach Selldorf 1997. Gerhard Mayer-Vorfelder beklagt in diesem Zusammenhang den Druck der Medien auf die Vereinsfunktionäre: „Willst du oben sein, bist du (von den Spielern und ihren Beratern, Anm. d. V.) erpreßbar" (zitiert nach Franzke/Smentek 1997, S. 18).
30 Vgl. zum folgenden ausführlich Franck 1995, S. 155–160, und Franck 1997, S. 42–46 mit Bezug auf Canes 1974.
31 Die Teilungsschemata sind in den nordamerikanischen Profiligen unterschiedlich. In der NFL behält die Heimmannschaft nur 60 Prozent der Zuschauererlöse, während in den beiden Divisionen der Baseball-Liga MLB der Heimanteil 80 bzw. 90 Prozent beträgt. In der NBA und in der Eishockey-Liga NHL behalten die Heimmannschaften ihre Zuschauererlöse dagegen für sich.
32 Hausman/Leonard (1997) taxieren die positiven externen Effekte, die der von den Chicago Bulls bezahlte Megastar Michael Jordan auf die Fernseh-, Zuschauer- und Merchandisingerlöse der übrigen NBA-Teams absetzt, auf 53 Millionen Dollar pro Saison.

33 Wenn ein außergewöhnlich talentierter Nachwuchsspieler zu „draften" ist, könnte ein an den letzten Platz gekoppeltes automatisches Erstzugriffsrecht auf den Pool falsche Anreize setzen. Zur Vermeidung eines paradoxen sportlichen Wettbewerbs werden die Draft-Rechte unter den Clubs verlost. Dabei hat der Tabellenletzte die größte Chance auf den „first pick".

34 Scully (1974) hat versucht, empirisch das Wertgrenzprodukt der seinerzeit durch die „reserve clause" gebundenen amerikanischen Baseball-Profis zu quantifizieren, um dann durch dessen Abgleich mit den tatsächlich gezahlten, veröffentlichten Gehältern die von den Clubeigentümern extrahierten Monopolrenten zu ermitteln. Scully kommt unter Berücksichtigung der Ausbildungskosten zu dem Schluß, daß Durchschnittsspieler etwa 20 Prozent und Stars nur 15 Prozent ihres geschätzten Wertgrenzproduktes im Verlauf ihrer aktiven Baseball-Karriere als Gehalt beziehen: „Empirical analysis confirms the existence of this exploitation and suggests that it is of considerable magnitude (Scully 1974, S. 929). Vgl. zur Kritik an Scullys Berechnung der individuellen Wertgrenzprodukte Boal/Ransom 1997, S. 99–101, und zur Geschichte der Spielerausbeutung im amerikanischer Teamsport ausführlich Quirk/Fort 1992, S. 179–239.

35 Neben Umverteilungsregeln gibt es in den US-Ligen auch institutionelle Begrenzungen der einsetzbaren Inputs wie z.B. Gehaltsobergrenzen („salary caps"), Kaderbeschränkungen („roster restritions") oder Reglementierungen des Trainingsumfangs. Vgl. Franck 1997, S. 45f.

36 In den USA legitimiert der 1961 verabschiedete Sports Broadcasting Act den Paketverkauf der Fernsehrechte durch die Liga ausdrücklich. Vgl. zur Kartellproblematik ausführlich Parlasca 1993 und zur Marktmachtinterpretation von Ligainstitutionen Franck 1995, S. 82–123.

37 In der Fußball-Bundesliga sind entsprechende trade-offs bekannt, wenn z.B. ein mit einem Ausrüstervertrag gebundener Spieler zu einem Club wechselt, der von einem konkurrierenden Schuhhersteller beliefert wird.

38 Der wirtschaftliche Erfolg der Champions League, wo genau dies geschieht, könnte den Bundesliga-Clubs als Beispiel dienen. Die weitgehend standardisierte, zentrale Vermarktung der Champions League durch die von der UEFA beauftragte Agentur „TEAM" zielt ausdrücklich auf die Schaffung eines Markenartikels ab, setzt aber Einschränkungen der Koordinationsrechte bei den teilnehmenden Clubs voraus.

39 Bei einem zentral betriebenen Merchandising-Geschäft können erhebliche Skalenvorteile in Produktion und Vertrieb – vor allem im Hinblick auf den Schutz von Markenrechten und Warenzeichen – vermutet werden.

40 Vgl. zum Schutz spezifischer Investitionen in Sportligen ausführlich Franck 1995, S. 128ff.

Literatur

Akerlof, G. A. (1976): The Economics of Caste and the Rat Race and other Woeful Tales. In: Quarterly Journal of Economics 90, S. 599–617.

Akerlof, G. A., Dickens, W. T. (1982): The Economic Consequences of Cognitive Dissonance. In: The American Economic Review 72, S. 307–319.

Albach, H. (1981): Verfassung folgt Verfassung: Ein organisationstheoretischer Beitrag zur Diskussion um die Unternehmensverfassung. In: K. Bohr u.a. (Hrsg.): Unternehmensverfassung als Problem der Betriebswirtschaftslehre, Berlin, S. 53–79.

Albers, N. (1993): Ökonomie des Glücksspielmarktes in der Bundesrepublik Deutschland, Berlin.

Alchian, A. A., Demsetz, H. (1972): Production, Information Costs, and Economic Organization. In: The American Economic Review 62, S. 777–795.

Arrow, K. J. (1974): Essays in the Theory of Risk-Bearing, Amsterdam-London.

Arthur, W. B. (1989): Competing Technologies, Increasing Returns, and Lock-In by Historical Events. In: Economic Journal 99, S. 9–31.

Berle, A. A., Means, G. C. (1932): The Modern Corporation and Private Property, New York.

Betts, P. (1997): Italy leads the way towards stock market goal. In: Financial Times vom 28.11.1997, S. 13.

Boal, W. M., Ransom, M. R. (1997): Monopsony in the Labor Market. In: Journal of Economic Literature 35, S. 86–112.

Camerer, C. F., Kunreuther, H. (1989): Decision Processes for Low Probability Events: Policy Implications. In: Journal of Policy Analysis and Management 8, S. 565–592.

Canes, M. E. (1974): The Social Benefits of Restrictions on Team Quality. In: Noll, R. (Hrsg.): Government and the Sports Business, Washington D.C., S. 81–113.

Cook, P. J., Clotfelter, C. T. (1993): The Peculiar Scale Economies of Lotto. In: The American Economic Review 83, S. 634–643.

Deloitte & Touche (1997): Annual Review of Football Finance, London.

Dixit, A. K., Nalebuff, B. J. (1991): Thinking Strategically: The Competitive Edge in Business, Politics, and Everyday Life, New York.

Fama, E. F., Jensen, M. C. (1983): Separation of Ownership and Control. In: Journal of Law and Economics 26, S. 301–325 sowie dieselben (1983): Agency Problems and Residual Claims. In Journal of Law and Economics 26, S. 327–349.

Festinger, L. (1957): A Theory of Cognitive Dissonance, Stanford (Ca.).

Franck, E. (1995): Die ökonomischen Institutionen der Teamsportindustrie: Eine Organisationsbetrachtung, Wiesbaden.

Franck, E. (1997): Sportethik und Sportökonomik – Beiträge der Ökonomik zur Analyse ethischer Probleme des Sports, Freiberger Arbeitspapiere 97/4. Erscheint 1998 in: W. Korff u.a. (Hrsg.): Handbuch der Wirtschaftsethik.

Franck, E., Müller, J. C. (1997): Zur ökonomischen Struktur des sogenannten Rattenrennens, Freiberger Arbeitspapiere 97/15.

Frank, R. H. (1997): Microeconomics and Behavior, Third Edition, New York.

Frank, R. H., Cook, P. J. (1995): The Winner-Take-All Society, New York.

Franzke, R., Smentek, K. (1997): „Willst du oben sein, bist du erpreßbar"- Interview mit Gerhard Mayer-Vorfelder. In: kicker Nr. 93 (46. Woche) vom 13.11.1997, S. 18–19.

Freese, G. (1997): Gefährliches Spiel: Mitten im Fußballboom droht vielen Vereinen der Ruin. In: Die Zeit Nr. 51 vom 12.12.1997, S. 27.

Frey, B. S., Eichenberger, R. (1989): Zur Bedeutung entscheidungstheoretischer Anomalien für die Ökonomie. In: Jahrbücher für Nationalökonomie und Statistik, Band 206/2, Stuttgart, S. 81–101.

Frick, B. (1997): Kollektivgutproblematik und externe Effekte im professionellen Team-Sport: „Spannungsgrad" und Zuschauerentwicklung im bezahlten Fußball. Wirtschaftswissenschaftliches Diskussionspapier 2/97 der Ernst-Moritz-Arndt-Universität Greifswald.

Furubotn, E. G., Pejovich, S. (1972): Property Rights and Economic Theory: A Survey of Recent Literature. In: Journal of Economic Literature 10, S. 1137–1162.

Galli, A. (1997): Das Rechnungswesen im Berufsfußball. Eine Analyse des Verbandsrechts des Deutschen Fußball-Bundes unter Berücksichtigung der Regelungen in England, Italien und Spanien, Düsseldorf.

Gilovich, T. (1983): Biased Evaluation and Persistence in Gambling. In: Journal of Personality and Social Psychology 44, S. 1110–1126.

Golec, J., Tamarkin, M. (1995): Do Bettors Prefer Long Shots Because They Are Risk-Lovers, or Are They Just Overconfident? In: Journal of Risk and Uncertainty 11, S. 51–64.

Haffner, S., Stratmann, J. (1997): Manfred Kanther im F.A.Z.-Sportgespräch: „Der Staat ist mit Sporterfolgen dem Steuerzahler verpflichtet"- Der Innenminister will auch „Orchideenbereiche" fördern. In: FAZ Nr. 288 vom 11.12.1997, S. 38.

Hausch, D. B., Ziemba, W. T. (1995): Efficiency of Sports and Lottery Betting Markets. In: R. A. Jarrow u.a. (Hrsg.): Handbooks in Operations Research and Management Science, Vol. 9 (Finance), Amsterdam u.a., S. 545–580.

Hausman, J. A., Leonard, G. K. (1997): Superstars in the National Basketball Association: Economic Value and Policy. In: Journal of Labor Economics 15, S. 586–624.

Heath, C., Tversky, A. (1991): Preference and Belief: Ambiguity and Competence in Choice under Uncertainty. In: Journal of Risk and Uncertainty 4, S. 5–28.

Hirschman, A. O. (1970): Exit, Voice and Loyalty, Cambridge (Mass.).

Hirshleifer, J., Riley, J. G. (1979): The Analytics of Uncertainty and Information: An Expository Survey. In: Journal of Economic Literature 17, S. 1375–1421.

Howell, W. C. (1971): Uncertainty from Internal and External Sources: A Clear Case of Overconfidence. In: Journal of Experimental Psychology 89, S. 240–243.

Jensen, M. C., Meckling, W. H. (1976): Theory of the Firm: Managerial Behavior, Agency Costs and Ownership Structure. In: Journal of Financial Economics 3, S. 305–360.

Késenne, S. (1996): L'affaire Bosman et l'économie du sport professionnel par équipe. In: Revue du Marché Unique européen 1-1996, S. 79–87.

Klein, B., Crawford, R. G., Alchian, A. A. (1978): Vertical Integration, Appropriable Rents, and the Competitive Contracting Process. In: Journal of Law and Economics 21, S. 297–326.

Knust, C. (1997a): Wie die Bayern auf Kosten der Stadt billig trainieren: Eine Provinzposse aus der Weltstadt mit Herz. In: FAZ Nr. 24 vom 29.1.1997, S. 33.

Knust, C. (1997b): Auch die Automobilbauer raten zum eigenen Stadion: Der Hauptsponsor des FC Bayern erwägt, die Partnerschaft in ein industrielles Investment umzuwandeln. In: FAZ Nr. 257 vom 5.11.1997, S. 42.

Kräkel, M., Schauenberg, B. (1994): Rattenrennen und Beförderungen. In: WiSt 23, S. 224–230.

Kramer, J. (1997): Die Reichen an die Börse, Hasardeure an die Wand: Nicht nur Bosman ist schuld am ruinösen Wettbewerb in der Bundesliga – die Suche nach Auswegen führt weg vom Solidarprinzip/SZ-Serie (II). In: Süddeutsche Zeitung Nr. 38 vom 15.2.1997, S. 45.

Krelle, W. (1968): Präferenz- und Entscheidungstheorie, Tübingen.

Langer, E. J. (1975): The Illusion of Control. In: Journal of Personality and Social Psychology 32, S. 311–328.

Lopes, L. L. (1987): Between Hope and Fear: The Psychology of Risk. In: Advances in Experimental Social Psychology 20, S. 255–295.

March, J. G., Shapira, Z. (1987): Managerial Perspectives on Risk and Risk Taking. In: Management Science 33, S. 1404–1418.

Milgrom, P., Robert, J. (1992): Economics, Organization, and Management, Englewood Cliffs (NJ).

Müller, J. C. (1997): Fußball-Clubs als Kapitalgesellschaften – einmal institutionenökonomisch betrachtet. Erscheint 1998 in: Deutsche Sporthochschule Köln (Hrsg.): Tagungsband zum 1. Kölner Sportökonomie-Kongreß vom 13.–15.11.1997, Köln.

Neale, W. C. (1964): The Peculiar Economics of Professional Sports: A Contribution to the Theory of the Firm in Sporting Competition and in Market Competition. In: The Quarterly Journal of Economics 78, S. 1–14

o. V. (1996): Rubrik „Fußball-Notizen". In: FAZ Nr. 190 vom 16.8.1996, S. 25.

o. V. (1997a): Interview der Woche: Liga-Chef Gerhard Mayer-Vorfelder. In: kicker Nr. 7 vom 16.1.1997, S. 16–17.

o. V. (1997b): „Eine wahre Goldgrube": Ein englischer Milliardär hat traditionsreiche Clubs als Spekulationsobjekte entdeckt. Die Uefa befürchtet „Mauscheleien und Absprachen". In: Der Spiegel 43/1997, S. 165–166.

o. V. (1997c): Die Zukunft der Fußball-Bundesliga steht auf dem Spiel: Bundesgerichtshof entscheidet über die zentrale Vermarktung von Fernsehrechten für Europacup-Spiele – Vereine auf Börsenkurs. In: Die Welt vom 11.12.1997, S. 14.

Parlasca, S. (1993): Kartelle im Profisport: Die wettbewerbspolitische Problematik der Mannschaftssportligen Major League Baseball, Major League Football, Fußball-Bundesliga, Ludwigsburg.

Picot, A. (1981): Der Beitrag der Theorie der Verfügungsrechte zur ökonomischen Analyse von Unternehmensverfassungen. In: K. Bohr u.a. (Hrsg.): Unternehmensverfassung als Problem der Betriebswirtschaftslehre, Berlin, S. 153–197.

Picot, A., Kaulmann, T. (1985): Industrielle Großunternehmen im Staatseigentum aus verfügungsrechtlicher Sicht. In: ZfbF 37, S. 956–980.

Picot, A., Michaelis, E. (1984): Verteilung von Verfügungsrechten in Großunternehmen und Unternehmensverfassung. In: ZfB 54, S. 252–272.

Picot, A., Dietl, H., Franck, E. (1997): Organisation: Eine ökonomische Perspektive, Stuttgart.

Quirk, J., Fort, R. D. (1992): Pay Dirt: The Business of Professional Team Sports, Princeton (NJ).

Rosen, S. (1981): The Economics of Superstars. In: The American Economic Review 71, S. 845–858.

Rottenberg, S. (1956): The Baseball Players' Labor Market. In: Journal of Political Economy 64, S. 242–258.

Schüller, A. (Hrsg.) (1983): Property rights und ökonomische Theorie, München.

Scully, G. W. (1974): Pay and Performance in Major League Baseball. In: The American Economic Review 64, S. 915–930.

Selldorf, P. (1997): Reiner Calmund und das Geld: Wer als erster bremst, verliert. In: Kölner Stadt-Anzeiger Nr. 256 vom 4.11.1997, S. 19.

Shubik, M. (1971): The Dollar Auction Game: A Paradox in Noncooperative Behavior and Escalation. In: Journal of Conflict Resolution 15, S. 109–111.

Thaler, R. H., Ziemba, W. T. (1988): Anomalies – Parimutuel Betting Markets: Racetracks and Lotteries. In: Journal of Economic Perspectives 2, S. 161–174.

Tietzel, M. (1981): Die Ökonomie der Property Rights: Ein Überblick. In: Zeitschrift für Wirtschaftspolitik 30, S. 207–243.

UBS Global Research (1997): UK Football plc: The winners take it all, London.

Vrooman, J. (1995): A General Theory of Professional Sports Leagues. In: Southern Economic Journal 61, S. 971–990.

Weinstein, N. D. (1980): Unrealistic Optimism About Future Life Events. In: Journal of Personality and Social Psychology 39, S. 806–820.

Whitney, J. D. (1993): Bidding Till Bankrupt: Destructive Competition in Professional Team Sports. In: Economic Inquiry 31, S. 100–115.

Zorn, R. (1996): Nationale Fußballinteressen laufen gegen den Trend zur Europaliga: Aufstockung der Champions League nur der erste Schritt?/Zwei-Gruppen-Liga mit je zwölf Mannschaften im Gespräch. In: FAZ Nr. 230 vom 2.10.1996, S. 38.

Zorn, R. (1997a): Ruinöser Wettlauf durch die grenzenlos freie Fußball-Marktwirtschaft. In: FAZ Nr. 15 vom 18.1.1997, S. 24.

Zorn, R. (1997b): 14 Millionen Mark Gehalt für vier Jahre auf Schalke: Das Beispiel Sven Kmetsch zeigt, wie in der Bundesliga Geld angelegt wird. In: FAZ Nr. 272 vom 22.11.1997, S. 33.

Zusammenfassung

Die Diskussion über eine Umwandlung der Bundesliga-Vereine in Kapitalgesellschaften gewinnt durch eine Reihe struktureller Entwicklungen an Aktualität. Aus verfügungsökonomischer Sicht ist die Vereinsverfassung als anreiz- und kontrollschwach zu charakterisieren und insofern eine Umwandlung der Clubs in Kapitalgesellschaften zu empfehlen. In Sportligen kommt es aufgrund unvollständiger Information, fehlender Gewinnziele und aufgrund von Investitionskalkülen der Verantwortlichen, die durch die Erlöskonzentration auf den obersten Rängen systematisch verfälscht werden, zu „Rattenrennen", in denen die teilnehmenden Clubs ihre Inputs ständig erhöhen, ohne dadurch entsprechende Mehrerlöse zu generieren. Die Autoren argumentieren, daß eine Umwandlung der Vereine in unternehmerische Rechtsformen nur dann empfehlenswert ist, wenn die dadurch spezifizierten Verfügungsrechte der Clubs zu Gunsten der Liga eingeschränkt werden.

Summary

The continual discussion of institutional changes in German association football is fueled by a number of recent structural developments. From an economic perspective, the rules of incorporation for football teams as clubs (*Vereine*) clearly provide insufficient incentives for club managers and principals (*Mitglieder*). Therefore, the transformation of clubs into private companies is recommended. In sports leagues, clubs are engaged in 'rat races' aiming at top rank revenues. Reasons for participation in such ruinous races are incomplete information of decision makers about their 'natural' technology based rank, the absence of profit maximizing behavior, the exposition of individual rationalization to distortions from the large top rank 'jackpots' and lock-in situations (entrapment games). The authors recommend that a specification and assignment of property rights to German football firms should be accompanied by a restriction of firms' residual claims in favor of the football league.

Dienstleistungen erfolgreich managen

Inhalt

Das Handbuch Dienstleistungsmanagement greift die zentralen Fragestellungen, vor denen Dienstleister heute stehen, auf und präsentiert sie in kompakter, fundierter und gut lesbarer Form. Der Leser erhält in angemessener Zeit ein umfassendes Bild über die Herausforderungen und Lösungsansätze zum effizienten Dienstleistungsmanagement.

Berücksichtigung findet auch der Aspekt, daß Dienstleistungen und Kundenzufriedenheit nicht um jeden Preis gemanagt werden sollten, sondern auch die Verbindung zur Unternehmensprofitabilität im Blickpunkt stehen muß. Aktuelle Entwicklungs- und Zukunftstendenzen runden das Handbuch ab.

- Grundlagen des Dienstleistungsmanagements
- Beschaffung und Produktion
- Informationsgrundlagen
- Strategische Ausrichtung
- Operative Umsetzung
- Führung und Organisation
- Implementierung und Erfolgskontrolle
- Erfolgsfaktoren und Entwicklungstendenzen

Manfred Bruhn/
Heribert Meffert (Hrsg.)
Handbuch Dienstleistungsmanagement
Grundlagen - Konzepte - Erfahrungen
1998. XVII, 1030 S., 198 Abb., 24 Tab., geb. mit Schutzumschlag
DM 198,00 Subskriptionspreis bis 30.09.1998: DM 168,00
ISBN 3-409-13593-6

Bestell-Coupon

Ja, ich bestelle ___ Exemplare

Manfred Bruhn/ Heribert Meffert (Hrsg.)
Handbuch Dienstleistungsmanagement
Grundlagen - Konzepte - Erfahrungen
1998. XVII, 1030 S., 198 Abb., 24 Tab., geb. mit Schutzumschlag: DM 198,00
Subskriptionspreis bis
30.09.1998: DM168,00
ISBN 3-409-13593-6

Vorname und Name

Straße (bitte kein Postfach)

PLZ, Ort

Unterschrift

z. H. Frau Kristiane Alesch,
Postfach 1547, 65005 Wiesbaden,
Fax: (0611) 78 78 439
http://www.gabler-online.de

Änderungen vorbehalten. Stand: Juli 1998.
Erhältlich im Buchhandel oder beim Verlag.

Beratungsunterstützung von Portfoliounternehmen durch deutsche Venture Capital-Gesellschaften

Eine empirische Untersuchung

Von Michael Schefczyk und Torsten J. Gerpott

Überblick

- Die Beratungsunterstützung der von deutschen Venture Capital-Gesellschaften (VCG) gehaltenen Portfoliounternehmen (PU) durch die investierende VCG wurde in der deutschsprachigen Literatur bislang fast nur in qualitativer Weise betrachtet.

- Ziel dieser Arbeit ist es deshalb, empirische Daten zu Aspekten, Determinanten und Erfolgswirkungen der Beratungsunterstützung von PU durch VCG bereitzustellen.

- Hierzu wurden neun Hypothesen zur Nutzungshäufigkeit(sentwicklung) verschiedener Formen der Beratungsunterstützung, zu funktionalen Beratungsfeldern, zu Einflüssen von VCG- und PU-Merkmalen auf Beratungsvariablenausprägungen und zu PU-Erfolgsunterschieden in Abhängigkeit von der Form, Intensität und Häufigkeit der Beratungsunterstützung durch VCG formuliert.

- Die Hypothesen wurden für 103 Beteiligungstransaktionen von 12 deutschen VCG überprüft und größtenteils bestätigt.

- Die Befunde verdeutlichen, daß zahlreiche deutsche VCG sich auf den finanziellen Aspekt des VC-Geschäfts konzentrieren und wertschöpfende Unterstützung des PU-Managements nur begrenzt realisieren. So findet formelle Gremienarbeit zwar bei 87% der Beteiligungstransaktionen statt, inhaltsorientierte Beratung im engeren Sinne aber nur bei 42% der Beteiligungsfälle.

- Die Analysen liefern Indizien dafür, daß VCG das Erfolgsniveau von PU durch über bloße Gremienarbeit hinausgehende inhaltsorientierte Beratung i.e.S. und durch aktive Beteiligung an funktionalen PU-Entscheidungen positiv beeinflussen können. Angesichts dieser Effekte wird diskutiert, wie in der Praxis eine Verstärkung der PU-Beratungsunterstützung durch VCG-Manager gefördert werden kann.

Eingegangen: 3. August 1998

Priv.-Doz. Dr. Michael Schefczyk, Principal/Mitglied der Geschäftsleitung, Booz·Allen & Hamilton, Königsallee 106, D-40215 Düsseldorf.
Univ.-Prof. Dr. Torsten J. Gerpott, Lehrstuhl Planung und Organisation, Gerhard-Mercator-Universität Duisburg, Lotharstr. 65, D-47057 Duisburg.

© Gabler-Verlag 1998

Michael Schefczyk und Torsten J. Gerpott

A. Untersuchungseinordnung und -ziele

Venture Capital-Gesellschaften (VCG) führen als Intermediäre für Kapitalgeber die Finanzierung von Beteiligungen an Unternehmen durch, die zumindest zum Zeitpunkt der Mittelbereitstellung nicht börsenreif sind. Die einzelnen Beteiligungsobjekte bzw. Kapitalnehmer von VCG werden dabei als *Portfoliounternehmen (PU)* bezeichnet. Unabhängig von der Art der VCG (Universal- vs. Unternehmens- vs. öffentlich geförderte Kapitalbeteiligungsgesellschaften) und der PU (z.B. Neugründungen vs. partiell bereits etablierte Anbieter) zeichnen sich die Finanzierungen einer VCG dadurch aus, daß einem PU voll haftendes Eigenkapital in Form einer Minderheitsbeteiligung, verbunden mit erheblichen Mitsprache- und Kontrollrechten über das dem Kapitalanteil der VCG entsprechende Maß hinaus sowie Beratungsunterstützung durch den Intermediär bereitgestellt wird.[1]

Das von deutschen VCG in PU investierte (Wagnis-, Risiko- oder Chancen-)Kapital ist zwischen 1987 und 1997 um durchschnittlich 16,3% pro Jahr auf ein Volumen von zuletzt 7,7 Mrd. DM gewachsen.[2] Vor dem Hintergrund dieser Zunahme der Bedeutung von Venture Capital für junge und/oder mittelständische Unternehmen in Deutschland wurden (1) die Finanzierungsverhaltensmuster von VCG verbunden mit den gesetzlichen und institutionellen Rahmenbedingungen sowie (2) der Erfolg von Venture Capital-finanzierten PU von Wissenschaftlern und Praxisvertretern in den letzten Jahren wieder verstärkt analysiert.[3] In dieser Diskussion wurde kaum thematisiert, inwieweit und wie effizient VCG neben ihrer Kapitalbeschaffungs- und Zuordnungsfunktion PU auch Beratungsunterstützung zur Erringung nachhaltiger Wettbewerbsvorteile zukommen lassen. Die Möglichkeit der Gewährung einer solchen Beratungsunterstützung ergibt sich für VCG zum einen *formal* aufgrund ihrer Stellung als *Miteigentümer* von PU und zum anderen *inhaltlich* aufgrund ihrer Erfahrungen bei der Begleitung einer *Vielzahl* von mehr oder minder erfolgreichen PU. Die Gestaltung der Beratungsunterstützung von PU hat für VCG eine hohe Bedeutung, da sie zusätzlich zum Vorgehen bei der PU-Auswahl und zum „financial engineering" eines Beteiligungskontraktes eine weitere Möglichkeit zur *aktiven* Beeinflussung der Wertveränderung eines PU eröffnet.[4] Entsprechend verwenden zumindest US-amerikanische VCG-Mitarbeiter im Mittel den überwiegenden Teil ihrer Arbeitszeit für die Beratungsunterstützung des Managements der von ihnen betreuten PU.[5]

Die praktische Relevanz der Beratungsunterstützung von Venture Capital-finanzierten Unternehmen durch VCG-Vertreter verhält sich umgekehrt proportional zur Quantität und Qualität der Beachtung dieses Themenkreises in der betriebswirtschaftlichen Literatur, die sich *allgemein* mit der Zusammenarbeit des Managements von Unternehmen mit externen oder internen Beratern befaßt und sich dabei vor allem auf (1) die Beschreibung/Klassifizierung von (Management-)Beratungsinhalten und -anbietern, (2) die Erhellung von Determinanten der Beraterauswahl und des Beratungserfolgs und (3) die Analyse spezifischer Führungsprobleme von Beratungsunternehmen konzentriert.[6] Ähnlich existieren im deutschsprachigen Schrifttum, das sich *speziell* mit VCG-Finanzierungen beschäftigt, bislang nur sehr wenige konzeptionelle oder gar empirische Untersuchungen, die sich eingehender mit der Beratungsunterstützung von PU durch VCG auseinandersetzen.[7]

In dieser Situation verfolgt die eigene Studie drei Ziele:

1. Empirische Beschreibung (a) der Einsatzhäufigkeit verschiedener Beratungsformen, (b) der Beratungsintensität zwischen VCG-Vertretern und PU-Managern im Vorfeld von Entscheidungen zu verschiedenen Themenfeldern und (c) der Beratungshäufigkeit von PU durch deutsche VCG.
2. Empirische Analyse der Abhängigkeit von Beratungsvariablen von VCG- und PU-Merkmalen.
3. Empirische Erkundung möglicher Wirkungen von Variablen zur Abbildung von Aspekten der Beratungsunterstützung von PU durch VCG einerseits und PU-Erfolgskriterien andererseits.

Zur Erreichung dieser Ziele präzisieren wir in Abschnitt B auf Basis einer Aufarbeitung der einschlägigen betriebswirtschaftlichen Forschung den Gegenstand unserer empirischen Studie und die ihr zugrundeliegenden Hypothesen. Abschnitte C und D stellen Methodik und Befunde unserer Erhebung dar. Implikationen der empirischen Ergebnisse für die praktische Gestaltung der Beratungsunterstützung von PU durch VCG und für weiterführende Forschungen werden in Abschnitt E aufgezeigt.

B. Beratungsunterstützung von PU durch VCG: Untersuchungspräzisierung und -hypothesen

I. Aspekte der Beratungsunterstützung

Hinsichtlich der institutionellen Form der Beratungsunterstützung ist zunächst idealtypisch zu unterscheiden zwischen:

- der Mitarbeit von VCG in *PU-Gremien* (Beirat, Aufsichtsrat, Gesellschafterausschuß o. ä.) als *Beratung i.w.S.* einerseits und
- der in einem interaktiven Prozeß im Arbeitsalltag realisierten, professionellen, ganzheitlichen und temporär begrenzten Unterstützung durch VCG-Mitarbeiter bei der Lösung betriebswirtschaftlicher Probleme der PU andererseits, die *als Beratung im engeren bzw. klassischen Sinn*[8] darauf ausgerichtet ist, Entscheidungen und Verhaltensweisen der Geschäftsleitung des PU zu beeinflussen.

Zur Beratungsunterstützung (i.w.S.) von PU durch Entsendung und Mitarbeit von VCG-Vertretern in PU-Gremien wird in der Praxis zumeist ein *Beirat* oder seltener ein *Aufsichtsrat* gebildet, in den neben Vertretern der VCG und der übrigen PU-Eigentümer auch Repräsentanten von Banken einbezogen werden. Die Sitzungsfrequenz derartiger diskontinuierlich arbeitenden Gremien ist typischerweise so niedrig, daß sich VCG-Vertreter bei dieser Form der Beratung i.w.S. auf eine Minimierung des Totalverlustrisikos für ein PU zu beschränken haben und kaum Beratungsfunktionen i.e.S. zur Unterstützung der Wertsteigerung des PU übernehmen können. Fokus der Beratungsunterstützung von PU durch VCG in Gremien sind deshalb risikominimierende Informations- und Kontrollaktivitäten, die über die üblichen Verhaltensmuster von Minderheitsgesellschaftern hinausgehen. Als Gegenstand solcher Aktivitäten werden häufig genannt:[9]

- *Kataloge zustimmungspflichtiger Geschäfte,* für die das PU die Genehmigung der VCG einholen muß, so z.B.
  - Abschluß von Gesellschafts- und Kooperationsverträgen,
  - Bestellung von Geschäftsführern und Prokuristen,
  - Veränderungen von Strategien und Produktprogrammen,
  - Aufnahme von Krediten sowie ähnliche Finanzierungsgeschäfte,
  - Abschluß großer/langfristiger Miet-, Leasing- oder Pachtverträge sowie von Verträgen über Patente und andere Schutzrechte
  - Grundstücksgeschäfte,
  - Bestellung von Wirtschaftsprüfern und Steuerberatern.
- *Informationsrechte* der VCG, häufig ausgestaltet als regelmäßige Berichterstattung mit Prüfungsrechten, z.B.
  - monatliche, viertel- oder halbjährliche Umsatzmeldungen und Berichte zur Bilanz sowie zur Gewinn- und Verlustrechnung,
  - Zwischenberichte über die Geschäftslage inkl. Marktentwicklung, Auftragsbestand und der Personalsituation und
  - ereignisgetriebene Meldungen wichtiger Tatbestände, etwa Vertragsabschlüsse und -kündigungen sowie Investitionsvorhaben.

Derartige in Beteiligungsverträgen vereinbarte formale Informations- und Kontrollrechte waren bereits früh Gegenstand der VC-Literatur. Die Bedeutung dieses Betrachtungsgegenstandes nahm aber wieder ab, da in der Praxis weitgehend übereinstimmende Kataloge von Informations- und Kontrollrechten verwendet werden.

Die nahezu durchweg außerhalb von Gremien erfolgende Unterstützung von PU durch *Beratung i.e.S.* läßt sich in zwei Teilbereiche untergliedern:[10]

- *Inhaltliche Beratung bei Fachfragen:* VCG können PU inhaltlich in Fachfragen beraten, wenn die Qualifikation des PU-Managements nicht ausreicht oder bei Entscheidungen großer Tragweite eine Abstimmung sinnvoll ist. Finanzierung, strategische Planung und Personal-/Organisationsfragen gelten als die häufigsten Inhalte der Betreuung von PU.[11]
- *Methoden und Prozeßunterstützung:* VCG können PU bei Prozessen der Ideengenerierung und -realisierung unterstützen,[12] indem sie (1) Ideen auf Realisierbarkeit und Wirtschaftlichkeit prüfen, (2) sich an der Festlegung von Maßnahmenplänen zur Umsetzung von Innovationsvorhaben beteiligen und (3) Geschäftskontakte zur Verfügung stellen.

Eine dritte Sonderform der Beratung stellt die temporäre Übernahme von operativen Linienaufgaben in einem PU durch einen VCG-Vertreter dar: Der VCG-Mitarbeiter bereitet hier nicht mehr nur wichtige Entscheidungen mit vor, sondern agiert als (Shadow-) „Manager auf Zeit", der auch im Tagesgeschäft für die Entscheidungsumsetzung und laufende Aufgabenbewältigung sorgt. In der Praxis scheint diese dritte Form der „Beratung" allerdings nur bei Finanzierungsthemen und in Krisensituationen zum Einsatz zu kommen.[13]

Empirische Anhaltspunkte zur Einsatzhäufigkeit verschiedener Beratungsformen durch deutsche VCG wurden von Wupperfeld im Rahmen der Begleitforschung zum Modellversuch „Beteiligungskapital für junge Technologieunternehmen" vorgelegt: Danach verzichten vor allem öffentlich geförderte mittelständische Beteiligungsgesellschaften und z. T. auch ausschließlich renditeorientierte Kapitalbeteiligungsgesellschaften des Finanzsektors (insbesondere Tochtergesellschaften von Sparkassen) auf Beratungsaktivitäten i.e.S. und beschränken sich auf die Mitarbeit in PU-Gremien.[14] Als wesentliche Ursachen für die häufige Beschränkung der Beratungsunterstützung von VCG auf die Präsenz in PU-Gremien ermittelte Wupperfeld begrenzte personelle Kapazitäten und Know-how-Defizite auf seiten der VCG sowie wahrgenommene formale Beschränkungen der Beratungsmöglichkeiten bei Minderheitsbeteiligungen und speziell bei stillen Beteiligungen. Zudem wurde von Mayer/Müller festgestellt, daß die Deutsche Wagnisfinanzierungs-Gesellschaft im Zeitablauf den Schwerpunkt ihrer Beratungsunterstützung für PU von der kontrollierenden Mitarbeit in Gremien zugunsten der laufenden Beratung i.e.S. verschoben hat.[15]

Aus dieser Befundlage ergeben sich folgende Hypothesen für die eigene Studie:

H_1: VCG beraten PU häufiger durch eine Mitarbeit in PU-Gremien als durch eine kontinuierliche Unterstützung im Alltag, die aber noch häufiger realisiert wird als die Übernahme operativer Linienaufgaben durch VCG-Repräsentanten.

H_2: Beratungsfunktionen i.e.S. werden durch VCG in jüngerer Zeit eher wahrgenommen als in früheren Perioden.

Die Beratungsunterstützung von PU durch VCG läßt sich nicht nur nach ihrer institutionellen *Form* nominal klassifizieren, sondern zusätzlich auch graduell anhand (1) der *Intensität* der Einbindung von VCG in die Vorbereitung von funktionalen Entscheidungen des PU und (2) der *Häufigkeit* der Kontaktaufnahme der VCG mit PU-Managern erfassen.[16] Befunde von Wupperfeld[17] deuten darauf hin, daß deutsche VCG (a) im Mittel nur schwach in PU-Entscheidungen involviert sind und (b) insbesondere bei Entscheidungen, die sich *nicht* auf Finanzierungsfragen beziehen (z.B. Produktentwicklung und -vermarktung), praktisch nicht einbezogen sind. Im Einklang mit diesen Beobachtungen formulieren wir:

H_3: VCG-Vertreter sind bei technik- oder vermarktungsgetriebenen PU-Entscheidungen nur mit geringer Intensität beratend eingebunden.

Hinsichtlich der Häufigkeit der Kontaktaufnahme deutscher VCG mit PU-Managern nach einem Beteiligungserwerb liegen u.E. bislang keine einschlägigen Untersuchungen vor.

II. Determinanten der Beratungsunterstützung

Die Vielzahl der in der Literatur genannten Bestimmungsfaktoren der Form, Intensität und Häufigkeit der Beratungsunterstützung von PU durch VCG lassen sich zu zwei Gruppen von Variablen zusammenfassen:[18]

1. Merkmale der VCG
2. Merkmale der PU bzw. der VCG-Beteiligung an einem PU

Als bedeutsames *Merkmal der VCG* kann deren Konzentration auf Beteiligungen an Unternehmen, die sich in einer bestimmten Lebenszyklusphase (Gründung, Expansion, Börseneinführung/Verkauf/MBO/MBI) befinden, also der jeweilige Finanzierungsphasenfokus, angesehen werden: Bei dem für frühe Phasen praxistypischen Fall von Gründern mit hoher technischer, aber stark eingeschränkter unternehmerischer und kaufmännischer Qualifikation [19] stehen als Beratungsinhalte die Entwicklung von Unternehmenskonzept und Strategie, generelles kaufmännisches Methodenwissen (z.B. zu Marketing und Vertrieb sowie Forschung und Entwicklung) und operative Spezialthemen (z.B. der Gestaltung von Verträgen und der Akquisition von Kunden) im Vordergrund. [20] Konzentriert sich die VCG dagegen auf spätere Finanzierungsphasen, dann gewinnt die Vorbereitung strategischer Schlüsselentscheidungen (z.B. Kooperationen, Unternehmenstransaktionen, Börsengang) an Bedeutung. Hierzu ergibt sich als vierte Hypothese:

H_4: Die Konzentration von VCG auf bestimmte Finanzierungsphasen beeinflußt Form, Intensität und Häufigkeit der Beratungsunterstützung von VCG für PU in signifikanter Weise.

Von den *Merkmalen der PU* als Bestimmungsgrößen der Beratungsunterstützung werden hier zwei Variablen herausgegriffen und zwar (1) die gesellschaftsrechtliche Ausgestaltung der Finanzierung als stille vs. offene Beteiligung und (2) das Wachstum des Absatzmarktes eines PU als Kennzeichen für die Dynamik des Umfeldes.

Bei der eigenkapitalnahen Finanzierungsform der *stillen Beteiligung* fehlen aus gesellschaftsrechtlichen Gründen in der Regel sowohl Stimmrechte in der Gesellschafterversammlung als auch Möglichkeiten zur Mitwirkung in Gesellschafterausschüssen und ggf. einem Aufsichtsrat. Diesen Mangel an Einflußmöglichkeiten könnten Kapitalgeber durch eine höhere Beratungsintensität und eine überdurchschnittlich intensive Einbindung in ausgewählte funktionale Entscheidungen beheben. Realisiert werden kann eine derartige Einbindung durch Kataloge zustimmungspflichtiger Geschäfte und Entscheidungen in Beteiligungsverträgen. Diese Überlegungen lassen sich in folgender Hypothese zusammenfassen:

H_5: VCG, die mit einem PU eine stille Beteiligung eingehen, unterstützen das PU im Vergleich zu offenen Beteiligungen eher selektiv und außerhalb von Gremien.

Hinsichtlich des *Marktwachstums* kann vermutet werden, daß PU gerade in schnell wachsenden Märkten einen hohen Bedarf an Beratungsunterstützung aufweisen, da in diesem Fall viele Schlüsselentscheidungen erst nach Abschluß der Beteiligung getroffen werden können und eine dynamische Marktentwicklung besonders hohe Anforderungen an das Management stellt. Eine hohe Absatzmarktdynamik impliziert insbesondere die Notwendigkeit einer überdurchschnittlich intensiven Abstimmung von Entwicklungs-, Produktions- und Absatzstrategieanpassungen zwischen VCG und PU. Hingegen dürfte die Abstimmungsintensität zwischen VCG und PU bei Finanzierungsfragen *nicht* systematisch mit dem Marktwachstum korrelieren, da sowohl bei niedrigem als auch hohem Marktwachstum Finanzierungsthemen, die inhaltlich zwar unterschiedliche Akzente aufweisen, gleichbleibend hohe Relevanz in Beratungsprozessen zwischen VCG und PU zukommen dürfte. Daher formulieren wir folgende Hypothese:

H_6: Mit dem Wachstum des PU-Absatzmarktes nehmen Beratungsintensität und Einbindung von VCG in Entwicklungs-, Produktions- und Absatzentscheidungen des PU zu.

III. Erfolgswirkungen von Beratungsunterstützung

In den in Kap. B.I rezipierten Untersuchungen wurde überwiegend festgestellt, daß in PU-Gremien primär die Ausübung von Kontroll- und Informationsrechten und kaum inhaltlich tiefergehende Beratung i.e.S. erfolgt. Eine empirische Studie von Rosenstein et al. [21] belegt zudem, daß der Wert von Gremienarbeit für PU begrenzt ist. Vermutet man auf dieser Basis, daß zwar Beratungsunterstützung i.e.S. den Erfolg von PU systematisch zu erhöhen vermag, aber weniger kreativ angelegte Informations- und Kontrollaktivitäten in PU-Gremien hauptsächlich zu Verhinderung von Mißerfolgen beitragen können, ergibt sich als Hypothese H_7:

H_7: PU, die von VCG durch Beratung i.e.S. (alternativ: Mitarbeit in Gremien) unterstützt werden, weisen ein (alternativ: kein) signifikant höheres Erfolgsniveau auf als PU, die eine solche Form der Zusammenarbeit mit ihrer VCG nicht erfahren.

Inwieweit die Beratungsintensität zwischen PU und VCG positiv erfolgskorreliert ist, steht im Zentrum einer Untersuchung von MacMillan et al. 1988[22], in der drei Gruppen von Beratungsintensitäten unterschieden werden, für die sich *keine* signifikant unterschiedlichen Beteiligungserfolge nachweisen lassen. Allerdings waren je Gruppe unterschiedliche Inhalte der Managementunterstützung erfolgsrelevant, d.h. es wurden Interaktionseffekte zwischen Beratungsintensität und -inhalten festgestellt: Bei *hoch- und mittelintensiven* VCG-PU-Beziehungen war eine aktive Beteiligung der VCG an der Suche nach Kandidaten für die Geschäftsführung dem Erfolg abträglich. Als Erklärungen für diesen überraschenden Befund wird angeführt, daß (1) neue Geschäftsführungsmitglieder sich gut in das bestehende Management einfügen müssen und demnach eher die Gründer als die VCG geeignete Manager identifizieren sollten und (2) die aktive Kandidatensuche der VCG ein Indiz für eine hinter den Anforderungen der VCG zurückbleibende Entwicklung des PU sein kann. Als erfolgsfördernd erweist sich dagegen die Beteiligung der VCG an der Verhandlung des Gehaltes und anderer Konditionen des Arbeitsvertrages von PU-Geschäftsführern. Für *mittelstark* ausgeprägte VCG-PU-Beziehungen ergaben sich positive Erfolgswirkungen aus Informations- und Kontrollaktivitäten, dagegen aber negative Wirkungen aus einer Beteiligung der VCG an der Entwicklung der PU-Geschäftsstrategie. Für *gering involvierte* VCG resultierten aus der Förderung eines professionellen Netzwerks (= Herstellung von Kontakten zu Kunden, Lieferanten, anderen Kapitalgebern, Beratern etc.) positive, aus Krisen- und Problemmanagementaktivitäten aber negative Wirkungen.

Den Ergebnissen von MacMillan et al. widersprechen neuere Untersuchungen insofern, als daß sie Befunde für eine generell positive Korrelation von Beratungsintensität und Erfolg liefern.[23] Die für die Beratungsintensitätsgruppen spezifischen inhaltlichen Interaktionsschwerpunkte wurden allerdings in den neueren Studien nicht berücksichtigt. In der bisherigen Forschung zur Erfolgswirkung der Beratungsunterstützung von VCG für PU wurde zudem nicht konsequenterweise zwischen der Form, qualitativen Intensität und Häufigkeit der Beratungsunterstützung differenziert. Insgesamt ist somit folgende Hypothese H_8 zu prüfen:

H_8: Je intensiver VCG mit PU verschiedene funktionale Entscheidungsthemen beraten und je häufiger beratende Kontakte zwischen VCG und PU stattfinden, desto höher fällt das PU-Erfolgsniveau aus.

Als extreme Form der Beratungsunterstützung kann schließlich die Übernahme operativer Funktionen, insbesondere von Linienverantwortung der PU durch VCG, angesehen werden. In der VC-Praxis ist dies allerdings, abgesehen von einzelnen Finanzierungsfragen, mit größerer funktionaler Breite nur in Krisensituationen üblich.[24] Entsprechend formulieren wir als Hypothese H_9:

H_9: Die Wahrscheinlichkeit der Übernahme von Linienaufgaben in PU durch VCG-Vertreter korreliert negativ mit dem PU-Erfolgsniveau.

C. Methodik der empirischen Untersuchung

I. Stichprobe

Als Grundgesamtheit der vorliegenden Untersuchung wurde das Beteiligungsportfolio von 48 renditeorientierten VCG herangezogen, die 1995 Mitglied im Bundesverband deutscher Kapitalbeteiligungsgesellschaften (BVK) waren.[25] Zur Datenerhebung wurde ein weitgehend standardisierter Fragebogen verwendet, den der BVK im Oktober 1995 verschickte. Empfänger war jeweils ein Geschäftsführungsmitglied der VCG. Nach Versand von 37 Fragebögen[26] wurden von 10 verschiedenen Experten(teams) (Antwortquote: 27,0%) Angaben zu 103 Beteiligungstransaktionen von 12 VCG bereitgestellt. Diese 12 VCG hielten nach eigenen Angaben Ende 1995 insgesamt ein Portfolio von ca. 1,4 Mrd. DM, was 33,0% der gesamten von renditeorientierten VCG in Deutschland gehaltenen Beteiligungen von 4,2 Mrd. DM entspricht.[27]

Gegen die Repräsentativität der Stichprobe drängen sich anhand der Größenstruktur und Trägerschaft der VCG keine Bedenken auf. Allerdings darf nicht übersehen werden, daß durch Einbeziehung nur einer Unternehmensbeteiligungsgesellschaft dieses Segment in der Stichprobe nicht hinreichend repräsentiert ist und darüber hinaus auf Frühphasenfinanzierungen spezialisierte VCG gänzlich fehlen.

II. Variablenoperationalisierung

1. Beratungsunterstützung

Die wesentlichen Beratungsvariablen wurden folgendermaßen operationalisiert:[28]

1. Als *Beratungsformen* einer VCG für ein PU wurden (a) die „Einbindung in Gremien" (=Beratung i.w.S., s. Kap. B.I), (b) die Durchführung von Beratungsaufgaben (=Beratung i.e.S.) und (c) das „Durchführen von Linienaufgaben" jeweils als Nominalvariablen („trifft zu" vs. „trifft nicht zu") erhoben.
2. Zur Erfassung der *Beratungsintensität* im Sinne der Einbindung von VCG in funktionale Entscheidungen der PU wurde abgefragt, in welchen Funktionen VCG und PU wie intensiv bei Entscheidungen zusammenarbeiten.[29] Als funktionale Entscheidungsfelder wurden dabei Forschung und Entwicklung, Produktion, Absatz und Finanzierung vorgegeben. Auf die Einbeziehung von Planung/Strategie wurde verzichtet, da strate-

Beratungsunterstützung von PU durch VCG

Tab. 1: Deskriptive Statistiken und Korrelationen der Beratungsvariablen

Beratungsvariablen	M^a	S	Median	1a	1b	1c	2a	2b	2c	2d	3a	3b
1. Beratungsform [c]												
1a. Gremienarbeit	0,87			–	–0,27**	–0,37***	–0,50***	–0,31**	–0,18+	–0,23*	+0,14	+0,03
1b. Beratungsunterstützung i.e.S.	0,42			–0,27**	–	+0,25**	+0,37***	+0,40***	+0,42***	+0,47***	–0,02	+0,17+
1c. Linienaufgabenübernahme	0,10			–0,37***	+0,25*	–	+0,71***	+0,66***	+0,59***	+0,30***	+0,26**	+0,17+
2. Beratungsintensität [d]												
2a. Entwicklungsentscheidungen	–1,76	0,68	–2,0	–0,36***	+0,39***	+0,48***	–	+0,63***	+0,41***	+0,27**	–0,06	+0,01
2b. Produktionsentscheidungen	–1,62	0,78	–2,0	–0,27**	+0,39***	+0,54***	+0,67***	–	+0,66***	+0,37***	+0,01	–0,01
2c. Absatzentscheidungen	–1,12	1,14	–2,0	–0,11	+0,40***	+0,45***	+0,36***	+0,60***	–	+0,52***	–0,03	+0,10
2d. Finanzierungsentscheidungen	+0,48	1,37	+1,0	–0,22*	+0,42***	+0,28**	+0,23*	+0,33***	+0,47***	–	–0,27**	+0,29**
3. Häufigkeit beratender Kontakte p.a.												
3a. Persönlich	8,4	12,5	4,0	+0,19*	+0,17+	+0,28**	+0,02	+0,08	+0,24**	+0,43***	–	+0,29**
3b. Schriftlich/telefonisch	24,2	37,0	12,0	+0,01	+0,12	+0,35***	+0,08	–0,02	+0,06	+0,30***	+0,57***	–

Kendall's Tau \ Pearson's r [b]

a) Abkürzungen: M = (arithmetischer) Mittelwert; S = Standardabweichung. Fallzahlen: $90 \leq N \leq 102$.
b) Werte oberhalb der Hauptdiagonalen: Pearson's r; unterhalb der Hauptdiagonalen: Kendall's Tau.
c) 0/1-Dummy-Variablen mit 1 = Beratungsform wurde realisiert.
d) Fünfstufige Skala zum Grad der Einbindung von VCG in PU-Entscheidungen in vier Feldern mit –2 = geringe Einbindung über 0 = durchschnittliche Einbindung bis +2 = intensive Einbindung.

+ p < 0,10   * p < 0,05   ** p < 0,01   *** p < 0,001 (zweiseitiger Test).

gische Entscheidungen ohnehin einen typischen Gegenstand der Beziehungen zwischen Geschäftsführern und Gesellschaftern darstellen.
3. Die *Häufigkeit der beratenden Kontaktaufnahme* zwischen VCG und PU wurde für die Kategorien „persönliche Treffen auf Managementebene" und „schriftliche/telefonische Interaktionen" durch Angabe der durchschnittlichen Interaktionszahlen pro Jahr erfaßt.

Weitere Informationen zur Operationalisierung der Beratungsvariablen sind Tab. 1 zu entnehmen.

Zur Erkundung von Unterschieden in der Häufigkeit der Übernahme von Beratungsfunktionen i.e.S. durch VCG (s. H_2) wurde das *Desinvestitionsjahr* der einzelnen nicht mehr gehaltenen Beteiligungen unmittelbar erfragt. Die in der Stichprobe berücksichtigten 39 desinvestierten Beteiligungen wurden zwischen 1984 und 1995, im Mittel aber im Jahr 1992, veräußert.

2. Determinanten der Beratungsunterstützung

Ergänzend wurden drei Variablen(gruppen) als potentielle Determinanten der Beratungsunterstützung erhoben. Deskriptive Statistiken für diese Variablen sind in Tab. 2 dargestellt. Demnach lassen die Determinanten sich wie folgt interpretieren:

1. Die *Finanzierungsphasenanteile im VCG-Portfolio* wurden bezogen auf das Beteiligungsportfolio der VCG insgesamt abgefragt. Es wurde jeweils auf den monetär bewerteten Anteil der drei häufigsten Finanzierungsphasen „Start-up", „Expansion" und „MBO/MBI" (=Management Buy-Out/-In) Finanzierungen abgestellt.

   Gemessen am Mittelwert (Median) repräsentieren die Finanzierungsphasen Start-up 17% (5%), Expansion 51% (43%) und MBO/MBI 20% (23%) am Portfolio der einzelnen VCG. Diese Befunde entsprechen dem traditionellen Fokus der deutschen VCG-Branche auf Expansionsfinanzierungen. Der Finanzierungsphasenfokus der jeweiligen VCG soll als Indiz dafür interpretiert werden, ob sich eine VCG in ihrer Organisation auf den spezifischen Beratungsbedarf einer Finanzierungsphase einstellen konnte.

Tab. 2: Deskriptive Statistiken der Determinanten der Beratungsunterstützung

Determinanten	M^a	S	Median	Min	Max	N
1. Finanzierungsphasenanteil im VCG-Portfolio						
1a. Start-up	0,17	0,17	0,05	0,0	0,4	(98) [b]
1b. Expansion	0,51	0,23	0,43	0,2	1,0	(98)
1c. MBO/MBI	0,20	0,15	0,23	0,0	0,6	(98)
2. PU-Merkmale						
2a. Stille Beteiligung	0,15	0,35	0,00	0,0	1,0	103
2b. Marktwachstum[c]	11%	17%	7%	–17%	80%	46

a) Abkürzungen: M = (arithmetischer) Mittelwert; S = Standardabweichung; N = Fallzahl.
b) Die Stichprobe umfaßt 12 VCG. N = 98 bezieht sich hier auf die Perspektive der einzelnen Beteiligungsfälle.
c) Durchschnittliche jährliche Wachstumsrate.

2. Die gesellschaftsrechtliche Ausgestaltung einer Finanzierung als *stille Beteiligung* wurde unmittelbar erfragt und als 0/1-Variable (mit 1 = stille Beteiligung liegt vor) kodiert. Rund 15% der Beteiligungsfälle sind stille Beteiligungen.
3. Das realisierte *Marktwachstum* am Absatzmarkt des PU wurde für einen Zeitraum von fünf Jahren erhoben. Gemessen am Mittelwert (Median) sind die PU-Märkte um durchschnittlich 11% (7%) p.a. gewachsen. Diese Variable dient der Erkennung von PU, die in dynamischen Marktumfeldern tätig sind.

3. PU-Erfolgskriterien

In der eigenen Untersuchung wurden vier Erfolgskriterien gemessen:

1. Die *Internal Rate of Return* (IRR), die sich auf die Definition „Bruttorendite für realisierte und bestehende Beteiligungen" der European Venture Capital Association (EVCA) stützt, wurde direkt erfragt.[30] Dieses Maß bildet den internen Zinsfuß der Barauszahlungen der VCG an ein PU, primär also den Beteiligungserwerb, und Barrückflüsse in Form des Veräußerungserlöses und ggf. der Gewinnausschüttungen sowie Zinsen und Tilgungen von Gesellschafterdarlehen ab. Bei bestehenden Beteiligungen ersetzt der Endwert den Veräußerungserlös.
2. Die *Rendite im Vergleich zum Geschäftsplan* (RPLAN) wurde als subjektives Erfolgsmaß durch Einschätzung der tatsächlich realisierten Rendite im Vergleich zu dem vor Beteiligungsabschluß vorgelegten Geschäftsplan durch den befragten Experten auf einer fünfstufigen Skala erhoben.
3. Die *Rendite im Vergleich zur Branche* (RBRAN) wurde analog zur Rendite im Vergleich zum Geschäftsplan durch den befragten Experten auf einer fünfstufigen Skala eingeschätzt. Maßstab sind andere Unternehmen aus der Branche des PU.
4. Der *absolute Mißerfolg* (VERLU) wurde als 0/1-Variable erfaßt, wobei der Wert 1 den Fall des Totalverlusts bzw. der Liquidation abbildet.

Deskriptive Statistiken für die Erfolgsmaße sind in Tab. 3 zusammengefaßt. In der ersten Zeile wird die Internal Rate of Return („Bruttorendite für realisierte und bestehende Be-

Tab. 3: Deskriptive Statistiken und Korrelationen der Erfolgsmaße

Erfolgsmaße[a]	M[b]	S	Median	N	Kendall's Tau \ Pearson's r[c]			
					1	2	3	4
1. IRR	18,3 %	21,1 %	15,0 %	88	–	+0,47***	+0,42***	–
2. RPLAN[d]	1,7	0,9	2,0	100	+0,54***	–	+0,76***	–0,59***
3. RBRAN[d]	2,1	1,0	2,0	98	+0,47***	+0,66***	–	–0,69***
4. VERLU[e]	0,09	0,28	0,0	103	–	–0,45***	–0,49***	–

a) Abkürzungen: IRR = Internal Rate of Return; RPLAN = Rendite im Vergleich zum Geschäftsplan; RBRAN = Rendite im Vergleich zur Branche; VERLU = Totalverlust/Liquidation.
b) Abkürzungen: M = (arithmetischer) Mittelwert; S = Standardabweichung; N = Fallzahl.
c) Werte oberhalb der Hauptdiagonalen: Pearson's r; unterhalb der Hauptdiagonalen: Kendall's Tau.
d) Skalierung: 0 = Totalverlust; 1 = schlechter als erwartet; 2 = erwartungsgemäß; 3 = besser als erwartet.
e) Skalierung: 1 = Totalverlust; 0 = sonst.

+ $p < 0,10$ * $p < 0,05$ ** $p < 0,01$ *** $p < 0,001$ (zweiseitiger Test).

teiligungen") gezeigt. Für 88 Fälle konnten Renditen zwischen −23% und +111% p.a. festgestellt werden. Für neun weitere Fälle war der Totalverlust eingetreten, so daß kein Wert für die IRR errechnet werden kann. In sechs Fällen noch gehaltener Beteiligungen wurde keine IRR angegeben. Insgesamt ergibt sich für die IRR ein Mittelwert von 18,3% und ein Median von 15,0%. Da der Mittelwert von einzelnen Extremfällen (bei drei Beteiligungen konnten Renditen von mehr als 100% p.a. erreicht werden) beeinflußt wird, ist der Median besser geeignet, die in der Stichprobe übliche Rendite zu charakterisieren.

D. Empirische Befunde

I. Aspekte der Beratungsunterstützung

Tab. 1 informiert über deskriptive Statistiken der Variablen zur Erfassung der beratenden Zusammenarbeit zwischen PU und VCG. Hinsichtlich der *Beratungsform* waren in 87% der Fälle Vertreter der VCG in Gremien, vor allem Beirat und Aufsichtsrat, des PU eingebunden. Dieser Wert belegt, daß Gremienarbeit den Normalfall der Zusammenarbeit darstellt und entsprechend zur Erklärung von PU-Erfolgsvarianz kaum in Frage kommt. Die Durchführung von Beratungsaufgaben i.e.S. gehört dagegen (nur) bei 42% der in der Stichprobe enthaltenen Beteiligungsfälle zum Zusammenarbeitsrepertoire. Noch seltener war in der Praxis die Übernahme von Linienaufgaben durch VCG, nämlich in 10% der Fälle, zu beobachten.

Die deskriptiven Häufigkeitsstatistiken in Tab. 1 offenbaren, daß (1) VCG häufiger PU durch eine Mitarbeit in PU-Gremien als durch eine kontinuierliche Unterstützung im Alltag beraten, und daß (2) die Beratungsunterstützung i.e.S. aber dennoch häufiger realisiert wird als die Übernahme operativer Linienaufgaben durch VCG-Repräsentanten. Die Hypothese H_1 kann demnach als bestätigt eingestuft werden. Der Kontingenzkoeffizient von $\tau=-0,27$ (p<0,01) zwischen den Variablen 1a und 1b in Tab. 1 verdeutlicht, daß sich die VCG in „Gremienarbeiter" und „Berater" unterteilen lassen. Zusammenfassend lassen sich wesentliche *Unterschiede* in der Gestaltung der Interaktion von VCG und PU am deutlichsten bei der Ausführung von Beratungsaufgaben erkennen.

Die Variablen zur *Beratungsintensität* beschreiben, auf welche *funktionalen* Gebiete sich die Zusammenarbeit zwischen VCG und PU bei der Entscheidungsvorbereitung und -findung konzentriert. Die Variablenausprägungen wurden jeweils auf einer fünfstufigen Skala zwischen −2 und +2 erfaßt, wobei der im Erhebungsbogen gekennzeichnete Durchschnittswert als 0 klassifiziert wurde. Die Mittelwerte von −1,8 und −1,6 deuten an, daß eine Zusammenarbeit auf den Gebieten der Entwicklung bzw. Produktion in aller Regel keine zentrale Bedeutung hat. Nur wenig intensiver gestaltet sich die Zusammenarbeit bei Absatzfragen (Mittelwert −1,1). Deutlich intensiver war dagegen die Einbindung der VCG bei Finanzierungsentscheidungen auch nach Abschluß der Beteiligung (Mittelwert +0,48; s. Variable 2d in Tab. 1).

Zur Prüfung von Hypothese H_2 wurden Korrelationen zwischen dem PU-Desinvestitionsjahr und den Beratungsform- und -intensitätsvariablen berechnet. Von den drei Beratungsformvariablen (s. Block 1 in Tab. 1) korreliert die Übernahme von Beratungsaufgaben i.e.S. mit r=+0,48 signifikant (p<0,01) mit dem Desinvestitionsjahr, die Assoziationen mit den beiden übrigen Formvariablen erreichen hingegen keine statistische Signifikanz (p>0,10). Mit Ausnahme der Beratungsintensität bei Entwicklungsentscheidungen (s. Variable 2a in Tab. 1) weisen die Indikatoren des VCG-Einbindungsgrades in funktionale PU-Entscheidungen mindestens auf dem 5%-Niveau statistisch signifikante Assoziationen mit der Variablen Desinvestitionsjahr auf. Insgesamt stützen unsere Analysen also die Hypothese H_2 einer Zunahme der Häufigkeit der Übernahme von Beratungsfunktionen i.e.S. durch VCG im Zeitablauf für die Periode von 1984 bis 1995.

Die Daten in Tab. 1 bestätigen zudem die Hypothese H_3, daß VCG-Vertreter bei technik- oder vermarktungsgetriebenen PU-Entscheidungen nur mit geringer Intensität beratend eingebunden sind. Diese Beobachtungen entsprechen weitgehend den Erkenntnissen anderer Untersuchungen zu VC-Finanzierungen in Deutschland.[31]

Der für die schriftlichen bzw. telefonischen Interaktionen gemessene Mittelwert (Median) von 24,2 (12,0) Kontaktaufnahmen pro Jahr deutet an, daß ein Informationsaustausch ohne persönliches Treffen im Normalfall ein- bis zweimal im Monat realisiert wurde. Für persönliche Treffen auf Managementebene ergibt sich ein Mittelwert (Median) von 8,4 (4,0) Interaktionen pro Jahr, entsprechend ein bis zwei Zusammenkünften pro Quartal.

II. Determinanten der Beratungsunterstützung

Mit Blick auf Hypothese H_4 wurden Zusammenhänge zwischen drei Indikatoren des VCG-Finanzierungsphasenfokus einerseits und der Form und Intensität der Beratungsunterstützung andererseits ermittelt (s. Tab. 4). Die Finanzierungsphasenfokusvariablen in Tab. 4 spiegeln jeweils den Anteil der Start-up-, Expansions- und MBO/MBI-Finanzierungen am *gesamten* Geschäft einer VCG wieder. Diese Variablen sind überwiegend mit der Form der Beratung eines PU durch VCG und der Beratungsintensität signifikant assoziiert. Demnach prägt die geschäftliche Ausrichtung von VCG deren Beratungsform und -intensität

Tab. 4: Pearson-Korrelationen zwischen VCG-Finanzierungsphasenfokus und Beratungsform sowie -intensität

Finanzierungs-phasenanteile im VCG-Portfolio [b]	Beratungsform [a]		Beratungsintensität			
			Funktionale Einbindung			
	Gremien-arbeit	Beratungs-unterstützung	Entwicklung	Produktion	Absatz	Finanzierung
1. Start-up	+0,34***	−0,35***	−0,10	−0,15	−0,25*	−0,45***
2. Expansion	−0,52***	+0,31**	+0,37***	+0,28**	+0,26*	+0,31**
3. MBO/MBI	+0,40***	−0,05	−0,34**	−0,17	−0,12	+0,06

a) Die Beratungsformvariable "Linienaufgabenübernahme" (s. Nr. 1c in Tab. 1) wird hier nicht gezeigt, da sie mit keiner der drei Finanzierungsphasenvariablen signifikant (p < 0,10) assoziiert war.
b) Fallzahlen: $83 \leq N \leq 102$.

+ p < 0,10   * p < 0,05   ** p < 0,01   *** p < 0,001 (zweiseitiger Test).

in hohem Maße. Nach den Korrelationskoeffizienten in Tab. 4 neigen die auf Start-up sowie die auf MBO/MBI spezialisierten VCG zur Gremienarbeit, die Expansionsfinanzierer dagegen zur Beratungsunterstützung i.e.S. Die Expansionsfinanzierer sind zudem regelmäßig zumindest in einzelne funktionale Entscheidungsfelder überdurchschnittlich stark eingebunden. Demgegenüber bleiben die typischen Start-up- und MBO/MBI-Finanzierer zumindest einigen Entscheidungsfeldern fern, und zwar beim Start-up den Absatz- und Finanzierungsentscheidungen sowie beim MBO/MBI der Entwicklung.

Diese Korrelationen von Finanzierungsphasenschwerpunkten und Beratungsform und -intensität deuten auf ein Dilemma der VC-Branche hin: Große Expansionsfinanzierungen sind häufig gut geeignet, umfangreiche Beratungsaktivitäten im Verhältnis zum investierten Kapital und zu den kurzfristig erzielbaren Überschüssen zu rechtfertigen. Bei MBO/MBI-Finanzierungen investiert eine VCG in besonderem Maße nicht lediglich in ein Unternehmen, sondern zugleich auch in ein Managementteam, was eine Zurückhaltung bei der Beratungsunterstützung i.e.S. und der funktionalen Entscheidungseinbindung nahelegt. Vor allem in frühen Finanzierungsphasen werden die in Kap. B.II aufgezeigten Felder mit hohem Beratungsbedarf aufgrund des eher passiven Verhaltens der VCG nach unseren Daten kaum adressiert. So wäre nach den Vorüberlegungen eine Beratungstätigkeit i.e.S. sowie eine enge Einbindung in funktionale Entscheidungen gerade zur Entwicklung von Unternehmenskonzept und Strategie sowie zur Vermittlung kaufmännischen Methodenwissens erforderlich. Zwar ist z.T. nachvollziehbar, daß die Einbindung in Finanzierungsentscheidungen – nachdem eine (kleine) Transaktion zunächst abgeschlossen ist – anfangs nicht im Vordergrund steht, in Fragen z.B. zur hinreichenden Marktorientiertheit der Produktentwicklung wäre aber ein Engagement der VCG durchaus zu erwarten. Die hier festgestellte Neigung von VCG, bei Frühphasenfinanzierungen auf aktive inhaltliche Beratungsunterstützung von PU oft weitgehend zu verzichten, dürfte ein Hindernis für Fortschritte in diesem Marktsegment in Deutschland darstellen. Möglicherweise liegt eine Ursache für das passive VCG-Beratungsverhalten bei Frühphasenfinanzierungen auch darin, daß der hiesige Markt sehr hohe Renditeanforderungen nicht erlaubt, die aber eine zwingende Voraussetzung zum Angebot von Beratungsleistungen bei kleinen Beteiligungsvolumina, verbunden mit hohen Ausfallrisiken, darstellen (z.B. aufgrund der Marktmentalität oder der begrenzten Möglichkeiten zur Veräußerung von Beteiligungen durch Börseneinführungen).[32]

Alles in allem kann Hypothese H_4 dahingehend angenommen werden, daß die Konzentration von VCG auf bestimmte Finanzierungsphasen Form und Intensität der Beratungsunterstützung von PU durch VCG in signifikanter Weise beeinflußt. Signifikante Zusammenhänge zwischen Finanzierungsphasenfokus und der Häufigkeit der beratenden Kontaktaufnahme (s. Variablenblock 3 in Tab. 1) wurden allerdings nicht beobachtet. Daher haben wir auf eine Aufnahme der entsprechenden Variablen in Tab. 4 verzichtet.

Tab. 5 informiert über Zusammenhänge zwischen den beiden in den Hypothesen H_5 und H_6 angesprochenen PU-bezogenen Merkmalen und den Beratungsform- und -intensitätsvariablen. Bei *stillen Beteiligungen* (Zeile 1 in Tab. 5) ist eine Mitarbeit in Gremien nur unterdurchschnittlich häufig zu beobachten (r=–0,51). Demgegenüber unterstützen VCG im Rahmen stiller Beteiligungen die PU eher selektiv und außerhalb von Gremien bei funktionalen Schlüsselentscheidungen. Damit wird die Hypothese H_5 durch die vorliegenden Daten eindeutig unterstützt. Auf Basis dieser Erkenntnis empfiehlt sich also durch-

Tab. 5: Pearson-Korrelationen zwischen PU-Merkmalen und Beratungsform sowie -intensität

	Beratungsform[a]		Beratungsintensität			
			Funktionale Einbindung			
PU-Merkmale[b]	Gremien-arbeit	Beratungs-unterstützung	Entwicklung	Produktion	Absatz	Finanzierung
1. Stille Beteiligung	−0,51***	+0,15	+0,37***	+0,30**	+0,28**	+0,22*
2. Marktwachstum	0,00	+0,25 +	+0,50***	+0,29 +	+0,24	−0,13

a) Die Beratungsformvariable "Linienaufgabenübernahme (s. Nr. 1c in Tab. 1) wird hier nicht gezeigt, da sie mit keiner der drei Finanzierungsphasenvariablen signifikant (p < 0,10) assoziiert war.
b) Fallzahlen für Variable 1: 86 ≤ N ≤ 102 und für Variable 2: 34 ≤ N ≤ 38.

+ p < 0,10   * p < 0,05   ** p < 0,01   *** p < 0,001 (zweiseitiger Test).

aus die Berücksichtigung einer stillen Beteiligung auch in Ergänzung zu einer offenen Beteiligung, um trotz der für Minderheitsgesellschafter typischen Stellung eine sinnvolle Beratung von PU durch VCG zu erleichtern. Den damit häufig verbundenen Nachteilen der Begrenzung von Beteiligungsdauer und Rendite steht als Vorteil die Chance gegenüber, Entscheidungen von herausragender Bedeutung z. T. zu kontrollieren, ohne dabei in der Gesellschafterversammlung überstimmt werden zu können.

Weiterhin prägen Aspekte der Märkte, in denen PU tätig sind, Form und Intensität ihrer Beratung durch VCG: Mit dem tatsächlich beobachteten Marktwachstum (Zeile 2 in Tab. 5) nehmen Beratungsintensität und funktionale Einbindung, zumindest bei Entwicklungs- und Produktionsentscheidungen, zu. Die Hypothese H_6 wurde also durch unsere Befunde gestützt. Die beiden Variablen zur Häufigkeit der beratenden Kontaktaufnahme zwischen VCG und PU wurden nicht in Tab. 5 aufgenommen, da zwischen ihnen und den beiden diskutierten PU-Merkmalen keine signifikanten Korrelationen bestanden.

III. Erfolgswirkungen von Beratungsunterstützung

Tab. 6 gibt einen Überblick zu bivariaten Zusammenhängen zwischen den erfaßten Beratungsvariablen und Erfolgsmaßen. Von den Variablen 1a bis 1c in Tab. 6, die die Beratungsform beschreiben, korreliert nur die Übernahme von Beratungsunterstützungsaufgaben i.e.S. konsistent signifikant mit mehreren Erfolgskriterien: Für die subjektiv beurteilte Rendite im Vergleich zum Geschäftsplan und zur Branche ergibt sich $\tau=0,21$ (p<0,05) bzw. 0,26 (p< 0,01). Demnach sind also 4–7% der Varianz dieser beiden Erfolgsmaße jeweils allein über die Beratung des PU durch die VCG zu erklären. Überraschend ist dagegen, daß sich kein Zusammenhang mit der Internal Rate of Return nachweisen läßt. Hier könnte vermutet werden, daß die Zusammenhänge mit den subjektiven Erfolgskriterien primär auf Wahrnehmungsverzerrungen der Beobachter aufgrund der engeren Zusammenarbeit beruhen. Gegen diese Vermutung spricht allerdings, daß auch das objektiv ermittelbare Erfolgskriterium „Eintritt des PU-Totalverlusts" signifikant (p<0,05) negativ mit der Beratungsunterstützung i.e.S. korreliert. Dagegen ist nach un-

Tab. 6: Bivariate Erfolgskorrelationen der Beratungsvariablen

	Pearson's r	├──Kendall's Tau──┤		Pearson's r
Beratungsvariablen	IRR[a]	RPLAN	RBRAN	VERLU
1. Beratungsform				
1a. Gremienarbeit	+ 0,12	+ 0,09	+ 0,15	+ 0,11
1b. Beratungsunterstützung i.e.S.	+ 0,08	+ 0,21*	+ 0,26**	− 0,25*
1c. Linienaufgabenübernahme	− 0,19+	− 0,02	− 0,01	− 0,10
2. Funktionale Einbindung				
2a. Entwicklung	+ 0,04	+ 0,16+	+ 0,08	− 0,11
2b. Produktion	+ 0,02	+ 0,07	+ 0,12	− 0,09
2c. Absatz	− 0,09	− 0,07	+ 0,09	− 0,13
2d. Finanzierung	− 0,09	− 0,12	+ 0,09	− 0,21*
3. Häufigkeit beratender Kontakte p.a.				
3a. Persönlich	− 0,09	− 0,13	+ 0,02	− 0,07
3b. Schriftlich/telefonisch	+ 0,03	− 0,02	+ 0,08	− 0,07

a) Abkürzungen: IRR = Internal Rate of Return; RPLAN = Rendite im Vergleich zum Geschäftsplan; RBRAN = Rendite im Vergleich zur Branche; VERLU = Totalverlust/Liquidation.
Fallzahlen: 76 ≤ N ≤ 102.

+ p < 0,10   * p < 0,05   ** p < 0,01   *** p < 0,001 (zweiseitiger Test).

seren Befunden die Mitarbeit in Gremien (s. Variable 1a in Tab. 6) nicht geeignet, den Erfolg von PU nachhaltig zu fördern. Alles in allem stehen die Zusammenhangsmuster in Tab. 6 im Einklang mit unserer Hypothese H_7.

Für das Management von VCG ergibt sich daraus die Frage, ob der Nutzen einer über das Mindestmaß hinausgehenden Gremienarbeit die anfallenden Kosten – auf die in den Erfolgsmaßen durchweg *nicht* abgestellt wird – im Einzelfall zu rechtfertigen vermag, oder ob nicht andere Instrumente der Zusammenarbeit erfolgversprechender sind. Allerdings stellt auch die Übernahme von Beratungsaufgaben i.e.S. keine „Patentlösung" dar, weil davon auszugehen ist, daß VCG einschlägige Beratungsfähigkeiten zunächst aktiv aufbauen müssen und der Beratungserfolg nicht garantiert ist.[33] Ergänzend ist festzustellen, daß die Übernahme von Linienaufgaben im Sinne der Hypothese H_9 mit einer leicht unterdurchschnittlichen IRR assoziiert ist. Hier ist es aber u.E. durchaus auch plausibel, daß die Beratungsformvariable „Linienaufgabenübernahme" durch das PU-Erfolgsniveau beeinflußt wird, also zwischen beiden Variablen interdependente (und nicht unidirektionale) Wirkungsverflechtungen bestehen, die von den Kausalitätsprämissen in den Hypothesen H_7 und H_8 abweichen.

Für die Variablen zur Einbindung der VCG in funktionale Entscheidungsfelder ergeben sich nur zwei statistisch signifikante Korrelationen: Demnach geht eine stärkere Mitwirkung an Finanzierungsentscheidungen mit einer Minderung des Insolvenzrisikos und eine stärkere Mitwirkung an Entwicklungsentscheidungen mit einer leicht überdurchschnittlichen Überschreitung der geplanten PU-Rendite einher. Keine der Variablen zur Häufigkeit beratender Kontakte war signifikant mit einem Erfolgskriterium assoziiert. Demnach wurde unsere Hypothese H_8 lediglich für den Teilaspekt der Verlustrisikominderung durch Einbindung in Finanzierungsentscheidungen, ansonsten jedoch nicht unterstützt.

Die Variablen zur Zusammenarbeit zwischen VCG und PU wurden in ergänzenden multivariaten Analysen auf ihre *relative* Bedeutung als PU-Erfolgsdeterminante untersucht. Hierzu wurde mittels multipler Regressionsanalysen erkundet, inwieweit jede der neun zuvor diskutierten Beratungsvariablen *nach* Neutralisierung anderer Randbedingungen von VCG-Investments (=„Kontrollvariablen") noch einen signifikanten Beitrag zur Erklärung der Varianz der erfaßten Erfolgskriterien IRR, RPLAN, RBRAN und VERLU zu leisten vermochte. Als wesentliche Kontrollvariablen wurden erfaßt:

(1) subjektive Einschätzungen der *PU-Managerqualifikation* in den funktionalen Feldern *Marketing/Vertrieb* sowie *Planung/Strategie* aus Sicht der VCG,
(2) der Anteil der *PU-Manager,* die vor Eintritt in das PU *Branchenerfahrung* gesammelt haben,
(3) das *Beteiligungsvolumen* der VCG insgesamt,
(4) die *Beteiligungshöhe* an den einzelnen PU, jeweils gemessen in Mio. DM und
(5) der Anteil der als Darlehen bereitgestellten Mittel am insgesamt durch die VCG übernommenen Finanzierungsvolumen (=*Darlehensanteil*).

Die beiden Variablen 3 und 4 dienen zur Abbildung von Skalen- und/oder Fixkosteneffekten. Die Kontrollvariable 5 drückt vor allem die Stärke der Gesellschafterstellung der VCG aus, die durch Fremdfinanzierungsanteile mit restriktiven Kreditkonditionen verbessert werden kann.

Die in Tab. 7 berichteten standardisierten partiellen Regressionskoeffizienten für die neun Beratungsvariablen stützen z.gr.T. die Befunde der bivariaten Analysen. So wird auch in den multivariaten Analysen i.S. von Hypothese H_7 die erfolgsfördernde Wirkung der Beratungstätigkeit i.e.S. bestätigt, die einen signifikanten *zusätzlichen* Beitrag zur Erklärung des Insolvenzrisikos sowie der subjektiven Erfolgsmaße leistet, die ebenfalls den Totalverlustfall berücksichtigen. Hingegen ist der eigenständige Beitrag der Beratungsunterstützung i.e.S. zur Erklärung von IRR-Unterschieden der PU in unserer Stichprobe insignifikant. Die unterschiedliche Erklärungskraft der Prädiktoren läßt sich z.T. auf den im Vergleich zu den subjektiven Kriterien geringeren Informationsgehalt der IRR zurückführen, da die IRR den Totalverlustfall nicht berücksichtigt. Andererseits liegt es nahe, daß die von den befragten Experten ex post geschätzten Erfolgsmaße RPLAN und RBRAN, nicht aber die relativ objektive IRR-Kennzahl durch Wahrnehmungsverzerrungen dahingehend beeinflußt wurden, daß die Einstufungen des Erfolgsniveaus von PU, die durch die VCG beraten wurden und über erfahrene Manager verfügten, systematisch unangemessen positiv erfolgten. Zwischen der VCG-Mitarbeit in PU-Gremien und dem Erfolgskriterium „Rendite im Vergleich zur Branche" wurde in der multivariaten Analyse eine signifikant negative Assoziation ermittelt.

Nach den multivariaten Analysen zu den Erfolgswirkungen der VCG-Einbindungsstärke bei verschiedenen funktionalen PU-Entscheidungsthemen werden die Rendite im Vergleich zur Branche und das Insolvenzrisiko durch eine engere Abstimmung bei Finanzierungs-, Produktions- und Absatzentscheidungen günstig beeinflußt. Zwischen der Häufigkeit beratender Kontakte und den Erfolgskriterien wurden auch bei multivariater Betrachtung keine signifikanten Zusammenhänge ermittelt. Insgesamt wird die Hypothese

Tab. 7: Multivariate Regressionsanalysen zu Erfolgswirkungen von Beratungsvariablen

Beratungsvariablen	Beta[a]			
	IRR[b]	RPLAN	RBRAN	VERLU
1. Beratungsform				
1a. Gremienarbeit	– 0,01	– 0,13	– 0,21*	+ 0,11
1b. Beratungsunterstützung i.e.S.	+ 0,12	+ 0,26**	+ 0,29**	– 0,24*
1c. Linienaufgabenübernahme	– 0,06	+ 0,04	+ 0,05	– 0,09
2. Funktionale Einbindung				
2a. Entwicklung	+ 0,10	+ 0,15+	+ 0,12	– 0,13
2b. Produktion	+ 0,15	+ 0,22*	+ 0,30**	– 0,19+
2c. Absatz	+ 0,03	+ 0,04	+ 0,22*	– 0,19+
2d. Finanzierung	+ 0,05	– 0,02	+ 0,20*	– 0,26**
3. Häufigkeit beratender Kontakte p.a.				
3a. Persönlich	– 0,11	– 0,09	– 0,02	– 0,05
3b. Schriftlich/telefonisch	– 0,07	+ 0,05	+ 0,05	– 0,04

a) Standardisierter partieller Regressionskoeffizient nach Auspartialisierung der Managermerkmale "Erfahrung Marketing/Vertrieb", "Erfahrung Planung/Strategie" und "Branchenerfahrung" sowie der weiteren Kontrollvariablen "Beteiligungsvolumen VCG", "Beteiligungshöhe PU" und "Darlehensanteil".
b) Abkürzungen: IRR = Internal Rate of Return; RPLAN = Rendite im Vergleich zum Geschäftsplan; RBRAN = Rendite im Vergleich zur Branche; VERLU = Totalverlust/Liquidation.

+ $p < 0,10$ * $p < 0,05$ ** $p < 0,01$ *** $p < 0,001$ (zweiseitiger Test).

H_8 durch die multivariaten Befunde in Tab. 7 etwas stärker gestützt als durch die bivariaten Korrelationsanalysen. Die Hypothese H_9 zum Zusammenhang zwischen wirtschaftlichen Mißerfolgen und der Linienaufgabenübernahme ist hingegen nach den multivariaten Analysen und der entsprechend nur schwach signifikanten bivariaten Korrelation in Tab. 6 eher als nicht bestätigt einzustufen.

E. Diskussion

Die vorliegende Untersuchung von 103 Beteiligungstransaktionen von 12 deutschen VCG zeigt, daß VCG-Vertreter in PU-Gremien deutlich häufiger mitarbeiten, als daß sie eine intensive kontinuierliche, inhaltsorientierte Beratungsunterstützung i.e.S. für PU leisten. Besonders bei technik- oder vermarktungsorientierten PU-Entscheidungen wurden VCG-Vertreter regelmäßig nur mit geringer Intensität beratend eingebunden. Allerdings ist eine gewisse Trendwende erkennbar, da bei den in der jüngeren Vergangenheit desinvestierten PU Beratungsunterstützung i.e.S. als Beratungsform sowie eine hohe Beratungsintensität in Form von Einbindung in funktionale Entscheidungen überdurchschnittlich häufig vorkam.

Analysen zu Assoziationen zwischen Aspekten der Beratungsunterstützung von PU durch VCG und PU-Erfolgskriterien ergaben, daß signifikante Zusammenhänge zwischen einer Beratungsunterstützung von PU durch die VCG und Rendite-Ratings sowie dem Insolvenzrisiko von VCG-Beteiligungen bestehen. Während Gremienarbeit den üblichen

Mindeststandard der Zusammenarbeit zwischen VCG und PU beschreibt, leisten darüber hinausgehende Beratungsunterstützung i.e.S. sowie eine VCG-Einbindung in funktionale PU-Entscheidungen offenbar einen positiven Beitrag zum Wert von PU.

Diese Resultate begründen in normativ-praxeologischer Hinsicht folgende These:[34]

> VCG sollten im Rahmen der Managementunterstützung kontinuierliche inhaltsorientierte Beratungsaufgaben i.e.S. anstreben, die über eine tagesordnungsorientierte Gremienarbeit hinausgehen, und sich dabei unter Betonung des Unternehmenswertkriteriums vor Ort bei PU an wichtigen, auch funktionalen Entscheidungen jenseits von Finanzierungsthemen aktiv beteiligen.

Hinsichtlich der *Determinanten* der Beratungsunterstützung nimmt nach unseren Befunden bei deutschen VCG die intensive Beratung i.e.S. generell mit dem Anteil der Expansionsfinanzierungen im VCG-Portfolio zu und mit dem Anteil der Start-up- sowie auch der MBO/MBI-Finanzierungen ab. Während bei den i.d.R. sehr starken MBO/MBI-Teams eine schwächere Zusammenarbeit zwischen VCG und PU gerade noch hingenommen werden kann, muß die Zurückhaltung bei den Frühphasenfinanzierern kritisch beurteilt werden.[35] Eigene Diskussionen mit VCG-Vertretern ergaben hier, daß bei Frühphasenfinanzierungen die im Vergleich zur Beteiligungshöhe erheblichen Beratungskosten das wesentliche Hindernis für ein Engagement der VCG darstellen; folglich gilt es Wege zur Überwindung dieser Barriere aufzuzeigen. Hier sind u.E. drei Wege alternativ oder kombinativ möglich:

(1) VCG können den bei kleineren Beteiligungen relativ höheren Beratungsaufwand explizit in ihrer Renditeanforderung berücksichtigen und dies auch aktiv an potentielle PU kommunizieren.

(2) VCG können auf die Nutzung kostengünstiger Beratungsangebote, z.B. durch Verbände oder aus dem universitären Bereich, hinwirken, so daß sich der Beratungsaufwand reduziert.

(3) VCG können die Aktivitäten ihrer Beteiligungsmanager auf Unterstützung im „naheliegenden" Bereich Finanzen/Controlling konzentrieren. Die übrigen – strategischen oder andere Funktionen betreffenden – Fragen können häufig besser arbeitsteilig von VCG-internen oder auch externen Beratungsteams bearbeitet werden. Bei einer Einbeziehung externer Unterstützung kommen wiederum mehrere Vergütungsmodelle in Frage:
– Die VCG kann die Beratungsleistung unmittelbar bezahlen und in ihre Finanzierungsbetrachtung mit einbeziehen.
– VCG und PU können die Beratungsleistung anteilig vergüten, so daß die übrigen PU-Gesellschafter an den Kosten beteiligt werden.
– Für das PU kann ein ständiger Berater bestellt werden, der über eine Beteiligung und/oder Optionen vergütet wird.

Zudem lassen unsere Daten den Schluß zu, daß eigenkapitalnahe Finanzierungsformen, also stille Beteiligungen und beteiligungsähnliche Darlehen, Kontrollrechte begründen, die eine Einbindung in funktionale Entscheidungen des PU und letztlich auch die Beratungsunterstützung i.e.S. erleichtern.

Neben Anhaltspunkten zur notwendigen Modifikation von *VCG-Managementpraktiken* in Deutschland ergeben sich aus den Mängeln unserer Untersuchung auch Indizien für die

Gestaltung der zukünftigen *VCG-Forschung*. Besonders hervorzuheben sind dabei zwei Punkte: Erstens ist die Untersuchung einer größeren Zahl von VCG wünschenswert, um möglichen Zweifeln an der Repräsentativität der eigenen Studie wirksamer begegnen zu können. Zwar basiert unsere Untersuchung auf einer Stichprobe von 103 Beteiligungsfällen von 12 VCG, wobei die berücksichtigten VCG etwa ein Drittel des von deutschen renditeorientierten VCG gehaltenen Portfolios kontrollieren. Nicht einbezogen sind aber i.d.R. erhebliche Anteile der gehaltenen bzw. in der jüngeren Vergangenheit desinvestierten Beteiligungen dieser VCG. Zweitens ist anzustreben, Charakteristika der Beratung von PU durch VCG in längsschnittlichen Begleitstudien nach dem Beteiligungsabschluß zu erkunden, um so Methodenkovarianzeffekte zu reduzieren und vom Erhebungsdesign her kausale Interpretationen von Variablenzusammenhängen besser zu unterstützen.

Anmerkungen

1 Vgl. Fischer 1987, S. 10–11 und Sattler 1995, Sp. 1094.
2 Angaben zum VC-Markt in Deutschland entstammen der Statistik des Bundesverbandes deutscher Kapitalbeteiligungsgesellschaften (BVK) für das Jahr 1997 (BVK 1998, S. 16–17) und den entsprechenden Jahresbänden der Vorjahre.
3 Für neuere wissenschaftliche Monographien s. z.B. zur Risikokapitalversorgung Pfirrmann et al. 1997, Kulicke/Wupperfeld 1996, Gerke et al. 1995, zu VC-Gesellschaften Zemke 1995 sowie zu Corporate VC Schween 1996.
4 Vgl. z.B. Fredriksen et al. 1997, S. 503–505 sowie Gifford 1997, S. 459–482.
5 Gorman/Sahlman 1989, S. 235–236 nennen für den zur Managementunterstützung eingesetzten Arbeitszeitanteil einen Median von 60%. Zur Bandbreite der Intensität angebotener Managementunterstützung s. MacMillan et al. 1988, S. 39–41.
6 S. exemplarisch für viele Kehrer/Schade 1995; Wohlgemuth 1995a; Theuven 1994; Meurer 1993. Eine gute Bibliographie des betriebswirtschaftlichen Schrifttums zur Unternehmensberatung hat Wohlgemuth 1995b zusammengestellt.
7 Als partielle Ausnahmen s. z.B. Wupperfeld/Kulicke 1993, S. 25–29; Arndt 1995, S. 132–161 und Zemke 1995, S. 270–272.
8 Zum Begriff der (Unternehmens- oder Management-)Beratung im engeren oder klassischen Sinn s. übereinstimmend für viele Wohlgemuth 1995a, S. 14; Meurer 1993, S. 33–35.
9 S. Freyer 1981, S. 131–135 u. 231–235 und Bouillet-Cordonnier 1992, S. 91–101.
10 Zur Bedeutung und Gewichtung der einzelnen Unterstützungsfunktionen s. MacMillan et al. 1988, S. 31–34; Gorman/Sahlman 1989, S. 237; Sapienza/Timmons 1989b, S. 75–77; Gomez-Mejia et al. 1990, S. 108–117; Wilson 1993, S. 433; Ehrlich et al. 1994, S. 74–77; Sapienza et al. 1996, S. 439–469; Cable/Shane 1997, S. 142–176 und Sweeting/Wong 1997, S. 125–152.
11 S. Schröder 192, S. 238–240 und Ehrlich et al. S. 75–76.
12 Vgl. z.B. Kilian 1991, S. 109–111 und Gersick 1994, S. 24–30.
13 S. Bruno et al. 1987, S. 55–56; Gorman/Sahlman 1989, S. 237–241 und Funke 1992, S. 1110.
14 S. Wupperfeld 1994, S. 115–137.
15 S. Mayer/Müller 1991, S. 49–52.
16 Vgl. a. Sapienza 1992, S. 25; Schröder 1992, Anhang IX und MacMillan et al. 1988, S. 42–47.
17 S. Wupperfeld 1994, S. 115–137.
18 Vgl. z.B. MacMillan et al. 1988, S. 27–47; Sapienza/Timmons 1989a, S. 252–253 und Sapienza 1992, S. 20–23.
19 S. Roberts 1991, S. 53–84 und Kulicke 1993, S. 32–34.
20 S. ausführlich Sapienza/Gupta 1989, S. 310–315; Sapienza 1992, S. 18–20; Kulicke 1993, S. 204–210 und Wupperfeld 1994, S. 115–118.

21 S. Rosenstein et al. 1993, S. 108–112.
22 S. MacMillan et al. 1988, S. 27–47.
23 S. insbesondere Sapienza/Timmons 1989a, S. 252–253 und Sapienza 1992, S. 20–23
24 Vgl. Batterson 1986, S. 132–147; Bruno et al. 1987, S. 55–56; Gorman/Sahlman 1989, S. 237–241 und Funke 1992, S. 1110.
25 S. hierzu Schefczyk 1998, S. 222–234.
26 Die 48 renditeorientierten VCG lassen sich zu 37 Gruppen von VCG konsolidieren. Hiervon wurden 32 vom BVK angeschrieben. Junge VCG, die noch nicht über ein die Teilnahme ermöglichendes Portfolio verfügen bzw. bei denen aus Sicht des BVK sicher zu erwarten war, daß die Gesellschaft nicht zu einer Teilnahme an der Untersuchung bereit wäre, wurden nicht berücksichtigt. Diese Gesellschaften wurden – sämtlich ohne Erfolg – von den Verfassern kontaktiert. Zusätzlich wurden fünf VCG von Sparkassen/Landesbanken – ebenfalls ohne Erfolg – angesprochen, die zumindest teilweise renditeorientiert arbeiten.
27 Basis sind eigene Berechnungen, die auch Gesellschaften einschließen, die nicht Mitglieder des BVK sind, s. Schefczyk 1998, S. 422–424. Diese Berechnungen weichen von den Angaben des BVK für seine Mitglieder ab.
28 Vgl. Sapienza 1992, S. 25 und Schröder 1992, Anhang IX, Fragen 249–253.
29 Wesentlich detailliertere Fragen beinhaltet das auf diesen Teilaspekt spezialisierte Erhebungsinstrument von MacMillan et al. 1988, S. 42–47.
30 S. European Venture Capital Association 1994 und Schober 1995, S. 76–90.
31 So z.B. Kulicke/Wupperfeld 1996, S. 85–87.
32 Vgl. Kaufmann/Kokalj 1996, S. 60 u. 104.
33 Ein Teil der betriebswirtschaftlichen Literatur gelangt außerhalb des Kontexts der VC-Finanzierung zu einer ungünstigeren Beurteilung von Beratungsaktivitäten. Vgl. z.B. Hoffmann/Hlawacek 1991, S. 428–431; Niedereichholz 1993, S. 109–113 u. Theuven 1994, S. 298–300. Zur Evaluierung von Beratungstätigkeit s. allgemein Grob 1992, S. 81–93.
34 Vgl. Gorman/Sahlman 1989, S. 231–248; MacMillan et al. 1988, S. 27–34; Sahlman 1990, S. 508–509; Kulicke 1993, S. 185–213; Wupperfeld 1994, S. 115–137 und Zemke 1995, S. 264–272.
35 In teilweiser Abschwächung dieser Beobachtung kommen Beratungsunterstützung und Einbindung in funktionale Entscheidungen immerhin bei überdurchschnittlich schnell wachsenden Märkten besonders häufig vor.

Literatur

Arndt, W. (1995): Die Bedeutung von Eigenkapitalausstattung und Managementqualifikation für die Kapitalversorgung mittelständischer Unternehmen. Hamburg: Kovac.
Batterson, L. A. (1986): Raising Venture Capital and the Entrepreneur. Englewood Cliffs: Prentice-Hall.
Bouillet-Cordonnier, G. (1992): Legal aspects of start-up evaluation and adjustment methods. In: Journal of Business Venturing, 7:91–101.
Bruno, A. V., Leidecker, J. K., Harder, J. W. (1987): Why firms fail. In: Business Horizons, 30(2):50–58.
Bundesverband deutscher Kapitalbeteiligungsgesellschaften (1998): BVK Statistik 1997. Berlin.
Cable, D. M., Shane, S. (1997): A prisoner's dilemma approach to entrepreneur-venture capitalist relationships. In: Academy of Management Review, 22:142–176.
Ehrlich, S. B., DeNoble, A. F., Moore, T., Weaver, R. R. (1994): After the cash arrives. In: Journal of Business Venturing, 9:67–82.
European Venture Capital Association (1994): The EVCA Performance Measurement Principles. Zaventem, Belgien.
Fischer, L. (1987): Problemfelder und Perspektiven der Finanzierung durch Venture Capital in der Bundesrepublik Deutschland. In: Die Betriebswirtschaft, 47:8–32.
Fredriksen, Ö., Olofsson, C., Wahlbin, C. (1997): Are venture capitalists firefighters? A study of the influence and impact of venture capital firms. In: Technovation, 17:503–511.

Freyer, E. (1981): Die Kapitalbeteiligungsgesellschaft als Instrument der Wirtschaftspolitik. Frankfurt: Deutsch.
Funke, K.-H. (1992): Beteiligungsgesellschaften als Finanzpartner. In: Deutsches Steuerrecht, 32:1106–1112.
Gerke, W. et al. (1995): Probleme deutscher mittelständischer Unternehmen beim Zugang zum Kapitalmarkt. Baden-Baden: Nomos.
Gersick, C. J. G. (1994): Pacing strategic change: The case of a new venture. In: Academy of Management Journal, 37:9–45.
Gifford, S. (1997): Limited attention and the role of the venture capitalist. In: Journal of Business Venturing, 12:459–482.
Gomez-Mejia, L. R., Balkin, D. B., Welbourne, T. M. (1990): Influence of venture capitalists on high tech management. In: Journal of High Technology Management Research, 1:103–118.
Gorman, W., Sahlman, W. A. (1989): What do venture capitalists do? In: Journal of Business Venturing, 4:231–248.
Grob, H. L. (1992): Ein produktivitätsorientierter Ansatz zur Evaluierung von Beratungserfolgen. In: Wagner, H., Reineke, R.-D. (Hrsg.), Beratung von Organisationen, Wiesbaden: Gabler, 79–99.
Hoffmann, W. H., Hlawacek, S. (1991): Beratungsprozesse und -erfolge in mittelständischen Unternehmen. In: Hofmann, M. (Hrsg.), Theorie und Praxis der Unternehmensberatung, Heidelberg: Physica, 403–436.
Kaufmann, F., Kokalj, L. (1996): Risikokapitalmärkte für mittelständische Unternehmen. Stuttgart: Schäffer-Poeschel.
Kehrer, R., Schade, C. (1995): Interne Problemlösung oder Konsultation von Unternehmensberatern? In: Die Betriebswirtschaft, 55:465–479.
Kilian, H. (1991): Strukturformen des Venture Management. Ammersbek: Lottbek.
Kulicke, M. (1993): Chancen und Risiken junger Technologieunternehmen. Heidelberg: Physica.
Kulicke, M., Wupperfeld, U. (1996): Beteiligungskapital für junge Technologieunternehmen. Heidelberg: Physica.
MacMillan, I. C., Kulow, D. M., Khoylian, R. (1988): Venture capitalists' involvement in their investments: Extent and performance. In: Journal of Business Venturing, 3:27–47.
Mayer, M., Müller, R. (1991): Die Deutsche Wagnisfinanzierungs-Gesellschaft mbH (WFG): Erfahrungen und Ergebnisse eines Modellvorhabens. Karlsruhe: Fraunhofer-Institut.
Meurer, C. (1993): Strategisches internationales Marketing für Dienstleistungsunternehmen – Dargestellt am Beispiel des Management Consulting. Frankfurt: Lang.
Niedereichholz, C. (1993): Der arge Mangel an qualifizierten Beratern. In: Harvard Business Manager, 15(1):109–113.
Pfirrmann, O., Wupperfeld, U., Lerner, J. (1997): Venture Capital and New Technology Based Firms: An US-German Comparison. Heidelberg: Physica.
Roberts, E. B. (1991): Entrepreneurs in high technology. New York: Oxford University Press.
Rosenstein, J., Bruno, A. V., Bygrave, W. D., Taylor, N. T. (1993): The CEO, venture capitalists, and the board. In: Journal of Business Venturing, 8:99–113.
Sahlman, W. A. (1990): The structure and governance of venture-capital organizations. In: Journal of Financial Economics, 27:473–521.
Sapienza, H. J. (1992): When do venture capitalists add value? In: Journal of Business Venturing, 7:9–27.
Sapienza, H. J., Gupta, A. K. (1989): Pursuit of innovation by new ventures and its effects on venture capitalist-entrepreneur relationship. In: Frontiers of Entrepreneurship Research 1989: Proceedings of the Ninth Annual Babson College Entrepreneurship Research Conference, Wellesley: Babson College, 304–317.
Sapienza, H. J., Manigart S., Vermeir, W. (1996): Venture capitalist governance and value added in four countries. In: Journal of Business Venturing, 111:439–469.
Sapienza, H. J., Timmons, J. A. (1989a): Launching and building entrepreneurial companies. In: Frontiers of Entrepreneurship Research 1989: Proceedings of the Ninth Annual Babson College Entrepreneurship Research Conference, Wellesley: Babson College, 245–257.
Sapienza, H. J., Timmons, J. A. (1989b): The roles of venture capitalists in new ventures: What determines their importance? In: Academy of Management Best Paper Proceedings, 74–78.

Sattler, A. (1995): Kapitalbeteiligungsgesellschaften. In: Gerke, W., Steiner, M. (Hrsg.), Handwörterbuch des Bank- und Finanzwesens, 2. Aufl., Stuttgart: Schäffer-Poeschel, 1092–1098.

Schefczyk, M. (1998): Erfolgsstrategien deutscher Venture Capital-Gesellschaften. Stuttgart: Schäffer-Poeschel.

Schober, A. (1995): Die EVCA-Richtlinien zur Performancemessung. In: Bundesverband deutscher Kapitalbeteiligungsgesellschaften e.V. (Hrsg.), Jahrbuch 1995, Berlin, 76–90.

Schröder, C. (1992): Strategien und Management von Beteiligungsgesellschaften. Baden-Baden: Nomos.

Schween, K. (1996): Corporate Venture Capital. Wiesbaden: Gabler.

Sweeting, R. C., Wong, C. F. (1997): A UK "hands-off" venture capital firm and the handling of post-investment investor-investee relationships. In: Journal of Management Studies, 34:125–152.

Theuven, L. (1994): Interne Beratung. Wiesbaden: DUV.

Wilson, H. I. M. (1993): An interregional analysis of venture capital and technology funding in the UK. In: Technovation, 13:425–438.

Wohlgemuth, A. (1995a): Professionalle Unternehmensberatung. In: Wohlgemuth, A. C., Treichler, C. (Hrsg.), Unternehmensberatung und Management, Zürich: Versus, 11–38.

Wohlgemuth, A. (1995b): Bibliographie zum Thema Unternehmensberatung. In: Wohlgemuth, A. C., Treichler, C. (Hrsg.), Unternehmensberatung und Management, Zürich: Versus, 333–344.

Wupperfeld, U. (1994): Strategien und Management von Beteiligungsgesellschaften im deutschen Seed-Capital-Markt. Karlsruhe: Fraunhofer-Institut.

Wupperfeld, U., Kulicke, M. (1993): Mißerfolgsfaktoren junger Technologieunternehmen. Karlsruhe: Fraunhofer-Institut.

Zemke, I. (1995): Die Unternehmensverfassung von Beteiligungskapital-Gesellschaften. Wiesbaden: DUV.

Michael Schefczyk und Torsten J. Gerpott

Zusammenfassung

Diese Untersuchung entwickelt neun Hypothesen zu Aspekten, Determinanten und Erfolgswirkungen der Beratungsunterstützung von Portfoliounternehmen (PU) durch Venture Capital-Gesellschaften (VCG). Die Hypothesen wurden für 103 Beteiligungstransaktionen von 12 deutschen VCG empirisch überprüft. In unserer Stichprobe arbeiteten VCG-Vertreter deutlich häufiger lediglich in formalen PU-Gremien mit, als daß sie kontinuierliche inhaltliche Beratungsunterstützung im Alltag für PU bereitstellen. Die Analysen liefern Indizien dafür, daß VCG das Erfolgsniveau von PU durch über bloße Gremienarbeit hinausgehende inhaltsorientierte Beratung i.e.S. und durch aktive Beteiligung an funktionalen PU-Entscheidungen positiv beeinflussen können.

Summary

This study develops nine hypotheses regarding facets, determinants and performance implications of consulting support activities which venture capital firms (VCF) provide to their portfolio companies (PC). The hypotheses were tested empirically with a sample of 103 transactions by 12 German VCF. In the present sample, VCF-representatives more frequently provided consultative support to PC through formal PC-committee memberships than through continuous day-to-day consulting interactions with PC-managers. The analyses suggest that content oriented consulting support of PC provided by VCF and active VCF involvement in functional decisions of PCs increase PC performance whereas mere participation of VCF in comittees of PCs yields no significant performance impacts.

70: *Allg. Fragen der Finanzwirtschaft*
72: *Finanzplanung*

Kapitalstruktur und Wettbewerbsstrategie

Von Franz Hubert

Überblick

- Der Beitrag behandelt die Wechselwirkung zwischen der Finanzierung des Unternehmens und der strategischen Interaktion mit seinen Wettbewerbern auf den Absatzmärkten. Anhand ausgewählter Beiträge der jüngeren theoretischen Literatur werden die drei wichtigsten wettbewerbsstrategischen Mechanismen erläutert.

- So kann die Kapitalstruktur als Instrument der Selbstbindung eingesetzt werden, mit dem sich die Firma auf ein aggressiveres oder passiveres Wettbewerbsverhalten festlegt.

- Darüberhinaus können Informationsasymmetrien auf den Finanzierungsmärkten erklären, warum Rivalen auf einen hohen Verschuldungsgrad mit aggressivem Verdrängungswettbewerb reagieren.

- Im dynamischen Kontext erleichtert ein niedriger Verschuldungsgrad eine implizite Kooperation der Wettbewerber.

Eingegangen: 1. September 1998

Dr. Franz Hubert ist Hochschulassistent an der Freien Universität Berlin, Boltzmannstr. 20, 14195 Berlin. Interessengebiete: Unternehmensfinanzierung, optimale Finanzkontrakte, Immobilienmärkte und Wohnungspolitik, Telekommunikationsmärkte und deren Regulierung.
Der Autor dankt Thomas Ehrmann und Lutz Kruschwitz für hilfreiche Anmerkungen.

© Gabler-Verlag 1998

A. Einleitung

Seit den bahnbrechenden Arbeiten von Jensen & Meckling (1976), Leland & Pyle (1977) und Ross (1977) hat sich eine sehr umfangreiche Principal-Agent Literatur entwickelt, die – sowohl in ihren Anreiz – als auch in ihren Signalisierungsvarianten – wichtige Einsichten zur Theorie der Unternehmensfinanzierung beisteuerte. Erklärungsansätze, die ihren Ausgangspunkt in Informationsproblemen zwischen Kapitalgebern und Entscheidungsträgern bzw. unterschiedlichen Kapitalgebern nehmen, sind inzwischen in der betriebswirtschaftlichen Finanzierungslehre fest etabliert. Dies dokumentiert nicht nur die große Zahl der Fachbeiträge, es schlägt sich auch in der Behandlung informationsökonomischer Ansätze in neueren Lehrbüchern nieder. So gehen etwa Swoboda (1991), Laux (1998) oder Spremann (1991) ausführlich auf Anreizprobleme bei der Unternehmensfinanzierung ein und selbst ein so altehrwürdiges Werk wie Perridon & Steiner (1993) stellt diese als „gleichberechtigt" neben die traditionelle Finanzierungslehre und die neoklassische Finanzierungstheorie – freilich ohne ihnen entsprechenden Raum zu widmen. Im Vergleich dazu spielen die Auswirkungen von Finanzierungsentscheidungen auf den Wettbewerb in Absatzmärkten bislang eine Aschenputtelrolle.

Zwar hat die sogenannte „Ressourcen-Theorie" die Bedeutung der „Finanzkraft" für den Wettbewerb schon früh betont und damit in den siebziger Jahren auch einen gewissen Einfluß auf die ordnungspolitische Diskussion über Marktmacht und Marktbeherrschung gewonnen. Aber Albachs ernüchternde Einsicht, daß der „Zusammenhang von Finanzkraft und Wettbewerbsverhalten ... in der Theorie bisher nicht erschöpfend erklärt" sei, mußte alle Versuche, „Finanzkraft" zu messen und neben Marktanteilen zur Bewertung von Marktmacht heranzuziehen, fragwürdig erscheinen lassen (Albach (1981)). So ist es verständlich, daß die betriebliche Finanzwirtschaftslehre sich zunächst der informationsökonomischen Ansätze angenommen hat, für die zu dieser Zeit bereits präzise formulierte Modellanalysen vorlagen. Ab Mitte der achtziger Jahre wurden Finanzierungsfragen jedoch auch im Rahmen industrieökonomischer Modelle untersucht. Inzwischen steht die Wechselwirkung zwischen Unternehmensfinanzierung und der strategischen Interaktion mit den Wettbewerbern auf den Absatzmärkten im Zentrum einer sich rasch entwickelnden Literatur. Ziel dieses Beitrages ist es, einen kritischen Überblick über einige wichtige Argumentationsmuster dieser Literatur zu geben und ihre Ergebnisse mit denen von informationsökonomischen Ansätzen zu kontrastieren.[1]

Zur Vorbereitung rekapitulieren wir im verbleibenden Teil der Einführung einige Resultate der Anreizliteratur und werfen einen kurzen Blick auf jüngere empirische Studien zu Finanzierung und Marktverhalten. Im Abschnitt B stellen wir in Anlehnung an die Arbeiten von Brander & Lewis (1986) und Showalker (1995) die These von der Selbstbindungsfunktion der Kapitalstruktur dar. Die Wechselwirkung zwischen Verschuldungsgrad und dem Verhalten von Wettbewerbern wird in Abschnitt C unter Rückgriff auf Arbeiten von Poitevin (1989), Bolton & Scharfstein (1990) und Hubert (1998) erläutert. In Abschnitt D wird die Rolle der Kapitalstruktur bei informeller Kooperation zwischen Unternehmen betrachtet, wie sie erstmals von Macsimovic (1988) untersucht wurde.

Agency-Modelle der Unternehmensfinanzierung unterstellen ein aus asymmetrischer Informationsverteilung resultierendes Anreizproblem zwischen den kapitalgebenden Finanziers und den Entscheidungsträgern. Letzteres können Manager, Firmengründer oder auch Mehrheitseigner sein – wir werden im weiteren vereinfachend von der „Firma" sprechen. Typischerweise helfen ein hoher Verschuldungsgrad, Managerentlohnung durch Aktienoptionen und Konzentration des stimmberechtigten Eigenkapitals, das Leistungsanreiz- oder das Free-Cash-Flow Problem zu mildern. Es ist hier nicht der Ort, auf die Vielfalt der Modelle und die im Detail durchaus divergierenden Resultate einzugehen.[2] Für den Vergleich zu wettbewerbsstrategischen Ansätzen sind jedoch drei häufig wiederkehrende Eigenschaften anreizverträglicher Finanzierungsarrangements festzuhalten: (i) das Endvermögen der Firma nimmt mit dem Unternehmenserfolg zu, (ii) es ist konvex im Ertrag (entsprechend ist die Auszahlung an die Finanziers konkav), (iii) im Falle besonders schlechter Erträge, dem Insolvenzfall, ergreifen die Finanziers gesonderte Maßnahmen, um das Anreizproblem zu entschärfen. Diese Maßnahmen können „Strafcharakter" haben (Kündigung des Managements, Firmenzerschlagung im Konkursverfahren) oder aber Mißbrauchsmöglichkeiten beschneiden (externe Evaluation, Beschränkung der Verfügungsgewalt über produktive Ressourcen, etc.).

Aus der Perspektive informationsökonomischer Ansätze muß überraschen, wie anreizschwach empirisch vorfindbare Finanzierungs- und Entlohnungsmuster häufig sind. So belegen eine Reihe von Erhebungen, daß in der Kompensation des Topmanagements, von schillernden Ausnahmen abgesehen, erfolgsabhängige Komponenten wie etwa Aktienanteile und Aktienkaufoptionen keine große Bedeutung haben.[3] Ähnlich stellt sich die Situation bei den Kontrolleuren des Managements dar. Zwar hat die Gesamtheit der Aktionäre als Residualeinkommensbezieher einen starken Anreiz zur effizienten Unternehmenskontrolle. Dieser wird jedoch in vielen Gesellschaften durch den geringen Anteil der Einzelaktionäre bis zur Unkenntlichkeit verwässert. Stellt man schließlich die Firma als ganze ihren Finanziers gegenüber, wird gerade für Deutschland bemängelt, daß übernahmefeindliche Regelungen im Zusammenwirken mit großzügigen Bewertungsspielräumen und erheblichen stillen Reserven die disziplinierende Wirkung des Kapitalmarktes sehr klein werden läßt.

Natürlich sind auch in der informationsökonomischen Literatur immer schon Faktoren identifiziert worden, die ein Gegengewicht zur Anreizorientierung bilden können: etwa Risikoaversion der Entscheidungsträger oder die als Risikoanreizproblem diskutierte Möglichkeit einer ineffizienten Erhöhung von Ertragsrisiken. Hier betrachten wir einen weiteren möglichen Grund: die strategische Interaktion mit konkurrierenden Unternehmen auf dem Produktmarkt. Es klingt plausibel, daß „finanzielle Stärke", interpretiert als niedriger Leverage oder gute Möglichkeiten der billigen Innenfinanzierung, sich schlecht verträgt mit harten Leistungsanreizen, vermittelt durch die „Peitsche" hoher Schulden und das „Zuckerbrot" von Aktienanteilen und Aktienoptionen. Wir werden jedoch sehen, daß es keineswegs immer zu einem Gegensatz zwischen Anreizorientierung und Wettbewerbskraft kommt.

Die empirische Erforschung der Wechselwirkung von Finanzierungsarrangements und Produktmarktinteraktion steckt noch in den Anfängen. Dennoch liegt eine Reihe interessanter Ergebnisse vor. Kovenock & Phillips (1995) untersuchen sprunghafte Änderungen der Kapitalstruktur sowie das anschließende Investitionsverhalten in zehn Branchen. Sie berichten, daß eine Erhöhung des Verschuldungsgrades wahrscheinlicher ist, wenn die Firma über Produktionsstätten mit relativ niedriger Produktivität verfügt und die Branche einen hohen Konzentrationsgrad aufweist. Nach einer Steigerung ihres Verschuldungsgrades werden Investitionen und Kapazitäten reduziert, worauf die Konkurrenten mit einem Ausbau ihrer Kapazitäten reagieren. Ähnlich finden Opler & Titman (1994), daß stärker verschuldete Firmen in Branchenkrisen Marktanteile an ihre weniger verschuldeten Konkurrenten verlieren. In ihrer Untersuchung von US-Supermärkten ermittelt Chevalier (1995), daß Firmen nach einer Erhöhung des Leverage höhere Preise setzen und Marktanteile verlieren. Der Preissteigerungseffekt scheint stärker zu sein, wenn auch die Konkurrenten eine hohe Verschuldungsrate haben. Insgesamt senkt ein hoher Verschuldungsgrad jedoch den Konkurrenzdruck. Ähnlich berichtet Phillips (1995) von steigenden Preisen und fallenden Mengen als Reaktion auf leveraged buyouts.

Diese Ergebnisse sollen für eine erste Wertung der im weiteren diskutierten theoretischen Ansätze dahingehend zusammengefaßt werden, daß eine einseitige Erhöhung des Leverage (i) zum Verlust von Marktanteilen führt, und (ii) tendenziell von einer Verringerung des Konkurrenzdrucks begleitet ist.

B. Selbstbindung durch Kapitalstruktur

Bei strategischer Interaktion, wie sie auf oligopolistischen Märkten herrscht, kann es von Vorteil sein, sich frühzeitig auf ein bestimmtes Verhalten festzulegen. In den Arbeiten von Brander & Lewis (1986) und darauf aufbauend Showalter (1995) wird untersucht, wie die Kapitalstruktur als Selbstbindungsmechanismus instrumentalisiert werden kann. Sie zeigen, unter welchen Bedingungen der Unternehmenswert ex-ante durch eine Kapitalstruktur maximiert wird, in deren Folge sich die Entscheidungsträger ex-post gerade nicht firmenwertmaximierend verhalten.

Betrachtet wird ein oligopolistischer Markt mit zwei risikoneutralen Unternehmen, denen als Finanzierungsinstrumente Beteiligungsfinanzierung (mit Anteil α) und Darlehensfinanzierung (mit nominellen Rückzahlungsbetrag D) zur Auswahl stehen. Es wird unterstellt, daß die Firmen haftungsbeschränkt sind. Nach der Wahl des Verschuldungsgrades treffen beide simultan eine absatzmarktbezogene Entscheidung unter Unsicherheit, die durch den Parameter ρ abgebildet wird. Dieser kann für die Menge oder den Angebotspreis stehen – Fälle, die wir später genauer betrachten werden. Er kann aber auch als Werbungsaufwand, Produktqualität etc. interpretiert werden. Die Unsicherheit könnte z. B. die Stärke der Nachfrage oder die Höhe der Kosten betreffen. Um den Mechanismus der Selbstbindung möglichst klar hervortreten zu lassen, wollen wir diese Details zunächst beiseite lassen und den Gewinn π (verstanden als Überschuß vor Abzug der Finanzierungskosten) selbst als Zufallsvariable auffassen, die mit kumulativer Wahrscheinlichkeit $F(\pi, \rho)$ verteilt ist. Zentral ist die Annahme, daß die Firma einen einmal gewählten Verschuldungsgrad nicht ändern kann, ohne daß dies dem Konkurrenten bekannt würde. Zunächst wird erläutert, welchen Einfluß die Finanzierungsstruktur auf das Produktmarktverhalten der Firma hat. Dann wenden wir uns den Auswirkungen auf das Marktgleichgewicht zu. Zuletzt werden die Implikationen für die Wahl der Kapitalstruktur erläutert.

I. Der Selbstbindungsmechanismus

Ein selbstfinanziertes Unternehmen würde den Entscheidungsparameter so wählen, daß, gegeben die Entscheidung des Konkurrenten, der erwartete Grenzgewinn einer Erhöhung von ρ null wird: $\partial E[\pi]/\partial \rho = 0$. Der entsprechende Wert sei ρ^0. Der Erwartungswert wird über alle möglichen Realisationen von π gebildet. Da eine Beteiligungsfinanzierung, die der Firma $(1-\alpha)$ vom Gewinn beläßt, an diesem Kalkül offensichtlich nichts ändert, sei sie im weiteren vernachlässigt. Bei einer Kreditaufnahme mit Rückzahlungsanspruch in Höhe von D erhält die Firma aufgrund der Haftungsbeschränkung max $\{\pi-D, 0\}$. Sie wird daher die Auswirkung einer Angebotsausdehnung auf die Rückflüsse im Insolvenzfall ignorieren und ρ so wählen daß gilt: $\partial E[\pi \mid \pi \geq D]/\partial \rho = 0$. Da das Endvermögen der Firma konvex in π ist, kommt es zu dem bekannten Risikoanreizproblem.

Um spezifische Ergebnisse zu erhalten, sollen zwei Fälle unterschieden werden: Im MPS-Fall, den wir in den Vordergrund stellen werden, wird angenommen, daß eine marginale Erhöhung von ρ an der Stelle ρ^0 das Gewinnrisiko – im Sinne eines *mean preserving spread* der Verteilungsfunktion – erhöht. Die formale Bedingung hierfür ist, daß $\partial F/\partial \rho$ in π abnimmt. Im gegenteiligen MPC-Fall senkt ρ das Risiko im Sinne einer *mean preserving compression*. Eine Steigerung des Gewinnrisikos erfordert nun eine Verringerung von ρ, (formal $F_{\rho\pi}>0$). Wir werden weiter unten erläutern, aus welchen elementaren Annahmen sich diese Fälle ableiten lassen. Da die Firma aufgrund des Risikoanreizeffektes der Kreditfinanzierung ein Interesse an der Erhöhung des Gewinnrisikos hat, reagiert sie im MPS-Fall mit einer Steigerung von ρ und im MPC-Fall mit einer Senkung. In beiden Fällen verstärkt sich mit steigendem Verschuldungsgrad ex post der Interessenskonflikt zwischen der Firma und dem Kreditgeber.

II. Die strategische Interaktion

Die Besonderheit oligopolistischer Märkte liegt nun darin, daß sich die Konkurrenten im Marktgleichgewicht an das veränderte Angebotsverhalten anpassen werden. Dem klassischen Beitrag von Brander & Lewis (1986) folgend sei die Argumentation zunächst am Beispiel von zwei Unternehmen illustriert, die simultan ihre Angebotsmengen q, q_k wählen müssen (Cournot-Duopol).[4]

Wir versetzen uns in ein Unternehmen und indizieren die Variablen des Konkurrenten mit k. Der Zusammenhang wird links in Abbildung 1 anhand des bekannten Cournot-Diagramms illustriert. Hier ist die optimale Menge des betrachteten Unternehmens q als Reaktion R auf eine beliebige Menge q_k des Rivalen vertikal abgetragen. Entsprechend ist die optimale Reaktion des Konkurrenten R_k horizontal abgebildet. Unterstellt wurde ein eindeutiges und stabiles Gleichgewicht. Im MPS-Fall erhöht die Firma ihre Angebotsmenge für jede gegebene Menge des Konkurrenten infolge einer Kreditaufnahme. Die Erhöhung des Verschuldungsgrades verschiebt die Reaktionsfunktion von R nach außen auf R^* – das Unternehmen wird aggressiver. Die gleichgewichtige Mengenkombination verschiebt sich von $\{q^0, q_k^0\}$ entlang der Reaktionsfunktion R_k des Konkurrenten nach $\{q^*, q_k^*\}$. Durch die Kreditaufnahme dehnt die Firma ihren Marktanteil zu Lasten des Kon-

Abb. 1: Selbstbindungseffekt der Kreditfinanzierung (MPS-Fall)

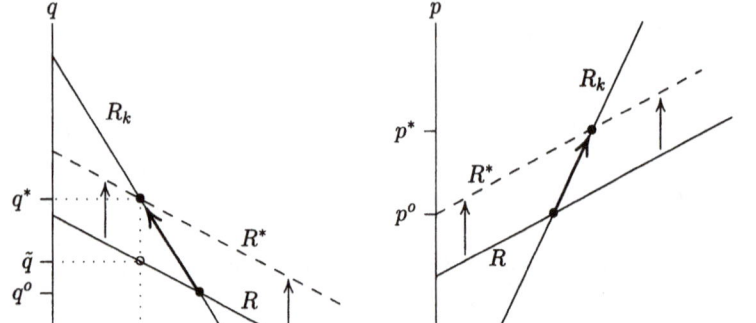

Mengenkonkurrenz (strategische Substitute)   Preiskonkurrenz (strategische Komplemente)

kurrenten aus. Da jedoch insgesamt eine höhere Menge angeboten wird, sinken die Gewinne der Industrie.

Bei der Wahl der Kapitalstruktur wird deren Auswirkungen auf das Produktmarktgleichgewicht von allen Beteiligten antizipiert. Jedes Unternehmen wird seine Kapitalstruktur so wählen, daß diese bei gegebener Kapitalstruktur des Konkurrenten den Firmenwert maximiert. Um die Selbstbindungsfunktion der Kreditaufnahme möglichst allgemein darzustellen, sei hier unterstellt, daß der Firmenwert bei Außerachtlassung des strategischen Effektes aus steuerlichen oder agency-theoretischen Gründen bei einer Kreditaufnahme von D^0 maximiert würde. Bei diesem Wert gleichen marginale steuerliche Vorteile (bzw. positive Anreizwirkungen) die marginalen Nachteile aus der Entscheidungsverzerrung gerade aus. Hinsichtlich dieser Einflußfaktoren übt eine kleine Erhöhung von D lediglich einen Effekt zweiter Ordnung auf den Firmenwert aus. Die ebenfalls induzierte gleichgewichtige Reaktion des Konkurrenten hingegen übt einen Effekt erster Ordnung aus. Die im MPS-Fall eintretende Reduzierung der vom Konkurrenten angebotenen Menge erhöht den Firmenwert und rechtfertigt daher eine Steigerung der Kreditaufnahme, $D^* > D^0$. Umgekehrt wird das Unternehmen im MPC-Fall seinen Verschuldungsgrad verringern.[5]

Das bisher Gesagte ist leicht auf den Fall der Preiskonkurrenz (Bertrand-Duopol) zu übertragen. Wenn eine Preiserhöhung das Gewinnrisiko steigert (MPS-Fall), führt Kreditaufnahme zu höherer Preissetzung – das Unternehmen wird weniger aggressiv. Dieser Fall ist in Abbildung 1 auf der rechten Seite illustriert. Da Preise strategische Komplemente sind, wählt auch der Konkurrent im Gleichgewicht höhere Preise, was den Gewinn erhöht. Beide Firmen werden daher ihre Kreditaufnahme über den Punkt hinaus ausdehnen, der ohne strategische Überlegungen optimal wäre. Im Fall der Preiskonkurrenz steigen die Gewinne der Industrie allerdings, wenn die Unternehmen das strategische Element in die Finanzierungsentscheidungen mit einbeziehen. Kreditaufnahme reduziert den Wettbewerbsdruck in der Branche.

Tab. 1: Auswirkungen von Produktmarktkonkurrenz und Finanzstruktureffekten auf den optimalen Verschuldungsgrad

	Produktmarktaktionen sind	
	strategische Substitute (Kapazitätskonkurrenz)	strategische Komplemente (Preiskonkurrenz)
MPS-Fall (Risikoerhöhung)	Kreditfinanzierung macht agressiv und wird erhöht.[1] Unternehmen steigert Marktanteil zu Lasten der Konkurrenten. Der Wettbewerbsdruck steigt. Bsp: Nachfrage–, oder Kostenunsicherheit.	Kreditfinanzierung macht passiv und wird erhöht.[1] Unternehmen bindet sich an hohe Preise und verliert Marktanteil zugunsten der Konkurrenten. Wettbewerbsdruck sinkt. Bsp: Nachfrageunsicherheit.
MPC-Fall (Risikosenkung)	Kreditfinanzierung macht passiv und wird gesenkt.[1] Unternehmen vermeidet Festlegung auf niedriges Angebot und Verlust von Marktanteil zu Gunsten des Konkurrenten. Verzichtet dafür auf Senken des Wettbewerbsdrucks.	Kreditfinanzierung macht aggressiv und wird gesenkt.[1] Unternehmen vermeidet Festlegung auf niedrige Preise. Marktanteile könnten nur bei insgesamt steigendem Wettbewerbsdruck gewonnen werden. Bsp: Kostenunsicherheit.

[1]: Veränderung der Kreditfinanzierung im Vergleich zu einer Situation ohne strategische Interaktion auf dem Produktmarkt.

III. Wettbewerb und Unsicherheit

Der eindeutige Zusammenhang zwischen Mengen bzw. Preisen und Gewinnrisiko beruht auf der Monotonieannahme bezüglich F_ρ, $\rho \in \{q, p\}$. Es stellt sich daher die Frage, aus welchen elementaren Überlegungen diese Annahme abgeleitet werden kann. Hierzu müssen wir die Art des Zufallseinflusses auf den Gewinn explizit betrachten. Sei z eine Zufallsvariable, die für günstige Umweltzustände (starke Nachfrage, niedrige Kosten) stehe. Die Ex-post-Gewinne ergeben sich als $\pi(z, \rho)$ mit $\pi_z > 0$. Da $F_{\rho\pi}$ und $\pi_{\rho z}$ das entgegengesetzte Vorzeichen haben, kommt es zur Risikosteigerung (Risikominderung), also genau dann, wenn der Grenzgewinn einer Mengensteigerung bzw. Preiserhöhung in guten Umweltzuständen höher (niedriger) ist.

Die Plausibilität steigender bzw. fallender Grenzgewinne ist wiederum je nach Wettbewerbsannahme (Preise vs. Mengen) unterschiedlich. Werden bessere Umweltzustände als starke Nachfrage im Sinne einer parallelen Aufwärtsverschiebung der Nachfragefunktion interpretiert, erhält man in beiden Wettbewerbsformen den MPS-Fall steigender Grenzgewinne. Werden gute Umweltzustände hingegen als niedrige Grenzkosten interpretiert, ergibt sich der MPS-Fall lediglich für die Mengenkonkurrenz. Für die Preiskonkurrenz resultiert der MPC-Fall mit fallenden Grenzgewinnen.[6]

Die wesentlichen Ergebnisse sind in Tabelle 1 noch einmal zusammengefaßt. Es zeigt sich, daß die hier – dem Beitrag von Brander & Lewis (1986) folgend – in den Vordergrund gestellte Kombination von Cournot-Konkurrenz bei steigenden Grenzkosten (links oben) nicht gut zu den eingangs erwähnten stilisierten Fakten paßt, denen zufolge eine einseitige Erhöhung des Verschuldungsgrades zu sinkenden Marktanteilen und steigenden Branchengewinnen führt. Ein solches Ergebnis erhält man nur in den Kombinationen Kapazitätskonkurrenz bei fallenden Grenzgewinnen (links unten) und Preiskonkurrenz bei steigenden Grenzgewinnen (rechts oben). Da Agency-Modelle der Unternehmensfinanzierung die positiven Anreizwirkungen von Kreditfinanzierung hervorheben, erhält man ein „Gegengewicht" aus produktmarktstrategischen Überlegungen im Rahmen dieser Theorie nur für fallende Grenzgewinne, etwa bei Preiskonkurrenz unter Kostenunsicherheit.

IV. Diskussion

Wie überzeugend ist nun die These von der Instrumentalisierung der Kapitalstruktur als Selbstbindungsmechanismus? Brander & Lewis (1986) unterstellen in ihrem Beitrag gegebene Finanzierungsinstrumente, Kredit- und Beteiligungsfinanzierung. Die Selbstbindungswirkung der Kapitalstruktur beruht unter diesen Gegebenheiten auf der Haftungsbeschränkung der Firma im Konkursfall. Nun ist in vielen konzentrierten Industriezweigen die Konkurswahrscheinlichkeit so gering, daß eine derartige Selbstbindungswirkung wenig plausibel ist. Es ist jedoch leicht zu zeigen, daß eine verhaltenssteuernde Funktion der Finanzierung auch ohne Konkurs erreicht werden kann. Benötigt wird lediglich die Konvexitätseigenschaft der Auszahlungsfunktion des Entscheidungsträgers.

Grundsätzlicher ist die Frage, warum gerade die Finanzierung zur Selbstbindung genutzt wird. Warum kann ein bestimmtes Verhalten, etwa die Wahl von q^*, nicht unmittelbar in einem Vertrag festgelegt werden? In der Regel dürfte die Komplexität der zu treffenden Entscheidungen eine explizite Festschreibung unmöglich machen. In Frage kommen aber andere Anreizmechanismen – etwa eine Umsatzbeteiligung der Entscheidungsträger (Fershtman & Judd (1987); Sklivas (1987)). Hier kommt nun die Glaubwürdigkeit der Selbstbindung ins Spiel. Es liegt im Interesse der Firma und ihrer Finanziers, die Verträge nachzuverhandeln, sobald sie vom Konkurrenten ernst genommen wurden. Dies läßt sich wiederum anhand der Abbildung 1 illustrieren. Gegeben die Entscheidung des Rivalen für q_k^*, würde eine Umwandlung der Kredite in Eigenkapital die Firma zur Wahl von $\tilde{q}$ veranlassen, welche den Firmenwert maximiert. Die Umwandlung könnte daher immer in einem Verhältnis vorgenommen werden, welches beide Seiten besser stellt. Wäre eine solche Umwandlung unbeobachtbar, würde der Rivale verdeckte Nachverhandlungen antizipieren und ließe sich von der anfänglichen Kapitalstrukturentscheidung gar nicht erst beeindrucken. Verträge können Dritten gegenüber nur dann eine Selbstbindung bewirken, wenn unbeobachtete Nachverhandlungen ausgeschlossen werden können. Hier hat nun die Kapitalstruktur einfachen Entlohnungsverträgen gegenüber sicherlich Vorteile, zumal wenn Eigen- und Fremdkapital auf eine größere Zahl unterschiedlicher Investoren verteilt wird, so daß im Umwandlungsfall Kompensationszahlungen notwendig wären.

Wie erläutert, beruht die Selbstbindungswirkung der Finanzierungsstruktur auf dem bereits bei Jensen & Meckling (1976) diskutierten Risikoanreizproblem. Kreditfinanzierung resultiert in einer konvexen Auszahlungsfunktion für den haftungsbeschränkten Entscheidungsträger, womit dieser eine Präferenz für Risiko entwickelt. Dies läßt ihn Preise oder Mengen wählen, die von denen, die den Erwartungswert der Gewinne maximieren, gerade so abweichen, daß sich das Gewinnrisiko erhöht.[7] Von den drei in der Einführung erwähnten Ergebnissen der Agency-Literatur wird nur die Konvexitätseigenschaft des Auszahlungsprofils angesprochen. Weitere Auswirkungen der Insolvenz und die Höhe der firmeneigenen Finanzmittel spielen in diesen Überlegungen keine Rolle. Sie werden erst bei den im folgenden erläuterten Ansätzen berücksichtigt.

C. Finanzkraft und Verdrängungswettbewerb

Die Ansicht, eine gute Eigenkapitalbasis sei für die Wettbewerbskraft einer Firma wichtig, ist weitverbreitet – und umstritten. Nach dieser These ist ein niedriger Verschuldungsgrad notwendig, um längere Verlustphasen zu überdauern. Mit dieser Fähigkeit steigen für die Konkurrenten die Kosten einer aggressiven Verdrängungspolitik. Damit kann ein finanzstarkes Unternehmen in neue Märkte expandieren, ohne sich von möglichen Vergeltungsmaßnahmen etablierter Unternehmen abschrecken lassen zu müssen, und seinerseits versuchen andere, finanziell schwache Unternehmen, unter Inkaufnahme längerer Verlustphasen zu verdrängen („deep-pocket"-These). Eine Erhöhung des Verschuldungsgrades schwächt das Unternehmen, indem Konkurrenten zu aggressivem Verdrängungswettbewerb ermuntert werden. In Abbildung 1 entspräche dies einer Verschiebung der Reaktionsfunktion des Konkurrenten nach außen im Fall der Kapazitätskonkurrenz und nach innen im Fall der Preiskonkurrenz. In beiden Varianten würde das verschuldete Unternehmen bei steigendem Wettbewerbsdruck in der Branche Gewinneinbußen erleiden.

Ganz offensichtlich beruht die „deep-pocket"-These auf der Annahme imperfekter Kapitalmärkte. Auf perfekten Kapitalmärkten könnte jede Investition mit hinreichenden Ertragsaussichten finanziert werden. Ein Verdrängungswettbewerb mit dem Ziel, einen Konkurrenten durch Verringerung seines Cash-Flow zu Kapazitätseinschränkungen oder zum Marktaustritt zu zwingen, macht keinen Sinn, da dieser fehlende Eigenmittel immer durch Kapitalaufnahme ersetzen kann. Auch ist die Kapitalstruktur unter dieser Annahme irrelevant. Sollte ein Finanzierungsinstrument tatsächlich mit Wettbewerbsnachteilen verbunden sein, könnte es vollständig ersetzt werden. Die Nachteile würden praktisch nie beobachtet werden.

Es liegt daher nahe, imperfekten Wettbewerb auf Produktmärkten mit Informationsproblemen auf der Finanzierungsseite zu kombinieren. Damit erhält einerseits die „deep pocket"-These ein solides Fundament. Andererseits können die Auswirkung des Verdrängungswettbewerbes auf die Finanzierungsentscheidung untersucht werden. Ansatzpunkt für eine solche Verknüpfung bieten sowohl Signalisierungs- als auch Anreizmodelle. Von beiden soll im weiteren jeweils eines kurz skizziert werden.

I. Signalisierung durch Kreditaufnahme

Poitevin (1989) entwickelt ein Signalisierungsmodell, in dem die Grenzkosten und damit die Gewinnerwartungen einer jungen Firma nur dieser selbst, nicht aber dem Kapitalmarkt bekannt sind. Der Terminologie von Signalisierungsmodellen folgend, wollen wir von guten und schlechten Typen sprechen, je nachdem, ob die erwarteten Gewinne (vor Abzug der Finanzierungskosten) hoch oder niedrig sind. In einem solchen Markt kann es grundsätzlich zwei Gleichgewichtsarten geben. Wird zwischen den Firmentypen kein Unterschied gemacht, und daher in allen Fällen zu gleichen Konditionen finanziert, spricht man von einem Pooling-Gleichgewicht. In einer solchen Situation machen die Finanziers Gewinne, wenn sie an einen guten Typ geraten und Verluste bei den schlechten. Die Guten haben daher grundsätzlich einen Anreiz, ihren Typ durch die Finanzierungsstruktur zu signalisieren, um bessere Konditionen zu erhalten. Damit dies in einem sogenannten Trennungsgleichgewicht gelingt, darf es sich für die Schlechten nicht lohnen die Guten zu imitieren.[8]

Für den Produktmarkt wird Cournot Wettbewerb mit einer Gewinnfunktion unterstellt, bei der die Kreditaufnahme keine Auswirkung auf das eigene Verhalten der Firma hat.[9] Da risikolose Kredite alleine zur Finanzierung des Markteintritts annahmegemäß nicht ausreichen, muß die Firma Beteiligungskapital mit Anteil $\alpha \in [0, 1]$ oder ausfallbedrohten Kredit mit nominellem Rückzahlungsanspruch D aufnehmen. Darüber hinaus wird Risikoneutralität unterstellt und von Konkurskosten, Kreditsicherheiten etc. abgesehen. Damit sind für beide Seiten nur die erwarteten Auszahlungen der Finanztitel von Interesse.

Unter diesen Bedingungen wird typischerweise nur ein Gleichgewicht mit reiner Kreditfinanzierung existieren. Aufgrund der höheren Gewinnerwartungen ist die Finanzierung mit Beteiligungskapital im Vergleich zur Kreditfinanzierung für die gute Firma relativ teurer als für die schlechte. Von einer Mischfinanzierung, die von beiden Typen gewählt, den Finanziers gerade ein break-even erlaubt, werden die Guten daher abweichen, indem sie Beteiligungskapital durch Darlehen ersetzen. Da die schlechteren Firmen sich mit einer Imitation der guten Firmen jedoch immer besser stellen, als wenn sie die für ihre Gewinnerwartungen fairen Finanzierungskonditionen akzeptieren, kommt es zu einer Flucht in die Kreditfinanzierung, die erst bei einem Verschuldungsgrad von 100% ein Ende findet.[10]

Sei D^P eine reine Kreditfinanzierung, bei der die Opportunitätskosten der Finanzierung im Durchschnitt gedeckt sind, wenn der Vertrag von beiden Typen gewählt wird. Können die Schlechten mit diesem Vertrag einen Nettoüberschuß erwarten, ist dies das einzige Pool-Gleichgewicht. Allerdings kann sich in Abhängigkeit von der Parameterkonstellation auch der Fall ergeben, daß die Schlechten mit diesem Vertrag selbst im besten Umweltzustand insolvent wären und daher auf Markteintritt und Finanzierung ganz verzichten. Dann können die guten Firmen das Rückzahlungsversprechen gerade so hoch wählen, daß die Schlechten aus dem Markt gedrängt werden.[11]

In dieses Modell wird nun ein Rivale eingeführt. Dies sei ein etabliertes Unternehmen, dessen Grenzkosten allgemein bekannt sind. Von Informationsproblemen unbehindert wird sich der Rivale ausschließlich mit Eigenkapital finanzieren. Zu einem Zusammenhang zwischen Finanzierung und Produktmarktverhalten kommt es durch die Annahme, daß der Rivale aus der Insolvenz der Firma einen Vorteil zieht – etwa durch Ausscheiden der Firma aus dem Markt oder Behinderungen im Verlaufe eines Insolvenzverfahrens. Sobald die Firma ausfallbedrohten Kredit aufnimmt, wählt der Rivale höhere Kapazitäten, da er damit die Wahrscheinlichkeit der Insolvenz erhöht. Dies führt zu einer Verschlechterung der Gewinnerwartungen bei Kreditfinanzierung. Poitevin (1989) zeigt nun, daß auch unter diesen Bedingungen die beiden eben beschriebenen Gleichgewichtsmöglichkeiten existieren. Da sowohl das Vereinigungsgleichgewicht als auch das „Trennungsgleichgewicht" mit Kreditfinanzierung verbunden sind, folgt, daß die Firma den Verdrängungswettbewerb nicht einfach durch eine Änderung der Finanzierungsstruktur vermeiden kann.

Damit kann das Modell erklären, warum Unternehmen im Gleichgewicht eine Finanzierungsstruktur wählen, die sie zum Ziel ruinöser Konkurrenz macht. Sie benötigen die Kreditfinanzierung, um dem Finanzmarkt ihre „Qualität" zu signalisieren (selbst wenn dies im Gleichgewicht mißlingt) und müssen dafür den aggressiveren Wettbewerb auf dem Produktmarkt in Kauf nehmen.[12]

Offen bleibt allerdings, warum Insolvenz die Firma in ihrem Wettbewerbsverhalten behindern sollte. Auch erscheint die Vorstellung überzogen, daß Firmen auf die Gefahr des Verdrängungswettbewerbes in ihrem Finanzierungsverhalten überhaupt nicht reagieren würden. Diese beiden Aspekte werden im Anreizmodell von Bolton & Scharfstein (1990) aufgegriffen.

II. Kreditaufnahme zur Bewältigung von Anreizproblemen

Während die Finanzierungsinstrumente in den bisherigen Modellen als exogen gegeben unterstellt wurden, werden die Eigenschaften optimaler Finanzierungsverträge in Bolton & Scharfstein (1990) aus elementaren Annahmen über das Finanzierungsproblem abgeleitet (*security design*). In Anlehnung an Jensen's (1986) Free-Cash-Flow Hypothese wird unterstellt, daß unsichere Projektrückflüsse nicht kontrahierbar sind und der Finanzierungsvertrag daher Anreize für eine Auszahlung bieten muß. Ein möglicher Sanktionsmechanismus besteht darin, das zukünftige Einkommen der Firma durch Verweigerung der Refinanzierung am Periodenende (Zerschlagung im Konkursverfahren, Einschränkungen des Investitionsvolumens) zu mindern. Um die Vortäuschung der Insolvenz zu verhindern, wird die Firma daher für niedrige Auszahlungen mit einer gewissen Wahrscheinlichkeit „abgestraft". Die Wettbewerbsnachteile der Firma sind damit ein notwendiges Instrument des Finanzierungsvertrages, welches allerdings in einem oligopolistischen Markt Konkurrenten zu Verdrängungswettbewerb ermuntert. Damit entsteht ein Zielkonflikt zwischen der Anreizfunktion und der Schutzfunktion; in den Worten von Bolton & Scharfstein (1990): „There is a tradeoff between deterring predation and mitigating incentive problems; reducing the sensitivity of the refinancing decision discourages predation, but exacerbates the incentive problem".

Allerdings ist der Gewinn in Bolton & Scharfstein (1990) auf zwei Realisationen beschränkt, was eine Interpretation der Ergebnisse in Begriffen der Kapitalstruktur ausschließt. Wir folgen daher einer Erweiterung von Hubert (1998), wo ein Kontinuum an Gewinnmöglichkeiten betrachtet wird. Um ein gehaltvolles Kapitalstrukturproblem zu erhalten, wird darüber hinaus angenommen, daß die vertragswidrige Aneignung von „Free-Cash-Flow" auch durch Kontrollen und Beschränkungen der Firmenaktivität erschwert werden kann. Je größer der Anteil der auf die Finanziers entfallenden Rückflüsse ist, je schwächer also die monetären Anreize für die Firma sind, desto stärker müssen deren Entscheidungsspielräume eingeengt und desto intensiver ihr Verhalten kontrolliert werden. Die Agency-Kosten der Beteiligungsfinanzierung bestehen in den Kontrollkosten und Flexibilitätsverlusten, welche in Kauf zu nehmen sind, wenn auf monetäre Anreize verzichtet wird. Die Kosten der Darlehnsfinanzierung fallen hingegen lediglich bei schlechter Ertragslage im Insolvenzfall an. Wie in Bolton & Scharfstein (1990) muß eine Vortäuschung der Insolvenz durch entsprechende „Strafen", z. B. Verweigerung der Refinanzierung und damit erzwungenem Marktaustritt, verhindert werden.

Das Finanzierungsproblem besteht nun darin, eine Kombination von Beteiligungs- und Kreditfinanzierung zu finden, bei der die Auszahlungsansprüche der Finanziers zu minimalen Gesamtkosten befriedigt werden. Ein solcher Finanzierungsvertrag, „bestraft" die Firma durch Verweigerung der Refinanzierung bei Insolvenz und „belohnt" die Firma durch den nichtabzuführenden Anteil der Gewinne in guten Zuständen. Dabei wird die Sanktionswahrscheinlichkeit im Insolvenzbereich gerade so hoch gewählt, daß die Firma bei gegebener Kontrollintensität keinen Anreiz hat, die Finanziers zu betrügen.

Führt man nun wiederum einen Rivalen ein, so wird dieser einen Anreiz zu aggressivem Verdrängungswettbewerb haben, wenn er aus einer Verweigerung der Refinanzierung Vorteile ziehen kann. Anders als im zuvor skizzierten Signalisierungsmodell sind es hier jedoch optimal gewählte Eigenschaften des Finanzierungsvertrages, die das feindliche Verhalten auslösen. Entsprechend wird die Firma ihre Kapitalstruktur anpassen, wenn sie sich der Gefahr eines solchen Verdrängungswettbewerbes ausgesetzt sieht. Dabei wird sie tendenziell Kredite durch Beteiligungskapital ersetzen. Hierfür gibt es zwei Gründe.

Je niedriger das Darlehensvolumen ist, desto höher ist die Refinanzierungswahrscheinlichkeit für ein gegebenen Ertrag im Insolvenzbereich und desto geringer ist der Anreiz zum Verdrängungswettbewerb. Die Kosten der Darlehensfinanzierung werden nicht nur durch die erwarteten Sanktionskosten sondern auch durch das aggressivere Verhalten der Konkurrenz erhöht. Umgekehrt erlauben die für die Beteiligungsfinanzierung erforderlichen Kontrollen eine Erhöhung der Refinanzierungswahrscheinlichkeit auch im Insolvenzfall, was wiederum den Anreiz zur Verdrängung mindert. Die Kosten von Beteiligungskapital werden durch das wohlwollender Produktmarktverhalten der Rivalen gesenkt. Die Gefahr des Verdrängungswettbewerbes wirkt daher wie eine Steuer auf Kreditfinanzierung und eine Subvention der Beteiligungsfinanzierung. Dieses Ergebnis bestätigt die eingangs formulierte These, daß bei drohendem Verdrängungswettbewerb eine starke Eigenkapitalbasis notwendig sein kann.

Mit den stilisierten empirischen Fakten verträgt sich auch diese Erklärung nur teilweise. Wenn Rivalen durch einen hohen Verschuldungsgrad zu aggressivem Verdrängungswettbewerb ermuntert werden, müßten die Gewinne in der Branche zumindest kurzfristig sinken. Hierfür fanden sich in den eingangs erwähnten Studien keine Belege. Allerdings gäbe es in einer solchen Situation auch keinen Anreiz seinen Verschuldungsgrad zu erhöhen. Die Kausalität kann ebensogut umgekehrt verlaufen. Erst bei Erwartung eines sinkenden Wettbewerbsdruck haben die Unternehmen ihren Verschuldungsgrad erhöht.

D. Kapitalstruktur und informelle Kooperation

In den vorangegangenen Abschnitten wurde unterstellt, daß die Unternehmen auf dem Absatzmarkt trotz ihrer geringen Zahl nicht miteinander kooperieren. Natürlich sind explizite Vereinbarungen zur Beschränkung des Wettbewerbs in der Regel verboten. Dennoch können Firmen, die sich wiederholt einander gegenüberstehen, unter bestimmten Umständen durch implizites Einverständnis eine kooperative Beschränkung von Kapazitäten oder die Anhebung von Absatzpreisen erreichen. Die informelle Vereinbarung wird abgesichert durch die glaubhafte Drohung, eine Abweichung des Rivalen seinerseits mit der Rückkehr zu unkooperativem Verhalten zu sanktionieren. In Anlehnung an Maksimovic (1988) wird erläutert, wie sich die Kapitalstruktur auf die Fähigkeit, solche kooperativen Lösungen in einem dynamischen Gleichgewicht zu erhalten, auswirkt.

Die Grundüberlegung läßt sich wieder an einem einfachen Beispiel erläutern. Eine Firma trifft immer wieder unter den gleichen Bedingungen auf die gleichen Rivalen. Zur Vereinfachung soll dies bis in alle Unendlichkeit so weitergehen. Es ist aus der Theorie wiederholter Spiele bekannt, daß unter diesen Voraussetzungen viele dynamische Strategien geeignet sind, im Gleichgewicht kooperatives Verhalten zu erzeugen. Ein Beispiel ist die auch als „Trigger-Strategie" bezeichnete Verhaltensregel, nach der die Firma sich kooperativ verhält, es sei denn ein Rivale ist in der vorangegangenen Periode vom kooperativen Verhalten abgewichen. Dieser „Betrug" wird für alle Zukunft mit dem nichtkooperativen Verhalten des Einperioden-Gleichgewichts „bestraft".

Unter welchen Voraussetzungen kann mit dieser Strategie Kooperation erreicht werden? Zunächst muß festgestellt werden, welche Gewinne (vor Abzug der Finanzierungskosten) die Firma in einer Periode unter den verschiedenen Konstellationen erzielt. π^k sei der Periodengewinn, wenn sich alle kooperative verhalten – etwa den Monopolpreis verlangen und sich den Markt teilen. Der entsprechende Wert im nicht-kooperativen Periodengleichgewicht sei π^n. Eine kritische Rolle spielt der Gewinn π^a, den die Firma erhält, wenn sie einseitig von der kooperativen Lösung abweicht. Da $\pi^a > \pi^k > \pi^n$ gelten muß, hat sie hierzu in jeder einzelnen Periode einen Anreiz. Ihre Konkurrenten würden jedoch darauf mit „Abstrafung" durch unkooperatives Verhalten antworten. So muß der anfängliche Gewinnvorteil $(\pi^a - \pi^k)$ gegen den dauerhaften Nachteil $(\pi^n - \pi^k)$ abgewogen werden. Wechselseitig wohlwollendes Marktverhalten ist in einem dynamische Kontext daher nur möglich, wenn der Gegenwartswert des Gewinns bei Abweichung nicht größer ist als die entsprechende Größe bei Kooperation: $\pi^a + \pi^n/r < \pi^k + \pi^k/r$, wobei r für die Diskontrate steht.[13] Durch Umschreiben mit dem Diskontfaktor $\delta = 1/(1+r)$ erhält man:

(1) $(1-\delta)\,\pi^a + \delta\pi^n \leq \pi^k$

Offensichtlich ist diese Bedingung eher erfüllt, je weniger zukünftige Erträge diskontiert werden und je geringer die Gewinne bei Abweichung und Sanktion im Vergleich zur Kooperation sind. Wird die Ungleichung (1) nicht erfüllt reicht das Sanktionspotential nicht aus, die implizite Kooperation zu stützen. Da dies von allen Beteiligten antizipiert wird, kommt die kooperative Lösung gar nicht erst zustande.

Der Einfluß der Finanzierungsstruktur auf die Möglichkeit, wettbewerbsbeschränkende Verhaltensweisen im Zuge dynamischer Interaktion aufrecht zu erhalten, kann daher an dieser Bedingung untersucht werden. Entscheidend ist, wie die Auszahlung an die Firma (allg. den Entscheidungsträger) die Stabilitätsbedingung verändert. Zunächst ist leicht zu sehen, daß eine reine Beteiligungsfinanzierung, bei der den Kapitalgebern ein Anteil $\alpha \in (0,1)$ der Gewinne ausgezahlt wird, keinen Einfluß auf die Bedingung hat. In diesem Fall erhält die Firma $(1-\alpha)\pi$. Der Faktor erscheint in allen Termen von (1) und kürzt sich daher heraus. Anders stellt sich die Situation im Fall der Darlehensfinanzierung dar, die der Firma aufgrund der Vermögensbeschränkung $\max\{0, \pi-D\}$ beläßt. Für den Fall der Insolvenz wird unterstellt, daß die Kreditgeber die Firma übernehmen und fortführen. In Bezug auf die Bedingung (1) sind drei Fälle zu unterscheiden. Wenn die Firma auch im nichtkooperativen Gleichgewicht zahlungsfähig bleibt ($D < \pi^n$), hat die Kreditfinanzierung keinen Einfluß auf die Bedingung. Wenn die Firma selbst bei Kooperation insolvent wird ($\pi^k < D < \pi^a$), kann die Stabilitätsbedingung nicht mehr erfüllt sein. Interessanter ist daher, wenn Insolvenz nur in der nichtkooperativen Lösung eintritt ($\pi^n < D < \pi^k$). Die Kooperationsvoraussetzung lautet dann: $(1-\delta)(\pi^a - D) \leq \pi^k - D$, woraus sich eine Obergrenze für das tragbare Kreditvolumen ergibt:

$$(2) \quad D^{\max} = \frac{\pi^k - (1-\delta)\pi^a}{\delta}$$

Es ist leicht zu sehen, daß diese Kreditobergrenze mit zunehmendem Diskontfaktor δ und zunehmendem Kooperationsgewinn steigt. Sie sinkt, je höher der kurzfristige Gewinn im Fall der Abweichung ist. Kreditaufnahme erschwert die Aufrechterhaltung kooperativer Lösungen, weil die Bestrafung für abweichendes Verhalten teilweise auf die Kreditgeber abgewälzt wird, während der kurzfristige Gewinn ungeschmälert der Firma zufließt. Ähnliche Überlegungen können auch für ausgefallenere Finanzierungsformen angestellt werden. So können etwa Wandelanleihen so ausgestaltet werden, daß sich die Umwandlung in Anteile nur bei den hohen Gewinnen im Fall der Abweichung, nicht aber den „normalen" Gewinnen der kooperativen Lösung, lohnt. Da die Vorteile aus der Abweichung geschmälert werden, stabilisiert sich die Kooperation (Maksimovic (1988)).

Es ist jedoch nicht nötig, alle erdenklichen Finanzierungsformen jeweils im Detail zu betrachten. Aus der Formulierung der Restriktion in (1) wird bereits deutlich, daß es, wie schon bei der Selbstbindung, auf die Konvexitätseigenschaft der Auszahlung an den Entscheidungsträger ankommt. Angenommen, die Restriktion sei mit Gleichheit erfüllt und das Endvermögen der Firma sei gegeben durch die Funktion $w(\pi)$, dann fällt die Stabilitätsbedingung:

$$(3) \quad (1-\delta)w(\pi^a) + \delta w(\pi^n) \quad >(<) \quad w(\pi^k)$$

mit der Definition von Konvexität (Konkavität) von w zusammen.

Wenn in einer Branche die Möglichkeit zur dynamischen Kooperation durch wechselseitig wohlwollendes Marktverhalten besteht, ist schon eine einseitige Erhöhung des Verschuldungsgrades eines Marktteilnehmers für alle Unternehmen ein Grund zur Sorge. Beobachten die Konkurrenten, daß eine Firma das kritische Schuldenniveau überschreitet, antizipieren sie den Abbruch der Kooperation und brechen ihrerseits die Kooperation ab. In einer solchen Branche haben alle Firmen ein Interesse an der finanziellen Solidität ihrer Konkurrenten. Das Ziel, den Wettbewerbsdruck in der Branche zu mindern, bietet damit ein Gegengewicht gegen die Anreizorientierung der Finanzierungsstruktur.

E. Fazit

In den vorangegangenen Abschnitten wurden einige theoretische Überlegungen zur strategischen Bedeutung von Finanzierungsentscheidungen anhand ausgewählter Modelle nachgezeichnet. Wir haben uns dabei bewußt auf drei einfache Anknüpfungspunkte für Kapitalstrukturentscheidungen beschränkt: Für die statische Analyse des Wettbewerbs in der Tradition von Cournot und Bertrand betrachteten wir den Einfluß der Kapitalstruktur auf die Reaktionsfunktionen des eigenen Unternehmens und die seines Produktmarktrivalen. Im Kontext dynamischer Interaktion interessierte schließlich der Spielraum für eine implizite Kooperation. In allen drei Fällen, ließen sich Querbezüge zwischen der Unternehmensfinanzierung und dem Wettbewerbsverhalten herstellen. Damit ist die theoretische Relevanz von Finanzierungsentscheidungen bereits für die elementarsten analytischen Ansätze der Industrieökonomik belegt. Umgekehrt zeigt sich, daß finanzielle Arrangements in einer von Informationsproblemen und unvollständigen Verträgen gekennzeichneten Welt im allgemeinen auch die Marktstruktur auf der realwirtschaftlichen Seite der Unternehmung reflektieren werden.

Die optimale Kapitalstruktur hängt damit von Wettbewerbsüberlegungen ab, die in der Theorie betrieblicher Finanzierung bislang kaum eine Rolle gespielt haben. Stehen sich die Wettbewerber wiederholt in der gleichen Konkurrenzsituation gegenüber, kann ein hoher Verschuldungsgrad schaden, weil er den Spielraum für eine Minderung des Wettbewerbsdrucks durch informelle Kooperation einengt. Wenn auf dem Produktmarkt eine informelle Kooperation ohnehin nicht zu erwarten ist und Preise in Abhängigkeit von der Kapazität gesetzt werden (Mengenkonkurrenz), erwies sich ein hoher Verschuldungsgrad i. a. als vorteilhaft. Die Wirkung ist wiederum ambivalent, wenn Kapazitäten durch Preise bestimmt werden (Preiskonkurrenz). In diesem Fall kommt es darauf an, ob die Unsicherheit über Kosten- oder Absatzfaktoren größer ist. Nachteilig ist Kreditfinanzierung, wenn Rivalen aus einer Insolvenz Wettbewerbsvorteile ziehen können – etwa weil Markteintrittsbarrieren ihnen in diesem Fall eine temporäre Monopolstellung einräumen. Zu den Insolvenzkosten im engeren Sinne kommen dann noch Gewinneinbußen durch aggressiveres Wettbewerbsverhalten der Konkurrenz.

Diese Vielfalt ergab sich bereits aus zwei elementaren Transmissionsmechanismen. Sowohl die strategische Verschiebung der eigenen Reaktionsfunktion als auch die Gefährdung dynamischer Kooperation beruhen auf dem sich aus der Kreditfinanzierung ergebenden Risikoanreizproblem. Sie folgen alleine aus der Konvexitätseigenschaft der Kompensation des Entscheidungsträgers, die in den durch die Haftungsbeschränkung vorgegebenen Grenzen als frei wählbar unterstellt wird. Damit liefern die Modelle auch plausible Beispiele für die Relevanz des Risikoanreizproblems. Daß Kreditfinanzierung Rivalen zu aggressivem Verdrängungswettbewerb ermuntert, folgt hingegen aus Sanktionen, die im Insolvenzfall ergriffen werden. Die Notwendigkeit hierfür kann wiederum aus

Anreizmodellen abgeleitet werden. Mit diesen beiden Mechanismen sind die Verbindungen zwischen der Unternehmensfinanzierung und dem Wettbewerb auf dem Produktmarkt sicherlich nicht erschöpft. Durch die Berücksichtigung wettbewerbsstrategischer Aspekte wird sich die bereits in den informationsökonomischen Ansätzen zu beobachtende Ausdifferenzierung der Finanzierungstheorie in situationsbezogene Einzelerklärungen noch verstärken.

Es wäre jedoch falsch, angesichts dieser Entwicklung der Geschlossenheit und Eleganz des „neoklassischen Ansatzes" nachzutrauern. Eine Finanzierungstheorie, die für praktische Entscheidungsprobleme ernsthafte Orientierungshilfen bieten möchte, kann eben nicht mit einem einfachen Rezept für alle Lebenslagen aufwarten.

Anmerkungen

1 Wir beschränken uns hier auf den Fall imperfekter Konkurrenz auf dem Absatzmarkt. Zur Wechselwirkung zwischen Finanzmärkten und kompetitiven Produktmärkten siehe Zechner (1995). Eine ausführlichere Übersicht, die modelltechnische Details stärker in den Vordergrund rückt, findet sich bei Neff (1997).
2 Einen guten Überblick geben Harris & Raviv (1991).
3 Für die USA ist dies im klassischen Beitrag von Jensen & Murphy (1990) belegt. Für Deutschland zeigen die Erhebungen von Schwalbach & Graßhoff (1997) und Schmid 1997) ähnliches. Eine der „schillernden Ausnahmen" dokumentieren Dial & Murphy (1995).
4 Da die Zahl der Märkte, auf denen Preise zentral – etwa durch Auktionen – festgesetzt werden, klein ist, wird „Mengenkonkurrenz" in der modernen industrieökonomischen Literatur zumeist als simultane Wahl der Kapazität interpretiert, der sich dann eine zweite Stufe der Preiskonkurrenz anschließt. Wir werden beide Begriffe hier synonym verwenden.
5 Brander & Lewis (1986) betrachten explizit Randlösungen, die sich einstellen, wenn Kreditfinanzierung mit keinerlei Vorteilen, außer gegebenenfalls den strategischen, verbunden ist. Im MPC-Fall ändert sich gegenüber der „nicht-strategischen" Finanzierung nichts, da diese bereits vollständige Beteiligungsfinanzierung vorsieht – eine weitere Reduzierung der Kreditaufnahme also nicht möglich ist. Dieses Ergebnis ist jedoch nicht ganz überzeugend. Eine Selbstbindung durch ausfallbedrohten Kredit wäre durchaus möglich, nur müßte hierzu den Kreditgebern die Unternehmensleitung überlassen werden. Im MPC-Fall erfordert die gewünschte Selbstbindung eine konkave Auszahlung für den Entscheidungsträger.
6 Zur Vereinfachung wird unterstellt, daß die Grenzkosten mengenunabhängig sind. Die Behauptungen folgen unmittelbar aus den Gewinnfunktionen. Bei Cournot-Mengenkonkurrenz ($\rho=q$) erhalten wir unter den gemachten Annahmen für die Nachfrageunsicherheit $\pi(q)=(p(q+q_k)+z-c)q$ mit $\pi_{qz}=1>0$ und für die Kostenunsicherheit $\pi(q)=(p(q+q_k)-c(z))q$ mit $\pi_{qz}=-c'>0$ wegen $c'<0$. Für die Preiskonkurrenz ($\rho=p$) folgt bei Nachfrageunsicherheit aus $\pi(p)=(p-c)(q(p,p_k)+z)$ ebenfalls $\pi_{pz}=1>0$. Für die Kostenunsicherheit ergibt sich aber aus $\pi(p)=(p-c(z))q(p,p_k)$ der gegenteilige Fall $\pi_{pz}=-c'q_p<0$.
7 So gesehen sind die oben aufgelisteten Beispiele für Selbstbindungsmöglichkeiten auch für die Diskussion über die Modellierung des Risikoanreizproblems von Interesse. Wie Kürsten (1995) kritisch anmerkt, wird in der theoretischen Literatur das Risikoanreizproblem regelmäßig nicht in Reinform, sondern immer in Verbindung mit einem sinkenden Erwartungswert modelliert – bei risikoneutralen Teilnehmern ergäbe sich anderenfalls nämlich gerade kein Problem. Bedenklich wäre ein solches Vorgehen jedoch nur, wenn sich keine plausiblen Beispiele für eine derartige Verbindung von Risiko und Erwartungswert finden ließen. Da dies nicht der Fall ist, erscheint Kürstens Einwand unberechtigt.
8 Wir stellen die Überlegungen Poitevin (1989) folgend in der Terminologie eines Signalisierungsmodells dar, in dem die Firmen (die informierte Marktseite) die Kapitalstruktur wählen. Es würde an dem ökonomischen Kern des Arguments nichts ändern, wenn die Finanziers (die un-

informierte Marktseite) die Verträge vorschlügen und sich die Darstellung, etwa in Anlehnung an de Meza & Webb (1990), der Terminologie von Selektionsmodellen bedienen würde. Die Existenz und Eindeutigkeit der im weiteren behandelten Gleichgewichten kann durch entsprechende Parameterrestriktionen gesichert werden.

9 Der Gewinn ist $\pi(q) = (p(q+q_k)-c)q + z$ wobei z gleichverteilt ist und die Grenzkosten c je nach Typ hoch oder niedrig sind. Aus $\pi_{qz} = 0$ folgt nach den Überlegungen des vorangegangenen Abschnittes die Neutralität der Finanzierungsstruktur für die eigene Reaktionsfunktion. Die Informationsasymmetrie bezüglich c besteht nur zum Zeitpunkt der Finanzierung, so daß die nachgelagerte Produktmarktinteraktion dem einfachen Cournot-Modell entspricht.

10 Trennungsgleichgewichte, in denen verschiedene Typen unterschiedliche Verschuldungsgrade wählen, sind nicht möglich, weil die Isogewinnlinien von Firmen und Finanziers im α-D-Raum möglicher Finanzierungsverträge grundsätzlich die gleiche Steigung haben. Im Gegensatz zu den meisten Signalisierungsmodellen, ist das Signal „hoher Leverage" mit keinerlei Effizienzverlusten verbunden.

11 Poitevin konzentriert sich stark auf diesen von ihm als „Trennungsgleichgewicht" interpretierten Fall. Es findet allerdings keine Trennung von „aktiv" im Markt teilnehmenden Firmen statt.

12 Dieses Ergebnis müßte sich in ähnlicher Form auch in Signalisierungsmodellen reproduzieren lassen, die Kreditfinanzierung eine stärkere Signalisierungsfunktion zuschreiben, etwa durch die Annahme der Risikoaversion (de Meza & Webb (1990)) oder durch die Einführung von Reputationsverlusten im Konkursfall (Ross (1977)). Auch in diesen Modellen müssen sich gute Firmen im Trennungsgleichgewicht teilweise mit Kredit finanzieren um sich von den schlechten zu unterscheiden.

13 Die Diskontrate kann neben dem Kapitalmarktzins auch von der spezifischen Produktmarktinteraktion beeinflußt werden. Besteht etwa die Gefahr, daß die laufende Periode mit einer gewissen Wahrscheinlichkeit die letzte ist, in der der Markt in der gegebenen Form existiert, müssen zukünftige Kooperationsgewinne und Strafen stärker diskontiert werden.

Literatur

Albach, Horst (1981), Finanzkraft und Marktbeherrschung, J. C. B. Mohr (Paul Siebeck), Tübingen.
Bolton, Patrick; Scharfstein, David (1990), A Theory of Predation Based on Agency Problems in Financial Contracting, American Economic Review, vol. 80 (March), pp. 93–106.
Brander, James A.; Lewis, Tracy R. (1986), Oligopoly and Financial Structure: The Limited Liability Effect, The American Economic Review, vol. 76 (5), pp. 956–970.
Chevalier, Judith A. (1995), Capital Structure and Product-Market Competition: Empirical Evidence from the Supermarket Industry, American Economic Review, vol. 85 (3), pp. 415–435.
Dial, Jay; Murphy, Kevin, J. (1995), Incentives, Downsizing, and Value Creation at General Dynamics, Journal of Financial Economics, vol. 37, pp. 261–314.
Fershtman, Chaim; Judd, Kenneth L. (1987), Equilibrium Incentives in Oligopoly, American Economic Review, vol. 77 (5), pp. 927–940.
Harris, Milton; Raviv, Artur (1991), The Theory of Capital Structure, The Journal of Finance, vol. XLVI (1), pp. 297–355.
Hubert, Franz (1998), Financial Contracting when Rivals may turn Nasty, Discussionspaper, Freie Universität Berlin, Institut für Wirtschaftspolitik und Wirtschaftsgeschichte.
Jensen, M. C.; Murphy, K. J. (1990), Performance Pay and Top-Management Incentives, Journal of Political Economy, vol. 98, pp. 225–264.
Jensen, Michael C.; Meckling, William H. (1976), Theory of the Firm: Management Behaviour, Agency Cost and Ownership Structure, Journal of Financial Economics, vol. 3, pp. 305–360.
Jensen, Micheal C. (1986), Agency Cost of Free Cash Flow, Corporate Finance, and Takeover, American Economic Review, vol. 76, pp. 323–329.
Kovenock, Dan; Phillips, Gordon (1995), Capital Structure and Product Market Behavior: An Examination of Plant Exit and Investment Decisions, University of Munich, CES Working Paper Series, No. 89.

Kürsten, Wolfgang (1995), Risky Debt, Managerial Ownership and Capital Structure: New Fundamental Doubts on the Classical Agency Approach, Journal of Institutional and Theoretical Economics, vol. 151(3), pp. 526–555.

Laux, Helmut (1998), Risikoteilung, Anreiz und Kapitalmarkt, Springer, Berlin, Heidelberg, New York.

Leland, Hayne E.; Pyle, David H. (1977), Informational Asymmetries, Financial Structure, and Financial Intermediation, Journal of Finance, vol. XXXII(2), pp. 371–387.

Maksimovic, Vojislav (1988), Capital Structure in Repeated Oligopolies, Rand Journal of Economics, vol. 19(3), pp. 389–407.

de Meza, David; Webb, David (1990), Risk, Adverse Selection and Capital Market Failure, The Economic Journal, vol. 100 (March 1990), pp. 206–214.

Neff, Cornelia (1997) Finanzstruktur und strategischer Wettbewerb auf Gütermärkten, Wirtschaftswissenschaftliche Fakultät, Universität Tübingen.

Opler, T.; Titman, S. (1994), Financial Distress and Corporate Performance, Journal of Finance, vol. 49, pp. 1015–1040.

Perridon, Louis; Steiner, Manfred (1993), Finanzwirtschaft der Unternehmung, Franz Vahlen, München.

Phillips, Gordon M. (1995), Increased Debt and Industry Product Markets: An Empirical Analysis, Journal of Financial Economics, vol. 37, pp. 187–238.

Poitevin, Michel (1989), Financial Signalling and the „Deep-pocket" Argument, Rand Journal of Economics, vol. 20(1), pp. 26–40.

Ross, Stephen A. (1977), The Determination of Financial Structure: The Incentive-Signalling Approach, Bell Journal of Economics, vol. 8, pp. 23–40.

Schmid, Frank A (1997), Vorstandsbezüge, Aufsichtsratsvergütung und Aktionärsstruktur, Zeitschrift für Betriebswirtschaft, vol. 67, pp. 67–83.

Schwalbach, Joachim; Graßhoff, Ulrike (1997), Managervergütung und Unternehmenserfolg, Zeitschrift für Betriebswirtschaft, vol. 67, pp. 203–217.

Showalter, Dean M. (1995), Oligopoly and Financial Structure: Comment, American Economic Review, vol. 85(3), pp. 647–653.

Sklivas, Steven D. (1987), The Strategic Choice of Managerial Incentives, RAND Journal of Economics, vol. 18(3), pp. 452–458.

Spremann, Klaus (1991), Investition und Finanzierung, Oldenbourg Verlag, München, Wien.

Swoboda, Peter (1991), Betriebliche Finanzierung, Physica-Verlag, Heidelberg.

Zechner, Josef (1995), Financial Market – Product Market Interaction in Industry Equilibrium: Implications for Information Acquisition Decisions, University of Vienna.

Zusammenfassung

Der Beitrag liefert einen kritischen Überblick über jüngere Theorien zur wettbewerbsstrategischen Bedeutung von Finanzierungsentscheidungen, die im Gegensatz zu informationsökonomischen Modellen in der betriebswirtschaftlichen Finanzierungslehre bislang wenig Beachtung fanden. Anhand ausgewählter Modelle wird die Selbstbindungs- und die Schutzfunktion der Kapitalstruktur sowie ihre Bedeutung für die informelle Kooperation mit Wettbewerbern skizziert. Dabei zeigt sich, daß es auf oligopolistisch strukturierten Märkten einen Zielkonflikt zwischen wettbewerbsstrategischen Zielen und den Anreizwirkungen der Unternehmensfinanzierung geben kann. Dieser könnte die relativ geringe praktische Bedeutung anreizorientierter Entlohnungs- und Finanzierungsverträge erklären helfen.

Summary

The paper reviews recent developments in the theory of finance focusing on the interaction between capital structure and strategic rivalry in product markets. Based on selected models we sketch the use of capital-structure as a commitment device, its role in deterring predation and its importance for sustaining collusion. In some cases we find a trade-off between providing incentives for decision-makers within the firm and maintaining competitive strength in the product market. This may explain the little use of high powered financial incentive schemes.

70: Allg. Fragen der Finanzwirtschaft
60: Allg. Fragen des Absatzes

Statistik-Prüfung gezielt vorbereiten

Inhalt

"Statistik lernen und verstehen anhand praktischer Problemstellungen" ist das Leitmotiv, unter dem dieses Buch klassische und moderne Verfahren der Deskriptiven Statistik, Wahrscheinlichkeitsrechnung und Induktiven Statistik anspruchsvoll und verständlich vermittelt.

Das Repetitorium Statistik verbindet die Komponenten eines Statistik-Lehr- und Übungsbuches mit denen eines Statistik-Lexikons. Begriffe und Methoden werden komprimiert dargestellt und an praktischen Beispielen demonstriert und erläutert. Für die zweite Auflage wurde das "Repetitorium Statistik" vollständig überarbeitet. Jedes Kapitel enthält zudem Übungs- und Klausuraufgaben mit vollständigen Lösungen.

- Verteilungsanalyse
- Korrelationsanalyse
- Regressionsanalyse
- Zeitreihenanalyse
- Indexanalyse
- Bestandsanalyse
- Kombinatorik
- Ereignisse
- Wahrscheinlichkeiten
- Wahrscheinlichkeitsverteilungen
- Stichprobenverfahren
- Schätzverfahren
- Testverfahren

Peter P. Eckstein
Repetitorium Statistik
Deskriptive Statistik-
Stochastik-Induktive Statistik.
Mit Klausuraufgaben
und Lösungen
2., vollst. überarb. Aufl. 1998.
X, 352 S., broschiert DM 58,00
ISBN 3-409-22099-2

Bestell-Coupon

Ja, ich bestelle ___ Exemplare

Peter P. Eckstein
Repetitorium Statistik
Deskriptive Statistik-Stochastik-Induktive
Statistik. Mit Klausuraufgaben und Lösungen
2., vollst. überarb. Aufl. 1998.
X, 352 S., broschiert DM 58,00
ISBN 3-409-22099-2

Vorname und Name

Straße (bitte kein Postfach)

PLZ, Ort

Unterschrift

z. H. Frau Kristiane Alesch,
Postfach 15 47, 65005 Wiesbaden,
Fax: (0611) 78 78 439
http://www.gabler-online.de

Änderungen vorbehalten. Stand: Juli 1998.
Erhältlich im Buchhandel oder beim Verlag.

Marktbeeinflussung durch Analystenempfehlungen
Eine empirische Studie
Von Wolfgang Gerke und Marc Oerke*

Überblick

- Im Rahmen einer breit angelegten Ereignisstudie werden die Kurswirkungen der Empfehlungen von Analysten untersucht. Dabei wird festgestellt, daß Kaufempfehlungen nur bei den DAX-Werten Preiswirkungen verursachen, während Empfehlungen zum Verkauf und zum Halten nachhaltige negative Kursreaktionen zur Folge haben. Zukünftig wird noch stärker zu beobachten sein, wann eine Analyst zum Insider wird. Die Studie basiert auf 371 Empfehlungen von 43 größeren Analystenhäusern.

- Vor dem Hintergrund der rechtlichen Situation in Deutschland wird erläutert, daß ein Analyst zum Insider werden kann, obwohl er in seiner Empfehlung selbst keine Insidertatsachen verarbeitet hat.

Eingegangen: 7. August 1998

Prof. Dr. Wolfgang Gerke, Inhaber des Lehrstuhls für Bank- und Börsenwesen, Friedrich-Alexander Universität Erlangen-Nürnberg, Postfach 11 91 40, 90101 Nürnberg.
Dipl.-Kfm. Marc Oerke, Wissenschaftlicher Assistent an der Friedrich-Alexander Universität Erlangen-Nürnberg, Postfach 11 91 40, 90101 Nürnberg.

© Gabler-Verlag 1998

A. Einführung

Analystenempfehlungen zur Aktienanlage gibt es viele und nicht immer basieren diese auf seriösem Research, denn insbesondere bei der Empfehlung von wenig liquiden Nebenwerten besteht der Verdacht, einzelne Börsenbriefautoren könnten versuchen, Aktienkurse ohne neutrale Fundamentalbetrachtung durch ihre Empfehlungen zu ihren Gunsten zu manipulieren. Der Leidtragende ist in der Regel der unbedarfte Privatanleger, der nicht zwischen professionellem Aktienresearch und unseriöser Kurstreiberei unterscheiden kann. Die jüngsten Fälle, die im Zusammenhang mit der 3-Sat-Börsensendung bekannt geworden sind, zeigen, daß auch die Handelsaufsicht solche Transaktionen kritisch beobachtet.[1]

Aus Gründen der Glaubwürdigkeit, und spätestens mit dem Inkrafttreten des zweiten Finanzmarktförderungsgesetz, sind dagegen professionelle Analyseinstitute intensiv darum bemüht, durch Handelsverbote für ihre Analysten, durch die Einrichtung von institutseigenen Chinese Walls, durch den Aufbau von Complianceabteilungen und durch Festlegung von Black Out Periods[2], die Neutralität ihrer Researchleistungen zu gewährleisten.[3] Für den deutschen Markt stellt sich dabei auch für die Handelsaufsicht die spannende und bisher nicht eindeutig beantwortete Frage, ob die Empfehlungen professioneller Analyseinstitute überhaupt signifikante Kursbeeinflussungen zur Folge haben. Für den Fall derartiger Kursveränderungen sollte besonderes Augenmerk darauf gerichtet werden, ob die Kursveränderungen vor oder nach der Bekanntgabe von Empfehlungen über die Nachrichtenagentur erfolgten.

Die Frage, welche Marktwirkung die Empfehlungen professioneller Analysten haben, läßt sich anhand von realen Kapitalmarktdaten überprüfen. Die empirische Forschung zur Tätigkeit von Analysten läßt sich in drei Sparten aufteilen, die sich auf ganz unterschiedliche Art mit dieser Frage auseinandersetzen. Ein erster Forschungsbereich wird von den Arbeiten zur (1) *Prognosefähigkeit* von zukünftigen Unternehmensgewinnen durch *Analysten* dominiert. In diesen Arbeiten steht nicht die Preisreaktion auf die Analystenmeldung im Vordergrund sondern vielmehr die Frage, wie gut die Analysten zukünftige Unternehmensgewinne vorhersagen können.[4] Weiterhin wird die (2) *Performance von Investmentfonds* als Kriterium herangezogen, um die Qualität der professionellen Wertpapieranalyse zu beurteilen. Dabei werden aktiv verwaltete Investmentfonds mit passiven Indexfonds auf Basis risikoadjustierter Renditen verglichen.[5] Da die aktiven Fonds eine jährliche Managementgebühr verlangen, kann man für diese Leistung eine höhere risikoadjustierte Rendite erwarten. Ein letzter Forschungsansatz beschäftigt sich mit der Wirkung von (3) *Analystenankündigungen* auf die Aktienkurse der empfohlenen Titel. Ein klassisches Beispiel ist die Bekanntgabe von Ratingänderungen durch namhafte Agenturen wie Moody's oder Standard & Poor's.[6] Auch die Aktienempfehlungen der Analyseagentur Value Line und von verschiedenen Brokerhäusern wurden untersucht.[7]

In dieser Arbeit wird der zuletzt genannte Forschungsansatz verwendet. Es wird dabei primär auf die Empfehlungen von Banken und deren Research-Abteilungen zurückgegriffen. Von diesem Kreis der Marktteilnehmer sollte erwartet werden, daß sie eine professionelle Fundamentalanalyse betreiben. Gerade bei den Analysten ist zu vermuten, daß sie aufgrund ihres originären Informationszugangs neue Informationen kompetent akquirieren und auswerten.[8]

Zur Untersuchung der Frage, ob Analystenempfehlungen eine Marktwirkung verursachen, eignet sich eine Ereignisstudie, in der die Aktienkursreaktion um den Zeitraum der Aktienempfehlung (Ereignis)[9] untersucht wird. Läßt sich aufgrund der Aktienempfehlung eine Marktreaktion feststellen, so kann der Empfehlung ein Informationsgehalt zugeordnet werden. Ist keine Reaktion beobachtbar, so beinhaltet die Analystenmeldung keine neue bewertungsrelevante Information. In dieser Studie wird erstmals für den deutschen Aktienmarkt die Reaktion auf die Empfehlung professioneller Analysten untersucht. Dabei wird auch untersucht, ob sich bereits vor der Ankündigung durch die Analysten abnormale Renditen ermitteln lassen, wodurch sich Hinweise auf Frontrunning ergeben. Für die vorliegende Arbeit stellen sich demnach folgende Fragen:

I. *Welche insiderrechtlichen Fragestellungen ergeben sich im Zusammenhang mit der Tätigkeit von Analysten. Wann führt eine Analystenempfehlung zu einem Insidertatbestand (Stichwort: Scalping)?*
II. *Welche empirischen Beobachtungen lassen sich auf dem deutschen Kapitalmarkt treffen. Ist von einer Marktbeeinflussung durch Analysten auszugehen?*

B. Insidertatbestände im Rahmen der Tätigkeit von Analysten

Im wesentlichen lassen sich die Regelungen zu Analystentätigkeiten auf zwei Grundfragen reduzieren, die im folgenden kurz angesprochen werden:

A) Wann wird der Analyst zu einem Insider?

Zu einem Insider kann der Analyst insbesondere dann werden, wenn er im Rahmen des Primärresearch über direkte Kontakte mit Repräsentanten eines börsennotierten Unternehmens verfügt.[10] Erhält der Analyst beispielsweise in einem Gespräch mit einer Führungskraft Informationen, die eine Insidertatsache darstellen, wird er zu einem Primärinsider. § 14 WpHG verbietet ihm dann, diese Information gewinnbringend zu nutzen oder z.B. im Rahmen einer Unternehmensstudie an Dritte weiterzugeben.[11] Nach derzeitiger Rechtssprechung darf ein Analyst demnach nicht in den Besitz von Insidertatsachen im Sinne des § 13 WpHG gelangen. Geht man von dieser Konstellation aus, so gibt es im Fall eines rechtskonformen Verhaltens seitens der Manager und Analysten zunächst keine Probleme vor dem Hintergrund des Insiderrechts. Interessant ist, ob die Ergebnisse des Researchprozesses der Analysten eine Insidertatsache darstellen oder nicht.

B) Ist die Analystenempfehlung selbst eine Insidertatsache?

Nach dem WpHG sind Analystenempfehlungen oder andere Tips selbst keine „Tatsachen" im Sinne des § 13 Abs. 1 WpHG, da sie subjektive Wertungen sind, die bloße Meinungen ausdrücken und nicht mit der Mitteilung von Fakten einhergehen.[12] Die Analystenempfehlung ist, sofern sie sich aus der Auswertung öffentlich verfügbarer Informationen ergibt, keine Insidertatsache.[13] Auch ist damit klar, daß der Analyst, wenn er ausschließlich öffentlich verfügbare Informationen auswertet, nicht zu einem Insider wird. Da die Ergebnisse dieser Bewertung keine Insidertatsachen darstellen, darf dieses selbst geschaffene

Wissen vom analysierenden Finanzinstitut im eigenen oder auch im fremden Interesse verwertet werden. Sind Analysten also in der Lage, durch die Auswertung öffentlich verfügbarer Informationen bessere Prognosen über die zukünftige Aktienentwicklung abzugeben als der Zufall, ist der Gewinn aus der Ausnutzung dieses Wissens die Belohnung für eine exzellente Researchleistung.

Anders einzuordnen ist jedoch das Wissen um die bevorstehende Veröffentlichung einer Analystenempfehlung. Redakteure von einflußreichen Finanzzeitungen oder Wertpapieranalysten dürfen in Antizipation der Kurswirkung der Meldung (oder ihrer Empfehlung) keine Wertpapiergeschäfte tätigen.[14]

Der Widerspruch zu dem oben genannten wird deutlich und es entsteht eine paradoxe Situation:

a) Basiert die Empfehlung eines Analysten nicht auf Insiderinformationen, so ist er kein Insider.
b) In Antizipation der Kurswirkung seiner Empfehlung kann der Analyst jedoch zum Insider werden. Zwar besitzt er keine emittentenbezogenen Insiderinformationen. Die Kenntnis des Zeitpunkts seiner noch nicht öffentlichen Empfehlung stempelt ihn aber aufgrund deren Kursrelevanz zum Insider.

Ein Engagement der Analysten vor der öffentlichen Empfehlung fällt unter das viel diskutierte Front Running Verbot. Dieses Verbot soll sicherstellen, daß in Kenntnis der Orderlage keine Eigengeschäfte vor Durchführung der Kundenorder durchgeführt werden, die sich nachteilig auf den Auftraggeber auswirken können. Sinngemäß läßt sich die These vertreten, daß wenn bevorstehende Wertpapierempfehlungen abgegeben werden, die aufgrund ihrer Breitenwirkung geeignet sind, ein entsprechendes Ordervolumen auszulösen, dies als compliance relevanter Tatbestand im Sinne des § 33 WpHG gelten muß.[15] Betroffen wäre hiermit der § 32 Abs. 1 Nr. 3, daß ein Wertpapierdienstleistungsunternehmen aufgrund der Kenntnis der Kundenaufträge keine Eigengeschäfte tätigen darf, die zum Nachteil des Kunden sein können. Wenn aber der Analyst weiß, daß seine Empfehlung ein entsprechend großes Ordervolumen auslöst, und er sich bereits vor der Bekanntgabe der Empfehlung in dem Titel engagiert, fällt dies zusätzlich zu den oben genannten Ausführungen unter den § 32 Abs. 1 Nr. 3.[16] Das Wertpapierdienstleistungsunternehmen muß deshalb durch geeignete organisatorische Maßnahmen sicherstellen, daß die Analysten diese Wohlverhaltensrichtlinien einhalten (§ 33 WpHG).[17]

Einen weiteren Verbotstatbestand beschreibt § 32 Abs. 1 Nr. 2 WpHG. Die Analysten dürfen Wertpapiere nicht in die „gewünschte" Richtung empfehlen, wenn das Ziel der Empfehlung darin liegt, den Kurs in eine bestimmte Richtung zu lenken um von eigenen Geschäften (oder für Dritte) zu profitieren. Damit verletzen Analysten, die eine Empfehlung als bewußte Beeinflussung der Kurse in die gewünschte Richtung abgeben, die Wohlverhaltensrichtlinien.

Zwischenfazit: Ein Analyst, dessen Empfehlung mit einer erheblichen Marktwirkung verbunden ist, bzw. der von einer derartigen Empfehlung Kenntnis hat, darf sich vor der Empfehlung nicht in dem Titel engagieren. Auch ist er nicht berechtigt, die antizipierte Preiswirkung der Empfehlung über die eigene Handelsabteilung ausnutzen. Schließlich darf der Analyst den Titel nicht in seine (oder die von der Bank) gewünschte Richtung empfehlen.

C. Stichprobe und Methodik

Zur Ermittlung der möglichen Marktbeeinflussung durch Analystenempfehlungen wurde eine umfangreiche empirische Studie durchgeführt. Basis dieser Studie sind vier Hypothesen, die sich aus dem vorangegangenen Abschnitt ableiten lassen. Die Hypothesen lassen sich demnach wie folgt aufteilen:

Hypothese 1: Die Kaufempfehlungen von professionellen Analysten sind ein positives Signal und haben eine positive Marktreaktion am Tag der Empfehlung zur Folge.

Hypothese 2: Die Empfehlungen von professionellen Analysten, einen Titel zu halten haben keine Marktreaktion zur Folge.

Hypothese 3: Die Verkaufsempfehlungen von professionellen Analysten sind ein negatives Signal und haben eine negative Marktreaktion zur Folge.

Getestet wird die Nullhypothese H_0, daß die Analystenempfehlungen keine Preiswirkung enthalten. Kann die Nullhypothese zu einem annehmbaren Signifikanzniveau abgelehnt werden, wird die entsprechende Alternativhypothese H_A, daß die Analystenempfehlung eine Preiswirkung verursacht, angenommen.

Grundlage für die Analyse sind Meldungen über Analystenempfehlungen, die von dem Nachrichtendienst VWD via elektronischem News Service an die Marktteilnehmer verbreitet werden (VWD News Ticker).[18] Zur Untersuchung stehen insgesamt 371 Empfehlungen in einem Zeitraum von August 1995 bis Dezember 1996 zur Verfügung. Üblicherweise werden von den Analysten drei Kategorien von Empfehlungen verwendet, wobei teilweise unterschiedliche Bezeichnungen eingesetzt werden, die aber inhaltlich als gleichbedeutend anzusehen sind.[19] Die Kategorien sind:

Tab. 1: Kategorien von professionellen Empfehlungen

Kategorie	Synonyme Verwendung	
1. Kaufen (n=194)	Übergewichten	Outperformer
2. Halten (n=102)	Marktneutral	Marktperformer
3. Verkaufen (n=75)	Untergewichten	Underperformer

Die Empfehlungen wurden von insgesamt 43 verschiedenen Instituten für 85 verschiedene Unternehmen abgegeben. Die Meldungen wurden alle gleich behandelt, d. h. es wurde keine Gewichtung nach Bedeutung des Instituts oder nach der Häufigkeit der Empfehlung durchgeführt. Werden in einer Empfehlung mehrere Aktien behandelt, so wird diese Meldung für jede Aktie als eine Meldung angesehen. Die auffallend starke Betonung der Kaufempfehlungen zeigt sich auch in anderen Arbeiten.[20]

Um den Informationsgehalt der Meldungen zu überprüfen, werden die verschiedenen Empfehlungen im Rahmen einer Portfoliobetrachtung auf abnormale Renditen um die Bekanntgabe der Meldung untersucht. Es wird zunächst mit Hilfe eines Bewertungsmodells eine „erwartete" Rendite für die jeweiligen Unternehmen im Portfolio errechnet. Hierzu wird das Marktmodell als Verfahren zur Berechnung der erwarteten Rendite verwendet. Hierdurch erfolgt eine Risikoadjustierung der ermittelten Renditen, die im Rahmen von Ereignisstudien üblich ist.[21]

Es wird angenommen, daß zwischen dem Ertrag einer Aktie R_j und dem Ertrag des Gesamtmarktes R_M, repräsentiert durch einen Marktindex, eine lineare Beziehung besteht, die sich durch folgende Gleichung ausdrücken läßt:

(1) $\quad R_{jt} = \alpha_j + \beta_j \cdot R_{Mt} + \varepsilon_{jt}$

mit:

R_{jt} = Rendite der Aktie j zum Zeitpunkt t.
R_{Mt} = Rendite des DAFOX-Marktindex M zum Zeitpunkt t.[22]
α_j = aktienspezifische Konstante
β_j = Sensitivität der Aktie j in Bezug auf Veränderungen der Marktrendite R_M
ε_{jt} = abnormale Rendite der Aktie j zum Zeitpunkt t, $E(\varepsilon_{jt}=0)$ und $\text{var}(\varepsilon_{jt}) = \sigma_\varepsilon^2$.

Nach Umformung der Gleichung ergibt sich:

(2) $\quad R_{jt} - a_j - b_j \cdot R_{Mt} = A_{jt}$

Unter der Annahme, daß die vergangenen, erwarteten Renditen konstant sind, und den zukünftigen erwarteten Renditen entsprechen (Stationaritätsannahme), beträgt die abnormale Rendite $A_{jt} = \varepsilon_{jt}$. Die abnormale Rendite ist somit die Differenz zwischen den beobachteten und den erwarteten Renditen. Die errechnete abnormale Rendite ergibt sich als durchschnittliche Portfoliorendite mit

(3) $\quad \overline{A}_t = \dfrac{1}{N_t} \sum\limits_{j=1}^{N_t} A_{jt}$

A_{jt} = Abnormale Rendite der Aktie j zum Zeitpunkt t
N_t = Anzahl der abnormalen Renditen im Portfolio zum Zeitpunkt t.

Zur Überprüfung der statistischen Signifikanz der Ergebnisse werden zwei Verfahren eingesetzt. Die Portfolio Methode berücksichtigt eine mögliche Querschnittsabhängigkeit der Renditen, was besonders dann auftreten kann, wenn die Aktien im Portfolio gleiche Ereignistage und Schätzperioden aufweisen, was in dieser Stichprobe durch die gleichzeitige Empfehlung derselben Aktien von verschiedenen Analysten gegeben ist. Je größer eine Abhängigkeit der Renditen im Portfolio, desto größer wird die Standardabweichung der Schätzperiode.

(4) $\quad t_{Port} = \dfrac{\overline{A}_t}{\sqrt{\dfrac{1}{139} \sum\limits_{t=-150}^{t=-11} (\overline{A}_t - \overline{\overline{A}})^2}}$

(5) $\quad \overline{\overline{A}} = \dfrac{1}{139} \sum\limits_{t=-150}^{t=-11} \overline{A}_t$

D. Ergebnisse der professionellen Analysten

Kaufempfehlungen von Analysten haben am Ereignistag im Durchschnitt keine positive Preiswirkung. Die abnormale Rendite beträgt 0,09% am Ereignistag und ist nicht signifikant. Dieses Ergebnis ist nicht unmittelbar zu erwarten, da vielmehr mit einer positiven Reaktion gerechnet wurde. Ein systematischer Einfluß von Analysten liegt bei Kaufempfehlungen demnach nicht vor. Interessant ist jedoch, daß vor dem Ereignistag signifikant abnormale Renditen an den Tagen –1 und –2 festzustellen sind. Diese abnormalen Renditen können das Handelsergebnis derjenigen Investoren darstellen, die die Ergebnisse des Researchprozesses vorab erhalten haben. Allerdings sind die abnormalen Renditen im Durchschnitt zu klein, um einen systematischen Vorteil ableiten zu können, da eine profitable Handelsstrategie aus Transaktionskostenüberlegungen nicht erfolgreich sein kann. Eine Erklärung für die geringe Preiswirkung von Kaufempfehlungen könnte darin liegen, daß die Bedeutung der Kaufmeldung von der Börsenphase abhängt. In bullish Märkten bringt eine Kaufempfehlung kaum zusätzliche Information, da die Investoren eine höhere Präferenz für Aktien besitzen und damit bereits stark engagiert sind. Eine Verkaufsmeldung in einer grundsätzlich positiven Börsenverfassung bedeutet demnach ein stärkeres Signal. In dem hier untersuchten Zeitraum stieg der DAX von Anfang August 1995 auf Ende März 1996, um 12,6%. Die Erklärung ist also durchaus plausibel.

Die Ergebnisse zu *Halteempfehlungen* zeigen eine negative Reaktion am Ereignistag. Der t-Wert (–2,59) ist signifikant (97,5% Niveau). Die Höhe der abnormalen Rendite liegt im Durchschnitt der 102 Unternehmen bei –0,34% am Ereignistag. Der Grund für die negative Reaktion liegt vermutlich darin, daß es sich überwiegend um Herabstufungen von Kaufen auf Halten handelt. Weiterhin sind die Marktteilnehmer üblicherweise auf der Suche nach Unternehmen, die sich in der Zukunft besser als der Markt entwickeln. Damit wird die Einstufung „Halten" als negatives Signal verstanden.[23] Auch vor der Analystenmeldung via VWD lassen sich signifikante abnormale Renditen beobachten. An Tag –2 ist die abnormale Rendite von –0,59% signifikant.

Die *Verkaufsempfehlungen* zeigen im Vergleich zu den anderen Stichproben einen starken Ausschlag der täglichen abnormalen Rendite am Tag der Meldung. Am Ereignistag wird eine signifikante abnormale Rendite in Höhe von –1,60% (t-Wert –7,76) errechnet. Es findet demnach eine Reaktion auf die Verkaufsempfehlungen der Analysten statt, die unter Verwendung risikoadjustierter Maßstäbe signifikant ist. Die Hypothese, daß Analystenempfehlungen den Markt beeinflussen, kann demnach angenommen werden. Die Stärke der Reaktion zeigt, daß die Analysten durch ihre Verkaufsempfehlungen den Markt stark beeindrucken und dadurch eine zusätzliche Information produzieren. Die kumulierte abnormale Rendite im Ereigniszeitraum beträgt am Ereignistag –3,55% und ist für diesen doch recht kurzen Zeitraum von 10 Tagen im Durchschnitt als erheblich einzustufen. Nach dem Ereignistag ist eine Gegenreaktion von 0,53% am darauffolgenden Tag zu beobachten. Es erfolgt somit eine leichte Revidierung der Kursverluste vom Vortag. Die Ergebnisse zeigen, daß der Aktienmarkt zwischen der Bedeutung einer Kauf- und einer Verkaufsmeldung stark differenziert. Hierfür lassen sich verschiedene Gründe anführen, die im folgenden näher diskutiert werden sollen:

Eine Überlegung liegt darin, daß Verkaufsempfehlungen als präziser interpretiert werden als Kaufempfehlungen. Eine Verkaufsempfehlung wird nur unter genauester Prüfung

Abb. 1: Abnormale Rendite bei Analystenempfehlungen in den Stichproben sowie in zwei ausgesuchten Einzelfällen

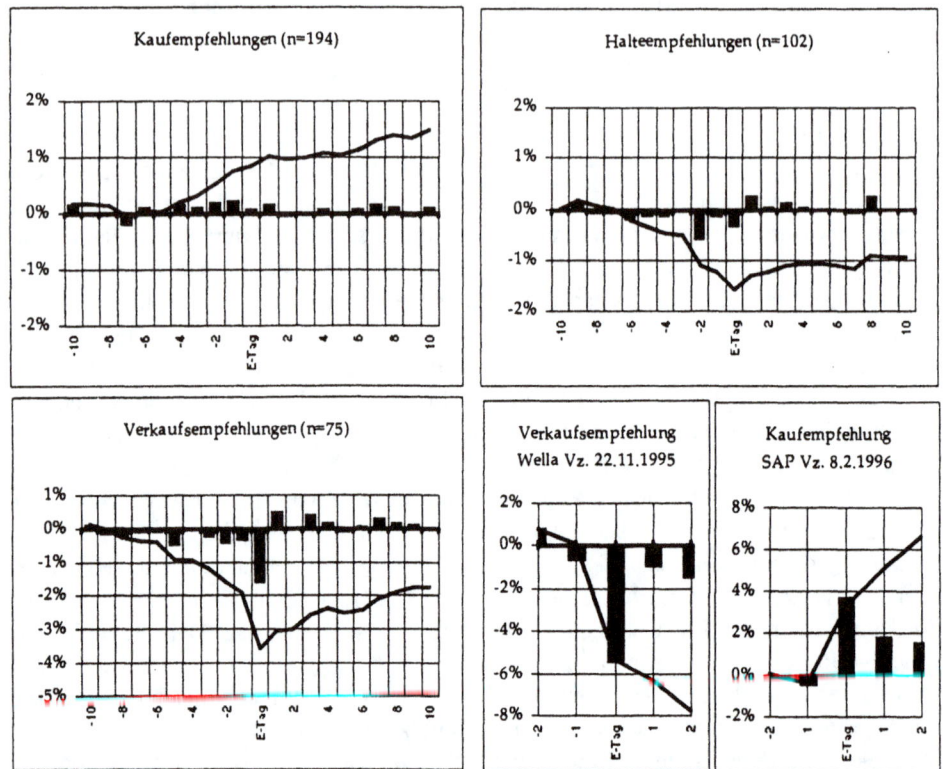

* Die Balken geben jeweils die täglichen Werte an, während die Linien kumulierte Werte darstellen. Die Kumulierung erfolgt durch Summierung der einzelnen täglichen Renditen ab dem Tag -10 bis zum Tag +10.

gegeben, da nach einer falschen Verkaufsempfehlung die Gefahr für den Verlust an Reputation größer ist. Die öffentliche Abwertung eines Unternehmens kann zu einer Gegendarstellung durch das Unternehmensmanagement führen, wodurch sich auch die Analysten einer kritischen Diskussion stellen müssen. Bei Kaufempfehlungen hingegen wird eine derartige Reaktion des Managements vermutlich nicht zu erwarten sein. Die Analysten wissen um den starken Effekt ihrer Verkaufsempfehlung und prüfen diese Empfehlung um so genauer. Dadurch tritt ein selbstverstärkender Effekt ein, der zu einer größer werdenden Bedeutung von Verkaufsmeldungen führt. Der Markt antizipiert dieses Verhalten und ordnet einer Kaufempfehlung nur geringen Informationsgehalt zu, während eine Verkaufsempfehlung entsprechend an Bedeutung gewinnt.[24] Womack (1996) ermittelt für Kaufempfehlungen ebenfalls eine geringere Rendite als für die Verkaufsempfehlungen.[25]

Interessant ist allerdings auch, daß bereits an den Tagen vor der Meldung via VWD (Tag$_{-2}$, Tag$_{-3}$) signifikante abnormale Renditen zu beobachten sind. An Tag$_{-2}$ beträgt die abnormale Rendite signifikante −0,45% (t-Wert −2,18). Das bedeutet, daß ein Teil der

Marktreaktion bereits vor der Verbreitung der Nachricht durch VWD stattfindet. Die Erklärung liegt vermutlich im Verhalten der Analysten begründet. Die Analysten geben die Meldung erst dann an VWD weiter, wenn die eigenen Kunden der Institute mit der erarbeiteten Empfehlung versorgt sind. Dies ist plausibel, da die Analysten ihre Ergebnisse z. B. an das Fondsmanagement oder an institutionelle Kunden weiterleiten, um ihnen einen Informationsvorsprung oder eine Entscheidungsgrundlage zu verschaffen.[26] Diese setzen die Empfehlung relativ zügig vor der Veröffentlichung an die breite Masse durch Verkäufe um. Dadurch schützen sie sich unmittelbar vor dem Verkaufsdruck am Tag der offiziellen Preisgabe der Verkaufsempfehlung. Wenn die Analysten von der Preiswirkung ihrer Verkaufsmeldung überzeugt sind, könnte dies unter das Front Running-Verbot fallen. Die Ergebnisse zeigen, daß im Vorfeld der Analystenempfehlung bereits starke Kursbewegungen zu beobachten sind.

Eine zweite Erklärungsvariante wäre das gleichzeitige Zusammenfallen der Empfehlung mit negativen Unternehmensmeldungen. Analysten werden bei neuen Unternehmensmeldungen von VWD nach einer Stellungnahme zum Thema befragt, wodurch ein zeitliches Zusammenfallen zwischen Unternehmensmeldung und Analystenmeldung entstehen kann. Denkbar ist, daß etwa in den Tagen vor der Analystenempfehlung (Tag_{-2}, Tag_{-5}) negative Unternehmensmeldungen bekannt geworden sind, die erst von den Analysten ausführlich interpretiert werden müssen. Diese Interpretations- und Analysephase könnte dann ein bis zwei Tage andauern, bis ein eindeutiges Ergebnis vorliegt. Erst dann wird eine Verkaufsempfehlung ausgesprochen, die aber wiederum für Marktteilnehmer mit einer verzögerten Informationsverarbeitung eine zusätzliche Information darstellt. Die signifikanten abnormalen Renditen vor der Empfehlung stellen hierbei zeitliche Vorsprünge dar, die andere Investoren durch eine schnellere Verarbeitung der Nachricht nutzen können. Ein Teil der Marktteilnehmer wartet auf das fachmännische Urteil der Analysten und reagiert erst nach deren Empfehlung.[27]

Neben der Betrachtung der Empfehlungen auf aggregierter Ebene ist natürlich auch eine Einzelfallbetrachtung interessant, um den Einfluß von Analystenmeldungen zu dokumentieren. So verursachte die Verkaufsempfehlung bei der Wella AG einen Kursrutsch von über 5%. Für die Wella AG wurde beispielsweise explizit in einer VWD-Meldung auf die Verkaufsempfehlung als Ursache für den Kursrutsch hingewiesen. Gerade im Einzelfall wird die Marktbeeinflussung von Analysten deutlich. Dieser Fall enthält in den Vortagen keinerlei Hinweise auf Insiderhandel. Dabei hätten ohne Terminhandel nur Wella-Aktionäre, die den genauen Bekanntgabetermin dieser Meldung kannten, von ihrem Insiderwissen profitieren können. Gleichermaßen gilt die Argumentation für die SAP Vz. Kaufempfehlung. Auch hier sieht man deutlich, daß am Tag der Kaufempfehlung ein starker Kurseinfluß beobachtet werden kann.

Betrachtet man die Klasse der Großbanken und kleinerer Institute, so zeigt sich, daß bei den Großbanken ein signifikanter Einfluß bei Kaufempfehlungen an Tag −1 vorliegt, während ein derartiger Effekt für kleinere Institute nicht ermittelt werden kann.[28] Weiterhin wird bei Großbankenempfehlungen an Tag +1 eine positive abnormale Rendite ermittelt. Die Verkaufsempfehlungen von kleineren Instituten haben demnach einen höheren Einfluß als die der Großbanken. Dieses Ergebnis korrespondiert mit der Stichprobe der DAX und Nicht-DAX-Werte. Kleinere Institute beschäftigen sich oftmals mit der Analyse von Nebenwerten, um sich von den großen Instituten abzuheben, weshalb diese Stichproben ähnlich strukuriert sind. Kaufempfehlungen für DAX-Werte zeigen am Ereignistag und am Tag davor eine signifikante abnormale Rendite von 0,32%. Für Nicht-DAX-Werte kann ein derartiger Effekt nicht ermittelt werden.

Halteempfehlungen zeigen ihren stärksten Einfluß für kleinere Unternehmen von −0,64 Prozent während DAX-Werte im Durchschnitt nicht auf eine derartige Meldung reagieren. Auch vor dem Ereignistag ist in dieser Stichprobe bereits eine Reaktion von −0,75 Prozent enthalten. Interessant ist auch, daß ausländische Institute einen positiven Einfluß verursachen. Anscheinend wird diesen Instituten beim Research von Kaufempfehlungen eine höhere Kompetenz zugemessen als inländischen Häusern. Das umgekehrte Bild ergibt sich hingegen für Verkaufsempfehlungen.

Bei den Analystenempfehlungen wurden bewußt nur Institute mit eigener Researchabteilung berücksichtigt, die als Wertpapierdienstleistungsunternehmen den Vorschriften des WpHG unterliegen. Im Gegensatz zu den Kaufempfehlungen einiger Börsenbriefe und TV-Börsensendungen, wo der Verdacht besteht, durch das öffentlichkeitswirksame Medium Fernsehen marktenge Titel zu beeinflussen, läßt sich dies professionellen Instituten nicht systematisch nachweisen. Für Empfehlungen eines Börsenbriefs über 3-Sat zum

Tab. 2: Ergebnisse für weitere Stichproben

Stichprobe	Anzahl der Fälle	Tag -1	Ereignistag	Tag + 1
Alle				
Kaufen	194	0,22 % (2,34)*	0,09 % (0,96)	0,18 % (1,86)
Halten	102	-0,15 % (-1,12)	-0,34 % (-2,59)*	0,29 % (2,21)*
Verkaufen	75	-0,33 % (-1,60)	-1,60 % (-7,76)*	0,53 % (2,57)*
Großbanken				
Kaufen	84	0,51 % (3,30)*	0,00 % (0,03)	0,36 % (2,31)*
Halten	54	-0,26 % (-1,49)	-0,27 % (-1,54)	0,27 % (1,56)
Verkaufen	47	-0,51 % (-2,46)*	-0,96 % (-2,47)*	0,44 % (2,13)*
Kleinere Institute				
Kaufen	110	0,00 % (0,04)	0,16 % (1,63)	0,04 % (0,41)
Halten	48	-0,02 % (-0,09)	-0,41 % (-2,18)*	0,31 % (1,61)
Verkaufen	28	-0,03 % (-0,09)	-2,69 % (-8,45)*	0,68 % (2,13)*
DAX-Werte				
Kaufen	117	0,31 % (2,80)*	0,32 % (2,83)*	0,24 % (2,18)*
Halten	70	0,13 % (0,93)	-0,20 % (-1,40)	0,41 % (2,87)*
Verkaufen	40	-0,39 % (-1,83)	-0,14 % (-0,66)	0,68 % (2,13)*
Nicht DAX-Werte				
Kaufen	77	0,09 % (0,55)	-0,25 % (-1,52)	0,08 % (0,49)
Halten	32	-0,75 % (-2,91)*	-0,64 % (-2,47)*	0,03 % (0,10)
Verkaufen	35	-0,26 % (-0,72)	-3,28 % (-8,99)*	0,45 % (1,25)
Ausländ. Institute				
Kaufen	40	0,08 % (0,42)	0,51 % (2,78)*	-0,05 % (-0,27)
Halten	18	0,10 % (0,33)	-0,45 % (-1,54)	0,34 % (1,16)
Verkaufen	10	-0,18 % (-0,51)	-0,22 % (-0,63)	-0,09 % (-0,26)
Inländ. Institute				
Kaufen	154	0,26 % (2,29)*	-0,02 % (-0,13)	0,24 % (2,07)*
Halten	84	-0,20 % (-1,33)	-0,31 % (-2,10)*	0,28 % (1,85)
Verkaufen	65	-0,35 % (-1,53)	-1,82 % (-7,85)*	0,63 % (2,71)*

t-Werte Portfoliomethode in Klammern, * signifikant zum 95 % Niveau.

Neuen Markt wurden im Durchschnitt abnormale Kursausschläge von über 20% ermittelt, wobei bereits 9% Kursreaktion vor der Ausstrahlung der Sendung stattfinden.[29] Derartig spektakuläre Fälle von Kursbeeinflussung kann für die hier untersuchten Analysehäuser während des betrachteten Zeitraum nicht festgestellt werden. Kursbeeinflussend sind aber auch ihre Empfehlungen.

E. Fazit

Mit dieser Studie sollte anders als in traditionellen Analystenstudien nicht die Performance von Finanzmarktspezialisten ermittelt werden, sondern geprüft werden, ob Analystenempfehlungen die Märkte beeinflussen, und ob sie damit die Möglichkeit zu Front Running eröffnen. Die Untersuchung der Marktbeeinflussung von Analystenempfehlungen ergibt unterschiedliche Ergebnisse zu den Kategorien von Kaufen, Halten und Verkaufen. Für 194 Kaufempfehlungen lassen sich im Durchschnitt keine Reaktionen des Aktienmarktes auf die Analystenmeldung feststellen. In Phasen steigender Kurse (die in dem vorliegenden Zeitraum vorherrschen) liefert eine Kaufempfehlung wenig zusätzliche Informationen. Für DAX-Werte hingegen kann eine signifikante Reaktion von +0,32 Prozent ermittelt werden. Verkaufsempfehlungen (n=75) dagegen haben eine erhebliche Reaktion des Aktienmarktes zur Folge. Die Analystenmeldungen verursachen im Durchschnitt eine risikoadjustierte abnormale Rendite von $-1,6\%$ am Ereignistag. Damit kann eine Marktbeeinflussung von Analysten nachgewiesen werden. Auch an den Tagen vor der Meldung lassen sich bereits signifikante negative Renditen ermitteln. Als Erklärung für die Reaktion vor der Verbreitung der Meldung über VWD wird angenommen, daß das Analyseergebnis der Analysten einem Teil der Marktteilnehmer, die vermutlich Kunden der Researchinstitute sind, bereits zugänglich ist und unmittelbar in entsprechende Verkaufsorders umgesetzt wird. Der kumulierte Verlust, der auf die Verkaufsmeldung zurückgeführt werden kann, beträgt von Tag_{-10} bis zum Tag_0 insgesamt risikoadjustierte $-3,55\%$. Die im Verhältnis zu den Kaufempfehlungen starke Reaktion auf die Verkaufsempfehlung wird darauf zurückgeführt, daß Verkaufsempfehlungen für die Analysten in Phasen positiver Marktentwicklung eine gegen den Trend gerichtete Meinung darstellen. Das Risiko, durch eine antizyklische Empfehlung Reputation zu verlieren, ist groß. Dadurch steigt der Anreiz, eine hohe Qualität bei der Analyse aufrecht zu erhalten. Die Marktteilnehmer antizipieren dieses Verhalten der Analysten und es ergibt sich ein signifikanter Informationsgehalt der Verkaufsempfehlung.

Eine Analyse von Einzelwerten zeigt, daß sich in der Stichprobe Fälle befinden, bei denen ein Einfluß von über 6% am Ereignistag bewirkt wird, der ausschließlich auf die Verkaufsempfehlung zurückzuführen ist, so daß die Analysten im Einzelfall über ein erhebliches Markteinflußpotential verfügen. Die Versuchung, dieses Wissen auszunutzen, ist groß. Allerdings laufen die Analysten bei Ausnutzung ihres Marktbeeinflussungspotentials durch Front Running Gefahr, die aufgebaute Reputation zu verlieren und damit als unseriös zu gelten.

Die Arbeit von Analysten stellt einen wichtigen Faktor zur Verbesserung der Informationseffizienz von Kapitalmärkten dar. Prognosen über Branchen- und Unternehmensentwicklungen aggregieren eine Vielzahl von Informationen, die sich ein einzelner Investor kaum selbständig erarbeiten kann. Die Verbreitung dieser Meldungen über elektronische Medien, wie z. B. VWD trägt dazu bei, daß viele Marktteilnehmer über Kauf- und Verkaufsempfehlungen verfügen. Allerdings dürfen Empfehlungen von Wertpapieranalysten nicht als Kursmanipulationsmittel zum eigenen Vorteil eingesetzt werden. Die Wertpapiermärkte brauchen Informationsverarbeiter, wie Wertpapieranalysten, um zu fairen Preisen zu gelangen und möglichst viele Informationen in den Marktwert der Unternehmen einfließen zu lassen, aber keine Kursmanipulateure.

Anmerkungen

* Die Autoren danken den Firmen VWD und Genios Datenbanken für die Bereitstellung der Empfehlungen und Prof. Göppl für die Bereitstellung der Kursdaten.
1 Vgl. Steltzner (1998), S. 19.
2 Wenn zum Beispiel das Mutterunternehmen bei einer Börsenplazierung im Konsortium vertreten ist, dürfen die Analysten keine Empfehlung zu den Titeln abgeben.
3 Das heißt, die interne Beaufsichtigung und Ausrichtung der Bankgeschäfte auf die geltenden Gesetze, Regelungen und Usancen. Chinese Walls dienen zur Umsetzung und Schaffung von Vertraulichkeitsbereichen.
4 Vgl. z. B. Crichfield/Dyckman/Lakonishok (1978).
5 Vgl. die Arbeiten von Ippolito (1989), Jensen (1968), Malkiel (1995).
6 Vgl. exemplarisch die Arbeit von Holthausen/Leftwich (1986) oder Stickel (1986). Für DM-Auslandsanleihen vgl. die Arbeit von Kaserer (1995).
7 Vgl. Stickel (1985), Womach (1996). Eine Arbeit die sich mit den Empfehlungen von Börsenbriefen beschäftigt wurde von Röckemann (1995) vorgelegt.
8 Vgl. Rau (1995) für eine Darstellung am Beispiel der Commerzbank. Eine wichtige Informationsquelle stellen dabei Analystentreffen dar, auf denen der Vorstand Rede und Antwort zu aktuellen Fragen der Unternehmenssituation steht.
9 Als weitere Ereignisbeispiele können Übernahmeankündigungen vgl. Gerke/Garz/Oerke (1995) oder Dividendenankündigungen vgl. Gerke/Oerke/Sentner (1997) dienen.
10 Wobei die Standesrichtlinien der DVFA explizit vorsehen, daß die Analysten sich nicht um den Zugang von Insiderinformationen bemühen dürfen, vgl. DVFA (1995), S. 2.
11 Zusätzlich ist in diesem Fall die Weitergabe dieser Information ohne die gleichzeitige Herstellung der Bereichsöffentlichkeit durch die Führungskraft strafbar im Sinne des § 14 Abs. 1 Nr. 2 WpHG. Die Unterscheidung zwischen Primär- und Sekundärinsider bezieht sich insbesondere auf das Weitergabeverbot der Information durch den Primärinsider, vgl. Wittich (1997, S. 126. Sollten Analysten hingegen als Sekundärinsider einzustufen sein, dürften diese eine Insidertatsache für ihre Researchergebnisse verwenden. Die wissenschaftliche Diskussion konzentriert sich auf diesen Unterschied.
12 Vgl. Drucksache 12/6679, S. 46.
13 Das Gegenteil ist der Fall, wenn der Analyst bei einem solchen Treffen Informationen über eine im Sinne des § 13 Abs. 2 WpHG nicht öffentlich bekannte Tatsache erhält.
14 Vgl. Hopt (1991), S. 34, S. 267/276, Assmann (1994), S. 510, Assmann (1997), S. 51 Fußnote 11, Immenga (1995), S. 203, Kümpel (1995), S. 1166, Schwark (1997), S. 44. Dieser Fall wird im allgemeinen auch als „scalping" bezeichnet. Eine gegensätzliche Meinung vertritt Scharrenberg (1997), S. 120.
15 Vgl. Appel et al. (1995), S. 220.
16 Auch wenn der in § 32 Abs. 1 Nr. 3 genannte Auftrag des Kunden noch nicht vorliegt, kann mit hoher Wahrscheinlichkeit mit einem Auftrag gerechnet werden und das Institut verstößt gegen das Front Running Verbot.
17 Zur Abschreckung wird üblicherweise empfohlen, daß die Analysten Depots nur im eigenen Haus führen dürfen, um gegebenenfalls deren Inhalte offenlegen zu können.

18 Für die Bereitstellung der Daten danken wir den Firmen VWD und GENIOS.
19 Sicherlich gibt es einzelne Fälle, in denen kurzfristige Kaufempfehlung nicht mit langfristigen Kaufempfehlungen zu vergleichen sind. Aus dem verfügbaren Datenmaterial war eine derartige Unterscheidung jedoch nicht möglich. Teilweise wird in den Nachrichten bezug auf die zuständigen Wertpapieranalysten genommen, andere Meldungen wiederum beziehen sich nur auf die Empfehlung des jeweiligen Instituts. Auch hier wurden alle Meldungen gleichgewichtet.
20 Vgl. z. B. Womach (1996), S. 139.
21 Zusätzlich liegen die Ergebnisse für das marktbereinigte Modell und das mittelwertbereinigte Modell vor. Die Ergebnisse anhand dieser Verfahren unterscheiden sich nur unwesentlich von den hier dokumentierten Ergebnissen.
22 Es wurde ein gleichgewichteter Index verwendet. Die Regression wird üblicherweise über eine Vorperiode geschätzt. Es wurde ein Zeitraum von t−150 ... t−11 ausgewählt.
23 Leider geht aus den VWD-Meldungen nur selten hervor, inwieweit es sich um Herabstufungen handelt.
24 Womack (1996), S. 139 nimmt an, daß die „Kosten" von Verkaufsmeldungen höher sind als die „Kosten" von Kaufempfehlungen. Ein positiver Zusammenhang zwischen der „Performance" der Analysten und deren Reputation wurde von Stickel (1992) ermittelt.
25 Zusätzlich ergibt sich ein abnormaler Umsatz am Ereignistag. Vgl. Womack (1996), S. 150.
26 Dieses Argument dient auch als Verkaufsargument für das Dienstleistungsangebot einer Bank/ Broker für institutionelle Kunden.
27 Hierzu wurden die Stichprobe um diejenigen Fälle reduziert, bei denen in den Tagen vor der Empfehlung weitere Unternehmensnachrichten im Handelsblatt bekannt wurden. Eine Überprüfung dieser These führte nicht zu einer Änderung der Grundaussage, daß am Ereignistag signifikant negative abnormale Renditen vorliegen.
28 Das Segmentierungskriterium ist hier die Bilanzsumme von >150 Mrd.
29 Vgl. Gerke (1998).

Literatur

Appel, K., et al. (1995), Handbuch der Compliance-Organisation – Hinweise und Materialien für die interne Kontrollorganisation, Bundesverband der Deutschen Volksbanken und Raiffeisenbanken e.V., Deutscher Sparkassen und Giroverband e.V., Verband öffentlicher Banken e.V. (Hrsg.) Stuttgart.

Assmann, H.-D. (1994), Das neue deutsche Insiderrecht, in: Zeitschrift für Unternehmens- und Gesellschaftsrecht, 23 Jg., S. 494–529.

Assmann, H.-D. (1997), Rechtsanwendungsprobleme des Insiderrechts, in: Die Aktiengesellschaft, 42. Jahrgang Nr. 2, S. 50–58.

Crichfield, T., Dyckman, T., Lakonishok, J. (1978), An Evaluation of Security Analysts Forecasts, in: Accounting Review, Vol. LIII, Nr. 3, 1978.

DVFA (1995), Standesrichtlinien.

Gerke, W., Garz, H., Oerke, M. (1995), Die Bewertung von Unternehmensübernahmen auf dem deutschen Aktienmarkt, in: ZfBf, Heft 9, 1995, S. 805–820.

Gerke, W. (1998), Private Bereicherung in spektakulärer Dimension, in: Handelsblatt vom 29.06.1998, Nr. 121, S. 39.

Gerke, W., Oerke, M., Sentner, A. (1997), Der Informationsgehalt von Dividendenänderungen auf dem deutschen Aktienmarkt, in: Die Betriebswirtschaft, Nr. 6, 1997, S. 810–822.

Holthausen, R. W., Leftwich, R. (1992), The Effect of Bond Rating Announcements on Bond and Stock Prices, in: Journal of Finance, 1992, S. 732–752.

Hopt, Klaus J. (1991), Europäisches und deutsches Insiderrecht, in: Zeitschrift für Unternehmens- und Gesellschaftsrecht, 20. Jg., S. 17–73.

Immenga, Frank A. (1995), Das neue Insiderrecht im Wertpapierhandelsgesetz, in: Zeitschrift für Bankrecht und Bankwirtschaft, 7. Jg., S. 194–206.

Ippolito, R. A. (1989), Efficiency with costly Information: A Study of Mutual Fund Performance, 1965–1984, in: Quarterly Journal of Economics, Vol. CIV, Nr. 1, 1989, S. 1–23.

Jensen, M. (1968), The Performance of Mutual Funds in the Period 1945–1964, in: Journal of Finance, Vol. 23, 1968, S. 389–416.
Kaserer, Ch. (1995), Die Ankündigung von Ratingänderungen und die Kurseffekte auf dem Markt für DM-Auslandsanleihen. Eine empirische Untersuchung für den Zeitraum 1989 bis 1993, in: Österreichisches Bankarchiv, Nr. 4, 1995, S. 263–273.
Kümpel, S. (1995), Bank- und Kapitalmarktrecht, Köln.
Malkiel, B. G. (1995), Returns from Investing in Equity Mutual Funds 1971–1991, in: Journal of Finance, Vol. 50, 1995, S. 549–572.
Rau, F. H. (1995), Auswirkungen des neuen Insiderrechts auf die Arbeit der Finanzanalysten, in: Baetge, J. (Hrsg.), Insiderrecht und Ad-Hoc-Publizität, IDW-Verlag, Mannheim 1995.
Röckemann, Ch. (1995), Börsendienste und Anlegerverhalten: ein empirischer Beitrag zum noise trading, Diss., Dt. Univ.-Verl., Wiesbaden Gabler, 1995.
Scharrenberg, W. (1997), Compliance in Wertpapierdienstleistungsunternehmen, in: Claussen, C. P., Schwark, E. (Hrsg.), Insiderrecht für Finanzanalysten, Köln O. Schmidt, 1997, S. 107–124.
Schwark, E. (1997), Tatbestände und Rechtsfolgen des Insiderhandelsverbots, in: Claussen, C. P., Schwark, E. (Hrsg.), Insiderrecht für Finanzanalysten, Köln O. Schmidt, 1997, S. 32–47.
Steltzner, H. (1998), Wer heißen Tips folgt, riskiert seinen Skalp, in: FAZ vom 21.2.1998, Nr. 44, S. 19.
Stickel, Robert J. (1985), The Effect of Value Linie Investment Survey Rank Changes on Common Stock Prices, in: Journal of Financial Economics, Vol. 14, S. 121–144.
Stickel, S. (1986), The Effect of Preferred Stock Rating Changes on Preferred and Common Stock Prices, in: Journal of Accounting and Economics, 1986, S. 197–216.
Wittich, G. (1997), Insiderrecht und Ad hoc-Publizität, in: Gerke, W. (Hrsg.) Die Börse der Zukunft, Märkte-Plätze-Netze, Schäffer Poeschel Verlag, Stuttgart 1997, S. 123–136.
Womach, K. L. (1996), Do Brokerage Analysts' Recommendations Have Investment Value?, in: Journal of Finance, Vol. LI, Nr. 1, S. 137–167.

Zusammenfassung

Die Ergebnisse dieser Arbeit zeigen, daß Analystenempfehlungen am Tag der Bekanntgabe die Kurse beeinflussen. Insbesondere für Empfehlungen zum Halten und zum Verkaufen kann dieser Einfluß in einer Ereignisstudie nachgewiesen werden. Die Arbeit umfaßt dabei 371 Empfehlungen von 43 bedeutenden Banken und Researchinstituten. Aus aufsichtsrechtlicher Sicht stellt sich die Frage ob der Analyst aufgrund der Kenntnis des Veröffentlichkeitstermins seiner Empfehlung zum Insider wird.

Summary

The results of this study demonstrates that analysts recommendations have substantial impact on stock prices. This effect was observed for recommendations to sell and to hold. Except for the DAX-Sample recommendations to buy show no significant reaction. We analyse 371 recommendations from 43 larger Banks and Brokeragefirms. The strong evidence that stockprices react significantly to analysts' recommendations leads to the question whether an Analyst becomes an insider due to his knowledge of the announcement day.

74: *Besondere Finanzierungsvorgänge*
03: *Bankwesen*

Finanzinstrumente und Risikomanagement

Publizitätspflichten und Anforderungen an Treasury-Informationssysteme

Von Martin Glaum und Andrea Wirth

Überblick

- Zahlreiche Unternehmungen haben in den vergangenen Jahren Verluste im Umgang mit derivativen Finanzinstrumenten erlitten. Diese Verluste haben bei unternehmensinternen und -externen Interessenten eine verstärkte Nachfrage nach Informationen über die Risikopotentiale der Unternehmungen hervorgerufen.

- Aufgrund des im Mai 1998 in Kraft getretenen „Gesetz zur Kontrolle und Transparenz im Unternehmensbereich" (KonTraG) ist der Vorstand einer deutschen Aktiengesellschaft künftig zur Einrichtung eines Risiko-Managementsystems verpflichtet. Weiterhin soll der Vorstand im Lagebericht zu den „Risiken der künftigen Geschäftsentwicklung" Stellung nehmen. Noch weitreichendere Regelungen zur Offenlegung in bezug auf Risiken und Risikomanagement sind in jüngerer Zeit in der US-amerikanischen Rechnungslegung entwickelt worden sind.

- Diese Offenlegungserfordernisse werden zu einer intensiven Auseinandersetzung über die Vor- und Nachteile alternativer Risikomanagement-Strategien und -Praktiken führen. Es ist zu erwarten, daß diese Diskussion längerfristig zur Etablierung allgemein anerkannter Grundsätze ordnungsmäßigen Risikomanagements führen wird.

- Die Publizitätspflichten sowie die Grundsätze ordnungsmäßigen Risikomanagements haben weitreichende Implikationen für die Entwicklungen von Treasurysystemen. Am Beispiel des Treasurysystems der SAP AG wird im vorliegenden Beitrag erläutert, wie diese Anforderungen in die Realität umgesetzt werden können, welche Probleme sich dabei stellen und welche Grundlinien sich für die weitere Entwicklung derartiger Systeme abzeichnen.

Eingegangen: 4. August 1998

Prof. Dr. Martin Glaum, Lehrstuhl für Allgemeine Betriebswirtschaftslehre, inbes. Internationales Management, Europa-Universität Viadrina, Große Scharrnstraße 59, D-15230 Frankfurt (Oder).
Dr. Andrea Wirth, Entwicklungsbereich Treasury, SAP AG, Neurottstraße 16, D-69190 Walldorf.

© Gabler-Verlag 1998

A. Problemstellung

Zahlreiche große, international tätige Unternehmen haben in den vergangenen Jahren Verluste aus Finanztransaktionen erlitten. Diese Verluste wurden hervorgerufen durch fehlgeschlagene Spekulationen, durch kriminelle Machenschaften von Mitarbeitern der Treasury-Abteilungen oder durch eine Kombination dieser beiden Ursachen. In den meisten Fällen standen die Verluste in Verbindung mit dem Einsatz derivativer Finanzinstrumente.[1] Um nur einige der spektakulären Beispiele zu nennen:[2]

- Volkswagen verlor 1986/87 etwa 500 Mio. DM im Zusammenhang mit manipulierten Währungstermingeschäften.
- Allied Lyons, ein britischer Lebensmittelkonzern, verzeichnete 1991 Verluste in Höhe von 150 Mio. Pfund Sterling als Folge von Spekulationen mit Währungsoptionen. Der Finanzvorstand des Unternehmens mußte auf einer Pressekonferenz eingestehen, „that the loss stemmed from the use of complex instruments which the company's financial experts failed to understand".
- Die Abwicklung spekulativer Positionen im Handel mit Öl-Derivaten auf dem US-Markt führte für die Metallgesellschaft 1993 zu Verlusten in Höhe von ca. 1,3 Mrd. US-Dollar und damit zum Zusammenbruch des Unternehmens.
- 1994 verlor Procter & Gamble mehr als 100 Mio. US-Dollar durch Zins-Derivate; das Unternehmen ging anschließend wegen „racketeering" gerichtlich gegen Bankers Trust vor, die Bank, die ihr die Kontrakte verkauft hatte.
- Barings, die älteste britische Merchant Bank, wurde 1995 durch die Machenschaften eines einzelnen Händlers ruiniert, dessen unkontrollierter Handel mit Derivaten an den Börsen in Singapur und Osaka Verluste in Höhe von 1,4 Mrd. US-Dollar verursachten.

Diese Vorfälle sowie die Aufmerksamkeit, die ihnen in den Medien gewidmet wird, haben zu einer Verunsicherung bei Führungskräften geführt. Vorstände und Aufsichtsräte von Industrieunternehmungen verlangen verstärkt nach Informationen über die Strategien, die von ihren Finanzmanagern verfolgt werden, sowie über die Risiken, die aus diesen Strategien resultieren. Darüber hinaus sind vor allem die Investoren an den Kapitalmärkten über die hohen Verluste sowie die offensichtlichen Mängel der unternehmensinternen Kontrollsysteme beunruhigt. Sie sind daher interessiert an detaillierten Informationen über die Risikopotentiale der Unternehmen im Treasury-Bereich sowie über die Strategien, die zur Begrenzung dieser Risiken eingesetzt werden.

Der deutsche Gesetzgeber hat auf die gestiegenen Informationsbedürfnisse der Anleger mit einer Ausweitung der Publizitätspflichten für Kapitalgesellschaften reagiert. Ein Teilbereich des Anfang Mai 1998 in Kraft getretenen „Gesetz zur Kontrolle und Transparenz im Unternehmensbereich" (KonTraG) beschäftigt sich mit dem Risikomanagement der Unternehmen sowie mit Offenlegungspflichten im Hinblick auf unternehmerische Risiken. Noch weitreichender sind die Regelungen, die in jüngerer Zeit in der US-amerikanischen Rechnungslegung entwickelt worden sind. So müssen Unternehmen, die an US-Börsen notiert sind, im Rahmen ihrer bilanziellen Berichterstattung umfangreiche Informationen über den Einsatz von Finanzinstrumenten, über finanzielle Risiken und über Risikomanagement-Praktiken veröffentlichen.[3] Diese Publizitätspflichten betreffen zunächst diejenigen deutschen Unternehmungen, deren Aktien an der New York Stock

Exchange (NYSE) oder der NASDAQ notiert sind. Längerfristig dürften sie sich jedoch auch auf die deutsche Rechnungslegung insgesamt auswirken.[4]

Weitere Impulse für das Risikomanagement werden vom Bankenaufsichtsrecht ausgeübt. Die für die Überwachung der Banken verantwortlichen Organe haben in den vergangenen Jahren in den wichtigen Industrieländern spezielle Regelungen für den Handel und das Risikomanagement von Finanzinstitutionen erlassen.[5] Es ist absehbar, daß sich aus diesen Bestimmungen im Zeitablauf allgemein anerkannte Grundsätze auch für das Risikomanagement (großer) Industrie- und Handelsunternehmungen ableiten werden.[6]

Diese Entwicklungen im Bereich des Finanz- und Risikomanagements führen zu einer verstärkten Nachfrage nach Treasury-Informationssystemen. Solche Systeme müssen unterschiedliche Anforderungen erfüllen. Sie müssen den Entscheidungsträgern in den Unternehmen zuverlässige, vollständige und zeitnahe Informationen über die finanziellen Risikopositionen liefern. Sie müssen darüber hinaus auch externe Adressaten in die Lage versetzen, sich ein möglichst zuverlässiges Bild von den Erfolgspotentialen und Risiken ihrer Anlagealternativen zu verschaffen. Die Systeme müssen kompatibel mit unterschiedlichen nationalen Rechnungslegungssystemen sein, und sie müssen in der Lage sein, moderne Techniken und Instrumente des Treasury-Management abzubilden.

Der vorliegende Beitrag beschäftigt sich mit drei Fragenkomplexen: Welche Berichtsanforderungen werden derzeit an das Treasury-Management deutscher Industrie- und Handelsunternehmungen gestellt? Wie werden sich diese Anforderungen unter dem Einfluß der anglo-amerikanischen Rechnungslegung sowie der aufsichtsrechtlichen Regelungen im Bankenbereich künftig voraussichtlich verändern? Und schließlich: Welche Implikationen bringt die absehbare Ausweitung der Berichtspflichten für die Entwicklung von Treasury-Informationssystemen mit sich?

Die weitere Vorgehensweise ist wie folgt: Der zweite Abschnitt des Beitrags beschäftigt sich mit bilanziellen Offenlegungspflichten im Treasury-Bereich. Dabei werden zunächst die Probleme skizziert, die bei der Anwendung der traditionellen deutschen Grundsätze ordnungsmäßiger Bilanzierung (GoB) im Finanzbereich auftreten. Anschließend werden die US-amerikanischen Publizitätsanforderungen im Bereich der Finanzinstrumente und des Risikomanagements vorgestellt. Gegenstand des dritten Abschnitts sind „Grundsätze ordnungsmäßigen Risikomanagements" für Industrie- und Handelsunternehmungen. Nach Meinung der Autoren gibt es mehrere Gründe, warum sich derartige Grundsätze in den kommenden Jahren herausbilden werden. In Abschnitt IV werden sodann die Implikationen für Treasury-Informationssysteme erörtert. Im Anschluß daran wird am Beispiel der Treasury-Komponente der SAP AG erläutert, wie die Anforderungen an derartige Systeme in die Realität umgesetzt werden können und welche Probleme dabei auftreten. Den Abschluß des Beitrags bildet eine kurze Zusammenfassung.

B. Bilanzierung für Finanzinstrumente und Risikomanagement

I. Bilanzierung nach HGB

Das deutsche Handelsrecht kennt, sieht man von einigen Sondervorschriften für Kreditinstitute ab[7], keine speziellen Vorschriften für die Bilanzierung und Bewertung von Finanzinstrumenten. Ihre bilanzielle Behandlung hat sich nach den allgemeinen Grundsätzen der Rechnungslegung zu richten, wie sie im HGB niedergelegt sind.[8]

Die Anwendung der traditionellen deutschen GoB führt im Finanzbereich allerdings zu einer Reihe von Problemen. Ein Problembereich besteht in der bilanziellen Berücksichtigung von Kurssicherungsmaßnahmen („Hedge Accounting"): Bei strikter Auslegung der GoB, und zwar insbesondere bei konsequenter Anwendung des Imparitätsprinzips in Verbindung mit dem Prinzip der Einzelbewertung, müssen Unternehmen, die Risikopositionen durch Hedging-Maßnahmen absichern, Gewinne und Verluste aus Grundgeschäften und Hedge-Positionen unter Umständen in unterschiedlichen Perioden ausweisen. Beispielsweise muß eine Unternehmung, die eine offene Fremdwährungsforderung durch ein Devisentermingeschäft absichert, drohende Verluste aus einer der beiden Positionen am Bilanzstichtag antizipieren, während die kompensierenden Erträge aus der jeweils anderen Position aufgrund des Realisationsprinzips nicht ausgewiesen werden dürfen. Die Unternehmung muß daher bei Wechselkursänderungen in der ersten Periode einen Währungsverlust und in der folgenden Periode einen Währungserfolg verbuchen, obwohl sie aufgrund des Hedging effektiv keinem Währungsrisiko ausgesetzt ist.

Derartige Verzerrungen des bilanziellen Erfolgsausweises bei Kurssicherung können vermieden werden, wenn man von der strengen imparitätischen Einzelbewertung abweicht. Es ist heute in der deutschen Rechnungslegungspraxis allgemein akzeptiert, daß Unternehmungen unter bestimmten Voraussetzungen einzelne, genau bestimmte Grund- und Sicherungsgeschäfte zu sogenannten Bewertungseinheiten zusammenfassen können („Mikro Hedges"). Ausgehend vom Bankenbereich setzt es sich in der Praxis darüber hinaus mehr und mehr durch, auch Portfolios aus gleichartigen Grundgeschäften sowie einem oder mehreren Sicherungsgeschäften als Bewertungseinheiten anzusehen. Das Imparitätsprinzip wird dabei nicht mehr auf der Ebene der einzelnen Positionen, sondern auf der Ebene des gesamten Portfolios angewandt („Portfolio Hedges").[9] Nach wie vor ist es aber in Deutschland nach herrschender Meinung nicht gestattet, Hedge Accounting bei globaler Risikoabsicherung auf Gesamtunternehmensebene oder bei Absicherung erwarteter künftiger Transaktionen zu betreiben („antizipatives Hedging").[10]

Hedge Accounting bedeutet, daß bei Finanzinstrumenten, die der Kurssicherung dienen oder bestimmten Portfolios zuzurechnen sind, unrealisierte Gewinne ausgewiesen bzw. drohende Verluste nicht antizipiert werden. Dies führt in der Praxis zu schwierigen Abgrenzungsfragen, denn Intentionen und Zurechnungen sind naturgemäß subjektiver Natur, und sie können sich im Zeitablauf ändern, ohne daß dies von Außenstehenden nachgeprüft werden könnte. Anders ausgedrückt: Hedge Accounting bietet dem Management der Unternehmungen erhebliche Spielräume für Bilanz- und Ergebnispolitik.[11]

Aus Sicht externer Bilanzanalysten ist es problematisch, daß als Folge des Hedge Accounting materiell identische Sachverhalte in verschiedenen Unternehmungen – oder zu verschiedenen Zeitpunkten innerhalb einer Unternehmung – bilanziell unterschiedlich behandelt werden können. Darüber hinaus kann es zu unerwünschten Rückkopplungen der Rechnungslegung auf das Risikomanagement selbst kommen: Betriebswirtschaftlich sinnvolle Strategien werden eventuell von Treasurern nicht eingesetzt, weil sie unerwünschte bilanzielle Folgen haben; oder aber es werden aus bilanzpolitischen Gründen zweifelhafte Praktiken angewandt, die sich schädlich auf die Effektivität des Risikomanagements auswirken.[12]

Ein zweiter Problembereich der Rechnungslegung für Finanzinstrumente betrifft die derivativen Finanzinstrumente. Bei ihnen handelt es sich meist um schwebende Geschäfte, die nach geltenden Handelsrecht bilanziell nicht erfaßt werden dürfen.[13] An Bilanzstichtagen ist allerdings zu prüfen, ob aus abgeschlossenen Kontrakten Verluste zu erwarten sind, für die entsprechende Drohverlustrückstellungen zu bilden sind. Unrealisierte Gewinne dürfen nicht ausgewiesen werden. Darüber hinaus müssen Kapitalgesellschaften gemäß § 285 Nr. 3 HGB im Anhang den Gesamtbetrag der „sonstigen Verpflichtungen [angeben], die nicht in der Bilanz erscheinen ..., sofern diese Angabe für die Beurteilung der Finanzlage von Bedeutung ist." In den Unternehmen ist zu prüfen, ob Derivate gehalten werden, die eine solche Berichtspflicht begründen.[14]

Allerdings erhalten Außenstehende auch bei Vorliegen einer Berichtspflicht keine Informationen darüber, in welchem Umfang oder zu welchem Zweck eine Unternehmung derivative Finanzinstrumente einsetzt, da die entsprechenden Positionen lediglich in den Gesamtbetrag der „sonstigen finanzielle Verpflichtungen" einzubeziehen sind. Außer im Falle der Veröffentlichung freiwilliger Zusatzinformationen können sich Investoren somit kein zuverlässiges Bild von der tatsächlichen finanziellen Situation und dem Risiko deutscher Unternehmungen machen. Angesichts der Intensität, mit der Derivate heute auch von Industrie- und Handelsunternehmungen genutzt werden – und vor allem angesichts des Risikopotentials, das von diesen Instrumenten ausgeht –, ist dies eine unbefriedigende Situation.

II. Bilanzierung nach US-GAAP

Während die deutsche Rechnungslegung traditionell vorrangig am Ziel des Gläubigerschutzes orientiert ist, ist es das primäre Ziel der anglo-amerikanischen Rechnungslegung, Investoren zuverlässige und relevante Informationen zur Fundierung von Anlageentscheidungen bereitzustellen. Der wichtigste Grundsatz der US-Rechnungslegung ist daher auch nicht der Grundsatz der Vorsicht, sondern der Grundsatz des „true and fair view" („Fair presentation"). Von Bedeutung ist in diesem Zusammenhang, daß Financial Accounting und Tax Accounting in der US-Rechnungslegung streng getrennt sind. Der handelsrechtliche Jahresabschluß kann daher unbeeinflußt von steuerpolitischen Erwägungen seinen Informationszweck erfüllen.[15]

An der Entwicklung von Bilanzierungsnormen sind in den USA zwei Institutionen beteiligt. Die Börsenaufsichtsbehörde (Securities and Exchange Commission, SEC), die zuständig ist für die Zulassung von Wertpapieren an US-Börsen, hat auch die Kompetenz zur Festlegung der Offenlegungspflichten für börsennotierte Unternehmungen. Allerdings nimmt sie diese Kompetenz nur in Ausnahmefällen selbst wahr. Im Normalfall hat die SEC diese Aufgabe an das Financial Accounting Standards Board (FASB) delegiert, eine privatwirtschaftliche berufsständische Organisation. Änderungen der Rechnungslegung bedürfen in den USA daher auch keiner Gesetzesänderung, sondern können aus der Praxis heraus flexibel und pragmatisch erfolgen.

Vom FASB wurde bereits 1986 ein „Financial Instruments Project" ins Leben gerufen, um die anstehenden Fragen im Bereich der Bilanzierung von Finanzinstrumenten zu lösen.[16] Seitdem sind mehrere Rechnungslegungsstandards verabschiedet worden, die sich mit verschiedenen Teilproblemen beschäftigen. Zu unterscheiden ist zwischen Regelungen, die die Bilanzierung und Bewertung betreffen, sowie Normen, die Offenlegungspflichten für den Anhang definieren.

(a) Bilanzierung und Bewertung: Das FASB hat 1993 einen Standard über die Bilanzierung und Bewertung von Wertpapieren erlassen (SFAS 115). Dieser Standard schreibt in Abhängigkeit von der Art des Wertpapiers und dem Zweck, zu dem es gehalten wird, eine Bewertung entweder zu historischen Kosten („Held-to-Maturity Securities") oder zum „Fair Value" vor. Der Fair Value entspricht bei Instrumenten, die auf liquiden Märkten gehandelt werden, dem jeweiligen Marktwert; in allen anderen Fällen ist er durch entsprechende Modellwerte zu approximieren.[17] Bei Wertpapieren, die zum Fair Value bewertet werden, sind Marktwertänderungen entweder erfolgswirksam zu erfassen („Trading Securities") oder erfolgsneutral mit dem Eigenkapital zu verrechnen („Available-for-Sale Securities").[18]

Im Juni 1996 legte das FASB ein „Exposure Draft" über die Bilanzierung und Bewertung von derivativen Finanzinstrumenten vor. Dieser Entwurf stieß auf erhebliche Kritik, so daß er nochmals überarbeitet und im August 1997 erneut veröffentlicht wurde. Trotz andauernden heftigen Widerstands vor allem von Banken wurde der Standard schließlich im Juni 1998 als SFAS 133 verabschiedet; er tritt zum 15. Juni 1999 in Kraft. Dem neuen Standard zufolge werden Derivate künftig als bilanzierungspflichtige Assets oder Liabilities angesehen. Die Bewertung erfolgt generell zum „Fair Value", Marktwertänderungen sollen erfolgswirksam behandelt werden. Allerdings sind umfangreiche und komplizierte Ausnahmeregelungen für Derivate vorgesehen, die zu Kurssicherungszwecken gehalten werden.[19] Während das FASB zunächst bemüht war, den Unternehmen nur in eng begrenzten Fällen Möglichkeiten für ein Hedge Accounting zu eröffnen, sind diese Ausnahmen im Zuge der Überarbeitung und auf Druck der Praxis immer weiter ausgedehnt worden, so daß für das nun verabschiedete Statement gilt: „[M]ost risk management strategies can qualify for some form of hedge accounting."[20] Auch die US-Bilanzierung bietet den Unternehmen daher in diesem Bereich faktische Wahlrechte und damit Spielräume für Bilanz- und Ergebnispolitik.

Zusammenfassend kann festgestellt werden, daß die US-Normen über die Bilanzierung und Bewertung von Finanzinstrumenten komplex sind und daß eine einfache und eindeutige Regelung auch mit dem neuen SFAS 133 nicht erreicht worden ist. Das FASB selbst sieht die bislang entwickelten Standards – einschließlich des neuen Standards – ebenfalls nur als Schritte auf dem Weg zu einer umfassenden und konsistenten Regelung des gesamten Problembereichs an. In den Erläuterungen zum Exposure Draft für SFAS 133 stellte das FASB klar, daß es das Ziel des Gesamtprojekts ist,

> "that all financial instruments should be carried in the statement of financial position at fair value when the conceptual measurement issues are resolved."[21]

Allerdings ist dieses Ziel, das in ähnlicher Form auch von anderen anglo-amerikanischen Standard Settern angestrebt wird[22], keineswegs unumstritten. Kritiker argumentieren, daß die Ermittlung von Fair Values mit unverhältnismäßig hohem Aufwand verbunden und bei denjenigen Instrumenten, für die keine liquiden Märkte bestehen, mit Unsicherheiten behaftet ist. Darüber hinaus befürchten die Unternehmen, daß die Fair-Value-Bewertung und die Erfolgswirksamkeit der Marktwertänderungen zu einer erhöhten Volatilität der Ergebnisse und Eigenkapitalausweise führen wird.[23]

Dieser Argumentation kann allerdings entgegengehalten werden, daß etwaige Ergebnisschwankungen letztlich ein Reflex auf veränderte Preise an den Finanzmärkten sind und es die Aufgabe der Bilanzierung ist, die Wirkungen relevanter Umweltveränderungen auf die Unternehmung zum Ausdruck zu bringen – „accounting should tell it as it is".[24] Ein wichtiger Vorteil einer generellen Marktbewertung aller Finanzinstrumente besteht im übrigen darin, daß sie zu einer Angleichung der internen und externen Berichterstattung im Treasury-Management führt. Interne Risikosteuerung und -kontrolle einerseits und die Erfolgsbeurteilung des Risikomanagements durch Externe andererseits können durch einheitliche und transparente Kriterien erfolgen.

(b) Offenlegung: Seit Anfang der 90er Jahre sind vom FASB mehrere Statements verabschiedet worden, in denen umfangreiche Offenlegungspflichten zu Finanzinstrumenten, insbesondere zu derivativen Finanzinstrumenten, festgelegt sind. Diese Regelungen werden durch den neuen SFAS 133 nun teilweise ersetzt oder ergänzt.[25] Im Januar 1997 wurde darüber hinaus von der SEC eine eigene Vorschrift zur Offenlegung über Finanzinstrumente erlassen, die noch weiter geht als die Regelungen des FASB.[26] Die SEC verlangt von den Unternehmen zusätzliche Informationen über die finanziellen Risiken, denen sie ausgesetzt sind, sowie über ihre Risikomanagement-Strategien. Die Tatsache, daß die SEC mit dieser Vorschrift selbst in den Prozeß der Entwicklung von Rechnungslegungsnormen eingreift, belegt die Bedeutung, die dem Problem der Bilanzierung von Finanzinstrumenten am US-Kapitalmarkt beigemessen wird.

Im folgenden sind die wichtigsten Angaben aufgeführt, die börsennotierte Unternehmungen in den USA nach Inkrafttreten von SFAS 133 in bezug auf Finanzinstrumente veröffentlichen müssen:

(1) Gemäß SFAS 133 müssen die Unternehmen erläutern, welche Ziele und Strategien sie mit dem Einsatz derivativer Instrumente verbinden, in welchem „Kontext" die Instrumente eingesetzt werden, welche Gewinne und Verluste mit ihnen erzielt und welche Bilanzierungsmethoden angewandt werden. Diese Information sind getrennt für verschiedene Kategorien von Derivaten anzugeben. Insbesondere ist dabei zu unterscheiden zwischen Derivaten, die unterschiedlichen Kurssicherungszwecken (Fair Value Hedges, Cash Flow Hedges etc.) dienen, und solchen, die zu Handelszwecken gehalten werden. Für jede Form der Kurssicherung muß die Unternehmung ihre Hedging-Strategie erläutern und angeben, welche Positionen jeweils abgesichert werden.[27]

(2) SFAS 107 verlangt für alle derivativen und nicht-derivativen Finanzinstrumente die Angabe der Fair Values. Für Instrumente, für die keine Marktpreise vorliegen, da sie nicht auf liquiden Märkten gehandelt werden, soll eine Berechnung oder Schätzung der Fair Values erfolgen. In Fällen, in denen dies nicht praktikabel erscheint, müssen die Unternehmen die Gründe hierfür erläutern und Nominalwerte, Zinssätze, Laufzeiten u.ä. angeben.[28]

(3) Weiterhin müssen die Unternehmen nach SFAS 107 Angaben machen über die Konzentration von Kreditrisiken bei einzelnen Schuldnern bzw. Gruppen von Schuldnern.[29] Mit dem Begriff „Kreditrisiko" wird die Verlustgefahr bezeichnet, die aus dem möglichen

Ausfall von Geschäftspartnern resultiert (Adressenausfallrisiko). Das Kreditrisiko eines Darlehens besteht z. B. darin, daß der ausstehende Kreditbetrag sowie die fälligen Zinsen von dem Vertragspartner nicht bzw. nicht in vollem Umfang gezahlt werden (können). Bei Derivaten (z. B. Termingeschäften oder Swaps) besteht das Kreditrisiko in dem Aufwand, der bei Ausfall des Partners und dem erforderlichen Neuabschluß des Kontrakts zu aktuellen Marktkonditionen entstehen würde. Die Unternehmen müssen nach SFAS 107 auch Informationen liefern über die Sicherheiten, mit denen Risiken abgesichert sind, sowie über „Master Netting Arrangements", die der Reduzierung von Kreditrisiken dienen.[30]

(4) In SFAS 107 wird den Unternehmen lediglich empfohlen, quantitative Angaben über die Marktrisiken zu publizieren, denen sie ausgesetzt sind.[31] Die SEC vertritt demgegenüber die Auffassung, daß Investoren möglichst präzise, quantitative Daten über die Risikopositionen der Unternehmungen benötigen. In einer von ihr durchgeführten Studie zeigte sich, daß die Unternehmungen die Empfehlungen des FASB ignorierten und lediglich die erforderlichen Mindestangaben veröffentlichten. Die Bestimmung der SEC zwingt nun alle börsennotierten Unternehmungen, quantitative Informationen über ihre Marktrisiko-Positionen zu publizieren.[32]

Mit dem Begriff des „Marktrisikos" werden die potentiellen Verluste bezeichnet, die der Unternehmung bei Änderungen von Marktparametern (Aktienkurse, Wechselkurse, Zinssätze, Volatilitäten etc.) aus offenen Positionen entstehen können. Diese Angaben müssen separat für unterschiedliche Kategorien von Finanzinstrumenten ausgewiesen werden (Handels- und Nicht-Handels-Positionen). Zur Darstellung der erforderlichen Daten bietet die SEC drei alternative Vorgehensweisen an (tabellarische Darstellung, Sensitivitätsanalysen, Value at Risk). Bei der Sensitivitätsanalyse werden die Verlustpotentiale ermittelt, indem man die verschiedenen Risikopositionen (z. B. Devisenpositionen) mit möglichen ungünstigen Entwicklungen der Marktpreise (z. B. Wechselkurse) multipliziert. Bei der Berechnung von Value-at-Risk-Kennziffern wird auf der Basis eines bestimmten Wahrscheinlichkeitsniveaus der maximale Verlust berechnet, der sich im Verlauf einer bestimmten Periode aufgrund der historischen (bzw. einer angenommenen) Preisvolatilität aus den offenen Positionen der Unternehmung ergeben kann.[33] Die so berechneten Risiko-Kennzahlen sind in hohem Maße abhängig von den gewählten Modellparametern. Die SEC verlangt daher von den Unternehmungen eine Beschreibung der wichtigsten Annahmen und Eigenschaften der Modelle, mit denen die Marktrisiko-Daten geschätzt werden.

(5) Die SEC-Vorschriften erweitern schließlich die qualitativen Berichtspflichten um allgemeine Beschreibungen der finanziellen Risiken der Unternehmungen und ihrer Risikomanagement-Strategien. Konkret müssen die Unternehmen, getrennt nach Handels- und Nicht-Handels-Positionen, die folgenden Angaben machen:

"a description of (i) a registrant's primary market risk exposures as of the end of the latest fiscal year, (ii) how those exposures are managed (such descriptions should include, but not be limited to, a discussion of the objectives, general strategies, and instruments, if any, used to manage those exposures), and (iii) changes in either the registrant's primary market risk exposures or in how those exposures are managed...".[34]

C. Die Entwicklung von „Grundsätzen ordnungsmäßigen Risikomanagements" für Industrie- und Handelsunternehmungen

Wie zuvor bereits erwähnt, ist aus mehreren Gründen zu erwarten, daß sich im Verlauf der kommenden Jahre allgemein anerkannte „Grundsätze ordnungsmäßigen Risikomanagements" (GoR) für Industrie- und Handelsunternehmungen herausbilden werden. Diese Grundsätze werden von den Unternehmungen in Zusammenarbeit mit Wirtschaftsprüfungs- und Beratungsfirmen sowie Vertretern der Hochschulen entwickelt werden.

Der erste Grund besteht in den eingangs erwähnten spektakulären Verlusten, die Unternehmungen im Umgang mit (derivativen) Finanzinstrumenten erlitten haben. Diese Vorfälle haben bei Führungskräften ein Bewußtsein für die fundamentalen Veränderungen geschaffen, die in den vergangenen Jahren im Bereich der Finanzmärkte und des Finanzmanagements stattgefunden haben, sowie für die Notwendigkeit eines angemessenen unternehmerischen Risikomanagements.

Ein zweiter Grund sind die Publizitätsanforderungen, die in Deutschland und insbesondere in den anglo-amerikanischen Ländern in jüngerer Zeit erlassen worden sind. Aufgrund der Regelungen des KonTraG ist der Vorstand einer deutschen Aktiengesellschaft künftig zur Einrichtung eines Risiko-Managementsystems verpflichtet (§ 91 Abs. 2 AktG n. F.).[35] Zweitens soll der Vorstand im Lagebericht Stellung nehmen zu den „Risiken der künftigen Geschäftsentwicklung" (§ 289 Abs. 1 i.V.m. § 315 Abs. 1 HGB n. F.). Die zutreffende Darstellung der Risiken im Lagebericht wird darüber hinaus zum Gegenstand der Abschlußprüfung. Bei Aktiengesellschaften, deren Aktien im amtlichen Handel notiert sind, ist die Angemessenheit des Risiko-Managementsystems der Unternehmung außerdem prüfungspflichtig (§ 317 Abs. 4 HGB n. F.).

Wie im vorangegangenen Abschnitt dargestellt, müssen Unternehmungen nach US-GAAP (sowie in ähnlicher Form nach IAS) umfangreiche Informationen über ihre Finanzpositionen sowie über die damit verbundenen Risiken offenlegen. Die Verpflichtung, detaillierte Informationen über einen so sensitiven Bereich des Finanzmanagements zu publizieren, wird für viele Unternehmungen Anlaß sein, die Praktiken und Strukturen ihres Risikomanagements kritisch zu überprüfen. Bereits heute deutet sich an, daß damit auch ein bedeutender Markt für Beratungsgesellschaften entstehen wird. Beispielsweise bietet Coopers & Lybrand (UK) bereits seit 1996 unter der Bezeichnung „GARP – Generally Accepted Risk Principles" ein System aus 89 Standards an, das Unternehmungen bei der Überwachung und Steuerung ihrer Risiken unterstützen soll.[36]

Die Veröffentlichung umfangreicher Unternehmensdaten (zu der auch deutsche Unternehmungen verpflichtet sind, deren Aktien an US-Börsen notiert sind) wird in den kommenden Jahren sowohl in der Praxis als auch in der Literatur zu einer intensiven Debatte über adäquate Risikomanagement-Praktiken („best practices") führen.[37] Die Fragen, die sich aus Sicht der Unternehmen in diesem Zusammenhang stellen, werden von Cohen & Wiseman (1997) mit Blick auf die Ergebnisse einer Price-Waterhouse-Studie über die Praxis des Treasury-Managements in US-Unternehmen wie folgt formuliert:

"Companies should use this information to assess where they stand in comparison with other companies. The survey findings do not necessarily represent best practice, but they should be used as a guide for a treasury to compare itself with other organizations and ask: Where are we similar? Where are we different? Should we be different? What should we do about it?"[38]

Drittens gehen wichtige Impulse für die Entwicklung von Grundsätzen ordnungsmäßigen Risikomanagements von bankenaufsichtsrechtlichen Regelungen aus. Im Anschluß an eine Richtlinie des Basler Ausschusses für Bankenaufsicht[39] sowie an ein zuvor veröffentlichtes Papier der Group of Thirty (G-30)[40] sind in den vergangenen Jahren in zahlreichen Ländern Vorschriften für den Handel und das Risikomanagement von Banken erlassen worden. Beispielsweise hat das Bundesaufsichtsamt für das Kreditwesen (BAK) im Oktober 1995 derartige Anforderungen für deutsche Banken erlassen.[41] Da entsprechende Vorschriften für Nicht-Banken fehlen, werden sich auch die Führungskräfte und Aufsichtsorgane von großen Industrie- und Handelsunternehmungen, wie in der Vergangenheit bei ähnlichen Richtlinien, an den BAK-Anforderungen orientieren, wenn es um die Entwicklung interner Risikomanagement-Standards geht.[42]

Aus diesen Überlegungen folgt, daß sich aus den heutigen bankenaufsichtsrechtlichen Regelungen die Grundzüge der künftigen Grundsätze ordnungsmäßigen Risikomanagements von Industrie- und Handelsunternehmungen ableiten lassen. Die „Mindestanforderungen an das Betreiben von Handelsgeschäfte der Kreditinstitute" des BAK (1995) enthalten vor allem die folgenden drei zentralen Bestandteile:

(a) Anforderungen an die Geschäftsleitungen der Banken: Für die Organisation und die Überwachung von Handelsgeschäften ist letztlich die Geschäftsleitung in ihrer Gesamtheit verantwortlich. Handelsaktivitäten dürfen nur im Rahmen eines von der Geschäftsleitung vorgegebenen Rahmens durchgeführt werden. Die Rahmenbedingungen müssen schriftlich festgelegt sein und alle wesentlichen Aspekte des Handels sowie des Risikomanagements der Bank erfassen.[43]

(b) Anforderungen an das Risikomanagement und an die Risiko-Informationssysteme der Banken: Die Banken sind verpflichtet,

„ein System zur Messung und Überwachung der Risikopositionen und zur Analyse des mit ihnen verbundenen Verlustpotentials (Risiko-Controlling) sowie zu deren Steuerung (Risiko-Management) einzurichten."[44]

Offene Positionen sollen täglich zu Marktpreisen bewertet werden; darüber hinaus sind regelmäßig die Verlustpotentiale zu untersuchen, die aus diesen Positionen resultieren. Im Rahmen ihres Risiko-Managementsystems muß die Geschäftsleitung der Banken Verlustobergrenzen für Kredit- und Marktrisiken festlegen (Risikolimitierung). Es wird empfohlen, die Überwachung und Steuerung der Handelsaktivitäten in ein umfassendes, gesamtunternehmensbezogenes Risikomanagement-System zu integrieren.[45]

c) Anforderungen an die Organisation des Handels und des Risikomanagements: Die BAK-Vorschriften schreiben eine klare organisatorische Trennung der verschiedenen Funktionen innerhalb des Treasury-Managements der Banken vor (Handel, Abwicklung und Kontrolle, Rechnungswesen, Überwachung). Vor allem muß der eigentliche Handel („front office") strikt von den anderen, nachgelagerten Bereichen („back office") getrennt sein. Weiterhin ist sicherzustellen, daß alle Geschäfte unmittelbar dokumentiert, schriftlich bestätigt und sodann im Rechnungswesen erfaßt werden. Die Geschäftsleitung muß täglich in schriftlicher Form über die Risikopositionen und die Ergebnisse des Handels informiert werden. Schließlich muß die Einhaltung der Anforderungen in angemessenen Zeitabständen, mindestens aber jährlich, durch die Revisionsabteilungen der Banken überprüft werden.[46]

Die Richtlinien des BAK gelten für alle deutschen Banken. Allerdings wird vom BAK konzediert, daß sich die Risikomanagement-Systeme der Banken in Abhängigkeit von Art und Volumen der getätigten Geschäfte voneinander unterscheiden können. Dies gilt naturgemäß auch für Industrie- und Handelsunternehmungen. Die Komplexität des Risikomanagements der Unternehmungen hängt ab vom Umfang und von der strategischen Ausrichtung der Treasury-Aktivitäten. Der Umfang wird vor allem durch die Größe und durch den Internationalisierungsgrad sowie durch die Branche der Unternehmungen determiniert. Die strategische Ausrichtung entscheidet darüber, ob im Finanzbereich die Minimierung finanzwirtschaftlicher Risiken oder das Streben nach Renditemaximierung im Vordergrund steht. Für kleinere Unternehmungen mit begrenzten Treasury-Aktivitäten sowie für größere Unternehmen mit ausgeprägt risikoaversen Strategien können vergleichsweise einfache organisatorische Strukturen und Informationssysteme im Risikomanagement als ausreichend angesehen werden. In großen, internationalen Unternehmungen, deren Treasury-Abteilungen versuchen, mittels Arbitrage und Spekulation Gewinne auf den Finanzmärkten zu erzielen, können die BAK-Mindestanforderungen demgegenüber in vollem Umfang angewandt werden.

Vergleicht man die BAK-Anforderungen an Banken mit den derzeitigen Treasury-Management-Praktiken in Industrie- und Handelsunternehmungen, so zeigen sich gravierende Unterschiede. Zahlreiche empirische Untersuchungen belegen[47], daß die meisten Unternehmungen in ihren Treasury-Abteilungen Strategien verfolgen, die zumindest partiell gewinnorientiert sind. Dennoch sind die Risikomanagement-Systeme in vielen Fällen unterentwickelt. In der Mehrzahl der Unternehmungen erfolgt keine regelmäßige Überwachung der Treasury-Management-Aktivitäten durch die Unternehmensleitung.[48] Eine Trennung der verschiedenen Funktionen innerhalb der Treasury-Abteilungen findet häufig nicht statt; die Treasurer sind meist selbst für die Überwachung und Kontrolle verantwortlich. Insgesamt erscheint der Bereich der Risikokontrolle in Industrie- und Handelsunternehmungen bislang wenig entwickelt zu sein. Darüber hinaus fehlt es an systematischen Regeln für die Erfolgsbeurteilung im Treasury-Management.[49] Schließlich sind auch die Treasury-Informationssysteme in vielen Fällen den Anforderungen nicht gewachsen. In den Worten von Cohen & Wiseman (1997):

"Treasury relies heavily on spreadsheets rather than structured systems, creating efficiency and control problems related to data integrity, system reliability and system access."[50]

D. Implikationen für die Entwicklung von Treasury-Informationssystemen

Im folgenden sollen die Auswirkungen der erweiterten Publizitätsanforderungen sowie der künftigen Risikomanagement-Grundsätze für Treasury-Informationssysteme genauer dargestellt werden. Es ist offenkundig, daß Unternehmungen die umfangreichen externen Berichtsanforderungen, die durch die Regelungen des FASB und der SEC in den USA an sie gestellt werden, nur erfüllen können, wenn ihre Informationssysteme in der Lage sind, die entsprechenden Daten bereitzustellen.

Dasselbe gilt für die internen Berichtsanforderungen im Bereich des Risikomanagements. Risikomanagement kann als ein Prozeß verstanden werden, der die folgenden Phasen umfaßt: Identifikation, Quantifizierung, Steuerung und Kontrolle der Unternehmensrisiken.[51] Die Effizienz des Prozesses hängt in allen Phasen von der Leistungsfähigkeit der Informationssysteme der Unternehmungen ab. Aus diesem Grund betonen die in jüngerer Zeit erlassenen Bankenrichtlinien, daß die Informationssysteme der Banken dem Umfang und der Komplexität der jeweiligen Handelsaktivitäten angepaßt sein müssen. Beispielsweise führt das Board of Governors of the Federal Reserve System in einer Richtlinie für das Risikomanagement US-amerikanischer Banken aus:

> "[R]isk monitoring activities must be supported by information systems that provide senior managers and directors with timely reports on the financial condition, operating performance, and risk exposure of the consolidated organization, as well as with regular and sufficiently detailed reports for line managers engaged in the day-to-day management of the organization's activities."[52]

Welche Daten sollten die Treasury-Informationssysteme von Industrie- und Handelsunternehmungen nun bereitstellen, und welche weiteren Bedingungen müssen sie erfüllen? Geht man von den derzeit in den USA erlassenen Offenlegungspflichten sowie von den zu erwartenden Grundsätzen ordnungsmäßigen Risikomanagements aus, so können die folgenden Anforderungen definiert werden:

(a) Treasury-Informationssysteme müssen in der Lage sein, den Entscheidungsträgern in der Unternehmung jederzeit ein zuverlässiges, vollständiges und zeitnahes Bild von der finanziellen Situation und den (finanziellen) Risiken der Unternehmung zu vermitteln. Um diese Anforderung zu erfüllen, muß das System alle finanziellen Vermögenspositionen und Verbindlichkeiten der Unternehmung erfassen, insbesondere auch alle Positionen in Märkten für derivative Finanzinstrumente. Jede Transaktion muß mit allen relevanten Daten erfaßt sein:[53] Geschäftsart, Datum und Uhrzeit, Volumen, Währung, Konditionen (z.B. Zinssatz, Devisenkurs, Ausübungspreis, Optionsprämie etc.), Fälligkeit, Vertragspartner, Bankverbindung, weitere Bedingungen des Geschäfts. Das System muß in der Lage sein, auch innovative und komplexe Finanzinstrumente mit mehreren oder zeitabhängigen Parametern darzustellen (z.B. Floating Rate Notes, Swaps, Exchange-Traded und Over-the-Counter Optionen).

(b) Für Zwecke der internen Steuerung und Kontrolle, gegebenenfalls aber auch zur Erfüllung externer Berichtspflichten, ist es erforderlich, daß das System zu jedem Zeitpunkt die Fair Values aller Finanzinstrumente bereitstellen kann. Problematisch ist dies vor allem bei Instrumenten, für die liquide Märkte und damit objektive Marktpreise nicht existieren. Das System muß in diesen Fällen Fair Values auf der Basis anerkannter finanzmathematischer Modelle berechnen, also z.B. mit Hilfe des Discounted-Cash-Flow-Modells oder der Black-Scholes-Formel („mark to model"). Claiden (1997) beschreibt die Probleme, die dabei auftreten können:

"[T]he more esoteric instruments are not necessarily valued using standard algorithms .... It is quite possible in these cases that the mathematical model and the assumptions used in it contain a logical flaw or simplification that will give rise to unexpected costs later. Similarly, the model may work well in some rate and tenor environment but perhaps not when rates changes materially or time has passed and the rates move into a different remaining tenure."[54]

(c) Weiterhin müssen Treasury-Informationssysteme Aufschluß über die Risiken der Unternehmungen geben. Entsprechende Daten über Kredit- und Marktrisiken werden von Unternehmungen, die Konzernabschlüsse nach anglo-amerikanischen Standards publizieren, für ihre externe Rechnungslegung benötigt. Diese Daten sind darüber hinaus für eine zuverlässige interne Risikoüberwachung und -steuerung unerläßlich. Im Bereich der Zins- und Devisenrisiken hat sich bei Banken – unter dem Einfluß aufsichtsrechtlicher Bestimmungen – die Berechnung von Verlustpotentialen aus offenen Positionen nach dem bereits erwähnten Value-at-Risk-Ansatz als Standard durchgesetzt. Es ist absehbar, daß dieses Konzept künftig auch in Industrie- und Handelsunternehmungen verstärkt Anwendung finden wird.[55]

(d) Für externe und interne Zwecke müssen die Treasury-Informationssysteme gesamtunternehmensbezogene Daten über Finanzinstrumente und Risiken ausweisen, sie müssen darüber hinaus aber auch eine detaillierte Aufschlüsselung nach unterschiedlichen Kriterien zulassen (z.B. Positionen je Währung, Fälligkeit, Kontrahent etc.). Die Ermittlung gesamtunternehmensbezogener Finanz- und Risikopositionen erfordert eine konzernübergreifende, konsolidierte Betrachtungsweise. Ein konzeptionelles Problem stellt dabei die Nicht-Additivität von Risiken dar. Die in verschiedenen Konzerngesellschaften möglicherweise künftig auftretenden Verluste aus offenen Finanzpositionen korrelieren in der Regel nicht vollständig positiv miteinander, so daß die Verlustpotentiale des Konzern nicht durch Addition der Verlustpotentiale der einzelnen Gesellschaften ermittelt werden können. Abgesehen davon stellen sich bei der Ermittlung gesamtunternehmensbezogener Daten praktische Probleme, die speziell bei internationalen Konzernen aus der geographischen Distanz und der Heterogenität der Umwelten resultieren. Hinzuweisen ist in diesem Zusammenhang auf die Existenz verschiedener Währungen, Zinsen und sonstiger Finanzmarktkonditionen, aber auch auf Sprachprobleme, unterschiedliche Berichtssysteme, Rechner- und Software-Umgebungen etc.

(e) Effiziente Informationssysteme zeichnen sich dadurch aus, daß die benötigten Daten lediglich einmal erfaßt werden und anschließend innerhalb der Unternehmung für alle erforderlichen Zwecke der Planung, Steuerung und Kontrolle zur Verfügung stehen. Das Treasury-Informationssystem sollte daher durch Schnittstellen mit anderen Teilbereichen des Informations- und Berichtswesens der Unternehmung, insbesondere aber mit dem Finanzbuchhaltungssystem der Unternehmung verbunden sein. Electronic-Banking-Systeme ermöglichen darüber hinaus den automatischen Zugriff auf aktuelle Informationen über die Bankkonten der Unternehmung (Umsätze, Salden etc.). Offensichtlich ist in beiden Fällen die Einhaltung von Sicherheitsstandards von größter Bedeutung. Weiterhin können mit Hilfe von Schnittstellen zu externen Finanzmarkt-Datenbanken aktuelle Marktinformationen (Devisenkurse, Zinssätze, Aktienkurse etc.) zugänglich gemacht werden.

(f) Ein erhebliches Problem für die Entwicklung von Treasury-Informationssystemen stellen die unterschiedlichen Rechnungslegungsstandards dar, die von Unternehmungen in der Praxis beachtet werden müssen. Deutsche Unternehmen müssen Handels- und Steuerbilanzen vorlegen, die trotz Maßgeblichkeitsprinzip in zahlreichen Einzelheiten differieren. Zudem besteht in der Regel die Pflicht zur Erstellung von Konzernabschlüssen, die sich hinsichtlich Bilanzierung und Bewertung mehr oder weniger deutlich von den Einzelabschlüssen unterscheiden können. Erhebliche Unterschiede können sich bei Unternehmungen ergeben, die Konzernabschlüsse nach anglo-amerikanischen Standards (US-GAAP, IAS) publizieren. Daneben müssen von ausländischen Tochtergesellschaften die handels- und steuerrechtlichen Bilanzierungsnormen der jeweiligen Sitzländer beachtet werden. Treasury-Informationssysteme, die in allen Subsystemen eines international tätigen Konzerns eingesetzt werden sollen, müssen daher in der Lage sein, die finanziellen Positionen dieser Unternehmung gleichzeitig nach mehreren unterschiedlichen Rechnungslegungsstandards darzustellen. Dabei können unterschiedliche Effekte auftreten: Bei einzelnen Positionen (z. B. Handelspositionen) kommen in den verschiedenen Rechnungslegungssystemen unterschiedliche Bewertungsprinzipien zur Anwendung (Anschaffungskosten versus Fair Value); Derivate werden in bestimmten Systemen bilanziell nicht erfaßt, während sie in anderen (zumindest *de lege ferenda*) als Assets und Liabilities in die Bilanz aufgenommen werden; Hedginggeschäfte führen schließlich in Abhängigkeit von Grundgeschäft und Kurssicherungsinstrument zu sehr komplexen Unterschieden bei Bilanzierung, Bewertung und Erfolgsausweis.

(g) Eine letzte Anforderung an Treasury-Informationssysteme besteht schließlich darin, daß sie flexibel auf Veränderungen der Berichtserfordernisse reagieren sollten. Dies bezieht sich zum einen auf die Notwendigkeit, ständig neue Finanzinnovationen erfassen sowie neu entwickelte Risikokennzahlen darstellen zu müssen. Zum anderen aber müssen die Systeme auch auf Änderungen der Rechnungslegungsstandards eingestellt sein. Insbesondere im Bereich der anglo-amerikanischen Rechnungslegung muß auch in der absehbaren Zukunft mit weiteren einschneidenden Änderungen der Bilanzierungs-, Bewertungs- und Offenlegungsvorschriften gerechnet werden. Und wie mehrfach betont, ist zu erwarten, daß diese Entwicklungen in der anglo-amerikanischen Rechnungslegung mittelfristig auch auf die deutsche Bilanzierung ausstrahlen werden.

E. Die Entwicklung von Treasury-Informationssystemen am Beispiel der SAP Treasury-Komponente

Die in den vorangegangenen Abschnitten skizzierten Anforderungen an das Risikomanagement und die Publizität von Industrie- und Handelsunternehmungen stellen das Treasury-Management vor neue Herausforderungen. Diese Herausforderungen können nur mit Hilfe von computergestützten Informationssystemen bewältigt werden. In den vergangenen Jahren ist von Banken und Software-Unternehmungen eine Vielzahl von Systemen entwickelt worden, mit deren Hilfe den Unternehmungen ein effizientes Management ihrer Liquidität und der zugehörigen Risiken ermöglicht werden soll. Die angebotenen Systeme unterscheiden sich allerdings hinsichtlich ihres Leistungsumfangs ganz erheblich voneinander. Ley (1997), der die aktuellen Entwicklungen auf diesem Markt untersucht, schreibt hierzu:

> „Die Anzahl der Anbieter ist groß und im Steigen begriffen. Das Angebot an Treasury-Systemen ist kaum überblickbar, und das Leistungsspektrum, aber auch die Kosten der Systeme sind höchst unterschiedlich."[56]

Ley (1997) unterscheidet zunächst zwischen reinen Informationssystemen und Systemen, die der Entscheidungsvorbereitung und der Verwaltung von Finanztransaktionen dienen.[57] Die Systeme zur Entscheidungsunterstützung und Verwaltung können weiter unterteilt werden in Systeme, die lediglich einzelne Treasury-Management-Funktionen unterstützen (z.B. Cash-Management-Systeme, FX-Systeme, Portfolio-Management-Systeme), und umfassende Systeme, die versuchen, den gesamten Aufgabenbereich des Treasurers abzudecken. Bei letzteren handelt es sich entweder um Systeme, die aus Handelssystemen für Banken entstanden sind und daher Stärken im „Front-Office-Bereich" aufweisen, oder um Systeme, die ausgehend von Finanzbuchhaltungs- und Verwaltungsprogrammen entwickelt wurden und deren Stärke daher in der Integration der „Back-Office-Funktionen" liegt.[58]

Die Funktionsweise eines integrierten Treasury-Informationssystems wird im folgenden am Beispiel der Treasury-Komponente der SAP AG genauer erläutert. Im anschließenden Abschnitt werden zunächst der Aufbau des Systems sowie die Eigenschaften der einzelnen Module dargestellt. Danach wird auf wichtige Problembereiche bei der Entwicklung integrierter Treasury-Informationssysteme eingegangen und die entsprechende Weiterentwicklung der SAP-Komponente diskutiert.

I. Bestandteile der Treasury-Komponente der SAP

Die SAP AG ist ein führender Anbieter auf dem Markt für betriebswirtschaftliche Standardsoftware. Im Rahmen des Client/Server-Systems R/3 bietet die SAP eine Treasury-Komponente an, die aus drei miteinander verzahnten Bestandteilen besteht: dem Cashmanagement, dem Treasurymanagement und dem Marktrisikomanagement (siehe Abbildung 1).

(a) *Cashmanagement:* Das Cashmanagement bildet die Grundlage der Liquiditäts- und Risikoanalyse. Das Funktionsspektrum dieses Moduls umfaßt zum einen die Analyse finanzwirtschaftlicher Vorgänge in abgeschlossenen Perioden; zum anderen werden in der Finanzplanung künftige Entwicklungen abgebildet. Das Cashmanagement greift auf alle innerhalb des SAP-Systems abgelegten Daten zu und wertet sie im Hinblick auf ihre Liquiditätswirksamkeit aus. Externe Daten wie z.B. Kontoauszüge können über Schnittstellen eingespielt werden (Electronic Banking). Die Zahlungsvorgänge des Unternehmens werden nach den Kriterien Mittelbestand, Mittelzuflüsse und Mittelabgänge gegliedert. Weiterhin werden Informationen zur Steuerung der kurzfristigen Geldanlage bzw. -aufnahme bereitgestellt.

In Abhängigkeit vom Betrachtungszeitraum wird innerhalb des Cashmanagement zwischen dem aktuellen Tagesfinanzstatus, der kurzfristigen Liquiditätsvorschau und der mit-

Abb. 1: Die Bestandteile der SAP Treasury-Komponente

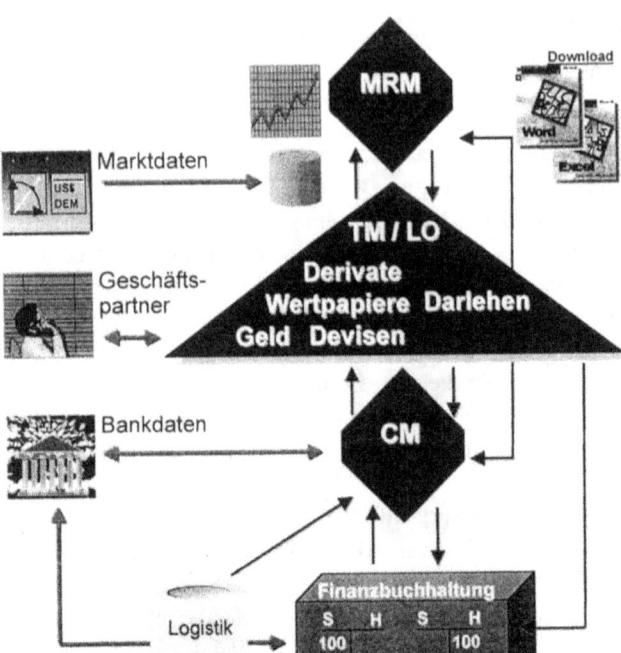

tel- bis langfristigen Finanzplanung unterschieden. Die Liquiditätsvorschau integriert die zu erwartenden Geldein- und -ausgänge aus dem Finanzwesen, dem Einkauf und dem Vertrieb. Tagesfinanzstatus und Liquiditätsvorschau enthalten sowohl Fremdwährungsbestände als auch zu erwartende Fremdwährungspositionen. Mit Hilfe eines Konzepts verteilter Cash- oder Treasurysysteme können liquiditätsrelevante Daten, die in den Cashmanagement-Modulen verschiedener Konzerneinheiten – gegebenenfalls in unterschiedlichen Ländern – vorliegen, in das Cashmanagement der Konzern-Treasury-Zentrale übertragen werden. Auf diese Weise können der aktuelle Liquiditätsstatus des Gesamtkonzerns ermittelt und gesamtunternehmensbezogene Liquiditäts- und Risikoanalysen vorgenommen werden.

(b) *Treasurymanagement und Darlehensverwaltung:* Aufgabe des Treasurymanagement sowie der Darlehensverwaltung ist es, die Verwaltung aller Finanzgeschäfte und -bestände vom Handel über die Abwicklung bis hin zur Überleitung in die Finanzbuchhaltung zu unterstützen sowie Reporting- und Auswertungsstrukturen zur Verfügung zu stellen. Um den organisatorischen Anforderungen an das Treasury-Management – wie die Trennung von Handel, Abwicklung und Rechnungslegung – zu entsprechen, stehen unternehmensindividuell gestaltbare Prozesse zur Geschäftsverwaltung zur Verfügung. Im Handelsbereich werden die Geschäfte mit allen relevanten Daten erfaßt. Das Produktartenspektrum umfaßt die klassischen Fremdwährungsgeschäfte (Kassa und Terminkontrakte) sowie im Geldhandelsbereich Termin- und Kündigungsgelder und Commercial Paper; die Verwaltung derivativer Finanzinstrumente beinhaltet die gängigen Zins-, Währungs- und Zinswährungsswaps, Caps, Floors, FRAs, OTC- und Exchange-traded Optionen sowie Futures. Die Wertpapierkomponente umfaßt die Verwaltung von Eigenbeständen aller marktüblichen Produkte wie Aktien, Investmentzertifikate, Bezugsrechte, Anleihen, Options- und Wandelanleihen sowie Optionsscheine.

Im Abwicklungsbereich werden die Geschäfte vervollständigt und kontrolliert sowie Bestätigungsschreiben ausgeführt. Für Kontrahenten, mit denen Finanzgeschäfte getätigt werden, sowie für Emittenten von Wertpapieren und für Depotbanken werden gleichbleibende Daten (Anschriften, Zahlungsverbindungen etc.) hinterlegt, die bei Geschäftsvorgängen vom System eingespielt werden. Für die Durchführung des Zahlungsverkehrs können Zahlweghierarchien und automatische Funktionen wie Zahlprogramm und Kontoauszug genutzt werden.

Das System erlaubt nach der einmaligen Erfassung im Handel jederzeit den Zugriff auf alle Geschäftsdaten sowie auf übergreifende Auswertungen. Die gemeinsame Verarbeitung mit Daten aus den operativen Bereichen ermöglicht es, das Gesamtbild der finanziellen Situation eines Unternehmens zeitnah darzustellen. Die Zusammenfassung von Finanztransaktionen bzw. -beständen sowie der operativen Cash Flows ist nach unterschiedlichen Kriterien möglich, so daß z. B. Auswertungen aus Konzernsicht, für einzelne Tochtergesellschaften, nach Handelspartnern oder nach Produktarten sowie für einzelne Währungen oder Fälligkeiten vorgenommen werden können.

Charakteristisches Merkmal bei der Abbildung von Finanzgeschäften und der Führung von Finanzbeständen ist, daß aus den festgelegten Vertragskonditionen Zahlungsströme resultieren. Diese Cash Flows bilden die Grundlage für die Bewertungen im Treasurymanagement (sowie für die Ermittlung der Liquiditätspositionen im Cashmanagement und der Risikopositionen im Marktrisikomanagement). Im Hinblick auf die Bewertung ist von Bedeutung, auf welcher Ebene die Bestände geführt werden. Bestandsführungsparameter geben daher an, ob die Buchwerte von Wertpapieren einzeln pro Kauf, als Mittelwert aller in einem Depot befindlichen Käufe oder Verkäufe oder depotübergreifend geführt werden sollen. Depotumbuchungen oder Kapitalmaßnahmen wie Aktiensplit u. ä. ziehen entsprechende Fortschreibungen nach sich.

Die Bewegungen aus Handels- und Abwicklungsaktivitäten werden direkt in das SAP-Modul Finanzbuchhaltung übergeleitet, um Haupt- und Nebenbuchkonten fortzuschreiben. Allgemeingültige Bewertungsregeln innerhalb des Systems legen Zu- und Abschreibungsprinzipien, zu verwendende Kurse und die Bewertungsreihenfolge von Kursen und Fremdwährungen fest. Die Bereitstellung und Ermittlung der aktuellen Marktwerte erfolgt über eine „realtime-datafeed-Funktion".

(c) *Marktrisikomanagement:* Dieses Modul stellt Methoden und Verfahren zur Beurteilung von Risikopositionen bereit. Der Prozeß der Marktrisikosteuerung ist ein komplexer Regelkreis von Datenerhebung, Risikomessung, Analyse und Simulation bis zur aktiven Disposition über Finanzinstrumente. Unerläßlich für ein wirkungsvolles Risikomanagement ist der Zugriff auf die aktuellen und die erwarteten künftigen Cash Flows der Unternehmung. Das Marktrisikomanagement basiert deshalb auf dem Cashmanagement, in welches sämtliche Zahlungsströme aus den Unternehmensbereichen fließen. Damit können die Cash Flows der im Treasurymanagement verwalteten Finanzgeschäfte gemeinsam mit den operativen Cash Flows ausgewertet werden.

Eine zentrale Funktion innerhalb des Marktrisikomanagement ist die Bestimmung der Fair Values der Finanzpositionen der Unternehmung. Bei Wertpapieren, die auf liquiden Märkten gehandelt werden, sind die Fair Values leicht ermittelbar, da sie sich in den jeweiligen Marktpreisen widerspiegeln. Bei anderen Instrumenten bilden erneut die Cash Flows die Grundlage für die Bewertung. Dabei ist den Besonderheiten derivativer Instrumente Rechnung zu tragen. Sie können Cash Flows verursachen, die in ihrer Höhe oder bezüglich ihres Eintretens unsicher sind (variable Zahlungen eines Swaps, Optionen). Die Darstellung und Simulation dieser Cash Flows sowie Algorithmen zu ihrer Bewertung werden im Bereich des Marktrisikomanagements zur Verfügung gestellt. Alle Finanzaktiva werden mit ihrem am Markt erzielbaren Veräußerungserlös, alle Finanzpassiva – wie z. B. geschriebene Optionen – mit dem vom Markt verlangten Rückkaufpreis bewertet. In die Fair-Value-Bewertung gehen somit die am jeweiligen Markt quotierten Geld-/Briefspannen ein. Zinsabhängige Anlagen oder Verbindlichkeiten werden auf Basis marktspezifischer Zinsstrukturkurven bewertet. Auch die Prämien von Standardoptionen und exotischen Optionen werden anhand der entsprechenden Volatilitätsstrukturkurven berechnet.

Ein zweiter wesentlicher Funktionsbereich des Marktrisikomanagement besteht in der Ermittlung und Bereitstellung von Kennzahlen zur Analyse und Bewertung von Zins- und Währungsrisiken. Statistisch wahrscheinliche Risikopotentiale der Finanzpositionen können mit Hilfe des Value-at-Risk-Ansatzes ermittelt und auf unterschiedlichen Ebenen aggregiert werden. Das System erlaubt es darüber hinaus, die Risikostruktur der Unternehmung durch Simulationen genauer zu bestimmen. Beispielsweise kann die Wirkung unterschiedlicher Marktdaten auf die Position der Unternehmung analysiert werden („crash- oder worst-case-Szenarien" etc.). Durch fiktive Finanztransaktionen können dabei die Auswirkungen von Sicherungsalternativen kalkuliert und verglichen werden. Das Marktrisikomanagement dient auf diese Weise der Vorbereitung und der Kontrolle risikopolitischer Entscheidungen.

II. Problembereiche und Weiterentwicklung der SAP Treasury-Komponente

Die aktuellen Entwicklungen in der deutschen und in der angelsächsischen Rechnungslegung stellen die Entwicklung von integrierter Standardsoftware für den Treasury-Bereich von Industrie-und Handelsunternehmungen vor neue Herausforderungen. Sieht man von Detailfragen ab, können vor allem drei Problembereiche identifiziert werden, die für die weitere Entwicklung der SAP Treasury-Komponente von Bedeutung sein werden: die parallele Verwendung unterschiedlicher Rechnungslegungsnormen (HGB, US-GAAP, IAS), die Berücksichtigung von Kurssicherungsmaßnahmen sowie die automatische Überleitung von systemintern berechneten Fair Values in die Finanzbuchhaltung. Auf diese Problembereiche wird im folgenden genauer eingegangen.

(a) Eine zunehmende Zahl deutscher Unternehmungen erstellt ihre Konzernjahresabschlüsse nach US-amerikanischen Rechnungslegungsnormen oder IAS-Normen. Gleichzeitig muß in den jeweiligen Einzelabschlüssen nach den traditionellen HGB-Regeln bilanziert werden. Wie in Abschnitt B. des vorliegenden Beitrags genauer erläutert, unterscheiden sich die beiden Regelwerke im Hinblick auf die Bewertung von Finanzinstrumenten deutlich voneinander. Während z. B. nach HGB die Anschaffungskosten die Höchstgrenze der Bewertungen darstellen (§ 253 Abs. 1 S. 1 HGB), schreiben die US-amerikanischen Rechnungslegungsvorschriften bei bestimmten bilanziellen Kategorien von Finanzinstrumenten („Trading Instruments", „Available-for-Sale Instruments" sowie Derivate) eine Bewertung zum Fair Value vor.

Das innerhalb der SAP Treasury-Komponente implementierte Verfahren zur Bewertung von Finanzbeständen ermöglicht zur Zeit die Einhaltung nur eines Normensystems. Dies hat seine Ursache darin, daß die Ermittlung der Bewertungsbewegungen nach einmalig festgelegten Regeln erfolgt. Soll hingegen bei einem Unternehmen z. B. nach HGB *und* nach US-GAAP bilanziert werden, so ist der parallele Ausweis und die Weiterverarbeitung (un-)realisierter Gewinne und Verluste notwendig. Erforderlich sind daher Datenstrukturen, die unterschiedliche Bestandsführungs- und Bewertungsvorschriften und daraus resultierende Informationen aufnehmen können. Im Rahmen eines Projekts wird derzeit innerhalb der SAP an der Entwicklung paralleler „Bewertungsbereiche" für das Treasurymanagement gearbeitet. Ziel des Projektes ist es, eine parallele Bestandsführung zu ermöglichen, um darauf aufbauend gleichzeitig eine Bewertung sowohl nach dem Regelwerk des HGB als auch nach US-GAAP (oder IAS) durchführen zu können.

(b) Ein zweiter Problemkomplex besteht in der Abbildung von Kurssicherungszusammenhängen innerhalb des Treasury-Systems. Derivative Finanzinstrumente werden von Industrie- und Handelsunternehmungen vorwiegend zur Absicherung von Zins- und Währungspositionen eingesetzt. Vor allem in der deutschen Rechnungslegung besteht nach wie vor Unklarheit über die Zulässigkeit der verschiedenen Hedge-Accounting-Methoden. In der Praxis bewerten einzelne Unternehmen auf Basis von (Mikro-)Bewertungseinheiten oder definierten Portfolios; häufig ist auch die manuelle Zusammenführung von Einzelwerten auf gemeinsamen Konten zu beobachten. Eine einheitliche und damit automatisierbare Vorgehensweise ist nicht festzustellen; dies ist für ein integriertes Treasury-System naturgemäß außerordentlich problematisch.

Die Umsetzung des Hedge-Accounting innerhalb der SAP-Komponente erscheint erst dann möglich, wenn sich die rechtlichen Fragen geklärt und in der Praxis allgemein anerkannte Regeln herausgebildet haben. Erste Entwicklungsschritte werden bereits durch die Verwendung von „Bewertungsklammern" prototypisch umgesetzt. Dabei können Zusammenhänge zwischen zu bewertenden Elementen aus unterschiedlichen Teilbereichen des SAP-Systems hergestellt werden (z. B. Grundgeschäfte, die in der Logistik abgelegt sind, und Hedge-Geschäfte). Gemeinsame Bewertungsfunktionen stehen allerdings noch nicht zur Verfügung.

(c) Von erheblicher Bedeutung für die Weiterentwicklung der SAP Treasury-Komponente ist die Frage, ob systemintern berechnete Fair Values automatisch in die Finanzbuchhaltung übergeleitet werden sollen. Zur Umsetzung der nach US-GAAP oder IAS geforderten Marktbewertung von Finanzinstrumenten stehen zur Zeit zwei alternative Ansätze zur Verfügung. Eine Möglichkeit besteht darin, die aktuellen Marktwerte von Banken oder anderen Marktteilnehmern zu erfragen, diese Werte in Tabellen einzugeben und so für die Bewertungsroutinen zugänglich zu machen. Die zweite Möglichkeit besteht darin, die im Marktrisikomanagement ermittelten Fair Values zu verwenden. Diese integrative Lösung erscheint unproblematisch, soweit es sich um Marktwerte von Finanzinstrumenten handelt, die an liquiden Märkten gehandelt werden. Wie bereits dargestellt, entsprechen die Fair Values bei diesen Instrumenten den jeweiligen Marktwerten, die durch Schnittstellen aus Marktinformationssystemen abgerufen werden können.

Problematischer ist die automatische Überleitung von analytisch ermittelten Werten für Instrumente, für die keine extern ermittelten Preise zur Verfügung stehen (z.B. OTC-Optionen oder Swaps). Wie zuvor erläutert, werden die Fair Values derartiger Derivate innerhalb des Marktrisikomanagement auf der Basis von Zins- bzw. Volatilitätsstrukturkurven berechnet. Die mit Hilfe eines solchen „mark to model" ermittelten Werte sind offensichtlich von den verwendeten Modellen und Daten abhängig und damit von zahlreichen Annahmen. Solange für die Berechnung von Fair Values ebenfalls noch keine eindeutigen und allgemein anerkannten bilanziellen Regeln und Praktiken vorliegen, erscheint es zweckmäßig, neben der Nutzung der berechneten Werte in den Bewertungsroutinen alternativ auch die Verwendung manuell eingegebener Marktwerte zur Verfügung zu stellen.

F. Zusammenfassung

Die starke Ausweitung der grenzüberschreitenden Tätigkeiten der Unternehmungen hat für das Finanzmanagement von Industrie- und Handelsunternehmungen neue Aufgaben mit sich gebracht. Vor allem das Risikomanagement wird in der Praxis meist dem Aufgabenbereich des Treasurers zugerechnet. Zur zielorientierten Steuerung der Zins-, Währungs- und Preisrisiken steht eine Vielzahl an innovativen Finanzinstrumenten zur Verfügung. Termingeschäfte, Swaps, Optionen und andere Finanzderivate stellen allerdings hohe Anforderungen an das Treasury-Management. Mit ihrer Hilfe können Risiken reduziert, aber auch spekulative Positionen aufgebaut werden. Die hohen Verluste, die zahlreiche Unternehmungen mit Derivaten erlitten haben, verdeutlichen, daß die Risiken dieser Instrumente nicht unterschätzt werden dürfen und daß adäquate Mechanismen zur Steuerung und Kontrolle im Treasury-Bereich unerläßlich sind.

Die Rechnungslegung hat allerdings mit der dynamischen Entwicklung auf den Finanzmärkten nicht Schritt gehalten. In bezug auf die bilanzielle Erfassung von Finanzinstrumenten gibt es zahlreiche offene Fragen. Vor allem die Bilanzierung derivativer Finanzinstrumente sowie die Berücksichtigung von Kurssicherungsmaßnahmen (Hedge Accounting) bereiten Probleme. Wie im zweiten Abschnitt des vorliegenden Beitrags erörtert, besteht in der anglo-amerikanischen Rechnungslegung die Tendenz, diese Probleme zu lösen, indem man zu einer weitreichenden Marktbewertung (Fair-Value-Bewertung) für Finanzinstrumente übergeht.

Darüber hinaus sind in jüngerer Zeit die Offenlegungspflichten im Hinblick auf das Risikomanagement erweitert worden. Insbesondere in den USA müssen die Unternehmungen umfangreiche Informationen über die Risiken publizieren, denen sie ausgesetzt sind, sowie über die Ziele ihres Risikomanagements, über die eingesetzten Instrumente und über die Erfolge der verschiedenen Maßnahmen. Diese Offenlegungsanforderungen, von denen auch deutsche Unternehmen betroffen sind, die Konzernabschlüsse nach

US-GAAP (oder IAS) erstellen, werden sowohl in der Praxis als auch in der Literatur zu einer intensiven Auseinandersetzung über die Vor- und Nachteile alternativer Risikomanagement-Strategien und -Praktiken führen. Es ist zu erwarten, daß diese Diskussion längerfristig zur Etablierung allgemein anerkannter Grundsätze ordnungsmäßigen Risikomanagements führen wird.

Industrie- und Handelsunternehmungen können sich bei der Entwicklung eigener unternehmensinterner Risikomanagement-Richtlinien an aufsichtsrechtlichen Bestimmungen für den Handel und das Risikomanagement von Banken orientieren. Diese Normen, die in den vergangenen Jahren in allen wichtigen Industriestaaten erlassen worden sind, weisen den Geschäftsleitungen der Banken die Verantwortung für das Risikomanagement zu, sie definieren Grundregeln für die Organisation des Handels und des Risikomanagements, und sie stellen Anforderungen an die internen Informations- und Berichtssysteme.

Die Publizitätspflichten sowie die internen Grundsätze ordnungsmäßigen Risikomanagements haben weitreichende Implikationen für die Entwicklungen von Treasury-Informationssystemen. Diese Systeme müssen umfangreiche und zum Teil sehr komplexe Daten erfassen, sie müssen diese Daten nach unterschiedlichen Regeln weiterverarbeiten und bereitstellen, und sie müssen flexibel auf Innovationen an den Finanzmärkten sowie auf Veränderungen der Rechnungslegungsstandards reagieren. Am Beispiel des Treasury-Informationssystems der SAP AG wurde im vorliegenden Beitrag erläutert, wie diese Anforderungen in die Realität umgesetzt werden können, welche Probleme sich dabei stellen und welche Grundlinien sich für die weitere Entwicklung derartiger Systeme abzeichnen.

Anmerkungen

1 Derivative Finanzinstrumente, oder kurz: Derivate, sind Kontrakte, die sich auf andere, „originäre" Instrumente beziehen. Typisch für Derivate ist, daß bei Vertragsabschluß zunächst kein oder nur ein geringer Kapitaleinsatz erforderlich ist. In Abhängigkeit von der Wertentwicklung der zugrundeliegenden Basiswerte (Aktien, Devisenkurse, Zinssätze, Indices etc.) können in späteren Perioden jedoch hohe, zum Teil unbegrenzte Zahlungsverpflichtungen anfallen. Überblicke über derivative Finanzinstrumente bieten bspw. Eller 1996 sowie Beike/Köhler 1997.
2 Zu den Beispielen vgl. Wirtschaftswoche v. 26.04.1991; Financial Times v. 04.05.1991; FAZ v. 21.01.1994; The Economist v. 10.02.1996.
3 Siehe hierzu genauer unten, Abschnitt B.II.
4 Es ist zu erwarten, daß nach dem Inkrafttreten des Kapitalaufnahmeerleichterungsgesetzes (KapAEG) Ende April 1998 weitere deutsche Großunternehmungen ihre Konzernrechnungslegung an den US-amerikanischen US-GAAP bzw. an den ebenfalls stark anglo-amerikanisch geprägten IAS ausrichten werden. Das KapAEG sieht vor, daß deutsche Unternehmen künftig ihre Konzernabschlüsse unter bestimmten Bedingungen nach US-GAAP oder IAS erstellen können und damit von der Verpflichtung zur Konzernrechnungslegung nach HGB befreit sind. Vgl. hierzu genauer Gelhausen/Mujkanovic 1997.
5 Vgl. für Deutschland BAK 1995.
6 Vgl. C & L Deutsche Revision AG 1998, S. 15f.
7 Vgl. § 340h HGB; Verordnung über die Rechnungslegung der Kreditinstitute (RechKredV) v. 10.02.1992; siehe auch AfB 1995, S. 1–6, sowie Scharpf/Lutz 1996.
8 Vgl. hierzu und im folgenden Glaum 1997.
9 Zu unterschiedlichen Formen des Hedge Accounting sowie zu ihrer Zulässigkeit nach HGB vgl. Scheffler 1994; Göttgens 1995; Gebhardt 1995a; Brackert/Prahl/Naumann 1995; Steiner/Terbroke/Wallmeier 1995; Prahl 1996; Arbeitskreis „Externe Unternehmensrechnung" der SG 1997;

Herzig/Mauritz 1997. Über die Praxis des Hedge Accounting in Deutschland berichtet Gebhardt 1995b, 1997.
10 Allerdings scheint sich die Unternehmenpraxis in jüngerer Zeit auch in dieser Hinsicht weiterzuentwickeln; vgl. Gebhardt 1997, S. 27; Ordelheide 1998, S. 343f.
11 Vgl. IASC 1997, S. 96f.
12 Vgl. Steiner/Terbroke/Wallmeier 1995, S. 534.
13 Zur bilanziellen Behandlung derivativer Finanzinstrumente siehe detailliert KPMG 1995.
14 Vgl. hierzu genauer Epperlein/Scharpf 1994, S. 1629–1636.
15 Zur US-Rechnungslegung vgl. ausführlich Haller 1994; eine praxisorientierte Einführung bieten Förschle/Kroner/Mandler 1996.
16 Ähnliche Projekte werden auch von anderen anglo-amerikanischen Standard Settern verfolgt. Zur Entwicklung entsprechender Rechnungslegungsstandards in Großbritannien und Kanada siehe Claiden 1997, S. 24f. Von besonderer Relevanz für deutsche Unternehmen ist das „Financial Instruments Project" des International Accounting Standards Board (IASC). Das IASC arbeitet ebenfalls bereits seit Ende der 80er Jahre an einer Lösung für das Problem der Bilanzierung von Finanzinstrumenten. Mehrere Entwürfe für Statements konnten aufgrund intensiver Kritik nicht durchgesetzt werden (vgl. zuletzt IASC 1997). Seit Juni 1998 liegt nun wiederum ein neuer Exposure Draft vor, der sich relativ stark an die Regelungen des FASB anlehnt; siehe im einzelnen IASC 1998. Da sich auch die Offenlegungspflichten für Finanzinstrumente, die in IAS 32 geregelt sind, nicht wesentlich von den entsprechenden US-GAAP unterscheiden, beschränkt sich der vorliegende Beitrag auf die Darstellung und Bewertung der US-amerikanischen Normen.
17 Zum Begriff des Fair Value siehe SFAS 107, Tz. 5 u. 10f.
18 Vgl. SFAS 115, Tz. 6ff.
19 Vgl. detailliert SFAS 133, Tz. 18ff. Eine Darstellung der wesentlichen Regelungen aus deutscher Perspektive bieten (auf Basis des Exposure Drafts) Barckow/Rose 1997; das verabschiedete Statement wird kommentiert von Arthur Andersen 1998.
20 FASB-Internet-Mitteilung „Discussion of Board Agenda Projects as of April 1, 1998; Financial Instruments". Aktuelle Mitteilungen des FASB können unter der Adresse: http://www.rutgers.edu/Accounting/raw/fasb/home2.html abgefragt werden (Stand: Juli 1998).
21 FASB-ED 162-B, 1996, Tz. 91; ähnlich SFAS 133, Tz. 247.
22 In diesem Zusammenhang ist auf das „Financial Instruments Project" des IASC zu verweisen. Im Discussion Paper des IASC vom März 1997 war vorgeschlagen worden, künftig alle Finanzinstrumente, also derivative und nicht-derivative Finanzinstrumente, zum Fair Value zu bewerten. Fair-Value-Änderungen sollten grundsätzlich erfolgswirksam behandelt werden; vgl. IASC 1997. Wie angedeutet (s. FN 16), stießen diese Vorschläge auf heftigen Widerstand von Seiten der Unternehmenspraxis, so daß das Discussion Paper Ende 1997 zurückgezogen werden mußte. Das IASC plant für Ende 1998 nun die Verabschiedung einer Übergangslösung. Darüber hinaus wird in Absprache mit wichtigen nationalen Standard Settern, z. B. also dem FASB, eine langfristige Lösung des Problems der Bilanzierung von Finanzinstrumenten angestrebt; vgl. IASC 1998, Tz. 7–9.
23 Der Widerstand geht so weit, daß Unternehmensvertreter den US-Kongreß angerufen haben, mit der Bitte, die Rechtmäßigkeit des geplanten Standards zur Bilanzierung von Derivaten zu überprüfen. Vgl. Lowenstein 1997; siehe auch Barckow/Rose 1997, S. 789.
24 IASC 1997, S. 90.
25 Im einzelnen: SFAS 105 und 119 werden durch SFAS 133 ersetzt, SFAS 107 wird in einigen Punkten ergänzt bzw. präzisiert. Vgl. SFAS 133, App. D.
26 Vgl. SEC 1997.
27 SFAS 133, Tz. 44f.
28 SFAS 107, Tz. 10–14.
29 SFAS 107 (n. F.), Tz. 15A.
30 SFAS 107 (n. F.), Tz. 15A, Nr. c. u. d.
31 SFAS 107 (n. F.), Tz. 15C.
32 SEC 1997, Abschnitt B.1.
33 Zum Konzept des Value at Risk vgl. genauer Culp/Miller/Neves 1998; detailliert Jorion 1997.

34 SEC 1997, Abschnitt II.1.c. Es bleibt anzumerken, daß die umfangreichen Publizitätspflichten des FASB und der SEC von den betroffenen Unternehmungen als übertrieben, teuer und unnötig kritisiert werden. Vgl. hierzu Claiden 1997, S. 13.
35 Vgl. genauer Lück 1998.
36 Coopers & Lybrand 1996, S. 1.
37 Wie der Director of Research der US-amerikanischen Treasury Management Association, Phillips (1997, S. 80), in einem Bericht über Ausbildungs- und Forschungsziele in diesem Fachgebiet feststellt: „Treasury executives want to know what the common practices are in the different areas of treasury management and what firms are identified as typifying best practices."
38 Cohen/Wiseman 1997, S. 25.
39 Vgl. Basler Ausschuß 1994. Der Basler Ausschuß für Bankenaufsicht wurde 1975 von den Präsidenten der Zentralbanken der G-10 Länder gegründet; er hat seinen Sitz bei der Bank für Internationalen Zahlungsausgleich in Basel.
40 Group of Thirty 1993. Die Group of Thirty ist ein 1978 gegründetes privates Gremium, das sich aus hochrangigen Vertretern von Zentralbanken, Geschäftsbanken sowie der Wissenschaft zusammensetzt.
41 Vgl. BAK 1995; siehe auch Rudolph 1995, S. 21–22, zu früheren bankenaufsichtsrechtlichen Anforderungen in bezug auf Derivate und Risikomanagement. Zahlreiche weitere Publikationen, die zu diesem Themenkreis in den vergangenen Jahren von öffentlichen und privaten Institutionen aus verschiedenen Ländern veröffentlicht worden sind, werden in einer Studie der International Organization of Securities Commissions (IOSCO) aufgeführt und jeweils kurz zusammengefaßt; siehe IOSCO 1998, Appendix A.
42 Vgl. C & L Deutsche Revision AG 1996, S. 15 f.
43 Vgl. BAK 1995, Tz. 2.1 und 2.2.
44 BAK 1995, Tz. 3.
45 BAK 1995, Tz. 3.2 u. 3.1.
46 BAK 1995, Tz. 4.
47 Vgl. z. B. Soenen/Aggarwal 1989; Belk/Glaum 1990; Batten/Mellor/Wan 1993; Bodnar/Hayt/Marston 1996; Cohen/Wiseman 1997; speziell für deutsche Unternehmungen Glaum/Roth 1993; Price Waterhouse 1994.
48 Vgl. im folgenden für US-Unternehmungen Cohen/Wiseman 1997, S. 22–25; für deutsche Unternehmungen Price Waterhouse 1994, S. 11–19.
49 Auch die betriebswirtschaftliche Literatur hat sich bislang kaum mit dem Problem der Erfolgskontrolle im Treasury Management auseinandergesetzt. In einer der wenigen Publikationen, die auf diese Fragestellung eingehen, schreibt Buckley (1996): "[T]he literature on treasury management is virtually devoid of serious articles on performance measurement.... The topic is an important one which is currently at the cutting edge of treasury research." Buckley 1996, S. 510.
50 Cohen/Wiseman 1997, S. 22.
51 Vgl. Rudolph 1995, S. 23; Hommel/Pritsch 1998, S. 9–11.
52 Board of Governors of the Federal Reserve System 1995, S. 9. Informationssysteme sind nicht nur für die Steuerung und Kontrolle der Handelsaktivitäten von Banken von größter Bedeutung, sondern auch für das Treasury-Management von Industrie- und Handelsunternehmungen. In den Worten von Moffet/Mills (1997, S. 4): "The role of information technology in treasury, either domestic or international, is likely the single largest area of concern to treasury organizations today."
53 Vgl. BAK 1995, Tz. 4.1.
54 Claiden 1997, S. 18 f.
55 Problematisch ist allerdings, daß Value-at-Risk-Kennzahlen derzeit nur für bestimmte Finanzrisiken berechnet werden können. Insbesondere gibt es noch keine Möglichkeit, die nicht-monetären Aktiva von Industrie- und Handelsunternehmungen in die Risikoquantifizierung einzubeziehen, obwohl diese häufig in einem engen sachlichen Zusammenhang zu den ihnen gegenüberstehenden Finanzpositionen stehen. Die isolierte Betrachtung der monetären Positionen kann zu einer verzerrten Beurteilung der Risikopositionen von Industrie- und Handelsunternehmungen führen. Vgl. hierzu genauer C & L Deutsche Revision AG 1998, S. 96–100.

56 Ley 1997, S. 102.
57 Informationssysteme können weiter unterteilt werden in Marktinformationssysteme (bspw. Reuters, Dow Jones Telerate, Bloomberg) und in Bankinformationssysteme, die meist Teile der umfassenderen Electronic-Banking-Angebote der Banken sind; vgl. Ley 1997, S. 98.
58 Vgl. Ley 1997, S. 98 f. Beispiele für Front-Office-orientierte Systeme sind Wall Street Systems, Kondor+ von Reuters, Finance Kit der Fa. TREMA; Stärken in der Integration der Back-Office-Bereich weisen bspw. GTM von MCM und die Treasury-Komponente des SAP R3-Systems auf. Nähere Angaben zu den verschiedenen Systemen finden sich im übrigen in einer aktuellen Internet-Übersicht des Informationsdiensts „Global Treasury News", in der zur Zeit die Angebote von insgesamt 39 Software-Firmen aufgeführt sind; siehe http://www.gtnews.com (Stand: Juli 1998).

Literatur

AfB – Ausschuß für Bilanzierung des Bundesverbandes deutscher Banken (1995): Bilanzpublizität von Finanzderivativen. In: Die Wirtschaftsprüfung, 48. Jg., Nr. 1, S. 1–6.
Arbeitskreis „Externe Unternehmensrechnung" der Schmalenbach-Gesellschaft (1997): Bilanzierung von Finanzinstrumenten im Währungs- und Zinsbereich auf der Grundlage des HGB. In: Der Betrieb, 50. Jg., Nr. 13, S. 637–642.
Arthur Andersen (1998): Derivatives and Hedging. FASB issues Statement 133. Professional Standards Group, Accounting Headline, July, 2, 1998, Chicago.
BAK – Bundesaufsichtsamt für das Kreditwesen (1995): Mindestanforderungen an das Betreiben von Handelsgeschäften der Kreditinstitute, Bonn, 23. Oktober 1995.
Barckow, A./Rose, S. (1997): Die Bilanzierung von Derivaten und Hedgestrategien – Konzeption, Anwendungsbereich und Inhalte des zukünftigen US-amerikanischen Standards SFAS 13×. In: Die Wirtschaftsprüfung, 50. Jg., Nr. 23/24, S. 789–801.
Basler Ausschuß für Bankenaufsicht (1994): Richtlinien für das Risikomanagement im Derivativgeschäft. Basel, Juli 1994.
Batten, J./Mellor, R./Wan, V. (1993): Foreign exchange risk management practices and products used by Australian firms. In: Journal of International Business Studies, Vol. 24, No. 3, S. 557–573.
Beike, R./Köhler, A. (1997): Risk-Management mit Derivaten. München, Wien.
Belk, P. & Glaum, M. (1990): The management of foreign exchange risk in UK multinationals: An empirical investigation. In: Accounting and Business Research, Vol. 21, Winter, S. 3–13.
Board of Governors of the Federal Reserve System (1995): Federal Reserve Guidelines for Rating Risk Management at State Member Banks and Bank Holding Companies, Washington D.C., November 1995.
Bodnar, G. M./Hayt, G. S./Marston, R. C. (1996): 1995 Wharton survey of derivatives usage by US non-financial firms. In: Financial Management, Vol. 25, No. 4, S. 113–133.
Brackert, G./Prahl, R./Naumann, T. K. (1995): Neue Verfahren der Risikosteuerung und ihre Auswirkungen auf die handelsrechtliche Gewinnermittlung. In: Die Wirtschaftsprüfung, 48. Jg., Nr. 16, S. 544–555.
Brebeck, F. & Hermann, D. (1997): Zur Forderung des KonTraG-Entwurfs nach einem Frühwarnsystem und zu den Konsequenzen für die Jahres- und Konzernabschlußprüfung. In: Die Wirtschaftsprüfung, 50. Jg., Nr. 12, S. 381–391.
Buckley, A. (1996): Multinational finance. 3. Aufl. London u. a.
C & L Deutsche Revision AG (1998): Anforderungen an den Einsatz von Finanzinstrumenten bei Industrieunternehmen. 2. Aufl. Frankfurt/Main.
Cairns, D. (1995): A guide to applying International Accounting Standards. Milton Keynes.
Claiden, R. (1997): Accouting for derivative products. In: Choi, F. D. S. (Hrsg.): International accounting and finance handbook. 2. Aufl. New York u. a. Kapitel 17.
Cohen, F. L. & Wiseman, B. (1997): The importance of treasury management controls and performance standards. In: Treasury Management Association Journal, March/April, S. 22–29.

Coopers & Lybrand (1996): Generally accepted risk principles – A framework for control called GARP. Internet-Anschrift: http://www.coopers.co.uk/financialservices/reports/garp.html (Stand: Mai 1998).
Culp, C. L./Miller, M. H./Neves, A. M. P. (1998): Value at risk: Uses and abuses. In: Journal of Applied Corporate Finance, Winter 1998, S. 26–38.
Eller, Roland (Hrsg.) (1996): Handbuch derivativer Instrumente. Stuttgart.
Epperlein, J. K./Scharpf, P. (1994): Anhangangaben im Zusammenhang mit sogenannten Finanzinnovationen. In: Der Betrieb, 47. Jg., Nr. 33, S. 1629–1636.
FASB – Financial Accounting Standards Board (1990): Disclosure about financial instruments with off-balance sheet risk and financial instruments with concentration of financial risks (SFAS 105). Norwalk (Conn.).
FASB – Financial Accounting Standards Board (1992): Disclosure about fair value of financial instruments (SFAS 107). Norwalk (Conn.).
FASB – Financial Accounting Standards Board (1993): Accounting for Certain Investments in Debt and Equity Securities. SFAS No 115, Norwalk (Conn.).
FASB – Financial Accounting Standards Board (1994): Disclosure about derivative financial instruments and fair value of financial instruments (SFAS 119). Norwalk (Conn.).
FASB – Financial Accounting Standards Board (1996): Accounting for Derivative and Similar Financial Instruments and for Hedging Purposes. Proposed Statement of Financial Accounting Standards. File Reference No. 162-B, June 20, 1996, Norwalk (Conn.), (in überarbeiteter Fassung: August 29, 1997).
FASB – Financial Accounting Standards Board (1998): Accounting for Derivative Instruments and Hedging Activities. (SFAS 133). Norwalk (Conn.).
Förschle, G./Kroner, M./Mandler, U. (1996). Internationale Rechnungslegung: US-GAAP, HGB und IAS. 2. Aufl., Bonn.
Gebhardt, G. (1995a): Probleme der bilanziellen Abbildung von Finanzinstrumenten. In: Betriebliche Forschung und Praxis, 48. Jg., Nr. 5, S. 557–584.
Gebhardt, G. (1995b): Berichterstattung deutscher Unternehmen über den Einsatz derivativer Finanzinstrumente. In: Die Wirtschaftsprüfung, 48. Jg., Nr. 18, S. 557–584.
Gebhardt, G. (1997): Entwicklungen in der Berichterstattung über das Risikomanagement unter Einsatz derivativer Instrumente bei deutschen Industrie- und Handelsunternehmen. Arbeitsbericht Nr. 1/1997, Johann-Wolfgang-Goethe-Universität, Frankfurt am Main.
Gelhausen, W./Mujkanovic, R. (1997): Der Entwurf eines Kapitalaufnahmeerleichterungsgesetzes. Bedeutung für die Rechnungslegung, Prüfung und Offenlegung. In: Die Aktiengesellschaft, 42. Jg., Nr. 8, S. 337–345.
Glaum, M./Roth, A. (1993): Wechselkursrisikomanagement in deutschen internationalen Unternehmungen. In: Zeitschrift für Betriebswirtschaft, 63. Jg., Nr. 11, S. 1181–1206.
Glaum, M. (1997): Die Bilanzierung von Finanzinstrumenten nach HGB, US-GAAP und IAS: Neuere Entwicklungen, in: Der Betrieb, 50. Jg., Nr. 33, S. 1625–1632.
Göttgens, M. (1995): Hedge Accounting. In: Betriebliche Forschung und Praxis, 47. Jg., Nr. 2, S. 146–165.
Group of Thirty (1993): Derivatives. Practices and Principles. Washington D.C.
Haller, A. (1994): Die Grundlagen der externen Rechnungslegung in den USA, 4. Aufl., Stuttgart.
Herzig, N./Mauritz, P. (1997): Micro-Hedges, und Portfolio-Hedges für derivative Finanzinstrumente: Kompatibel mit dem deutschen Bilanzrecht? In: Die Wirtschaftsprüfung, 50. Jg., Nr. 5, S. 141–155.
Hommel, U./Pritsch, G. (1998): Bausteine des Risikomanagement-Prozesses. In: Achleitner, A. K./Thoma, G. F. (Hrsg.): Handbuch Corporate Finance. 6. Ergänzungslieferung. Köln, März 1998.
IASC – International Accounting Standards Committee (1997): Accounting for Financial Assets and Financial Liabilities. A Discussion Paper issued for comment by the Steering Committee on Financial Instruments. March, London.
IASC – International Accounting Standards Committee (1998): Financial Instruments: Recognition and Measurement. Exposure Draft E62. June, London.

IOSCO – International Organization of Securities Commissions (1998): Risk Management and Control. Guidance for Securities Firms and their Supervisors. A Report by the Technical Committee of the International Organization of Securities Commissions. March 1998, Montreal.
Jorion, P. (1997): Value at risk: The new benchmark for controlling market risk. new York u. a.
KPMG (1995): Financial Instruments. Frankfurt am Main.
Ley, C. (1997): Softwareunterstützung im Corporate Treasury. In: Deutsche Bank AG (Hrsg.): Treasury – Trends und Perspektiven. Frankfurt a. M., S. 95–108.
Lowenstein, R. (1997): Corporate America bullies FASB, part II. In: Wall Street Journal, 11. September 1997, S. 1.
Lück, W. (1998): Elemente eines Risikomanagementsystems. Die Notwendigkeit eines Risikomanagement-Systems durch den Entwurf eines Gesetzes zur Kontrolle und Transparenz im Unternehmensbereich (KonTraG). In: Der Betrieb, 51. Jg., Nr. 1/2, S. 8–14.
Moffet, M. H./Mills, J. L. (1997): International treasury management. In: Choi, F. D. S. (Hrsg.): International accounting and finance handbook. 2. Aufl. New York u. a. Kapitel 29.
Phillips, A. L. (1997): Treasury Management: Job responsibilies, curricular development, and research opportunities. In: Financial Management, Vol. 26, No. 3, S. 69–81.
Prahl, R. (1996): Bilanzierung und Prüfung von Financial Instruments in Industrie- und Handelsunternehmen. In: Die Wirtschaftsprüfung, 49. Jg., Nr. 23–24, S. 830–839.
Price Waterhouse (1994): Treasury Management in Deutschland. Frankfurt am Main.
Ordelheide, D. (1998): Internationale Rechnungslegung und Finanzanalyse. 2. Auflage. Seminarunterlagen. Frankfurt am Main.
Rudolph, B. (1995): Derivative Finanzinstrumente: Entwicklung, Risikomanagement und bankaufsichtliche Regulierung. In: Rudolph, B. (Hrsg.): Derivative Finanzinstrumente. Stuttgart, S. 3–41.
Scharpf, P./Lutz, G. (1996): Risikomanagement, Bilanzierung und Aufsicht von Finanzderivaten. Stuttgart.
Scheffler, J. (1994): Hedge Accounting. Wiesbaden.
SEC – Securities and Exchange Commission (1997): Disclosure of Accounting Policies for Derivative Financial Instruments and Derivative Commodity Instruments and Disclosure of Quantitative and Qualitative Information About Market Risk Inherent in Derivative Financial Instruments, Other Financial Instruments, and Derivative Commodity Instruments, Release No. 33-7386, File No. S7-35-95, January 31, 1997.
Soenen, L. A. & Aggarwal, R. (1989): Cash and foreign exchange management: theory and practice in three countries. In: Journal of Business Finance and Accounting, Vol. 16, No. 5, Winter, S. 599–619.
Steiner, M./Terbroke, H. J./Wallmeier, M. (1995): Konzepte der Rechnungslegung für Finanzderivative. In: Die Wirtschaftsprüfung, 48. Jg., Nr. 16, S. 533–544.
US-GAO – United States General Accounting Office (1994): Financial Derivatives: Actions needed to protect the financial system. Report to Congressional Requestors. Washington D.C., May 1994.

Zusammenfassung

Industrie- und Handelsunternehmungen setzen in größerem Umfang derivative Finanzinstrumente (Termingeschäfte, Optionen, Swaps etc.) zur Steuerung ihrer Zins-, Währungs- und Preisrisiken ein. Mit Hilfe dieser Instrumente können Risiken reduziert, aber auch spekulative Positionen aufgebaut werden. Über die Rechnungslegungsvorschriften für (derivative) Finanzinstrumente wird derzeit international intensiv diskutiert. In der anglo-amerikanischen Rechnungslegung (US-GAAP, IAS) besteht die Tendenz, zu einer weitreichenden Marktbewertung (Fair-Value-Bewertung) für Finanzinstrumente überzugehen. Darüber hinaus werden die Offenlegungspflichten im Hinblick auf das Risikomanagement deutlich erweitert. Diese Anforderungen, von denen diejenigen deutschen Unternehmungen direkt betroffen sind, die Konzernabschlüsse nach US-GAAP oder IAS erstellen, werden zu einer intensiven Auseinandersetzung über die Vor- und Nachteile alternativer Risikomanagement-Strategien und -Praktiken führen. Es ist zu erwarten, daß diese Diskussion längerfristig zur Etablierung allgemein anerkannter Grundsätze ordnungsmäßigen Risikomanagements führen wird. Die Publizitätspflichten sowie die Grundsätze ordnungsmäßigen Risikomanagements haben weitreichende Implikationen für die Entwicklungen von Treasurysystemen. Am Beispiel des Treasurysystems der SAP AG wurde im vorliegenden Beitrag erläutert, wie diese Anforderungen in die Realität umgesetzt werden können, welche Probleme sich dabei stellen und welche Grundlinien sich für die weitere Entwicklung derartiger Systeme abzeichnen.

Summary

Industrial corporations and trading firms use derivative financial instruments (forward transactions, options, swaps, etc.) on a considerable scale in order to manage their interest rate, currency and commodity price risks. These instruments can be used to reduce risks but also to build up speculative positions in financial markets. The statutory accounting regulations for (derivative) financial instruments are currently at the center of an intense debate. Within the Anglo-American accounting world (US-GAAP, IAS), there is a tendency to move towards a far-reaching market (or fair-value) valuation of financial instruments. The disclosure requirements for risk management are also being extended. These requirements – which are also directly relevant to German companies that prepare their consolidated group accounts in accordance with US-GAAP or IAS – will lead to an intensified discussion of the advantages and disadvantages of alternative approaches to corporate risk management. In the longer term, it is likely that this discussion will lead to the development of "Generally Accepted Risk Management Principles". The disclosure requirements and risk management principles will have important implications for the development of treasury information systems. Taking the treasury system of SAP AG as an example, this paper explains how these requirements can be met in reality, the problems that arise in this context, and the trends that can be expected for the future development of such systems.

16: *Unternehmenspolitik (einschl. Risk Management)*
72: *Finanzplanung*

Recht in der Wirtschaft:
Alles auf einen Blick

Ob Arbeits- und Sozialrecht, Handelsrecht und Gesellschaftsrecht, Umweltrecht, gewerbliches Schutzrecht oder die am 1.1. 1999 in Kraft tretende Insolvenzordnung: In 8000 Stichwörtern werden aktuell und kompetent Informationen und Antworten auf alle in Unterehmen, Behörden und Institutionen auftretende Rechtsthemen und -fragen gegeben.

Die Erläuterungen sind knapp und präzise. Sie ermöglichen allen Nicht-Juristen einen schnellen Zugriff und eine rasche Orientierung.

- Arbeits- und Sozialrecht
- Bürgerliches Recht
- Europarecht und Internationales Wirtschaftsrecht
- Handels- und Gesellschaftsrecht
- Umweltrecht
- Vollstreckungs- und Insolvenzrecht
- Wettbewerbs-, Kartell- und Patentrecht

Für unsere Kunden: kostenloser Update Service im Internet

Bitte kopieren und versenden oder faxen!

Ja, Das interessiert mich.
ich bestelle ___ Exemplare

Eggert Winter
Gablers Lexikon Recht in der Wirtschaft
1998. XVI, 1.124 S. geb. DM 98,00
ISBN 3-409-19998-5

Name

Firma

Straße (bitte kein Postfach!)

PLZ, Ort

Datum, Unterschrift

Frau Kristiane Alesch, Abraham-Lincoln-Str. 46, 5189 Wiesbaden
Fax: (0611) 7878 - 4 39, www.gabler-online.de

Erhältlich im Buchhandel oder beim Verlag. Änderungen vorbehalten. Stand: Mai 1998.

GABLER

Erfolgreicher Wettbewerb durch Wissensmanagement

Inhalt

Die Bedeutung der Ressource „Wissen" wird in Volkswirtschaften und Unternehmen zunehmend erkannt. Die gesellschaftlichen und organisatorischen Rahmenbedingungen zur Generierung und effektiven Nutzung von Wissen werden in der nahen Zukunft die Wettbewerbsfähigkeit bestimmen. Ziel wissensorientierter Unternehmensführung ist es, aus Informationen Wissen zu generieren, und dieses Wissen in nachhaltige Wettbewerbsvorteile umzusetzen, die als Geschäftserfolge meßbar werden. Eine Vielzahl von Praxisbeispielen macht deutlich, wie wissensorientierte Unternehmensführung und das Management von Wissensressourcen erfolgreich um-gesetzt werden können.

- Wissenswettbewerb
- Wissen in Organisationen
- Organisieren rund ums Wissen
- Wissen ist menschlich
- Wissen aufbauen und teilen
- Wissen messen und absichern
- Wissensmanagement implementieren

Autor

Prof. Dr. Klaus North lehrt internationale Unternehmensführung am Fachbereich Wirtschaft der Fachhochschule Wiesbaden. Er verfügt über lange Praxiserfahrung aus der Beratung führender internationaler Unternehmen.

Klaus North

Wissensorientierte Unternehmensführung

Wertschöpfung durch Wissen

1998. XIII, 286 Seiten, 68 Abbildungen, broschiert DM 58,00
ISBN 3-409-13029-2

Bestell-Coupon

Ja, ich bestelle ____ Exemplare

Klaus North
Wissensorientierte Unternehmensführung
Wertschöpfung durch Wissen
1998. XIII, 286 Seiten, 68 Abbildungen, broschiert DM 58,00
ISBN 3-409-13029-2

Vorname und Name

Straße (bitte kein Postfach)

PLZ, Ort

Unterschrift

z. H. Frau Kristiane Alesch,
Postfach 1547, 65005 Wiesbaden,
Fax: (0611) 78 78 439
http://www.gabler-online.de

Änderungen vorbehalten. Stand: Juli 1998.
Erhältlich im Buchhandel oder beim Verlag.

Impressum

SCHRIFTLEITUNG:
Professor Dr. Dr. h.c. mult. Horst Albach
Waldstraße 49, 53177 Bonn
Tel. (02 28) 31 31 47, Fax 31 11 42

Anfragen an die Schriftleitung: Briefe an die Schriftleitung mit der Bitte um Auskünfte etc. können nur beantwortet werden, wenn ihnen Rückporto beigefügt ist. Von Anfragen, die durch Einsicht in die Jahresinhaltsverzeichnisse beantwortet werden können, bitten wir abzusehen.

Bezugsmöglichkeit: Die Zeitschrift erscheint monatlich. Einzelverkaufspreis 29,50 DM; preisgebundener Jahresabonnementpreis **Inland** 298,– DM; für Studenten 198,– DM (die aktuelle Immatrikulationsbescheinigung ist jeweils unaufgefordert nachzureichen); preisgebundener Jahresabonnementpreis **Ausland** 319,– DM, 2329,– ÖS, 283,– SFr.; Studentenpreis Ausland 219,– DM, 1599,– ÖS, 194,– SFr. inkl. Porto und ges. MwSt. Preis für besondere Versandformen auf Anfrage. Zahlung erst nach Erhalt der Abo-Rechnung. Persönliche Mitglieder des Verbandes der Hochschullehrer für Betriebswirtschaft e.V. erhalten einen Nachlaß von 20% auf den Abonnementpreis. Sie können das Abonnement – spätestens 6 Wochen vor Ablauf – zum Ende des Bezugsjahres kündigen (gilt nicht für die letzte Abonnementrechnung). Geben Sie bitte unbedingt ihre Kundennummer an. Eine schriftliche Bestätigung erfolgt nicht. – Jährlich können 1 bis 4 Ergänzungshefte hinzukommen. Jedes Ergänzungsheft wird den Jahresabonnenten mit einem Nachlaß von 25% des jeweiligen Ladenpreises gegen Rechnung geliefert. Bei Nichtgefallen kann das Ergänzungsheft innerhalb einer Frist von drei Wochen an die Vertriebsfirma zurückgesandt werden.

Abonnentenbetreuung: VVA-Zeitschriften-Service, Abt. D6 G6, Zeitschrift ZfB, Postfach 77 77, 33310 Gütersloh, Tel. 0 52 41/80 19 68 oder Tel. 0 52 41/80 28 91, Fax 0 52 41/8 06 03 80.

Vertrieb: Kristiane Alesch, Tel. 06 11/78 78-3 59.

Leserservice ZfB: Postfach 15 47, 65005 Wiesbaden, Sabine Ebertz/Renate Heinrich, Tel. 06 11/78 78-1 29/1 32, Fax 06 11/78 78-4 35.

Anzeigenverwaltung: Lore Dreyer, Tel. 06 11/78 78-1 47; Fax 06 11/78 78-4 30.

Es gilt die Anzeigenpreisliste Nr. 25 vom 1.10.1995.

Redaktion: Ralf Wettlaufer, Tel. 06 11/78 78-2 34. E-Mail: Ralf.Wettlaufer@Bertelsmann.de. Annelie Meisenheimer, Tel. 06 11/78 78-2 32.

Produktion: Christine Huth, Tel. 06 11/78 78-1 76.

Verlag: Betriebswirtschaftlicher Verlag Dr. Th. Gabler GmbH, Abraham-Lincoln-Str. 46, 65189 Wiesbaden, Postfach 15 47, 65005 Wiesbaden, Tel. 06 11/78 78-0; Fax 06 11/78 78-4 11. Internet: http://www.gabler-online.de

Geschäftsleitung: Dr. Hans-Dieter Haenel.

Leitung Zielgruppenverlag: Dr. Heinz Weinheimer.

Programmbereichsleitung: Dr. Reinhold Roski.

Gesamtleitung Verkauf: Heinz Detering.

Leitung Produktion: Reinhard van den Hövel.

Druck: Triltsch, Druck- und Verlagsanstalt GmbH, Würzburg.

Die Zeitschrift und alle in ihr enthaltenen einzelnen Beiträge und Abbildungen sind urheberrechtlich geschützt. Jede Verwertung außerhalb der engen Grenzen des Urheberrechtsgesetzes ist ohne Zustimmung des Verlages unzulässig und strafbar. Das gilt insbesondere für Vervielfältigungen, Übersetzungen, Mikroverfilmungen und die Einspeicherung und Verarbeitung in elektronischen Systemen. Nachdruckgenehmigungen kann die Redaktion erteilen. Für unverlangt eingesandte Beiträge und Rezensionsexemplare wird keine Haftung übernommen. Jede im Bereich eines Unternehmens hergestellte oder benützte Kopie dient gewerblichen Zwecken gem. § 54 (2) UrhG und verpflichtet zur Gebührenzahlung an die VG WORT, Abteilung Wissenschaft, Goethestr. 49, 80336 München, von der die einzelnen Zahlungsmodalitäten zu erfragen sind. Der Verlag ist ein Unternehmen der Bertelsmann Fachinformation.

ISSN: 0044-2372

Hinweise für Autoren

Wenn Sie einen Beitrag geschrieben haben, der in der Zeitschrift für Betriebswirtschaft erscheinen soll, beachten Sie bitte unbedingt folgende Punkte.

1. Bitte beachten Sie die „Grundsätze und Ziele" der ZfB.

2. Manuskripte sind in zweifacher Ausfertigung an die Schriftleitung zu senden. Für das Begutachtungsverfahren müssen die Beiträge anonymisiert werden. Daher darf der Name des Autors nur auf der Titelseite des Manuskripts stehen. Der Autor verpflichtet sich mit der Einsendung des Manuskripts unwiderruflich, das Manuskript bis zur Entscheidung über die Annahme nicht anderweitig zu veröffentlichen oder zur Veröffentlichung anzubieten. Diese Verpflichtung erlischt nicht durch Korrekturvorschläge im Begutachtungsverfahren.

3. Alle eingereichten Manuskripte werden, wie international üblich, einem doppelt verdeckten Begutachtungsverfahren unterzogen, d. h. Autoren und Gutachter erfahren ihre Identität gegenseitig nicht. Durch dieses Verfahren soll die fachliche Qualität der Beiträge gesichert werden.

4. Die Manuskripte sind in Times New Roman, 12 Punkt, 1½zeilig mit 5 cm Rand links zu schreiben. Sie sollten nicht länger als 25 Schreibmaschinenseiten sein. Der Titel des Beitrages und der/die Verfasser mit vollem Titel und ausgeschriebenen Vornamen sowie berufliche Stellung sind auf der ersten Manuskriptseite aufzuführen. Dem Beitrag ist ein „Überblick" von höchstens 15 Zeilen voranzustellen, in dem das Problem, die angewandte Methodik, das Hauptergebnis in seiner Bedeutung für Wissenschaft und/oder Praxis dargestellt werden. Die Aufsätze sind einheitlich nach dem Schema A., I., 1., a) zu gliedern. Endnoten (Times New Roman, 12 pt) sind im Text fortlaufend zu numerieren und am Schluß des Aufsatzes unter „Anmerkungen" zusammenzustellen. Anmerkungen und Literatur sollen getrennt aufgeführt werden. Im Text und in den Anmerkungen soll auf das Literaturverzeichnis nach dem Schema: (Gutenberg, 1982, S. 352) verwiesen werden. Jedem Aufsatz muß eine „Summary" in englischer Sprache von nicht mehr als 15 Zeilen Länge und eine deutsche Zusammenfassung gleicher Länge angefügt werden. Über Abbildungen und Tabellen ist eine Legende vorzusehen (z.B.: Abb. 1: Kostenfunktion, bzw. Tab. 2: Rentabilitätsentwicklung). Abbildungen und Tabellen sind an der betreffenden Stelle des Manuskripts in Kopie einzufügen und im Original (reproduzierfähig) dem Manuskript beizulegen. Mathematische Formeln sind fortlaufend zu numerieren: (1), (2) usw. Sie sind so einfach wie möglich zu halten. Griechische und Fraktur-Buchstaben sind möglichst zu vermeiden, ungewöhnliche mathematische und sonstige Zeichen für den Setzer zu erläutern. Auf mathematische Ableitungen soll im Text verzichtet werden; sie sind aber für die Begutachtung beizufügen. Mit dem Manuskript liefert der Autor ein reproduzierfähiges Brustbild (Paßphoto) von sich sowie eine kurze Information (max. 7 Zeilen) zu seiner Person und seinen Arbeitsgebieten.

5. Wenn das Manuskript auch auf einer Diskette vorliegt, so sollte diese zur Vermeidung von Satzfehlern beigefügt werden. Papiermanuskripte sind aber in jedem Fall nötig. Disketten jedweder Art können verarbeitet werden.

6. Der Autor verpflichtet sich, die Korrekturfahnen innerhalb einer Woche zu lesen und die Mehrkosten für Korrekturen, die nicht vom Verlag zu vertreten sind, sowie die Kosten für die Korrektur durch einen Korrektor bei nicht termingerechter Rücksendung der Fahnenkorrektur zu übernehmen.

7. Der Autor ist damit einverstanden, daß sein Beitrag außer in der Zeitschrift auch durch Lizenzvergabe in anderen Zeitschriften (auch übersetzt), durch Nachdruck in Sammelbänden (z. B. zu Jubiläen der Zeitschrift oder des Verlages oder in Themenbänden), durch längere Auszüge in Büchern des Verlages auch zu Werbezwecken, durch Vervielfältigung und Verbreitung auf CD ROM und anderen Datenträgern, durch Speicherung auf Datenbanken, deren Weitergabe und dem Abruf von solchen Datenbanken während der Dauer des Urheberrechtsschutzes an dem Beitrag im In- und Ausland vom Verlag und seinen Lizenznehmern genutzt wird.

Herausgeber

Prof. Dr. Uschi Backes-Gellner
Universitätsprofessorin und Leiterin des Seminars für Allgemeine Betriebswirtschaftslehre und Personalwirtschaftslehre an der Universität zu Köln.

Dr. Karl-Hermann Baumann
Vorsitzender des Aufsichtsrates der Siemens AG.

Prof. Dr. Hans E. Büschgen
Universitätsprofessor und Direktor des Seminars für Allgemeine Betriebswirtschaftslehre und Baubetriebslehre an der Universität zu Köln.

Prof. Dr. Herbert A. Henzler
Chairman von McKinsey & Company, Inc., in der Bundesrepublik Deutschland und Honorarprofessor für Betriebswirtschaftslehre an der Ludwig-Maximilians-Universität München.

Dr. Bernd-Albrecht v. Maltzan
Deutsche Bank AG, Frankfurt, Bereichsvorstand im Unternehmensbereich „Privatkunden".

Prof. Dr. Hermann Sabel
Professor der Betriebswirtschaftslehre, insbesondere Marketing, der Universität Bonn und Mitglied im Wissenschaftlichen Beirat des Universitätsseminars der Wirtschaft (USW) in Erftstadt-Liblar.

Prof. Dr. Dieter K. Schneidewind
Mitglied des Aufsichtsrates der WELLA AG und Honorarprofessor an der Justus-Liebig-Universität Gießen sowie an der Ruhr-Universität Bochum.

Internationaler Herausgeberbeirat

Prof. Dr. Alain Bultez
Professor für Managementwissenschaften an der Katholischen Universität Mons (FUCAM, Belgien) und Direktor des European Institute for Advanced Studies in Management (Brüssel).

Prof. Dr. Lars Engwall
Professor für Betriebswirtschaftslehre an der Universität Uppsala.

Prof. Dr. Santiago Garcia Echevarria
Professor für Betriebswirtschaftslehre, insbesondere Unternehmenspolitik, und Direktor des Departamento de Ciencias Empresariales der Universität Alcalá de Henares.

Prof. Dr. Robert T. Green
Professor für Marketing und Internationale Betriebswirtschaftslehre an der University of Texas in Austin, Texas, und Director des Center for International Business Education and Research.

Prof. Hiroyuki Itami
Professor für Management an der Faculty of Commerce der Hitotsubashi Universität, Tokyo.

Prof. Dr. Don Jacobs
Gaylord Freeman Distinguished Professor of Banking und Dean der J. L. Kellogg Graduate School of Management der Northwestern University in Evanston bei Chicago.

Prof. Dr. Koji Okubayashi
Professor für Betriebswirtschaftslehre, insbesondere Human Resources Management in der School of Business Administration der Kobe University.

Prof. Dr. Adolf Stepan
Professor für Betriebswirtschaftslehre, insbesondere Industriebetriebslehre, und Direktor des Instituts für Betriebswissenschaften, Arbeitswissenschaften und Betriebswirtschaftslehre an der Technischen Universität Wien.

Prof. Dr. Kalervo Virtanen
Professor für Betriebswirtschaftslehre, insbesondere Management Accounting, an der Helsingin Kauppakorkeakoulu, der Helsinki School of Economics and Business Administration.

Schriftführender Herausgeber

Prof. Dr. Dr. h.c. mult. Horst Albach
Professor der Betriebswirtschaftslehre an der Humboldt-Universität zu Berlin und Direktor des Schwerpunkts IV, Wissenschaftszentrum Berlin, Honorarprofessor an der Wissenschaftlichen Hochschule für Unternehmensführung Koblenz (WHU).

Grundsätze und Ziele

Die **Zeitschrift für Betriebswirtschaft** ist eine der ältesten deutschen Fachzeitschriften der Betriebswirtschaftslehre. Sie wurde im Jahre 1924 von Fritz Schmidt begründet und von Wilhelm Kalveram und Erich Gutenberg fortgeführt. Sie wird heute von zehn Persönlichkeiten aus dem Bereich der Universität und der Wirtschaftspraxis herausgegeben.

Die Zeitschrift für Betriebswirtschaft verfolgt das Ziel, die **Forschung auf dem Gebiet der Betriebswirtschaftslehre** anzuregen sowie zur Verbreitung und Anwendung ihrer Ergebnisse beizutragen. Sie betont die Einheit des Faches; enger und einseitiger Spezialisierung in der Betriebswirtschaftslehre will sie entgegenwirken. Die Zeitschrift dient dem **Gedankenaustausch zwischen Wissenschaft und Unternehmenspraxis.** Sie will die betriebswirtschaftliche Forschung auf wichtige betriebswirtschaftliche Probleme in der Praxis aufmerksam machen und sie durch Anregungen aus der Unternehmenspraxis befruchten.

Die Qualität der Aufsätze in der Zeitschrift für Betriebswirtschaft wird nicht nur durch die Herausgeber und die Schriftleitung, sondern auch durch einen Kreis von Gutachtern gewährleistet. Das **Begutachtungsverfahren** ist doppelt verdeckt und wahrt damit die Anonymität von Autoren wie Gutachtern gemäß den international üblichen Standards.

Die Zeitschrift für Betriebswirtschaft veröffentlicht im Einklang mit diesen Grundsätzen und Zielen:

- **Aufsätze** zu theoretischen und praktischen Fragen der Betriebswirtschaftslehre einschließlich von Arbeiten junger Wissenschaftler, denen sie ein Forum für die Diskussion und die Verbreitung ihrer Forschungsergebnisse eröffnet,
- **Ergebnisse der Diskussion** aktueller betriebswirtschaftlicher Themen zwischen Wissenschaftlern und Praktikern,
- **Berichte** über den Einsatz wissenschaftlicher Instrumente und Konzepte bei der Lösung von betriebswirtschaftlichen Problemen in der Praxis,
- **Schilderungen von Problemen** aus der Praxis zur Anregung der betriebswirtschaftlichen Forschung,
- **„State of the Art"-Artikel,** in denen Entwicklung und Stand der Betriebswirtschaftslehre eines Teilgebietes dargelegt werden.

Die Zeitschrift für Betriebswirtschaft orientiert ihre Leser über **Neuerscheinungen** in der Betriebswirtschaftslehre und der Management-Literatur durch ausführliche Rezensionen und Kurzbesprechungen und berichtet in ihrem **Nachrichtenteil** regelmäßig über betriebswirtschaftliche Tagungen, Seminare und Konferenzen sowie über persönliche Veränderungen vorwiegend an den Hochschulen. Darüber hinaus werden auch Nachrichten für Studenten und Wirtschaftspraktiker veröffentlicht, die Bezug zur Hochschule haben. Die ZfB veröffentlicht keine Aufsätze, die wesentliche Inhalte von **Dissertationen** wiedergeben. Sie rezensiert aber publizierte Dissertationen.

Dem **Internationalen Herausgeber-Beirat** gehören namhafte Fachvertreter aus den USA, Japan und Europa an. In der ZfB können auch – wenn auch in begrenztem Umfang – englischsprachige Aufsätze veröffentlicht werden. Durch die Zusammenfassungen in englischer Sprache sind die deutschsprachigen Aufsätze der ZfB auch internationalen Referatenorganen zugänglich. Im Journal of Economic Literature werden die Aufsätze der ZfB zum Beispiel laufend referiert.

GPSR Compliance
The European Union's (EU) General Product Safety Regulation (GPSR) is a set of rules that requires consumer products to be safe and our obligations to ensure this.

If you have any concerns about our products, you can contact us on

ProductSafety@springernature.com

In case Publisher is established outside the EU, the EU authorized representative is:

Springer Nature Customer Service Center GmbH
Europaplatz 3
69115 Heidelberg, Germany

www.ingramcontent.com/pod-product-compliance
Lightning Source LLC
LaVergne TN
LVHW080311260326
834688LV00038B/1069